U0116447

中國憲制規範下

台灣

的領土主權問題

蔡正元／著

The Chinese Constitutional Regime
and the Issue of Territorial Sovereignty about Taiwan

出版說明

　　本書原為蔡正元博士在清華大學攻讀博士學位期間的畢業論文。論文由憲法學名家王振民教授擔任指導教師，又經林來梵、韓大元、王磊、焦洪昌、劉晗、屠凱等著名法學學者公開評閱及答辯，辛苦琢磨，層層論證，終成此書，殊為不易。

　　本書介紹了台灣在中國憲法秩序之下的歷史經緯，梳理了各個歷史時期的相關憲法和國際法文件，對海峽兩岸關係的現狀和未來提供了理論解釋和模式探討。其中關於劃定台灣的歷史分期及其背後的法理變遷，駁斥試圖否定二戰成果（《開羅宣言》、《波茨坦公告》）的"台灣地位未定論"等"台獨"理論，以及運用"主權消損理論"和"殘存國家組織模型"等學術觀點來描述兩岸關係現狀的部分，尤其新穎精彩，頗具理論啟發性，也具有較強的現實意義。

　　蔡正元博士長期堅持"九二共識"，擁有濃厚的家國情懷，對海峽兩岸的統一殷切期盼，對中華民族的復興寄予厚望。本書的內容蘊含了他對兩岸歷史的探究、對兩岸現狀的觀察，及對兩岸未來的期待，濃縮了他通達的學術觀點和豐富的從政經驗，足以成一家之言。

　　當今台灣海峽風雲變幻，兩岸及國際形勢暗流湧動，誠盼本書的出版能助益兩岸知識文化界的學術爭鳴，促進兩岸民眾心靈的相互溝通，進而凝聚共識，同謀未來。

三聯書店（香港）有限公司編輯部

2023 年 6 月 1 日

目錄

王振民序   ix

林來梵序   x

第一章　引言   001

  1.1　問題的提出   002

  1.2　選題背景及其意義   005

  1.3　國內外研究動態   007

  1.4　研究架構、方法與預期成果 012

  1.5　本書結構與內容安排   014

第二章　中國各時期憲法的領土條款   017

  2.1　"中國"之名的法律意義   020

  2.2　領土主權的法理學定義   031

  2.3　中華民國憲法的領土條款   045

  2.4　中華人民共和國憲法的領土條款 053

  2.5　小結   060

第三章　世界各主要國家的領土條款   061

  3.1　美國聯邦憲法   063

  3.2　俄羅斯聯邦憲法   079

  3.3　法國憲法   082

  3.4　德國基本法   084

  3.5　英國不成文憲法   089

  3.6　加拿大的魁北克問題   091

  3.7　西班牙的加泰羅尼亞問題 093

  3.8　朝鮮半島問題   094

  3.9　小結   095

Contents

第四章　台灣領土主權變遷的情況　　097

　4.1　無主之地　　099

　4.2　荷蘭殖民統治時期　　107

　4.3　中國藩王統治時期　　111

　4.4　大清帝國時期　　114

　4.5　日本殖民統治時期　　123

　4.6　中華民國時期　　131

　4.7　中華人民共和國時期　　140

　4.8　小結　　149

第五章　朝鮮戰爭後台灣領土主權的爭論始末　　151

　5.1　領土主權爭論的起源　　153

　5.2　"一個中國" 原則的推進與障礙　　180

　5.3　小結　　220

第六章　台灣領土主權的法理爭論　　221

　6.1　開羅宣言的爭論　　223

　6.2　"光復" 與 "終戰" 的爭論　　228

　6.3　"主權消損" 與 "確定的領土"　　235

　6.4　殘存國家理論　　238

　6.5　遷佔者國家理論　　242

　6.6　日本法院的判決　　246

　6.7　加拿大法院的判決　　247

　6.8　小結　　249

第七章　《南京憲法》秩序的崩解與調整　　　251

　　7.1　主權消損與憲制秩序　　　253

　　7.2　台灣當局的憲制秩序問題　　　255

　　7.3　"國民主權原則"的問題　　　264

　　7.4　"赫爾斯坦原則"的問題　　　269

　　7.5　"林肯原則"的問題　　　271

　　7.6　《台北增修條文》產生的過程　　　275

　　7.7　小結　　　289

第八章　有關台灣領土主權問題的解決模式　　　291

　　8.1　戰爭是歷史上的唯一決定因素　　　292

　　8.2　台灣問題的解決方案　　　297

　　8.3　"一國兩制"的歷史經驗與國外可借鏡的案例　　　321

　　8.4　"統獨"處理途徑　　　334

　　8.5　小結　　　336

第九章　結論　　　337

參考文獻　　　343

後記　　　361

王振民序

歷史法學派認為，法律，一如語言，乃是一個連綿不絕的歷史發展過程本身。蔡正元先生的這本大作正是這一論述的絕佳詮釋。他早前花費數年心血寫就百餘萬字巨著《台灣島史記》，客觀真實地呈現了從遠古時期到當下台灣島歷史發展的每個細節，而本書則是《台灣島史記》在法學領域的派生作品和具體延續。

本書中，作者運用憲法學、國際法學一般原理和國際類似案例，深入分析中國憲制秩序之下台灣的地位問題，疏理其中的法律觀點，以大量鐵一般的史料證明了一個鐵一般的結論：台灣屬於中國領土的憲制和法律架構一以貫之、從未改變，台灣本身的憲制和法律地位從來都是確定的，十分清晰、不容歪曲，未定的是“台灣當局”的法律地位，而不是台灣的法律地位。台灣屬於中國領土，既是歷史的事實和現在的現實，也是眾多憲制、法律文件一直以來白紙黑字的規定。那些鼓吹“台灣法律地位未定論”的觀點，漠視客觀事實和大量憲制、法律文件，在學理上根本站不住腳，在政治上更是別有用心，值得高度警惕。

本書不僅詳細考證了台灣在中國憲制秩序下的歸屬問題，還提供了大量寶貴詳實的歷史資料，既是法學大作，也是歷史巨著，值得相關領域的研究者參考。特作小序，予以推薦。

王振民

清華大學國家治理研究院院長、法學院教授

2023 年 5 月 12 日

林來梵序

　　"一國兩制"的理論構想，堪稱 20 世紀法政領域國家類型學上的一項創見。得益於政治實踐的推進，迄今為此，有關港澳特區"一國兩制"的學術研究已成氣象，但囿於兩岸政治現狀的困局，對"一國兩制台灣方案"的闡釋，則一直處於荒寂蕭疏的態勢。

　　蔡正元博士長期活躍於台灣政壇，是台灣地區當代政制發展的深度思考者之一，並先後在中美頂尖學府學習深造，特別是在北京的清華大學完成了較為嚴格的公法學術高階訓練，且熟稔兩岸政法異同，在"一國兩制台灣方案"的探索上具有得天獨厚的優勢。本書即是他博士階段公法研究的主要成果。書中通過扎實的規範分析和歷史敘述方法，以中國憲制規範和國際法條約規範為基礎，以涉及台灣的領土主權條款變遷為研究對象，對台灣地區領土主權在中國憲制發展中的歷史方位、變遷過程、理論爭議和解決模式進行了頗為詳盡的爬梳、縷析與建言。這一研究成果，對於填補相關研究領域的學術空白，廓清籠罩於台灣領土主權問題之上的理論迷霧，探討"一國兩制台灣方案"的構建，均具有積極意義。

　　如所周知，基於對兩岸政治關係與歷史事實複雜糾葛的理解，長期以來中國大陸憲法學界關於台灣問題的憲制闡釋多以"政治憲法學"的研究進路為遵循，立足於《中華人民共和國憲法》序言第九自然段的宏大敘事和第三十一條關於特別行政區制度的一般性規定，作出飽含政治宣示意味的殷殷述說，但鮮少挖掘蘊含於憲法文字背後的豐富規範內涵和法律意義。有鑒於此，蔡正元博士彌足可貴地從"規範憲法學"的研究途徑入手，對憲法規範中的國家、主權、主權代表權、制憲權、憲法管轄權等與憲政發展存在緊密聯繫的基礎概念進行了詳盡地史料梳理和精細地法律闡釋，補足了規範憲法學在台灣問題研究中的缺位。

在概念闡明之後，蔡正元博士體系化地闡述了以領土的範圍、領土的法律性質和領土的治理方式三個層次為主要分析框架的憲法領土主權條款理論。透過比較憲法的分析視角，他在世界範圍內擇取了美、俄、法、英等國家有關領土主權的憲法規範進行重點闡釋，並對存在領土主權衝突的加拿大魁北克地區和西班牙加泰羅尼亞地區的憲制規範處理程序進行了全面引介，從中歸納出"自治邦模式"、"自治領模式"、"自由邦模式"、"自治共和國模式"等多種不同的國家統合形態類型。蔡正元博士在該部分研究中投入了大量的筆墨，對各國中央與地方關係問題的歷史糾葛和規範建構進行了詳細的闡述分析，對中文憲法學界的國家類型學研究作出了有益貢獻。

以史為據，亦能助益對複雜現實問題的認識與解決。兩岸關係問題就是中國近代以降的歷史遺留問題，一切對兩岸關係問題的研究都離不開對歷史的探索追溯。在完成了比較研究後，蔡正元博士進而對歷史上台灣領土主權的變遷過程進行了全景式探析，細緻梳理並分析了台灣地區上至荷據時期、下及當今時代，錯綜複雜的主權與管轄權發展脈絡。尤其值得注意的是，他堅持採用憲法和國際法視角的規範分析方法，對 15 世紀以來的《麻豆條約》、《鄭荷條約》、《鄭克塽降表》、《馬關條約》以及《開羅宣言》、《波茨坦公告》、《日本終戰詔書》等一系列國際法條約文件進行了仔細的爬梳分析。通過前文建構的領土主權條款框架理論和一以貫之的條約立憲主義（treaty constitutionalism）立場，在規範層面呈現了台灣地區主權變遷的複雜歷史過程。通過這一梳理，相信各位讀者可以由繁入簡，較為準確地把握一條縱貫歷史變遷始終的主線，即：台灣地區主權與實際管轄權的錯位絕非當代所獨有，而歷史也不斷印證了海峽兩岸主權、主權權利與管轄權的"合而為一"終是大勢所在。

從歷史規範梳理來看，大陸與台灣同屬一個中國的法理基礎是明確的。蔡正元博士進而在書中對"一個中國"原則作出了主權承認、政府承認與領土承認三個層次的闡釋，並從國際法和"中華民國憲法"兩個角度分別展開論述，對"中華民國憲法"確立的"憲制秩序"所面臨的悖論與崩潰進行了有力論證。眾所周知，七十餘年來，作為台灣地區施行的"憲制性文件"，

1947 年制定的 "中華民國憲法" 由於規範與現實間存在的巨大落差導致其 "正當性"（legitimacy）基礎不斷受到詰問。曾經存在的既不 "合憲"，也不合法的 "萬年國會" 即是一個生動例證。根據 1947 年 "憲法" 的規定，包含大陸居民和台灣居民在內的 "國民全體" 擁有 "中華民國主權"，並經由 "國民大會" 行使 "制憲權" 和 "修憲權"。但在國民政府遷台之後，"國民大會" 和 "國民大會代表" 再無法獲得 "憲法" 所要求的 "國民全體" 的合法授權，於是便出現了一個自相矛盾、頗為弔詭的政治現象：台灣當局接連通過《動員戡亂時期臨時條款》和 "大法官釋憲" 等存在嚴重 "違憲" 風險的方式不斷延長 "第一屆國民大會" 的任期，以勉力支撐 "憲法秩序" 的表面殘存。而在國際法上，聯合國大會 1972 年通過的 "第 2758 號決議" 導致了台灣當局 "憲法秩序" 在國際法層面的瓦解崩潰。在說理部分，蔡正元博士靈活運用 "主權消損"、"殘存國家" 等理論模型探析了台灣領土主權爭論產生的法理背景和政治本質，並對 "台灣法律地位未定論"、"特殊兩國論" 和 "遷佔者國家理論" 等 "台獨" 理論予以堅定批駁。

如果說，台灣與大陸的最終統一將是大勢所趨，那麼，以何種途徑與方式解決台灣領土主權紛爭、實現兩岸的最終統一，則是一個重大的理論和現實問題。這也是蔡正元博士的研究留給我們思考的最終問題。歷史上台灣主權與管轄權的數次轉移無一例外均由戰爭所致，而在當前兩岸的戰爭與和平的天平上，台海有增無減的緊張局勢似乎又為武力解決統一問題不斷增加著砝碼。因此，我們必須認真思考如何跳出台灣領土主權問題中 "戰爭是唯一決定因素" 的 "歷史怪圈"，促成通過和平方式實現國家主權和管轄權的再次統一。全面回答這一問題當然需要立足兩岸的政治、經濟、軍事、科技等硬實力對比關係，但同樣也應當強調制度與理論等軟實力的發展，注重法律規範的分量，思考如何建構一套能夠切實有效促進兩岸對話交流、實現兩岸和平統一，以及統一後推動兩岸共同發展的憲制規範秩序和國家統合模式。而這也正是 "一國兩制台灣方案" 研究的核心關切。

作為一本面向社會公開出版的學術專著，行文風格和閱讀體驗是影響讀者對本書接受程度的重要因素。毋需諱言，規範主義研究所要求的精細、嚴謹、客觀等特點較易給非專業閱讀者造成咬文嚼字、艱難晦澀的閱讀感受。但蔡正元博士在書中充分利用自己作為政治活動親身參與者的優勢，以生動活潑的文字對台灣"民主化"以來的重要政治事件，尤其是《台北增修條文》後進行的歷次"修憲"活動，以及"萬年國會"到"任務型國民大會"的轉變歷程進行了全方位的回憶與再現，克服了專業研究的枯燥沉悶難題，讀起來讓人有一種身臨其境之感。通過閱讀這些精彩的、頗具現場感的歷史敘事，相信讀者會對台灣卅多年來"憲制"的運作與發展擁有更為深切的體會和收穫。

"莫道桑榆晚，為霞尚滿天"。竊以為，蔡正元博士此書中的學術議題的有效性以及他本人在未來政學兩界的前景均是可以期待的。而環顧當下世界局勢以及台海風雲，蔡正元博士這部學術大作的問世，也可謂正當其時！

林來梵

清華大學法學院教授、中國憲法學研究會副會長

2023 年 5 月 30 日於北京清華園

1

第 一 章

引言

1.1

問題的提出

　　台灣的領土主權問題出現在 1950 年以後。1943 年開羅宣言確定日本無條件投降後，台灣、澎湖、滿洲都應復歸給中國，滿洲毫無疑義也毫無爭議地復歸中國，但台灣和澎湖卻因為蔣介石於 1950 年以 "復行視事" 為名義，宣稱繼續擔任 "中華民國總統"，並以 1946 年制定的 "中華民國憲法" 之憲制規範持續統治台灣、澎湖、金門、馬祖、東沙島、太平島等地域，並一度擁有聯合國的 "中國代表權" 直至 1971 年 10 月 25 日。因此，台灣的主權在法律意義上雖已於 1945 年復歸中國，中國大陸和台灣的主權也都已統一於中國主權（China sovereignty）之下，但從 1950 年至今，台灣的 "憲法" 管轄權卻與中國大陸的憲法管轄權不相隸屬，領土主權（territorial sovereignty）與憲法管轄權（constitutional jurisdiction）形成分離狀態，使台灣的領土主權問題一直困擾於許多爭議，包括台灣的法律地位、兩岸關係、兩岸與美國關係等爭議如何釐清與解決的問題，在中國內部、各國法庭和國際組織都面臨許多矛盾[1]。

　　例如香港特區終審法院在審理 "丁磊淼案" 時，裁定承認台灣地區的法院對該案的判決，不似先前因為不承認台灣地區的行政機關，拒絕承認台灣地區的法院判決。該香港特區終審法院的裁定還引用 1982 年中華人民共和國憲法序言第九自然段論證，雖然台灣地區存在一個 "叛逆政府"（rebel government），該地區被 "謀反政府實際但非法的控制"（de facto albeit unlawful control of usurper government），中華人民共和國作為主權者不能

---

[1]　Albert H. Y. Chen, "A Tale of Two Islands on Constitutionalism in Hong Kong and Taiwan", *Hong Kong Law Journal*, no. 37, 2007, pp. 647–688.

直接對台灣行使主權，但仍有義務盡一切可能保護台灣人民的福祉[1]。香港特區終審法院這份裁定對台灣地區的行政機關的法律定位，顯然又不同於 1958 年中華人民共和國國防部長彭德懷具名的《告台灣同胞書》將台灣地區的政府機關定位為"台灣當局"，兩者對台灣的法律性質的定位有著很大的差距。1971 年後經由聯合國大會"第 2758 號決議案"確立"一個中國"原則，"一個中國"原則作為一項憲法與國際法原則的推動雖然有很大的進展，卻也因前述爭議和矛盾而遭遇許多障礙。對這些問題的研究正是本書的主題。為解決這些問題，2019 年新提出的"一國兩制台灣方案"的探索更是本書的重點。

　　大多數討論台灣問題的研究文獻分佈在國際政治學和國際法的領域，少有從憲法學的角度進行探討。憲法研究文獻汗牛充棟，但大多數集中在法治原則（the rule of law）、憲治原則（the rule of constitution）、權力區分（separation of power）、司法獨立（judicial independence）、人權的憲法保障（the constitutional protection of human rights）、政治權力的法律控制（subjecting political power to legal control）、選舉遊戲規則下政治權力的和平轉移（peaceful transfer of political power in accordance with electoral rules of game），較少針對國家保障領土完整（territorial integrity）、豐富領土治理（territorial governance）的憲法責任和義務等方面的相關規範進行研究[2]，就台灣的領土規範研究更是相對少見。

　　本書擬自規範憲法學的角度，審視台灣的領土主權與管轄權的問題，分別從憲法史的視野探究中國各個歷史階段的憲法文本所構成的憲制規範如何規範領土治理，尤其是涉及台灣領土主權與治理的相關條款。其次從比較憲法學的視角討論許多主要國家憲法所規範的領土條款，與中國憲制規範對台灣的規範問題相對照，作為探索"一國兩制台灣方案"的參考。憲法領土條款的意義就是從憲法的角度規範領土的範圍、領土的法律性質、以及

[1]　王振民、孫成：《香港法院適用中國憲法問題研究》，《政治與法律》2014 年第 4 期，明德公法網，http://www.calaw.cn。

[2]　Mark Tushnet, "Constitution-Making: An Introduction", *Texas Law Review*, no. 91, 2012–2013, pp. 1983–2013.

領土的治理方式。最後從國際法、兩岸關係的相關爭議，剖析台灣的領土主權（territorial sovereignty）與憲法管轄權（constitutional jurisdiction）分離問題的解決途徑與處理方案，特別就"一國兩制台灣方案"的可能模式進行探討[1]。

在國際法秩序上，台灣與澎湖常以分開並列的方式處理，因為台灣於1662年正式成為中國的主權領土，澎湖則早於1171年即已成為中國主權的領土。在憲制規範上，台灣與澎湖通常以"台灣"一詞統攝涵蓋。這是因為國際法上只有荷蘭殖民統治台灣時期，台灣與澎湖才分屬不同的國家主權管轄之下。[2]

[1] 陳興風：《論法制促進祖國和平統一進程的作用》，復旦大學法律碩士論文，2010年。

[2] 陳欣新：《兩岸關係制度化如何處理"台灣當局政治地位"問題》，《台灣研究》2014年第6期，第1-11頁。

1.2

選題背景及其意義

　　本書之所以選擇以 "中國憲制規範下台灣的領土主權問題" 為題，旨在探討中國憲制規範意義下有關領土主權的規範，以及圍繞在台灣領土主權變遷背景下所產生的法律問題。從規範主義的立場出發 [1]，仔細探討中國在各個時代以憲法文件、國際法文件、領導人政策宣示所擬建構與領土主權有關的 "憲制規範" [2]，進而從台灣領土主權變遷的歷史環境下，探討其與中國憲制規範秩序的接軌與異動。其主要意義在探索台灣領土主權的各種爭議，使其得以從憲法規範的秩序和法律意義中獲得釐清與詮釋。

　　本書以規範憲法學為思考架構，對於 "憲制規範" 或 "憲法秩序" 的定義範圍是指整個憲法現象的邏輯結構，包括憲法規範、憲法文本、憲法意識、憲法制度、憲法關係等所形成的憲法體制和法律秩序的整體現象，但仍以憲法規範作為軸心 [3]，討論這個規範軸心對於領土相關條款的法律秩序的影響，特別就規範的妥當性與規範的實效性 [4]，以及其法律基礎事實加以探討 [5]。台灣的領土主權問題正是位於政治發展與憲制規範高度變動的歷史過程之中，其領土主權及延伸而出的憲法管轄權處於變動和分離的狀態。在歷史上不同的時間點，台灣的領土主權或憲法管轄權的價值命題與事實命題時相矛盾，並引發解釋或詮釋的爭議 [6]。這些爭論牽涉國家統一、主權獨立、

---

[1]　林來梵：《 "規範憲法學" 是什麼？》，http://www.aisixiang.com/data/55155.html，2012 年 7 月 6 日。

[2]　林來梵：《規範憲法的條件和憲法規範的變動》，http://www.aisixiang.com/data/550068.html，2012 年 7 月 6 日。

[3]　林來梵：《中國憲法學的現狀與展望》，《法學研究》2011 年第 6 期，第 20–22 頁；林來梵：《憲法學的根本方法》，http://www.aisixiang.com/data/55158.html，2012 年 7 月 6 日。

[4]　王振民：《中國違憲審查制度》，北京：中國政法大學出版社 2004 年。

[5]　葉海波：《我國憲法學方法論爭的理論脈絡與基本共識》，《清華法學》2013 年第 3 期，http://www.aisixiang.com/data/67777.html。

[6]　Chengxin Pan, "Westphalia and the Taiwan Conundrum: A Case against the Exclusionist Construction of Sovereignty and Identity", *Journal of Chinese Political Science*, no. 15, 2010, pp. 371–389.

領土完整、人民主權、少數族群或殖民地權利、遵守國際條約等價值命題，
這些價值命題可能互相矛盾，也可能與憲法規範衝突[1]。憲法規範又可能與
現實的事實命題有高度落差，也可能與國際法的規則和實務產生無法相容的
爭點[2]。這些圍繞著台灣主權問題的中國憲制規範的矛盾和爭點，正是本書
處理和探究的對象[3]。

---

[1] Peter R. Rosenblatt, "What Is Sovereignty-The Case of Taiwan and Micronesia", *New England Law Review*, no. 32, 1997-1998, pp. 797-805.

[2] 羅佳智：《台灣問題的國際法分析（*An Analysis of International Law on the Taiwan Issue*）》，西南政法大學法律碩士論文，2010 年。

[3] 鄭毅：《政治憲法學與規範憲法學的分野》，http://www.aisixiang.com/data/38140.html，2011 年 1 月 3 日；江國清：《略談主權與兩岸關係》，《法學評論》2001 年第 3 期，第 39 頁。

1.3

國內外研究動態

本書在研究與寫作過程中參酌了國內、國外各種觀點的研究文獻，這些研究文獻相當龐雜，涉及法學理論、政策討論、解決方案等各種視角。本書引用的文獻儘量聚焦在以法理為核心的分析內容，如下述說明 [1]。

1.3.1　國內研究動態

中國憲法研究涉及領土主權者，大多聚焦於香港問題。1997 年後香港回歸中國主權治理，有關香港的憲法問題研究，轉為香港基本法的研究。但涉及比香港主權問題更加複雜的台灣問題 [2]，雖然研究成果相當豐富，卻大多置於國際法和兩岸關係架構下，或在國際關係及政策的研究平台上討論，較少聚焦在憲法學架構下探索 [3]，更少以規範憲法學的角度，梳理台灣的領土主權問題，或各自以 "政治憲法學" 的色彩，發揮其研究空間。

憲法學研究常假設 "主權領土" 是憲法不需討論的前提條件，而且是少有變動的既定條件，屬於可以 "存而不論" 的問題。大部分的憲法學教材甚至連領土問題的規範都忽略不提，全推給國際法學去討論，與領土問題息息相關的制憲權，也只有極少數的教材如林來梵的《憲法學講義》有深入探究 [4]。但是領土問題不發生變動則已，若有變動常是地動山搖、牽連廣泛的

[1]　周葉中、祝捷：《大陸對兩岸關係發展之相關法學基礎：兩岸關係的法學思考》，台北：崧燁文化事業有限公司 2019 年。

[2]　王振民：《"一國兩制" 下關於國家統一觀念的新變化》，《環球法律評論》2007 年第 5 期；王振民：《中央與特別行政區關係：一種法治結構的解析》，香港：三聯書店（香港）有限公司 2014 年。

[3]　王英津：《主權構成研究及其在台灣問題上的應用》，《台灣研究集刊》2002 年第 2 期，第 28-36 頁；阮國英：《國家主權的完整性與台灣問題》，《政治與法律》，1994 年第 1 期，第 18 頁。

[4]　林來梵：《憲法學講義》，北京：法律出版社 2011 年；林來梵：《憲法學講義（第二版）》，北京：法律出版社 2015 年。

問題。領土問題不一定是可以透過國際法理解的“邊界爭議”問題，有些領土問題涉及“人民”範圍的定義，是很根本的憲法核心問題，尤其是被殖民地或被佔領地復歸問題，有時會牽涉到領土與人民的統一或獨立、聯合或分離等重大議題，更是不容憲法學有保持沉默的空間[1]。

國內研究動態在海峽兩岸有部分因政治立場而起的分歧，難免充斥“政治憲法學”以先驗的政治原則為前提的氛圍[2]，但這些研究也提供了大量有價值的素材，讓相關議題可以逐步釐清。但不可否認的是，兩岸大部分的研究文獻不是偏重在兩岸政策的討論，例如對台政策或大陸政策等等，就是爭執在國際法與國際關係的焦點上，例如台灣的國際法地位、兩岸與美國關係等事務，少有就憲法規範的角度進行台灣問題的審視。本書認為圍繞中國憲制規範發展過程的各種規範，和所接納的國際法文獻的規範，從源頭一一梳理，可以回歸規範主義的立場，更可以有效地從憲法的角度[3]審視環繞在台灣主權問題上的種種爭論，包括近年來“一個中國”原則、“一國兩制”、《反分裂國家法》、美國的《台灣關係法》、中美三公報等文件的詮釋，都可以回歸憲法規範的研究領域，並可提供“一國兩制台灣方案”的探索方向，這是本書期待從這些國內研究動態中希望獲致的成果。

---

[1] 張千帆主編：《憲法學》，北京：法律出版社 2014 年；張千帆：《憲政常識》，香港：香港城市大學出版社 2016 年；張千帆：《憲法學講義》，北京：北京大學出版社 2011 年。

[2] 陳端洪：《論憲法作為國家的根本法與高級法》，《中外法學》2008 年第 4 期，第 485-511 頁；陳端洪：《憲法學研究中的政治邏輯》，http://www.aisixiang.com/data/59861.html，2012 年 12 月 13 日。

[3] 韓大元、林來梵、鄭賢君：《憲法學專研究（第二版）》，北京：中國人民大學出版社 2008 年，第 133-160 頁。

1.3.2　國外研究動態

國外研究者例如 Stephen D. Krasner[1]、Pasha L. Hsieh[2]、Y. Frank Chiang[3] 等多數人都從國際法和國際關係的角度詮釋中國主權以及中國對台灣的主權，但國際法的規範若未從憲法規範所容許的管道進入去釐清主權問題，不會成為影響中國憲法規範議題的規則。歷代中國憲制規範可能主動或被動接受國際法文件的拘束，包括條約、協議、宣言、聲明等等，但國際法文件若未經憲制規範的接納，也不會對中國產生拘束力，所以終究要從規範主義憲法學的立場去詮釋這些涉及領土主權的國際規則與憲制規範的關係，特別是有關台灣的領土主權問題。

將國際法規範、國際關係政策和憲法規範互相剝離，常導致主權觀念和定義的混淆[4]，例如把憲法管轄權（constitutional jurisdiction）混淆地視為"國內主權"（domestic sovereignty）或"事實主權"（de facto sovereignty），錯誤地創造出"法律主權"（de jure sovereignty）與"事實主權"的區別；把台灣的"領土主權"與"憲法管轄權"的分離狀態，視為"法律主權"與"事實主權"的分離狀態[5]；最後把這種分離狀態歸類為"法律地位未定論"（undetermined legal status），把台灣的統治組織或政權時而視為政治性質不

---

[1]　Stephen D. Krasner, *Sovereignty: Organized Hypocrisy*, Princeton University Press, 1999.

[2]　Pasha L. Hsieh, "An Unrecognized State in Foreign and International Courts: The Case of the Republic of China on Taiwan", *Michigan Journal of International Law*, vol. 28, 2006–2007, pp. 765–813; "The Taiwan Question and the One-China Policy: Legal Challenges with Renewed Momentum", *Die Friedens-Warte*, vol. 84, no. 3, 2009, pp. 59–81; "The Quest for Recognition: Taiwan's Military and Trade Agreements with Singapore under One-China Policy", *International Relations of the Asia-Pacific*, vol. 19, no. 1, January 2019, pp. 89–115; "Rethinking Non-recognition: Taiwan's New Pivot to ASEAN and the One-China Policy", *Cambridge Review of International Affairs*, vol. 33, no. 2, 2020, pp. 204–228.

[3]　Y. Frank Chiang, "State, Sovereignty, and Taiwan", *Fordham International Law Journal*, vol. 23, no. 4, 1999, pp. 959–1004; "One-China Policy and Taiwan", *Fordham International Law Journal*, vol. 28, no. 1, 2004, pp. 1–87.

[4]　Josef Joffe, "Rethinking the Nation-State:The Many Meanings of Sovereignty", *Foreign Affairs*, vol. 78, no. 6, November-December 1999, pp. 122–127; Jack Goldsmith, "Sovereignty, International Relations Theory, and International Law", *Stanford Law Review*, vol. 52, no. 4, April 2000, pp. 959–989.

[5]　Bing Bing Jia, "A Synthesis of the Notion of Sovereignty and the Ideal of the Rule of Law: Reflections on the Contemporary Chinese Approach to International Law", *German Year Book of International Law*, no. 53, 2010, pp. 11–61.

清楚的 "當局"（authorities），時而視為具有 "準國家"（quasi state）地位的
政治實體（political entity），時而視為美國勢力範圍（sphere of influence）下
的屬從政權（bandwagoning regime）或 "附庸國家"（associated state）。憲
法規範下的台灣領土主權反而被忽略其重大意義，真正的爭點例如領土主權
與憲法管轄權的競合問題、憲法規範與國際法規範的競合問題，卻大都被國
外文獻所忽視。因此，本書將從憲法與國際法的接口上，釐清台灣領土主權
的相關問題 [1]。

　　台灣問題常被國外研究文獻視為台灣地區存在一個 "事實主權"，這個
"事實主權" 與 "法律主權" 有著分離狀態 [2]。"事實主權" 其實是一個謬誤
的概念，"主權" 如同 "所有權"（ownership）一樣都是法律概念，法律學
上的 "主權" 就是 "法律主權"，法律上不存在所謂的 "事實所有權"（de
facto ownership），也不存在 "事實主權" 的法律定義。"主權" 是一個同時
可以被國際法學或憲法學作出定義的法律權利 [3]，"事實主權" 無法同時被國
際法學或憲法學作出定義或詮釋，憲法條文及規範也無從對 "事實主權" 作
出定義或詮釋 [4]。在國際法學上 "主權" 會有爭議，也會有外國的承認問題，
但有爭議的主權或不被承認的主權，並不等於 "事實主權" [5]。不能因為某一
政治組織宣稱擁有領土主權，實際上也擁有憲法管轄權，就創造出 "事實主
權" 來自我辯解或提出聲索。例如 "伊斯蘭國"（The Islamic State）在中東
地區曾實際管轄部分土地，其事實上的管轄權在談判交涉或民事合同上被承
認接受，但其 "主權" 或 "國家身份" 從未被承認，也不宜將其實際行使管
轄權的地區視同 "事實主權下的領土"（territory with de facto sovereignty） [6]。

---

[1] Sow Feat Tok, *Managing China's Sovereignty in Hong Kong and Taiwan*, UK: Palgrave MacMillan, 2013.

[2] 毛啟蒙：《兩岸關係研究語境中的 "治權" 釋義——再論 "主權" 與 "治權" 話語下的兩岸關係》，《台灣研究集刊》2015 年第 3 期，第 22-30 頁。

[3] 王英津：《主權構成研究及其在台灣問題上的應用》，《台灣研究集刊》2002 年第 2 期，第 28-36 頁。

[4] 張笑天：《試論主權治權分離的理論基礎與現實可能》，《台海研究》2015 年第 4 期，第 28-38 頁。

[5] Chengxin Pan, "Westphalia and the Taiwan Conundrum: A Case against the Exclusionist Construction of Sovereignty and Identity", *Journal of Chinese Political Science*, no. 15, 2010, pp. 371-389.

[6] Peter R. Rosenblatt, "What Is Sovereignty-The Case of Taiwan and Micronesia", *New England Law Review*, no. 32, 1997-1998, pp. 797-805.

所以“事實主權”如同“治權”一詞，或許是國際政治學或國際關係學上一個便利的名詞，但卻不是一個正確、嚴謹、有法律學意義的名詞，“治權”也只是“管轄權”的另一種說法而已。

本書發展出獨特的“主權消損理論”（theory of sovereignty depletion）和“殘存國家理論”（theory of rump state），用以解釋當前台灣地區領土主權和憲法管轄權分離狀態下的憲制規範，並分析其連帶的憲制規範（constitutional norm or regime）的變動，這個憲制規範的本質仍然是中國在1947年至1949年間《南京憲法》的憲制規範的殘留體系。這些理論觀點對於解釋中國憲制規範下的台灣領土主權問題具有很深的法理意義，包括領土的主權範圍、領土的主權性質、領土主權的治理方式等，並可化解國外研究文獻中的對於“事實主權”詮釋的謬誤 [1]。

---

[1] 黃昭堂著，侯榮邦譯：《確立台灣的“國家主權”——由“事實上的國家”到“法理上的國家”（*The Confirmation of the Taiwanese National Sovereignty: From de facto toward de jure*）》，台北：現代文化基金會 2008 年。

1.4

研究架構、方法與預期成果

　　中國憲法架構下台灣的領土主權問題本身就是高度政治敏感性的重大議題，也對未來兩岸關係的發展會有重大的影響。目前相關研究受限於政治立場的主觀性、國際環境的複雜性、歷史的糾結性，涉及台灣的領土主權問題往往流於"政治憲法學"的研究風格[1]，是以本書將聚焦在"規範憲法學"的立場，謹守憲法文件所產生的語境、語意、解釋，去推論中國憲法架構下應如何理解台灣領土主權的相關問題。當然，長年籠罩在"政治性"之下的台灣領土主權問題，要從"法律性"角度去切入探討，並研究出令人信服的詮釋，也是本書必須面對和迎接的挑戰。

　　此外，本研究將秉持規範憲法學的立場，以憲法教義學和解釋學的角度，從憲法史的發展歷程，研究涉及中國各種憲制規範有關台灣領土主權的規範，予以理解、分析、解讀、詮釋，並剖析這些規範的相互關係性。這是文義分析的研究架構。相關資料的研究範圍從荷蘭殖民統治台灣開始，歷經鄭成功家族的藩王政權、大清帝國、日本殖民統治、短暫的中華民國時期，到現今中華人民共和國時代及台灣當局統治模式的相關憲制規範。

　　在方法論方面[2]，會對前述相關憲法性質的規範進行文義分析，就有關的各種研究文獻作出比較評述，針對各種研究文獻的"應然"與"實然"的論點[3]加以剖析，政治上"實然"的問題只作為憲法思考的"法律基礎事

[1] 高全喜、田飛龍：《政治憲法學的問題、定位與方法》，《蘇州大學學報》2011 年第 3 期，http://www.aisixiang.com/data/42483.html，2011 年 7 月 26 日；高全喜：《政治憲法與未來憲制》，香港：香港城市大學出版社 2016 年；高全喜：《政治憲法學的興起與嬗變》，《交大法學》2012 年第 1 期，http://www.aisixiang.com/data/68665.html；高全喜：《政治憲法與未來憲制》，香港：香港城市大學出版社 2016 年。

[2] 拉倫茨（Karl Larenz）著，陳愛娥譯：《法學方法論》，北京：商務印書館 2015 年。

[3] 凱爾森（Hans Kelsen）著，沈宗靈譯：《法與國家的一般理論（General Theory of Law and State）》，北京：商務印書館 2014 年，第 7–8、71–74 頁。

實"，不當作"應然"的價值評斷，將兩者作出謹慎區隔[1]，最終對台灣主權歸屬、變遷、現狀及未來可能的狀況，透過規範研究途徑予以綜述評論。這是文獻探討的研究方法。最後綜合憲法性文件的規範分析[2]，以及相關文獻的探討與評論，推衍未來中國憲法架構對台灣領土主權可能的選項和處理方式，例如"一國兩制台灣方案"的可能模式。這是制憲及修憲層次的議題研究方案。

本書預計可以達成下列成果。首先，釐清中國各階段的憲法文本對領土主權的規範及其角度，集中在"領土條款"的研究。再則，釐清各式憲法性文件——包括憲法性法律、條約、協議、宣言、公告、講話、說明書、白皮書、公報、政策、聲明等等——所構成的有關台灣領土主權的憲制規範及其變動。接著，釐清台灣領土主權的法律性質，依規範主義的立場予以分析，得出台灣主權何時歸屬中國與何時不歸屬中國的議題。最後，評析各種研究文獻所涉及的規範原則與政治立場，瞭解到台灣主權問題的研究很容易流於政治立場的表達，而非規範立場的法律解讀的原因。本書並發展出"主權危機理論"和"殘存國家理論"，詮釋"一個中國"原則、"一國兩制台灣方案"所擬處理的"台灣領土主權"問題，以及所需面對的台灣地區施行《南京憲法》後所面臨的憲制規範或憲法秩序的崩解與調整後的格局。

綜合以上的研究分析，本書可以提煉出未來兩岸在憲法架構上可以調整的空間，包括"一國兩制台灣方案"的可能選項，因而會有很高的創新意義及實際上的參考價值。

---

[1] 林來梵、鄭琪：《有神論的政治憲法學——對施米特的解讀》，http://www.aisixiang.com/data/13340.html，2007 年 2 月 27 日；施米特（Carl Schmitt）著，劉小楓編，劉鋒譯：《憲法學說》，上海：上海人民出版社 2016 年。

[2] 葉海波：《我國憲法學方法論爭的理論脈絡與基本共識》，《清華法學》2013 年第 3 期，http://www.aisixiang.com/data/67777.html。

1.5

本書結構與內容安排

　　本書共計九章。首章為引言。第二章從規範憲法學的研究途徑，建立憲法學及國際法學理論架構中，對於國家、主權、領土、制憲權、憲法管轄權的精確化的法律定義，以探討中國各個時期憲法規範下的領土條款。該章先從討論"中國"及"領土主權"的法律意義開始，接著依序研討中華民國、中華人民共和國等時期憲法規範裏的領土條款。因為先確定"中國"的法律意義，俾便討論"大清帝國"、"中華民國"、"中華人民共和國"的領土主權的繼受關係，才能確定"中國憲制規範或憲法秩序"的法律意義；先確定"領土主權"的法律意義，才能確定憲法規範中的"領土條款"的法律意義，也才能從憲法學的視角探討"台灣的領土主權問題"。本書設定"領土條款"的定義包括各種涉及主權施行下的領土的範圍、領土的法律性質、領土的特別治理方式等憲法規範。中國的憲制規範或憲法秩序興起於晚清末年的立憲主義運動，但本書先討論中華民國時期各式憲法文件或草案有關領土主權的規範，以及其意涵的詮釋與理解，繼而討論 1949 年中華人民共和國成立後各階段憲法對領土主權的規範，以及重要的宣示所涵蓋的相關課題。

　　第三章從比較法學的立場專論世界各主要國家憲法規範裏的領土條款，尤其是可用來與台灣領土主權問題相對照的規範，例如美國的領地、屬地、自治邦與附屬國等的規範，俄羅斯憲法下的自治共和國，法國憲法的領土條款，德國基本法的彈性運用，英國不成文憲法的殖民地問題，加拿大的魁北克問題，西班牙的加泰羅尼亞問題，朝鮮問題等。這些國家的領土條款是處理台灣地區的法律地位以及探索"一國兩制台灣方案"的有益參考。

　　第四章從國際法學的視角深入研討台灣領土主權的變遷經過，尤其是研究這些變遷經過所產生的具有憲法規範意義的文件。從無主之地的時代到荷蘭於 1624 年以殖民征服者身份出現，陸續納台灣為荷蘭的領土；再到 1662

年延平王鄭成功家族以中國藩王身份統治台灣，使台灣首度成為中國的主權領土，但這也是中國的台灣主權與管轄權的第一次分離；到了 1683 年大清帝國征伐延平王鄭克塽，令中國主權與管轄權合而為一。1894 年中日甲午戰爭，1895 年中國割讓台灣與澎湖給日本，從 1895 年至 1945 年間台灣和澎湖法律上不再是中國的主權領土。最後是 1945 年至 1949 年之間短暫的中華民國時期，台灣和澎湖再度成為中國的主權領土。但 1950 年後至今，中國對台灣和澎湖第二次產生主權與管轄權分離的問題。中華人民共和國時期從國際法角度推動 "一個中國" 原則，包括聯合國大會 "第 2758 號決議案"、中美之間各式公報，以及其他與各國的建交公報，可以發現 "一個中國" 原則的推動有很大的進展，也有許多的障礙。

第五章討論朝鮮戰爭以後台灣領土主權爭議的始末，分析 1950 年至 1971 年 "兩個中國" 的冷戰政治現實與法律解釋、1971 年後至今 "一個中國" 原則的發展與障礙，和它們對台灣領土主權的法理效果，包括杜魯門的聲明、《舊金山合約》等所產生的 "台灣地位未定論"，以及這些爭議對 "一個中國" 原則所產生的影響，包括 "一國兩制" 的提議將國際法層次的 "一個中國" 原則落實為憲法層次的制度性設計，以及兩岸關係的發展如 ECFA 的簽署。

第六章分析台灣領土主權的法理爭議，這些爭議大都圍繞在開羅宣言的法律效果，以及 1950 年後的政治發展情況。本書特別提出 "主權消損理論"，發展出 "殘存國家理論" 以解釋這些法理爭論，並駁斥 "台獨" 分子主張的 "遷佔者國家理論"，且應用於分析日本和加拿大法院對台灣當局的 "國家身份" 的相關判決問題。

第七章探討在 "主權消損" 危機下台灣地區的憲制規範或憲法秩序的崩解，以及台灣當局處理憲法失序的過程，包括崩解的法理因素、增修條文產生的原因和過程，這些都與 "殘存國家" 理論相符合、相印證。

第八章研究台灣領土主權與管轄權分離問題的解決方案，包括殘存國家模式、"台獨" 模式、一國兩制台灣方案等。一國兩制台灣方案的可能選項則有西藏模式、港澳模式等的歷史經驗；也有國外案例，如波多黎各模式、巴伐利亞模式、自治共和國模式、自治領模式、自由邦模式、自由附屬國模式可供參酌。實際執行解決方案的途徑是通過戰爭決定、簽訂和平協議、修改憲法等方式，皆列入討論。這些議題探討海峽兩岸憲制規範或憲法秩序對台灣領土主權的接軌和矛盾，以及其可能的解決之道，但全以規範主義的角度去探討這些可能性。

　　第九章是本書的研究結論。經由憲法規範、國際法文件的法律及歷史分析，台灣的領土主權歷經數度變遷，在法律上時而是中國的領土，時而是荷蘭或日本的領土。即使在台灣的領土主權隸屬中國的時期，也曾發生主權與管轄權分離的問題：第一次發生於 1662 年至 1683 年，第二次發生於 1950 年至今。本書分析綜得以下結論：一、目前第二次的分離所產生的是“台灣當局”法律地位未定問題，而不是“台灣”法律地位未定的問題。二、為了解決主權與管轄權分離的問題，1971 年後“一個中國”原則的推動有了進展，但也有障礙。“一個中國”原則落實為憲法的“一國兩制”，也有相同情況。三、這些障礙有國際法秩序的障礙，也有台灣地區“殘存國家模式”的憲制規範的障礙。解決這些障礙的途徑則有戰爭決定或和平協議的前例，單憑目前中國憲法的序言和第三十一條的規範，以及《反分裂國家法》的制定，要達成完整的法律架構可能尚有不足。四、最後“一國兩制台灣方案”可能達成的台灣領土的法律性質和治理方法，也有許多模式可供進一步研究。

2

第二章

中國各時期憲法的
領土條款

分析憲制規範下的台灣領土主權問題，即是探索憲法架構中何種憲法管轄權和憲法規範屬於涉及台灣主權的領土條款，尤其是台灣領土的法律地位和治理方式。本章列述中國出現憲法文本後，各時期憲法文本對於領土主權問題的宣示及規範，包括邊界範圍、法律性質、治理方式等 "領土條款"。亦即，憲法領土條款的意義包括領土的範圍、領土的法律性質，以及領土的治理方式等規範。

領土的範圍的條款很容易理解，但常出現在國際法研究領土爭端的領域。從中華民國到中華人民共和國，中國各時期相關的憲法文件或文本對於中國領土邊界範圍的宣示規範方式，大概可分為幾個類別：第一，完全無規範，也不提及。第二，概括式的規範。第三，半概括式及半列舉式的規範。第四，列舉式的規範。以台灣領土主權問題為例，領土範圍是指憲法如何規範 "台灣是中國領土的一部分"。

領土的法律性質的條款是指憲法規範一國的本土（homeland）、屬地（possession）、領地（territory）、自治領（dominion）、自治區（autonomous region）、聯邦州（federal state）、特別行政區（special administrative region）、自治共和國（autonomous republic）、殖民地（colony）、租界（concession）、自治邦（commonwealth）、邦聯州（confederate state）、自治領（dominion）、自由邦（free state）、加盟共和國（union republic）、附屬國（associated state）、自由附屬國（free associated state）等各式各樣的制度。

領土的治理方式的條款是指憲法如何規範有 "民族自治"、"少數民族保留區"、"一國一制"、"一國兩制"、"一國多制"、"共主邦聯"（personal union），以及賦予不同制度下或不同領土內的居民以不同性質的公民權利或身份等治理方式。例如規範"台灣當局的法律地位、權力責任和組織方式，以及台灣居民的居民權、國民權和公民權"等的條款。

在研究中國各時期憲法對領土的規範之前，先就"中國"一詞的法律意義進行探討，次就領土主權的定義加以探究，接著討論各時期中國憲法文件對於主權領土進行規範的各種條款。這些各個時期的領土條款的分析實際上就是對台灣領土主權問題的法律基礎和背景的探討。本書探究中國憲制規範下的台灣領土主權問題，當然必須先就"中國"的法律意義以及"領土主權"的意涵作出分析，以確立本書討論主題時的語境和釋義學範圍。

2.1

"中國" 之名的法律意義

在討論中國各時期憲法的領土條款之前，先探討 "中國" 的法律意義。有些人曾質疑 "大清帝國" 不是 "中國"，"中華人民共和國" 才是 "中國"。本書考察歷史文獻，用憲法教義學的思路分析 "中國" 一詞的法律意義，探討 "中國" 一詞的法律性質，作為 "台灣領土主權" 與 "中國憲制規範或憲法秩序" 的法律關聯性的基礎。

2.1.1　國家組織與領土主權的區別

中國大地在不同時代有著不同的 "國家組織" 和 "國號"，甚至有著版圖大小不同的領土。為了瞭解 "國家組織" 和 "國號" 用詞的紛爭，以下特別從用詞的歷史習慣、"國家組織"（state organization）的憲法秩序和 "領土主權"（territorial sovereignty）的國際法秩序探討 "中國" 之名。因為 "主權國家"、"國家組織"、"領土主權"、"政府組織" 是不一樣的政治及法律概念。

就法律定義而言，主權國家（sovereign state）是擁有領土主權（territorial sovereignty）的政治組織（political organization），簡稱 "國家"。但在同一個主權領土之上，往往會出現不只一個政治組織在爭奪國家主權，也都自稱 "國家"，這些爭奪同一個領土主權的政治組織可以通稱為 "國家組織"（state organizations）。就人類學探討 "社會組織"（social organization）的演化理論而言 [1]，人類文明從部落（tribe）和酋邦（chiefdom）發展為國家（state）[2]，通常也會先以王國（kingdom）或共和國（republic）的形式，再發展至跨越

[1]　Elman R. Service, *Primitive Social Organization: An Evolutionary Perspective*, New York: Random House, 1962.

[2]　Elman R. Service, *Origins of the State and Civilization: the Process of Cultural Evolution*, New York: Norton, 1975.

文化圈或民族地域的帝國（empire）。但 "主權國家" 或 "非主權國家" 始終都是一種人類學的 "組織"，通稱之為 "國家組織"（state organization）更適合本研究的語意及語境。在同一個 "主權領土" 之上，"國家組織" 的變動，也可與 "政府組織"（government）的變遷的差異作出區隔，畢竟兩者具有完全不同的法律意義 [1]。例如從中華民國變遷至中華人民共和國，以及 1915 年至 1916 年袁世凱預備成立的 "中華帝國"，都是在同一個 "中國主權領土" 之上 "國家組織" 的變遷，而不是 "中國主權" 或 "中國主權領土" 的變遷。1912 年中華民國北京政府變動至 1928 年中華民國南京政府則是 "政府組織" 的變動，不是 "國家組織" 的變動，更不是 "中國主權" 的變動。因此，法律上可以說 "中國是歷史悠久的國家"，卻不能說 "中華民國是歷史悠久的國家"。"國家組織" 的變遷包含 "國號" 的變動和基本憲制規範的重大改變，皆非 "國家"、"主權國家" 或 "國家主權" 的變動。

"主權" 是源自君權、帝權等歷史經驗在領土範圍內的統治權力。用現代語言表達，就是對內創設的憲法權力和對外創設的國際法權力。國家與國家之間，經由戰爭或其他因素，發生繼承或合併關係，法律權利義務被延續下去，就成為 "法統" 或 "主權" 的習慣法規則。這些前後有繼承或合併關係的國家組織之間，在法律上不視為並存的異國，而被視為有主權繼承關係的同一個主權人格的國家的 "朝代"（dynasty），所以 "朝代" 或 "王朝" 即是在同一個 "領土主權" 之下、但不同時期的 "國家組織"。"中國" 就是黃河流域、長江流域在歷史長河裏，產生過的很多 "國家組織" 因 "朝代" 繼承關係而形成的統稱。在法律意義上，"朝代" 是同一個 "領土主權" 之下有著不同 "國家組織" 的主權代表法人 [2]。

一個 "主權法人" 對外與其他主權法人，必須是地位平等的關係，不能有附屬或屈從關係（affiliate, associate, or subordinate）。這產生國際

---

[1] *Montevideo Convention on the Rights and Duties of States*, https://www.jus.uio.no/english/services/library/treaties/01/1-02/rights-duties-states.xml.

[2] 鮑桑葵（Bernard Bosanquet）著，汪淑鈞譯：《關於國家的哲學理論（*The Philosophical Theory of the State*）》，北京：商務印書館 1995 年初版、2013 年重印版，第 208–210 頁。

法及憲法原則："權力平等者不彼此管轄原則"（par in parem non habet imperium）。所以主權法人對內與領土上的非主權法人相較而言，必然是最高的權力者。這個主權法人的管理者可能是君主、議會、人民或政黨，甚至是教會。主權法人的管理者行使權力的規範即是廣泛法律意義下的憲法秩序（constitutional order）、憲制規範（constitutional norm）或憲政體制（constitutional regime）。

"主權領土"（sovereign territory）是被國際公認的土地單位，在其上僅有一個主權，也僅能由一個"國家組織"持有這份主權，意即國家組織已在該土地上創設（ordain）主權（sovereignty）的法律權利。另一方面，"國家組織"則是擁有"領土主權"的政治組織，一個"國家組織"卻可能同時擁有或創設許多單位的"主權領土"，像西班牙和葡萄牙兩個"主權領土"就曾形成同一個"共主邦聯"（personal union）的"國家組織"，英格蘭王國與愛爾蘭也曾如此。"神聖羅馬帝國"更是擁有數個單位的"主權領土"，所以同一位皇帝同時擁有好幾個封號，造成一個"國家組織"同時擁有兩個以上"主權領土"的政治現象。英國的"大不列顛與北愛爾蘭的聯合王國"也可視為是一個"國家組織"擁有至少兩個單位的"主權領土"，但是"聯合王國"（united kingdom），不是"共主聯邦"。因為"聯合王國"是一個國家元首、一個議會、一個政府所組成的國家組織；"共主聯邦"則是一個國家元首、兩個以上地位相等的議會、各自有一個問責的政府等所組成的國家組織。

同一個單位的"主權領土"，若同時出現兩個以上的"國家組織"，就會被稱為"國家分裂"、"分裂國家"。若這些"分裂的國家組織"也都被視為"主權國家"（sovereign state），則產生"主權分裂"和"分裂主權"，南北朝鮮和以前的東西德就是一例。

"政府組織"則是一個"國家組織"內部的統治體系，一個"國家組織"之內可能由於繼承或內戰等種種原因，也會形成許多互相對立的"政府組織"。中國東周初期，西安的"宗周"攜王政府和洛陽的"成周"平王政府，對立二十一年，就是一例。中國古代習慣上用"天下"這一名詞表達"主權領土"的概念，擁有或行使領土主權的人，就是"天子"。同時出現兩個"天子"（the son of heaven）或"元首"（the chief of state），也都宣稱是同一個"國家組織"和"主權領土"的最高統治者，且互不承認對手的身份，雖然形式上近似兩個"國家組織"，在法律意義上其實是同一個"國家組織"和"主權領土"之下的兩個"政府組織"。

在法律意義上，一個"國家組織"和"主權領土"之內，主權法人的管理者就是掌握"政府組織"的最高和最終權力者，這個權力如果屬於君主（monach），就稱"君主主權制"（monachy sovereignty）；若屬議會，就稱"議會主權制"（parliamentary sovereignty）；若屬人民，就稱"人民主權制"（popular sovereignty）[1]。

因此，"國家"是擁有領土主權的政治組織，主權是一塊土地之上的最高統治權，領土是主權所涵蓋的土地範圍。一個"國家"是否擁有一塊土地作為主權領土，決定這個"國家"是否存在，以及如何存在[2]。"國家"的存在除了"政治組織"要宣稱自己是"國家"並做出"主權宣示"外，更重要的是，必須被聯合國等國際組織或其他鄰近國家所接受、承認，或至少不否認，以確定領土主權沒有爭議[3]，即是"確定領土"（defined territory）。換言之，"國家"必須具備憲法秩序及國際法秩序上領土主權的法理基礎。如果主權領土（sovereign territory）的面積大幅減縮，或者領土主權（territorial sovereignty）的行使範圍大幅受限，國家組織就會面臨"主權消損"（sovereignty depletion）危機，甚至喪失主權國家（sovereign state）的資格和權利。不論"人民主權論"、"議會主權論"、"君主主權論"都必須奠基在無可爭議的"確定領土"之上[4]。

"確定領土"是一個確定單位的"領土"，鄰近國家承認並接受這一個確定單位的"領土"，可以設定出一個且唯一的"主權"，所以沒有"確定領土"

---

[1] 張桐嘉：《論霍布斯的主權概念》，台灣大學法律學研究所碩士論文，2008 年。

[2] Gerard Kreijen, *State Failure, Sovereignty and Effectiveness: Legal Lessens from the Decolonization of Sub-Saharan Africa*, Belgium: Martinus Nijhoff Publishers, 2004.

[3] Enrico Milano, *Unlawful Territorial Situations in International Law: Reconciling Effectiveness, Legality and Legitimacy*, Belgium: Martinus Nijhoff Publishers, 2006.

[4] James R. Crawford, *The Creation of States in International Law*, Oxford: Oxford University Press, 2006.

就沒有"主權"[1]。國家沒有"確定領土"就無法建立,主權沒有"確定領土"就無法存在。主權歸屬於人民、議會、或君主只是"政府組織"的設計架構,也只能在"確定領土"已經存在的前提下而存在[2]。

2.1.2　"中國"的通俗意義

"中國"之名,從來就不是正式的國號。"中國"一詞在早期長遠的歷史中,約定俗成,被用來泛指新石器時代晚期、青銅器時代、鐵器時代,在黃河流域所建立的"酋邦政權"或"國家組織"的首邑或疆域等的"確定領土"。

"中國"一詞在古代僅指首都地區,最早見於公元前十一世紀周成王時代的青銅器"何尊"銘文:"惟武王既克大邑商,則廷告於天,曰:余其宅茲中國,自茲乂民。"銘文裏的"中國"指的是以洛陽為中心的首邑或中原地區,只是政治性的地理名詞,不是國號或國名。其他文獻提到的"中國"一詞的意義也是如此。例如《尚書・梓材》篇說:"皇天既付中國民越厥疆土于先王;肆王惟德用,和懌先後迷民,用懌先王受命。";《詩經・大雅・民勞》篇說:"惠此中國,以綏四方。"這種語意和語境類似現代以"華府"代表美國,以"北京"代表"中國"的語法。

檢索司馬遷(145 B.C.–86 B.C.)《史記》[3]的"中國"用語,時而指稱中原和首都地區,時而指涉整個中國的領土疆域。例如《史記・五帝本紀第一》裏說:"而後之中國踐天子位焉"(第29頁),語境上把"中國"一詞用於指涉首都地區;《史記・吳太伯世家第一》說:"自太伯作吳,五世而武王克殷,封其後為二:其一虞,在中國;其一吳,在夷蠻。十二世而晉滅中國之虞。中國之虞滅二世,而夷蠻之吳興。"(第524頁)這些用語在語境上把

[1] Hersch Lauterbach, *Recognition in International Law*, Cambridge University Press, 2012.

[2] *Montevideo Convention*, https://en.wikisource.org/wiki/Montevideo_Convention; Stephen D. Krasner, *Problematic Sovereignty: Contested Rules and Political Possibilities*, Columbia University Press, 2001, Chapter 1; 蔡正元:《台灣島史記(修訂版)(中冊)》,香港:中華書局(香港)有限公司 2020 年,第 132–136 頁;蔡正元:《台灣島史記(修訂版)(下冊)》,香港:中華書局(香港)有限公司 2020 年,第 172–173 頁。

[3] 瀧川龜太郎:《史記會注考證》,台北:宏業書局 1973 年。

"中國"一詞用於指涉中原地區。

但司馬遷在《史記·夏本紀第二》說："咸則三壤，成賦中國，賜土姓，祇台德先，不距朕行。"（第 43 頁）此間"中國"一詞所指涉的範圍是夏禹統治的"九州"，具有整個中國"主權領土"的意涵。《史記·天官書第五》說："其後秦遂以兵滅六王，併中國"（第 479 頁），《史記·孝武本紀第十二》又說："天下名山八，而三在蠻夷，五在中國。"（第 210 頁），"中國"一詞已明確地指涉秦漢帝國實際統治的疆域，明顯就是指"主權領土"。

秦漢以後"中國"的定義開始擴大，大都用於指涉統一的帝國領土。甚至漢族以外的少數民族，爭奪政權，入主中原，也開始自稱"中國"，意圖繼承"中國"法律概念上的領土主權，作為政權號召的符號。用現代語言詮釋，就是繼承秦始皇和漢武帝所持有的憲法及國際法上的領土主權。

班固撰寫的《漢書·匈奴傳》[1]記載匈奴單于冒頓派使者對太后呂雉說："孤僨之君，生於沮澤之中，長於平野牛馬之域，數至邊境，願遊中國。"呂雉送給冒頓"御車二乘，馬二駟"，冒頓再派使者回謝說："未嘗聞中國禮儀，陛下幸而赦之。"可見漢朝初年匈奴等外國即已使用"願遊中國"一詞指涉大漢帝國的主權領土，使用"中國禮儀"指涉大漢帝國的國家文化。不過東漢、三國之後，東晉南遷，仍稱中原為中國。例如劉義慶《世說新語·言語第二》[2]："江左地促，不如中國。"《晉書》卷三十七《列傳第七》[3]："石季龍死，中國亂。"石季龍（295-349）就是後趙皇帝石虎，東晉穆帝永和五年（349）四月去世，石虎諸子爭位致使中原大亂。

公元 781 年大唐帝國朝議郎呂秀岩撰寫"大秦景教流行中國碑"則把"大唐"當作"國號"，而把"中國"當作"主權領土"的概念。其中"大秦"是指羅馬帝國。唐末五代十國時期，稱北方非漢族的五代政權為"中國"，南方漢族政權的十國反而只是"世家"。歐陽修（1007-1072）在《新五代史》卷七十一《十國世家年譜第十一》直接了當說："十國皆非中國之

---

[1]　班固：《漢書》卷九十四《匈奴傳第六十四》，台南：平平出版社 1973 年，第 3754-3755 頁。

[2]　《世說新語校箋（上冊）》，北京：中華書局 1991 年，第 87 頁。

[3]　房玄齡：《晉書》，中國哲學書電子化計劃，2020 年 10 月 11 日，https://ctext.org/wiki.pl?if=gb&chapter=19258。

有也"。歐陽修認為"十國"並未擁有中國大部分的領土主權,也未擁有中國領土的"中原"核心部分,因此不具備"中國"主權代表者的身份。歐陽修的觀念反映出有些人認為只有以中原地區為領土的國家組織,才可被認可為擁有"中國"領土主權的國家,因為中原地區被視為中國的核心領土。但到南宋、遼國、金國並立時期,都曾自稱"中國",中國轉為純粹的政權及領土的概念。

以上所述並非具有主權身份者例如皇帝對"中國"一詞在正式公文書上作出法律上的定義,所以只能視為"中國"一詞的史家或史官的通俗用法。

2.1.3　"中國"在統一時期的法律意義

到了元明清三代,"中國"之名則成為領土主權的國際法或憲制規範的正式名詞,代表著一項國際法或憲法上領土主權的法律人格和權利義務的法律載體。

按可查得的歷史文獻,具有主權身份的統治者以公權力且具有法律意義的公文書最早使用"中國"一詞的時間點,應自蒙古族入主中國開始。根據《元史》卷二百零八《列傳第九十五》"日本"段記載,公元 1266 年忽必烈(1215-1294)的"大蒙古國皇帝奉書日本國王"的國書裏宣示:"受天明命,奄有區夏","區夏"就是"華夏";又說:"日本密邇高麗,開國以來,亦時通中國",等於在國際法文件上提出"中國"的概念。

忽必烈雖自稱"大蒙古國皇帝",但這份國書等於在國際法理上承認"大蒙古國"繼承"中國"的領土主權。忽必烈於 1271 年改國號為"大元",但忽必烈的外交宣示已確立"中國"是主權領土的法律概念,不論當時的國家組織的"國號"是"大蒙古國"或稱"大元",也都是蒙古族建立的國家組織,在"主權者"忽必烈以具有法律意義的公文書正式定義下的"中國",蒙古族也是國際法或憲法意義上的"中國人"。換言之,從"大蒙古國皇帝"忽必烈開始,"中國"在法律意義上正式指涉"主權領土"(sovereign territory)或"領土主權"(territorial sovereignty),而不是"國家組織"(state organization），也不是 "國號"（state title）。

在 "中國" 定義下的領土主權的範圍雖或有擴大或縮小，但核心部分基本不變，主要人口及其居住區域不變，約從大小興安嶺以南至珠江流域以北，從東部沿海至西部疆界，西北部和西南部疆界的變動幅度比較大。就國際法和憲法的秩序而言，從忽必烈開始，"中國" 就是 "主權領土" 的名稱，不論其上組建幾個 "國家組織"，甚或在同一個 "國家組織" 之內組建多少個 "政府組織"，常居其上的人民，不論是蒙古族、漢族、滿族，都是 "中國人"。所以在國際法和憲法的秩序上，"中國" 是 "主權領土" 和 "領土主權" 的概念和名詞，不是 "國家組織" 的概念或名詞。

朱元璋（1328-1398）建立國家組織 "大明" 帝國，雖然領土範圍不如 "大元" 帝國，仍繼承忽必烈的 "中國" 是 "主權領土" 和 "領土主權" 的概念。例如，《明太祖實錄》卷三十七《賜高麗國王王顓璽書》記載："元非我類，入主中國百有餘年……北逐胡君，肅清華夏，復我中國之舊疆。"《明太祖實錄》卷三十九記載，1369 年派 "行人"（外交大使）楊載賫發給日本的國書《賜日本國王璽書》[1] 稱："朕本中國之舊家，恥前王辱，興師振旅，掃蕩胡番，宵衣旰食，垂二十年。自去歲以來，殄絕北夷，以主中國，惟四夷未報。"

朱元璋組建的 "國家組織" 名稱是 "大明" 帝國，朱元璋所稱 "中國之舊疆" 是 "中國的固有領土"；"中國之舊家" 是 "中國主權領土上舊有的國家組織"，都意指繼承源自唐帝國及宋帝國的領土主權。1595 年 1 月萬曆皇帝朱翊鈞（1563-1620）發給豐臣秀吉（1537-1598）的詔書《皇帝勅諭日本國王平秀吉》亦稱："奉天承運皇帝，制曰：聖仁廣運，凡天覆地載，莫不尊親帝命。溥將暨海隅日出，罔不率俾……當茲盛際，諮爾豐臣平秀吉，崛起海邦，知尊中國。" 也是如此定義 "中國"。

綜上所述，"中國" 成為自忽必烈以後，元朝及明朝對外的主權通稱，開始成為國際法和憲法意義上領土主權的專屬用語，而不是國家組織的

---

[1] 嚴從簡著，余思黎注解：《殊域周咨錄》卷二《東夷・日本國》，北京：中華書局 2000 年。

國號。

　　清朝作為"國家組織"的國號是"大清",也繼承"中國"作為領土主權的概念。康熙(1662-1722)於1689年用滿文、拉丁文、俄文與俄羅斯簽訂被視為中國史上第一份符合國際法規格的《尼布楚條約》(*Treaty of Nerchinsk*),在滿文的條文中以"中國"(Dulimbai Gurun)取代"大清國"(Daicing Gurun)。條文開頭就說:Dulimbai Gurun i Enduringge hvwangdi hesei jecen ba toktobuha amban(中國皇帝欽差定邊大臣)[1]。康熙在拉丁文的條文中用 Sinici Dominio 自稱"中國領土",不是"清國領土",用 Sinarum Imperatoris 自稱"中國皇帝",不是"大清帝國皇帝"[2]。《尼布楚條約》的滿文和拉丁文都使用"中國"與俄羅斯作為簽約的主權名稱,而不是使用"大清國"。滿文"Dulimba"是"中央"之意,"Dulimbai"是"中央的","Gurun"是"國","Dulimbai Gurun"就是"中國"。

　　《尼布楚條約》當時定義下的"中國"包括滿洲地區、蒙古地區在內的大清帝國所有領土,也包括台灣,其滿文的條文通稱"中國管轄領土"(gemu Dulimbai Gurun i harangga obume)。條約原文中譯是:"已流入黑龍江之綽爾河,即轄轕語所稱烏倫穆河附近之格爾必齊河為兩國之界。格爾必齊河發源處為大興安嶺,此嶺直達於海,亦為兩國之界:凡嶺南一帶土地及流入黑龍江大小諸川,悉歸中國;其嶺北一帶土地及川流悉歸俄羅斯。……又流入黑龍江之額爾古納河亦為兩國之界:河以南諸地盡屬中國(拉丁文:ut omnes terrae quae sunt ex parte meridionali ad Sinicum),河以北諸地盡屬俄羅斯。"滿文條文並把條約簽訂前居住在俄羅斯的蒙古人稱為"中國人"(Dulimbai Gurun i niyalma)。

　　另據《清聖祖實錄》卷二百四十六記載,1711年康熙皇帝更直接表明"中國"就是大清國的領土用語:"鴨綠江之西北係中國地方,江之東南係朝鮮地方,以江為界。土門江西南係朝鮮地方,江之東北係中國地方,亦以江為界,此處具已明白。"可見,"中國"一詞已成為國際法或憲法意義上

---

[1]　滿文版尼布楚條約,https://wikisource.org/wiki/ᠨᡝᡵᠴᡳ_ᡳ_ᡝᡷᡝ_ᠪᡳᡨᡥᡝ。

[2]　拉丁文版尼布楚條約,https://la.wikisource.org/wiki/Pactum_Nertschiae。

正式的領土主權的法律概念，而且當時台灣已是中國的一部分，滿族也名正言順稱為"中國人"，台灣居民不論是漢族或原住民族也都是法律上的"中國人"。

1720年，晚年的康熙論及天主教教皇克萊門十一世（Clement XI）禁止中國教徒"祭祖祀孔"時更說："海外如西洋等國，千百年後中國恐受其累……此朕逆料之言。"（《清聖祖實錄》卷二百七十）後乾隆帝（1736-1795）採同一立場，《清高宗實錄》卷七百八十四記載乾隆言："夫對遠人頌述朝廷，或稱天朝，或稱中國，乃一定之理。"是以"中國"成為國際法或憲法意義上各個朝代繼承自秦始皇的領土主權的通稱，且被視為近代國際法或憲法意義上具體存在的法律人格實體（legal person entity）。所以不論中國主權在國際法意義上是由取什麼國號的"國家組織"所代表，或用什麼"憲制規範"架構出國家組織或政府組織，"中國"都是上千年來國際法或憲法意義上已確定的"主權領土"、"領土主權"及"主權人格"的專有名詞。

僅管如此，"中國"在歷史上仍未被當作正式國號或國名使用，直到1911年辛亥革命，呼應孫文"驅逐韃虜，恢復中華"的號召，才於1912年正式定國號為"中華民國"，簡稱"中國"，開始有"中國人"的普遍稱呼出現。後來1949年"中華人民共和國"成立，繼承這一國際法或憲法定義，亦對外通稱"中國"或"新中國"。

2.1.4 "中國"在分裂時期的法律意義

在"中國"境內可能同時會出現許多國家組織，但因為元、明、清三代已確立中國是一個完整的主權領土，也是一個完整的領土主權，所以只有一個國家組織會被視為"主權國家"（sovereign state）。例如明朝末年，"大明"帝國這個國家組織還存在時，中國境內先後出現其他國家組織，舉如：1616年努爾哈赤（1559-1626）建立"大金國"，1644年初李自成（1606-1645）建立"大順國"。在崇禎皇帝死亡前，只有"大明帝國"才是國際法或憲法意義上的"主權國家"，"大金國"或"大順國"雖具有"國家組織"的部分要件，卻不是擁有"中國主權"的"主權國家"。

近代也有類似情形。1912 年 1 月 1 日"中華民國"宣告誕生，但"大清帝國"仍然存在，中國同時出現兩個國家組織，當時"大清帝國"在國際上是"主權國家"，"中華民國"則還是不擁有主權的"幼嬰國家組織"（infant state）。到了 1912 年 2 月 12 日"大清帝國"皇帝溥儀發佈《退位詔書》[1]，把中國主權明確地移轉給"中華民國"，這時"中華民國"才成為"主權國家"。後來由於社會主義在中國境內的發展，1931 年毛澤東（1893–1976）在瑞金成立"中華蘇維埃共和國"，1949 年在北京建立"中華人民共和國"。"中華人民共和國"擁有中國的"主權國家"的法律地位，"中華蘇維埃共和國"則屬於"幼嬰國家組織"，在國際法或憲法意義上不具備"主權國家"的法律地位，也是類似情形。

總之，"中國"一詞經此演化，代表秦漢至大清時期傳承下來的領土主權，在憲法和國際法秩序上代表著這個主權相關的權利義務載體，已無法律疑義。"中國"也是地球上一塊特定的土地上被居住其上的人民及鄰近國家都承認的可創設及確立（do ordain and establish）[2] 的一個且唯一的主權單位，儘管這塊土地的大小和邊緣部分時有變動，但不致影響其主要人口的居住區域和這一個主權單位的存在。就法律而言，主權是一種法律權利，是一種經由憲法和國際法秩序創設及確立出來的權利。就主權的承認而言，居住其上的人民全體的承認和同意代表著憲制規範，鄰近國家的承認和接受代表著國際法秩序。

---

[1] 清室退位詔書，https://zh.m.wikisource.org/zh-hant/ 清室退位詔書。

[2] Preamble of the Constitution of the United States of America, https://en.wikipedia.org/wiki/Preamble_to_the_United_States_Constitution.

2.2

領土主權的法理學定義

　　本書的論述焦點在於探討 "領土主權"（territorial sovereignty），尤其是中國的 "主權領土" 以及台灣的 "領土主權"。因此先就 "主權"（sovereignty）和 "領土"（territory）的意義，從法理學的層面予以敘明。"領土" 的定義相對單純，凡是有主權可歸屬的土地或已創設主權的土地（estate or land）就是 "領土"，沒有主權可歸屬的土地或沒有創設主權的土地就是 "無主之地"（terra nullius）。但是 "主權" 的定義就相對複雜，"領土" 是具有特殊法律性質的土地，"主權" 則是該特殊法律性質的權利概念。

　　但大部分憲法文本都視 "主權" 為不辯自明、理所當然的法律權力，未多作敘述。例如，《中華人民共和國憲法》第二條規定："中華人民共和國的一切權力屬於人民。"，這個 "一切權力" 推定是 "主權" 的同義詞。這部憲法只在序言出現一次 "主權" 的用語，僅用於確立外交政策的 "五項原則"，具體如下："中國堅持獨立自主的對外政策，堅持互相尊重主權和領土完整、互不侵犯、互不干涉內政、平等互利、和平共處的五項原則……"但這部憲法沒有對主權作出定義，或對其涵義作出說明。

　　另一例，《日本國憲法》"前言" 第一自然段宣佈："茲宣佈主權屬於國民，並制定本憲法。國政源於國民的嚴肅信託，其權威來自國民，其權力由國民的代表行使，其福利由國民享受。這是人類普遍的原理，本憲法即以此原理為根據。" 其第一條規定："天皇是日本國的象徵，是日本國民整體的象徵，其地位以主權所在的全體日本國民的意志為依據。""以主權所在的全體日本國民的意志" 這段條文揭示了全體日本國民是主權者的地位。另外在 "前言" 第三段又宣佈 "本國主權" 要遵守 "政治道德的法則"。日本憲法文本對 "主權"、"權威"、"權力" 也沒有多作說明，甚至沒有 "領土條款"，也未對 "領土" 作出規範或宣示。

2.2.1 主權的法理學分析

在法理上分析，憲法條文常只對主權的歸屬或運用作出規範，未對"主權"本身作出定義，都視主權為"不辯自明"的法律權力。所以"主權"的含義就必須從法理哲學、憲法理論及解釋、國際法學，或法律實務中去理解。

最早在法理哲學中提出"主權概念"是法國的博丹（Jean Bodin, 1530-1596），他在 1576 年撰寫的《共和國六論》（*Les Six Livres de la Republique*）中對"主權"所下的定義是："主權是共同體（commomwealth）所有的絕對且永久的權力"[1]。博丹所謂的"共同體""乃是一個正義的政府，擁有主權性的權力（sovereign power）"，擁有這種"主權性的權力"還必須是"絕對且永久"[2]的。"絕對性"意指沒有其他人或法人可以有高於這個權力的權力，或對這個權力進行限制或改變[3]。"永久性"是指沒有屆滿的期限，擁有者可以代代相傳。如果擁有者是君主，則君主可傳給下一代君主。如果擁有者是人民，則人民可傳給下一代人民。用博丹的說法是："國王從來都不會死去；國王的肉體一旦死去，他的最親近的男性子嗣在加冕前就已經取得王國的統治權，這一點是不容置疑的。"[4]"王室權利不能被放棄或剝離，也不能因任何時效的經過而被消滅。"[5]"在民主政體中……主權根植於民眾整體"[6]。但是也有主權讓渡的情形，例如羅馬法規定："人民已經將全部的權力讓渡給

---

[1] 博丹（Jean Bodin）著，富蘭克林（Julian H. Franklin）英文編譯，李衛海、錢俊文譯：《主權論》，北京：北京大學出版社 2008 年 12 月。

[2] 博丹（Jean Bodin）著，富蘭克林（Julian H. Franklin）英文編譯，李衛海、錢俊文譯：《主權論》，北京：北京大學出版社 2008 年 12 月，第 25–27 頁。

[3] 博丹（Jean Bodin）著，富蘭克林（Julian H. Franklin）英文編譯，李衛海、錢俊文譯：《主權論》，北京：北京大學出版社 2008 年 12 月，第 37 頁；凱爾森（Hans Kelsen）著，沈宗靈譯：《法與國家的一般理論（*General Theory of Law and State*）》，北京：商務印書館 2014 年，第 305–306 頁。

[4] 博丹（Jean Bodin）著，富蘭克林（Julian H. Franklin）英文編譯，李衛海、錢俊文譯：《主權論》，北京：北京大學出版社 2008 年 12 月，第 89 頁。

[5] 博丹（Jean Bodin）著，富蘭克林（Julian H. Franklin）英文編譯，李衛海、錢俊文譯：《主權論》，北京：北京大學出版社 2008 年 12 月，第 97 頁。

[6] 博丹（Jean Bodin）著，富蘭克林（Julian H. Franklin）英文編譯，李衛海、錢俊文譯：《主權論》，北京：北京大學出版社 2008 年 12 月，第 98 頁。

了皇帝（Ei et in eum omnem potestatem contulit）"[1]。這裏所說的 "全部的權力" 和中華人民共和國憲法第二條所說的 "一切權力"，意義相同，都是指 "主權"。

　　盧梭（Jean-Jacques Rousseau, 1712–1778）發展的法理哲學在 1762 年撰寫的《社會契約或政治權利原理》（Du Contrat Social ou Principes du droit Politique）[2] 裏。他說："每個人依著社會契約，只讓出他的需要由社會控制的那部分權力、財產和自由；…… 惟有主權體才能判斷哪個是需要的。"[3] "我們每個人都把自身和一切權力交給公共，受公意（general will）之最高的指揮，我們對於每個分子都作為全體之不可分的部分看待。" 盧梭認為，訂立社會契約的條款就是 "每個分子連同他的權利都完全讓予整個的社會"，"這種訂約的行為，立即把訂約的個體結成一種精神的集體。…… 這種集體，…… 從其被動方面稱之為 '國家'；從其主動方面稱之為 '主權'。"[4] 換言之，盧梭的社會契約理論把國家和主權視為一體兩面的概念，他申論 "社會契約在國家裏是一切權利的基礎"。憲法在盧梭眼中就是一種社會契約，"主權體對於國家的關係…… 規定這種關係的法律，稱為憲法，又稱為根本法。"[5]

　　在憲法理論及解釋方面，主權具體的 "絕對性" 定義出現在 1789 年法國大革命產生的《人權與公民權宣言》（The Declaration of the Rights of Man and of the Citizen）的第三條："任何主權的原則必須歸屬於國民全體。沒有團體、沒有個人可以行使主權所未明白授予的權威。"（The principle of any sovereignty resides essentially in the Nation. No body, no individual can exert

[1] 博丹（Jean Bodin）著，富蘭克林（Julian H. Franklin）英文編譯，李衛海、錢俊文譯：《主權論》，北京：北京大學出版社 2008 年 12 月，第 35 頁。

[2] 盧梭（Jean-Jacques Rousseau）著，徐百齊譯：《社約論（Du Contract Social）》，台北：台灣商務印書館 1999 年。

[3] 盧梭（Jean-Jacques Rousseau）著，徐百齊譯：《社約論（Du Contract Social）》，台北：台灣商務印書館 1999 年，第 42 頁。

[4] 盧梭（Jean-Jacques Rousseau）著，徐百齊譯：《社約論（Du Contract Social）》，台北：台灣商務印書館 1999 年，第 20–21 頁。

[5] 盧梭（Jean-Jacques Rousseau）著，徐百齊譯：《社約論（Du Contract Social）》，台北：台灣商務印書館 1999 年，第 28、71 頁。

authority which does not emanate expressly from it. 法文原文是：Le principe de toute Souveraineté réside essentiellement dans la Nation. Nul corps, nul individu ne peut exercer d'autorité qui n'en émane expressément.）這個法國憲法文件揭示，任何團體或個人不得行使主權所未明白授予的權威，主權是最高且絕對的法律權力，更是所有權威的來源，而且僅歸屬於"國民全體"（the Nation）。

這份 1789 年的法國憲法文件的起草人是西耶斯（Emmanuel Joseph Sieyes, or Abbe Sieyes, 1748-1836）。他在 1789 年 1 月出版知名的小冊子《第三等級是什麼？》（What is the Third Estate?），提出了著名的問答[1]："第三等級是什麼？是一切東西。第三等級迄今在政治秩序中是什麼？不是東西。第三等級想成為什麼？了不起的東西。"（What is the Third Estate? Everything. What has it been hitherto in the political order? Nothing. What does it desire to be? Something.）[2] 西耶斯的理論被認為是"制憲權"的創始理論，他主張把法國的"三級會議"（Estates-General）改為"國民議會"（National Assembly），而且只有第三等級才有制憲權。主權在第三等級，但第三等級選出的代表獨立表達的制憲意思，就是第三等級的制憲意思[3]。西耶斯所提倡的"制憲權"（constitution-making power）[4] 是人民的憲法權力和主權（constitional power and sovereignty），反映革命後的新的政治秩序[5]，也是人民主權（popular sovereignty）和制憲權的學說起源。主權和制憲權是一體兩面的政治權力，制憲權是主權在憲法上延伸的權力。沒有主權，就沒有制憲權。沒有制憲權，也談不上有主權。

換言之，這個制憲權理論認為一切憲法均以制憲權為前提，有主權才有

---

[1]　Emmanuel Joseph Sieyes, *What is the Third Estate?*, electronic copy, May 1789.

[2]　Ramon Maiz, "Nation and Representation: E. J. Sieyes and the Theory of the State of the French Revolution", University de Santiago de Compostela, Working Paper, no. 18, Barcelona, 1990.

[3]　林來梵：《憲法學講義（第二版）》，北京：法律出版社 2015 年，第 95-115 頁；韓大元、林來梵、鄭賢君：《憲法學專題研究（第二版）》，北京：中國人民大學出版社 2008 年，第 117-132 頁。

[4]　蘆部信喜著，王貴松譯：《制憲權》，北京：中國政法大學出版社 2012 年，第 3-57 頁。

[5]　Nimer Sultany, *Law and Revolution: Legitimacy and Constitutionalism After the Arab Spring*, Oxford University Press, 2017, p. 237.

制憲權，有制憲權才有憲法，有憲法才有立法權。制憲權高於立法權，擁有主權的人民才有制憲權。相對地，"君權神授"的君主主權論（monarchy sovereignty）中，君主擁有制憲權，日本明治天皇之於明治憲法就是如此。人民主權建立在 "統治者要獲得被統治者同意" 的原則上（the consent of the governed），但人民不是同質的，經常是多元的。就憲法學來說，先確定領土範圍，再確定人民的範圍，領土範圍內有著多元、多語言、多文化、多民族的人民是常態，於是人民的憲法意義是特定領土範圍所造成的 "人民" 集合體 [1]。因此，特定領土範圍內的人民會有地域、階級、種族、民族、左右派、針對特定問題的多數與少數，以及歷史性的條件等因素，從而產生各種領土的法律性質與治理方式的差異，這是憲法出現領土條款的主要原因 [2]。

主權（sovereinty）用現代法律語言詮釋，是一種法律權力或權利（power or right），跟其他法律權力或權利一樣，是經過創設、確立或施行（do ordain, establish or practice）從而產生的法律權力或權利。主權包含制憲權、憲法管轄權（constitutional jurisdiction）[3]、領土主權（territorial sovereignty）或其他主權權利（sovereign rights）[4]。

制憲權的主權就是建立統治體制、憲制規範、憲法秩序、制定和修訂憲法的權力，以及支配立法權、行政權、司法權和對外簽訂條約、發動戰爭等功能的上位權力，亦即法理上控制整個國家組織或政府組織的最高權力。沒有制憲權，就談不上主權。主權是共同體（commonwealth）所有的支配權力，至於主權歸屬於共同體的特定家族或全體人民，則決定該共同體是君主

[1] Laurence H. Tribe, Thomas K. Landry, "Reflections on Constitution-Making", *American University International Law Review*, vol. 8, issue 2, 1992-1993, pp. 627-646.

[2] Karl Loewenstein, "Reflections on the Value of Constitutions in Our Revolutionary Age", in Arnold J. Zurcher (ed.), *Constitutions and Constitutional Trends since World War II: An Examination of Significant Aspects of Postwar Public Law with Particular Reference to the New Constitutions of Western Europe*, Westport, Conn.: Greenwood Press, 1975, pp. 191-224.

[3] Stephen Gardbaum, "Revolutionary Constitutionalism", *International Journal of Constitutional Law*, vol. 15, issue 1, January 1, 2017, pp. 173-200.

[4] Hermann Heller, *Sovereignty: A Contribution to the Theory of Public and International Law*, Oxford University Press, 2019.

制或共和制。因此共同體是具有主權的政治組織，共同體主權的實施必須是在一定土地範圍內具有 "排他性" 的支配權力，沒有排他性就沒有絕對性的支配權力。"排他性" 必須實施在特定的土地範圍內的事實是形成主權的充分且必要的條件。這時候的共同體不只是一個社會組織，而是一種擁有特定主權領土（defined sovereign territory）的政治組織，這種共同體就是本書討論的 "主權國家"（sovereign state）。

依人類歷史的發展經驗，共同體作為一種政治組織，可能是美國人類學家 Elman Service（1915-1996）所說的部落（tribe）、酋邦（chiefdom）或國家（state）等性質的政治組織。主權是共同體所擁有的支配性、排他性、絕對性、永久性的權力，這四種權力自然會產生對人及對地的適用範圍，而有屬人及屬地的觀念，最後產生領土的法律概念。現代憲法學和國際法學則只承認國家是擁有主權領土或領土主權（territorial sovereignty）的政治組織，領土內因治理方式的不同，分別被定義為人民、屬民、國民的成員，都成為主權的規範對象，部落或酋邦則不具備這項權力要件 [1]。Carl Schmitt 認為主權領土上同質性的人民在保持自我意識的情況下行使制憲權就成為國家主權正當性的來源，但 Carl Schmitt 忽略人民常是多元異質性的 [2]。

在國際法學的邏輯上不可能出現沒有擁有領土的主權，也不可能出現沒有主權管轄的領土，因為主權的法律意義與領土的法律意義是相互定義的概念。事實上卻可能出現不受主權管轄的人民，或不歸人民擁有的主權，人民和主權不是相互定義的法律概念。因此國家作為一種政治組織，必定是擁有領土主權的共同體或政治組織，而且在法理上只有國家這種共同體或政治組織才會擁有主權的法律權力。有了國家形態的共同體或政治組織後，才會有內部是由誰持有或行使主權的問題，例如君主、議會、人民、教會、政黨等，但是前提仍然是該共同體或政治組織必須是擁有領土主權的國家組織。

1648 年威斯特伐利亞條約（*Peace of Westphalia*）揭示了神權、教會或

---

[1] 陳怡凱：《同質性與異質性：Carl Schmitt 的正當性概念析論》，台灣大學法律研究所碩士論文，2006 年。

[2] 張旺山：《國家的靈魂：論史密特的主權概念》，《政治與社會哲學評論》（*A Journal for Philosophical Study of Public Affairs*）2005 年 3 月 1 日第 12 期，第 95-140 頁。

羅馬天主教的權威不得高於國家主權，終結了神聖羅馬帝國結合羅馬天主教廷施加於歐洲各邦國的權威，突出了國家主權的最高的、絕對的權力性質，除了梵蒂岡外，教會不再是國家主權的擁有者。國家可以選擇宗教，羅馬教廷不可凌駕於國家之上。這個條約常被引申為宗教信仰隨各國自定（the principle of curius regio, eius religio）、主權國家和平共存（peaceful coexistence among sovereign states）、邊界不可侵犯（the inviolability of borders）、主權國家內部事務不得干涉（non-interference in the domestic affairs of sovereign states）、每個國家對其領土都有排他性的主權（each state has exclusive sovereignty over its territory）等現代國際法和憲法的原則。雖然這些原則是否真的來自威斯特伐利亞條約是有爭論的，但《聯合國憲章》第二條第七款也採納了這項不干涉內政原則（nothing contained in the present Charter shall authorize the United Nations to intervene in matters which are essentially within the domestic jurisdiction of any state）。但這些國際法的原則在憲法層面都視為不證自明、不需宣示、不需規範、不需訂條文的立國制憲的不成文基本原則。

1933 年《蒙特維多國家權利義務公約》（*Montevideo Convention on the Rights and Duties of States*）的第一條規定就是從邏輯上國家應具備的四個要素對 "國家" 進行定義，即確定領土（a defined territory）、永久人口（a permanent population）、有效政府（goverment）、外交能力（capacity to enter into relations with the other states）。雖然沒有直接定義 "主權"，卻間接以定義具有排他性的 "確定領土" 作為 "主權領土" 的國家要件，以定義 "永久人口" 間接詮釋主權的永久性，而 "有效政府" 和 "外交能力" 則是國家行使 "國家權利和義務" 的基本的運作條件，不是國家或主權本身的定義。有些加盟共和國（constituent republic or union republic）、扈從國家（bandwagoning state）或附屬國家（associated state）並不具備自主的外交能力，也不被視為 "國家" 或 "主權國家"。

國際政治學者 Stephen D. Krasner 提出國際關係的 "政制理論"（Regime

Theory）[1]，並對"主權"做出三種分類和定義。第一種是"國際法律主權"（international legal sovereignty），即廣泛被其他國家承認的領土統治權利，常規地簽訂條約及國際公約、參加國際組織或取得聯合國的會員國資格的權利。第二種是"威斯特伐利亞主權"（Westphalian sovereignty），即制度性的領土最高統治權力，完全自治，不受制任何明顯的外在政治勢力的干涉，尤其是非志願、非互惠、被迫的干涉。第三種是"國內主權"（domestic sovereignty），即統治者能有效控制邊界以內的事物，犯罪和極端政治團體無法達到挑戰既有政治秩序的程度，國際資本流動、資訊交換、或其他形式的分裂勢力同樣可受控制，不致威脅統治者和統治機構。

　　Stephen D. Krasner 這種主權的定義和分類雖然在解釋國際關係的變化有相當的概念解釋力，但也有明顯的概念混用的問題。第一種"國際法法律主權"等同於《蒙特維多國家權利義務公約》所定義的"外交能力"。第三種"國內主權"事實上可以完全用"國內管轄權"（domestic jurisdiction）的概念替換，而前兩者卻不行。例如 1945 年第二次世界大戰後，美國佔領琉球群島，先後成立琉球軍政府和琉球民政府，按照 Stephen D. Krasner 的定義，美國當時對琉球群島擁有完整的"國內主權"，但美國自己並不如此認定，連日本、中國和其他鄰近國家也不認為美國擁有任何琉球群島的"主權"，只認為美國有"管轄權"而已。所以第三種"國內主權"是定義的混用和錯誤的名詞使用。至於第一種"國際法律主權"和第二種"威斯特伐利亞主權"是相互定義的名詞和概念，"威斯特伐利亞主權"是"國際法律主權"的基礎，擁有"威斯特伐利亞主權"的國家組織必定擁有"國際法律主權"，但相反則未必如此。例如蘇聯時代的白俄羅斯和烏克蘭雖是聯合國的會員國，卻不擁有"威斯特伐利亞主權"，而且不可能有一個國際公約或國際組織完全由這種不具備"威斯特伐利亞主權"的會員國所組成。有近代國際關係學者認為歐盟會員國讓渡出部分的主權權利（sovereign right）給歐盟，所以"威斯特伐利亞主權"已經被"消損"（depletion），甚或已不存在。

---

[1]　Stephen D. Krasner, *Problematic Sovereignty: Contested Rules and Political Possibilities*, New York: Columbia University Press, 2001, pp. 141–150.

這種說法是倒因為果：正因為這些會員國擁有 "威斯特伐利亞主權"，才具備資格簽訂相關國際公約，並能獲得公平互惠的待遇，這不是 "主權消損"（soereignty depletion），而是 "主權互惠"（sovereignty reciprocity）。"威斯特伐利亞主權" 仍然是探討領土主權的核心概念 [1]。

2.2.2　社會契約論與領土條款

主權的法理學分析常以 "社會契約論" 假定領土上所有人民具有法理上 "共同簽訂社會契約" 的同質性，而刻意忽略領土上的人民存在民族、階級、宗教、地域等重大差異，可能會產生主權實際運作或領土實施管轄時需要差異化治理的問題。有些憲法不從領土條款的角度去考慮少數民族的治理問題，例如《美國聯邦憲法》不從領土的角度考慮印地安人、黑人等少數民族的治理問題，但反而從地域的角度考慮歐洲白人移民如何在新領地取得新的州權問題；有些憲法會特別考慮民族因素，例如《俄羅斯聯邦憲法》給予少數民族組建 "自治共和國" 的權利，形成 "一個多民族的聯邦國家"；《中華人民共和國憲法》則規定 "統一的多民族國家" 體制，賦予少數民族地區可成立 "自治區" 的制度，同時也考慮歷史性的地域問題而創設 "一國兩制"，賦予香港、澳門 "設置特別行政區" 的制度。這些思考的角度都值得在研討台灣的領土主權問題時有所參酌。

"社會契約論" 式的憲法文本可以《美國聯邦憲法》為例加以說明。其序言僅有一段，開宗明義就以 "契約" 或 "合同" 的格式揭示 "我們合眾國人民"（We the people of the United States），不是 "我們合眾國的人民們"（We the peoples of the United States），其立論基礎就承認有很多 "眾國"（States），不承認美國有其他民族（nations）或多元人民們（peoples）的特別地位或權力。美國聯邦憲法文本也無其他條款賦予少數民族或種族特殊地位和權利，而假設民族或種族差異不存在，僅以社會契約論個人的基本人權為基礎

[1]　沈宗靈著，林文雄校訂：《法理學》，台北：五南圖書出版股份有限公司 2007 年。

作為憲法架構的基礎。正因為不承認民族或種族差異，以及少數民族或種族的特殊地位，只承認"眾國"的特殊地位，美國憲法賦予每個州（眾國）不論人口多寡，不論面積大小，都擁有固定的聯邦參議員席位兩席，而且也有聯邦眾議員最低名額的保障。反而美國黑人種族在美國參眾議員的席次沒有特殊保障，永遠與黑人的人口比例有很大的差距，形成人權不如州權的憲法結構。美國黑人也缺乏"民族或種族自治區域"的憲法保障架構，沒有民族或種族自治郡縣，更沒有民族或種族自治州市。黑人在美國是一個客觀存在的種族，種族的特殊性還高於人類學定義下的民族，但黑人沒有自己的種族或民族語言，形成美國只有種族結構的社會事實，卻沒有民族結構的國家體制。

美國聯邦憲法的思考層次是以盧梭的"社會契約論"為基礎的，憲法是"人民的契約"，憲法序言是契約目的，不是歷史敘事，所以會出現 We the People of the United States, in Order to ... provide for ... promote ... and secure ... do ordain and establish ...〔我們合眾國人民……為了要……提供給……促進……及確保……制定（創設）及確立……〕。這完全是一份民事契約起頭的文字表述方式。這種"社會契約論"式的憲法序言假設簽訂契約的當事人是同質而且"人人平等"的，完全不考慮客觀上可能存在的"種族和民族"的不平等以及人民的多元異質性，不賦予少數種族或民族以特殊地位和權利，甚至在《美國獨立宣言》中直接將印地安人定位為必須被鎮壓的"殘忍的印地安野蠻人"（the merciless Indian savages）。美國獨立時的印地安人的人口數量與白人相當，都還得不到同等待遇，當然也就不會有針對民族或種族訂定的憲法領土條款。另外，美國憲法考慮到"合眾國"（united states）內部的"眾國"之間可能有"國國不平等"的問題，特別設計出"統一的合眾國"架構，給予"小國"特殊待遇，包括國會席次設計、總統選舉人團設計等。

相對的，《中華人民共和國憲法》的憲法結構承認多民族的存在，賦予少數民族特殊的待遇和地位，呈現出不同的領土治理方式，中國被定義為

"統一的多民族國家"，英文正式翻譯是 a unitary multinational state[1]。中國是一個"統一的國家"，不是"合眾國"，不是"一個民族建立一個國家"的"民族國家"（nation-state），也不是"一個國家突出一個民族"、任由"一個民族統治其他民族的國家"。中國的領土主權源自歷史上的中國主權，尤其大清帝國宣統皇帝"遜位詔書"所定義的"五族完全領土"是近代中國主權領土的涵蓋範圍，而不是一群人在同質性的假設前提下，平等地簽立一份"社會契約"所確立的領土範圍。中國領土上所有民族的憲法平等權利被承認，少數民族的特殊地位和權利被特殊保障，但不得有"地方民族主義"，不得分裂國土。

這種"統一的多民族國家"更被延伸至"一國兩制"，處理澳門、香港、台灣等地方的特殊的歷史地域問題。這三個地域的主要居民並非不同於中國大多數人口所屬的漢族，這三個地域的領土也非中國對外侵略所取得的殖民地。這三個地域是近代中國遭葡萄牙、英國、日本和美國勢力滲透的結果。這個結果正面、負面兼具。正面的結果是這三個地域是中國與英日美列強接觸，並引進西方社會發展經驗的重要站點。負面的結果是這三個地域也是英美日列強壓制中國崛起的反中基地，早有不同於中國內地的社會、經濟和政治體制，以及意識形態[2]。"一國兩制"承認這個正負面兼具的歷史現實，賦予港澳"高度自治權"，比"統一的多民族國家"所賦予的"少數民族自治權"有著更高、更寬廣的權利範圍。"一國兩制"可說是"統一的多民族國家"思路的高跨度延伸。

2.2.3 領土與多民族國家的問題

有些國家的憲法文本鑒於領土上居住有不同民族，必須實施不同程度的差異性法制，所以承認其國家由多民族組成，憲法上的領土條款亦因而配合

---

[1] 翟志勇：《憲法何以中國》，香港：香港城市大學出版社 2017 年，第 195–200 頁。

[2] Roxanne Lynn Doty, "Sovereignty and the Nation: Constructing the Boundaries of National Identity", in Thomas J. Biersteker and Cynthia Weber (eds.), *State Sovereignty as Social Construct*, Cambridge University Press, 1996.

制定有關於少數民族實施差異化管轄的特殊條款，例如《俄羅斯聯邦憲法》和《中華人民共和國憲法》。另外有些國家的憲法文本並未承認領土內有多民族的存在，或有實施少數民族差異化管轄的必要，其憲法文本並無針對少數民族居住地區制定特別的領土條款，例如《美國憲法》和《中華民國憲法》。台灣的領土主權問題並非少數民族的問題，本質上起源於少數派的政黨或殘存的舊有政權持續在少部分領土上實施管轄權的問題。但討論某些憲法文本有關少數民族的領土條款，對於研究台灣的領土主權問題仍有比較參酌的價值。

近代的憲法學或國際法學理論常將"道德原則"運用於闡釋領土主權為政治少數群體提供憲法保護原則，例如：Anna Stilz（2019）主張國家的領土主權必須立基於實際佔領（occupancy）、基本正義（basic justice）、集體自決（collective self-determination）三項核心價值之上，特別是涉及政治少數的內部自治（internal autonomy for political minorities）、移民（immigration）、自然資源保護等"基本正義"[1]。這代表另一條法理哲學的思路，即把主權跟主權實施的道德性聯繫起來，主權除了權力本質外，還要具備道德基礎。憲法以領土條款或其他方式保障政治少數的文本被視為一種憲法上必要的"基本正義"。這與日本憲法前言宣示"本國主權"要遵守"政治道德的法則"的概念相同。近年來英國的蘇格蘭、加拿大的魁北克、西班牙的加泰羅尼亞都興起以地方民族主義為名的政治少數問題，它們是否能在有體系的憲制規範下解決，是當代憲法理論很大的挑戰[2]。

從 1949 年《中國人民政治協商會議共同綱領》開始，五四憲法、七五憲法、七八憲法，到八二憲法，都以間接的方式宣示中國多民族的地域性可能需要面對領土治理方式差異化的問題。這證實人民的多元異質性，以民族的差異性表現出來，而且分佈在特定區域裏，因此憲法規範中也以不同的領土治理方式同步呈現出來。民族是以語言、文字、血緣、生活文化構成的人群集合體，多民族存在中國領土之內是個客觀的事實。雖然有著"中華民

---

[1]　Anna Stilz, *Territorial Sovereignty: A Philosophical Exploration*, Oxford University Press, 2019.

[2]　屠凱：《西方單一制多民族國家的未來》，《清華法學》2015 年第 4 期，明德公法網，http://www.calaw.cn。

族"的概念，但中華民族並非人類學裏的民族概念，而是中國領土內各民族的統稱。

各民族的居住地區過於分散混雜，容易導致"分類械鬥"，但這是資源分配的治安層次問題。各民族若過度集中於居住地，可能會有領土分裂的隱憂。大清宣統皇帝的"遜位詔書"特別提及"仍合滿、漢、蒙、回、藏五族完全領土為一大中華民國"，它就是一份率先宣示"統一多民族國家"以及"多民族不分裂"，維持"五族完全領土"之立國原則的中國憲法文獻。[1]

宣統"遜位詔書"提及"大中華民國"的時空背景，意指 1911 年 12 月 29 日孫文在南京被"各省都督府代表會"選任為"臨時大總統"的"中華民國"是"小中華民國"，也只是"民軍"的政治組織。北京的由宣統"遜位詔書"授權"即由袁世凱以全權組織臨時共和政府"的國家組織才是"大中華民國"，袁世凱的臨時共和政府才有權代表"大中華民國"與"民軍"協商統一辦法，否則南京與北京會形成南北對峙。而南北不合併，"小中華民國"只是"民軍組織"所轄的分裂領土，也是國際法上尚未獲得承認的"幼嬰國家"（Infant State）。

《中國人民政治協商會議共同綱領》第五十條規定："中華人民共和國地內各民族一律平等，……使中華人民共和國成為各民族友愛合作的大家庭。"承認"各民族"的存在，並論述"大家庭"的必要性，這是迂迴論述的領土條款，亦即中國存在多民族，多民族居住地皆為中國領土。第五十四條的外交政策規定，"為保障本國獨立、自由和領土的完整"，在國際上接壤鄰國所承認的中國領土範圍內，不得有民族以居住地推動中國領土分裂，也具備反對"帝國主義、霸權主義、殖民主義"煽動多民族各自獨立、割裂中國領土的憲法立場。

五四憲法至八二憲法均以"統一的多民族國家"的文字接續宣示這一立國的基本立場，這是訂立刑法相關處罰條款和 2005 年《反分裂國家法》的憲法基礎。五四憲法序言第五自然段規定"我國各民族已經團結成為一個自

---

[1] 賴駿楠編：《憲制道路與中國命運：中國近代憲法文獻選編（1840-1949）（上卷）》，北京：中央編譯出版社 2017 年，第 362 頁。（以下引文直錄賴駿楠編、卷冊及頁碼，不復做注）

由平等的民族大家庭。……反對各民族內部的人民公敵、反對大民族主義和地方民族主義"，五四憲法第三條規定"中華人民共和國是統一的多民族的國家。……各民族自治地方都是中華人民共和國不可分離的部分"，直接挑明實行民族自治的地方都是不可分離的部分。

七五憲法第四條規定："中華人民共和國是統一的多民族的國家。實行民族區域自治的地方，都是中華人民共和國不可分離的部分。各民族一律平等。反對大民族主義和地方民族主義。"它更直接挑明"區域自治"問題，這比五四憲法未提"區域"兩字，更具有"領土"的意涵。它強調實行民族"區域"自治的"地方"都是不可分離的部分，要反對"地方民族主義"。這部分是將五四憲法的序言部分改移入憲法條文。

七八憲法沿用七五憲法第四條的規定，仍排序第四條。八二憲法則將"統一的多民族國家"、"反對地方民族主義"納入序言第十一自然段，"民族自治地方都是不可分離的部分"則仍然放在第四條內。"統一的多民族國家"、"反對地方民族主義"、"民族自治地方都是不可分離的部分"這三個要素構成間接性質的領土條款，雖未明文規範"領土範圍"，但意涵直指多民族可能是分裂領土的因子，承認中國是多民族國家，但必須是"統一的"。要統一又要有民族自治，必然要宣示民族自治地方也是中國領土不可分離的部分，所以要反對地方民族主義。這三個要素在不同時期憲法文本有不同的規範方式。有時在序言宣示，有時在正文規定。有時三要素擺在一起呈現，有時分開出現。這種憲法的規範意義顯示，一種領土條款在同一個主權的法律地位之下，可以有不同的治理方式。

2.3

中華民國憲法的領土條款

　　1945 年 8 月 15 日日本無條件投降至 1949 年 10 月 1 日中華人民共和國成立，這段期間行使中國主權和台灣領土主權的國家組織是中華民國。1945 年至 1947 年間施行的憲制規範是《中華民國訓政時期約法》，之後才由《中華民國憲法》取代。1946 年 12 月 25 日《中華民國憲法》在南京制定通過，可稱為《南京憲法》，1947 年 12 月 25 日正式施行；不到半年，1948 年 4 月 18 日即另行制定《動員戡亂時期臨時條款》。自此以後，《中華民國憲法》的憲政實際運作以《動員戡亂時期臨時條款》為準據，《中華民國憲法》許多重要條款處於凍結狀態。1950 年前後的《中華民國憲法》有著相當不同的法律意義，1950 年之前的《中華民國憲法》是 "主權國家" 的憲法，1950 年之後，則不再具備這項法律特質，本書第六章及第七章會有專題分析。這個《臨時條款》分別於 1960 年 3 月、1966 年 2 月、1966 年 3 月、1972 年 3 月修訂四次，直到 1991 年 4 月 22 日才廢止，1991 年 5 月 1 日改增訂《"中華民國憲法" 增修條文》，又稱《台北增修條文》。《台北增修條文》又分別於 1992 年 5 月、1994 年 8 月、1997 年 7 月、1999 年 9 月、2000 年 4 月、2005 年 6 月修訂六次。但這個《台北增修條文》僅適用於 "統一前的自由地區"。

　　這部《中華民國憲法》僅在第四條規定："中華民國領土，依其固有之疆域，非經國民大會之決議，不得變更之。" 這屬於領土條款之規範。第一百四十八條規定："中華民國領域內，一切貨物應許自由流通。" 所謂的 "領域" 有 "領土範圍內" 的含義。但《中華民國憲法》都未對 "領土"、"固有之疆域"、"領域" 有明確的定義。"固有之疆域" 常被稱作 "固有領土"，被定義為 "該地域有史以來一直屬於某國領有，即使現在該地域被他國佔有，但某國仍然保有取回該地域的權利"的意思表示 [1]。

2.3.1 《動員戡亂時期臨時條款》

《動員戡亂時期臨時條款》除了 1972 年 3 月修訂《臨時條款》第六條第一款和第二款時出現"自由地區"和"大陸光復地區"的用語外，均未涉及有關領土的事項。1972 年 3 月修訂之《臨時條款》第六條第一款原文是："在自由地區增加中央民意代表名額，定期選舉"，第二款原文是："大陸光復地區次第辦理中央民意代表之選舉"。在法理上這次修訂的《臨時條款》把"中華民國領土"劃分為"自由地區"、"大陸光復地區"、"大陸未光復地區"，其中"自由地區"專指台灣、澎湖、金門、馬祖。

2.3.2 《台北增修條文》

《台北憲法增修條文》則沿用《動員戡亂時期臨時條款》的用詞"自由地區"，但不再使用"大陸光復地區"，而直接使用"大陸地區"。《增修條文》第一條、第二條、第四條皆使用"自由地區"一詞，第十一條則出現"大陸地區"，原文是："自由地區與大陸地區間人民權利義務關係及其他事務之處理，得以法律為特別之規定。"於是隨之在 1992 年制定《台灣地區與大陸地區人民關係條例》，以及在 1997 年制定《香港澳門關係條例》。1992 年 5 月《增修條文》增訂第十二條"總統、副總統由中華民國自由地區全體人民選舉之"，亦使用"自由地區"一詞。嗣後《增修條文》的修訂對"自由地區"、"大陸地區"的用語並無改變，因此按《台北增修條文》的規定，"中華民國領土"劃分為"自由地區"和"大陸地區"，"中華民國"的政權機制全部從"自由地區"產生，"中華民國"的管轄權不及於"大陸地區"，間接承認"大陸地區"存在另一個管轄機制。

---

[1] 彭明敏、黃昭堂、李明峻：《台灣的法地位（一）》，《台灣國際法季刊》2015 年 3 月第 12 卷第 1 期，http://lawdata.com.tw/tw/detail.aspx?no=287935，第 155-163 頁。

2.3.3 固有之疆域

依《中華民國憲法》第四條規定，中華民國憲法規定的"領土"就等於 "固有之疆域"，但是"固有之疆域"意義為何，就要從"固有"的憲法性文獻去解析。

1908 年 8 月 27 日大清帝國公佈《欽定憲法大綱》第一條規定："大清皇帝統治大清帝國，萬世一系，永永尊戴。"但沒有領土條款說明"大清帝國"的領土範圍。[1]

1911 年 11 月 3 日大清帝國公佈《憲法重大信條》，共計十九條，並無領土條款。其第一條僅規定："大清帝國皇統萬世不易"[2]，但不清楚所謂"皇統"僅指皇室繼承權，或是也包括領土範圍。

1911 年 12 月 3 日由"各省都督府代表聯合會"公佈的《中華民國臨時政府組織大綱》[3]並無領土條款。

1912 年 3 月 8 日中華民國南京臨時政府參議院通過的《中華民國臨時約法》第三條規定："中華民國領土為二十二行省、內外蒙古、西藏、青海。"[4] 這是"半列舉式"的領土條款，"二十二行省"的定義及涵蓋的範圍可能發生變動，內外蒙古、西藏、青海並非"行省"。

1913 年 10 月 31 日由北京的中華民國國會選舉產生"憲法起草委員會"，在天壇祈年殿起草《中華民國憲法草案》，稱《天壇憲草》，因袁世凱反對，制憲過程未完成。該"憲草"的領土條款訂於第二條，規定："中華民國國土，依其固有之疆域。國土及其區劃，非以法律，不得變更之。"[5]

---

[1] 賴駿楠編：《憲制道路與中國命運：中國近代憲法文獻選編（1840-1949）（上卷）》，北京：中央編譯出版社 2017 年，第 295 頁。

[2] 賴駿楠編：《憲制道路與中國命運：中國近代憲法文獻選編（1840-1949）（上卷）》，北京：中央編譯出版社 2017 年，第 328 頁。

[3] 賴駿楠編：《憲制道路與中國命運：中國近代憲法文獻選編（1840-1949）（上卷）》，北京：中央編譯出版社 2017 年，第 350 頁。

[4] 賴駿楠編：《憲制道路與中國命運：中國近代憲法文獻選編（1840-1949）（上卷）》，北京：中央編譯出版社 2017 年，第 355 頁。

[5] 賴駿楠編：《憲制道路與中國命運：中國近代憲法文獻選編（1840-1949）（上卷）》，北京：中央編譯出版社 2017 年，第 461 頁。

這是有"固有之疆域"首度出現的憲法文件。這條規定也正是 1946 年《中華民國憲法》第四條規定的原型，以"固有之疆域"作為中華民國之"國土"或"領土"。但此時所說的"固有之疆域"是否可推定為 1912 年《中華民國臨時約法》所規定的"二十二行省、內外蒙古、西藏、青海"，尚待進一步審酌。

　　1914 年 5 月 1 日袁世凱公佈的《中華民國約法》，稱《袁記約法》或《民三約法》（民國三年約法），其第三條規定："中華民國之領土依從前帝國所有之疆域。"[1] "從前帝國"指大清帝國，即以大清帝國"所有之疆域"作為"中華民國之領土"，又比"固有之疆域"更具體，而且沒有"非以法律，不得變更之"的領土變更條款。

　　《袁記約法》最特殊之處是將大清皇帝的"優待條件"規定在第六十五條："中華民國元年二月十二日所宣佈之大清皇帝辭位後優待條件，清皇族待遇條件，滿蒙回藏各族待遇條件永不變更其效力。其與待遇條件有關係之蒙古待遇條例，仍繼續保有其有空效力。非依法律不得變更之。"這個條文與宣統皇帝在 1912 年 2 月 12 日發佈的《遜位優待詔書》有關，其內容如下：

　　　　朕欽奉隆裕皇太后懿旨：前以大局阽危，兆民困苦，特飭內閣與民軍商酌優待皇室各條件，以期和平解決。茲據覆奏，民軍所開優禮條件，於宗廟陵寢永遠奉祀，先皇陵制如舊妥修各節，均已一律擔承。皇帝但卸政權，不廢尊號。並議定優待皇室八條，待遇皇族四條，待遇滿、蒙、回、藏七條。覽奏尚為周至。特行宣示皇族暨滿、蒙、回、藏人等，此後務當化除畛域，共保治安，重睹世界之昇平，胥享共和之幸福，予有厚望焉。

　　《遜位優待詔書》又與同日發佈的《遜位詔書》成為相互呼應的配套文件。《遜位詔書》（退位詔書）內容有：

---

[1]　賴駿楠編：《憲制道路與中國命運：中國近代憲法文獻選編（1840-1949）（上卷）》，北京：中央編譯出版社 2017 年，第 471 頁。

特率皇帝將統治權公諸全國，定為共和立憲國體。……即由袁世凱以全權組織臨時共和政府，與民軍協商統一辦法。總期人民安堵，海宇乂安，仍合滿、漢、蒙、回、藏五族完全領土為一大中華民國。[1]

換言之，清帝后的遜位優待條件包括皇室待遇、皇族待遇、"滿、蒙、回、藏人"的待遇，而優待條件又與遜位詔書的領土條款相呼應。這個領土條款"仍合滿、漢、蒙、回、藏五族完全領土為一大中華民國"可說是《中華民國憲法》"固有之疆域"的法源。"合滿、漢、蒙、回、藏五族完全領土"即是"從前帝國所有之疆域"，即《袁記約法》定義的"中華民國之領土"。

1912 年 2 月 12 日宣統皇帝《遜位詔書》使用的領土條款用語，和 1912 年 1 月 1 日孫文就任中華民國臨時大總統發佈的《宣言書》雷同。孫文說："敢披瀝肝膽為國民告：國家之本在於人民，合漢、滿、蒙、回、藏諸地為一國"[2]。

1919 年 8 月 12 日由段祺瑞和徐樹錚組織的政團"安福俱樂部"所控制的"中華民國第二屆國會"起草的《中華民國憲法草案》，稱《安福憲草》或《民八憲法》，其第二條規定："中華民國國土及其區劃，非以法律，不得變更。"其文詞用語類似《天壇憲草》，但沒有"固有之疆域"的觀念，亦即沒有領土條款，卻有領土變更條款。[3]

1923 年 10 月 10 日曹錕公佈的《中華民國憲法》，稱《曹錕憲法》，其第三條規定："中華民國國土，依其固有之疆域。國土及其區劃非以法律，不得變更之。"[4]《曹錕憲法》的領土條款完全複製 1913 年"天壇憲草"的領土條款，距 1914 年袁世凱的《中華民國約法》只有九年，可以解釋兩者概念的定義是相通的，亦即"固有之疆域"等於"大清帝國所有之疆域"。另外，

[1] 賴駿楠編：《憲制道路與中國命運：中國近代憲法文獻選編（1840-1949）（上卷）》，北京：中央編譯出版社 2017 年，第 363 頁。

[2] 賴駿楠編：《憲制道路與中國命運：中國近代憲法文獻選編（1840-1949）（上卷）》，北京：中央編譯出版社 2017 年，第 362 頁。

[3] 賴駿楠編：《憲制道路與中國命運：中國近代憲法文獻選編（1840-1949）（上卷）》，北京：中央編譯出版社 2017 年，第 353 頁。

[4] 賴駿楠編：《憲制道路與中國命運：中國近代憲法文獻選編（1840-1949）（上卷）》，北京：中央編譯出版社 2017 年，第 564、592 頁。

1923 年曹錕的《中華民國憲法》規定的"國土"得以"法律"變更之，1946年《中華民國憲法》則規定"領土"得經"國民大會決議"變更之，兩者變更機制相異。

1931 年 5 月 12 日國民政府制定的《中華民國訓政時期約法》第一條規定："中華民國領土為各省及蒙古西藏。"[1] 這與 1912 年 3 月 8 日中華民國南京臨時政府參議院通過的《中華民國臨時約法》相同，均採用半列舉式的文字為"領土"下定義。

2.3.4　《五五憲草》

1936 年 5 月 5 日國民政府立法院通過宣佈、但尚未完成制憲審議程序的《中華民國憲法草案》，俗稱《五五憲草》，其第四條規定：

> 中華民國領土為江蘇、浙江、安徽、江西、湖北、湖南、四川、西康、河北、山東、山西、河南、陝西、甘肅、青海、福建、廣東、廣西、雲南、貴州、遼寧、吉林、黑龍江、熱河、察哈爾、綏遠、寧夏、新疆、蒙古、西藏等固有之疆域。中華民國領土，非經國民大會議決不得變更。[2]

這個憲法文獻是全列舉式的領土條款，外加概括式語詞"等固有之疆域"，但都未提及"台灣"，這是認知到台灣當時在法律上屬於日本領土的一部分，所以未包括在內，也未出現"台灣是中國神聖領土的一部分"的說法。"五五憲草"的領土條款在 1940 年的"期成憲草"並未修正。"期成憲草"的全名是"國民參政會憲政期成會五五憲草修正案"[3]。另外《五五憲草》

---

[1] 徐辰編：《憲制道路與中國命運：中國近代憲法文獻選編（1840-1949）（下卷）》，北京：中央編譯出版社 2017 年，第 90 頁。（以下引文直錄徐辰編、卷數及頁碼，不復做注）

[2] 徐辰編：《憲制道路與中國命運：中國近代憲法文獻選編（1840-1949）（下卷）》，北京：中央編譯出版社 2017 年，第 107 頁。

[3] 徐辰編：《憲制道路與中國命運：中國近代憲法文獻選編（1840-1949）（下卷）》，北京：中央編譯出版社 2017 年，第 268 頁。

第一百三十條規定："中華民國領域內，一切貨物應許自由流通，非依法律不得禁阻。"這是首次出現"領域"一詞的用語，也被引入 1946 年《中華民國憲法》的第一百四十八條規定："中華民國領域內，一切貨物應許自由流通。"

2.3.5　相關判例、解釋和法律

在台灣地區實際的司法判例中，對憲制規範上的領土也曾有裁定文獻。1982 年 12 月 31 日台灣當局"最高法院 71 年台上字第 8219 號判例"稱：

> 茲我國大陸領土雖因一時為"共產黨"所"竊據"，而使國家統治權在實際行使上發生部分之困難，司法權之運作亦因此有其事實上之窒礙，但其仍屬固有之疆域，其上之人民仍屬國家之構成員，自不能以其暫時之"淪陷"而變更其法律上之地位。[1]

此係用司法判例的方式確認"中華民國"的領土包括"大陸"，"中華民國人民"包括"大陸人民"。

但是 1993 年 11 月 26 日的台灣地區司法機構"釋字第 328 號解釋文"說："中華民國領土，憲法第四條不採列舉方式，而為'依其固有之疆域'之概括規定，並設領土變更之程序，以為限制，有其政治上及歷史上之理由。其所稱固有疆域範圍之界定，為重大之政治問題，不應由行使司法權之釋憲機關予以解釋。"換言之，司法權被認定無由或無權解釋"領土"或"固有之疆域"的範圍。

1998 年 1 月 2 日台灣當局制定的《領海及鄰接區法》第二條規定："中華民國主權及於領海、領海之上空、海床及其底土。"第三條規定："中華民國領海為自基線起至其外側十二浬間之海域。"第五條規定："中華民國領海之基線及領海外界線，由行政院訂定，並得分批公告之。"即只規定

---

[1]　https://mojlaw.moj.gov.tw/LawContentExShow.aspx?id=B%2C71%2C%E5%8F%B0%E4%B8%8A%2C8219%2C001&type=J1&kw.

"領海基線"，但迴避 "領土" 的用語及定義。換言之，"領海" 已不包括中國大陸沿海，但 "領土" 仍包括大陸地區。另於第七條第六款規定："大陸船舶通行中華民國領海，除依照台灣地區與大陸地區人民關係條例辦理外，並應遵守本法之規定。" 以此方法來處理大陸船舶。《台灣地區與大陸地區人民關係條例》則於第二條第一款規定："台灣地區：指台灣、澎湖、金門、馬祖及政府統治權所及之其他地區。" 第二款規定："大陸地區：指台灣地區以外之中華民國領土。" 這是延續《台北增修條文》第十條的規定，不過將 "自由地區" 改為 "台灣地區"。《台灣地區與大陸地區人民關係條例》第二十九條第一款規定："大陸船舶、民用航空器及其他運輸工具，非經主管機關許可，不得進入台灣地區限制或禁止水域、台北飛航情報區限制區域。" 這與《領海及鄰接區法》第七條第六款相呼應。[1]

---

[1] 朱維究：《台灣當局 "涉及兩岸關係立法" 之研究》，《比較法研究》1999 年第 3 期，第 414 頁。

2.4

中華人民共和國憲法的領土條款

中華人民共和國建國的憲法原則是從 1946 年提出的《和平建國綱領草案》開始，1949 年產生的《中國人民政治協商會議共同綱領》是具體的憲法綱領性文件，1954 年制定第一部《中華人民共和國憲法》，實施這部憲法二十一年後，接著制定 1975 年《中華人民共和國憲法》。1976 年 "文化大革命" 結束後，制定 1978 年《中華人民共和國憲法》。1978 年開始推動改革開放，於 1982 年制定現行《中華人民共和國憲法》。這些各個時期的憲法文本，大都有與台灣的領土主權問題有關的條款。

2.4.1 1946 年《和平建國綱領草案》

1946 年 1 月 16 日中國共產黨代表團在政治協商會議提出《和平建國綱領草案》，內容有 "遵守大西洋憲章、莫斯科宣言、開羅宣言、聯合國憲章及波茨頓四國宣言" 的主張，這是中國共產黨正式提及有關《開羅宣言》的憲法性文件，在法理上等於確認台灣重新歸屬於中國主權領土的一部分。這個《和平建國綱領草案》在 1946 年 1 月 31 日政治協商會議修正通過，具備憲法性文件的法律地位。[1]

2.4.2 1949 年《中國人民政治協商會議共同綱領》

1949 年 9 月 29 日中國人民政治協商會議決議通過的《共同綱領》第二條規定："中華人民共和國中央人民政府必須負責將人民解放戰爭進行到

---

[1] 徐辰編：《憲制道路與中國命運：中國近代憲法文獻選編（1840-1949）（下卷）》，北京：中央編譯出版社 2017 年，第 342-349 頁。

底,解放中國全部領土,完成統一中國的事業。"[1] 但並未就"全部領土"的範圍做出規範,但依當時的政治含義,"全部領土"顯然包括台灣、澎湖、金門、馬祖,否則不會有 1949 年 10 月 25 日爆發的金門古寧頭戰役、1955年 1 月 18 日浙江一江山島戰役、1958 年 8 月 23 日金門炮戰。在憲制規範的意義下,這些戰役是中華人民共和國履行《共同綱領》第二條規定的行動。其第五十五條並把當時的 "中華民國政府" 定義為 "國民黨政府",或以第五十六條定位為 "國民黨反動派"。此時"台灣當局"的定位是 "國民黨政府" 或 "國民黨反動派"。

2.4.3　1954 年《中華人民共和國憲法》

1954 年《中華人民共和國憲法》並無明確的領土條款,僅在序言第六自然段中就國際事務提出宣示 "我國根據平等、互利、互相尊重主權和領土完整的原則同任何國家建立和發展外交關係的政策",這時只有 "主權和領土完整的原則",而沒有後來憲法規範的 "五項原則"。憲法第三條規定了 "少數民族區域自治" 的領土管理條款:"中華人民共和國是統一的多民族的國家 …… 各少數民族聚居的地方實行區域自治。各民族自治地方都是中華人民共和國不可分離的部分。"這個條文又在 1978 年憲法條文第四條中呈現。1954 年《中華人民共和國憲法》不同於 "共同綱領",並未提及其他領土條款或統一台灣的相關規定。[2]

2.4.4　1975 年《中華人民共和國憲法》

1975 年《中華人民共和國憲法》無明確的領土條款,在序言第六自然

---

[1] 徐辰編:《憲制道路與中國命運:中國近代憲法文獻選編(1840-1949)(下卷)》,北京:中央編譯出版社 2017 年,第 453 頁。

[2] 徐辰編:《憲制道路與中國命運:中國近代憲法文獻選編(1840-1949)(下卷)》,北京:中央編譯出版社 2017 年,第 463 頁。

段中就國際事務提出宣示 "在互相尊重主權和領土完整、互不侵犯、互不干涉內政、平等互利、和平共處五項原則的基礎上，爭取和社會制度不同的國家和平共處"。這段序言是中華人民共和國憲法歷史上首度呈現的 "五項原則"。憲法條文第四條規定 "中華人民共和國是統一的多民族的國家。實行民族區域自治的地方，都是中華人民共和國不可分離的部分。" 雖就主權領土治理方式的廣泛意義作出規範，但僅提及 "實行民族區域自治的地方"，意指新疆和西藏，亦未涉及統一台灣和澎湖的規範，因為台灣在實際政治運作關係上屬於 "區域自治的地方"，但不是 "民族區域自治的地方"。

2.4.5　1978 年《中華人民共和國憲法》

1978 年《中華人民共和國憲法》明確以序言方式就台灣問題作出規範，提出 "解放" 的概念，間接規範 "武力統一" 的國家義務，其餘憲法雖有涉及領土問題，但無關台灣問題。可能是 1971 年 10 月 25 日聯合國第 26 屆大會 "第 2758 號決議案" 及 1972 年《中美上海公報》明確地結束了國際政治上 "兩個中國" 的政治現象，使 "一個中國" 原則成為重要議題，才延伸至憲法文本內，成為具體的憲法序言。由於較為明確的領土條款僅出現在序言中，並未出現在憲法條文內，因此有學者如殷嘯虎就認為，"現行憲法對領土問題未做規定"[1]。

1978 年《中華人民共和國憲法》在序言第七自然段首度規定："台灣是中國的神聖領土。我們一定要解放台灣，完成統一祖國的大業。""解放台灣" 等於揭櫫 "武力統一台灣" 是 1978 年憲法規定的基本責任，這與《共同綱領》規定的 "解放戰爭進行到底" 有著相同思維。

第八自然段中就國際事務提出宣示 "我們要在互相尊重主權和領土完整、互不侵犯、互不干涉內政、平等互利、和平共處五項原則的基礎上，建立和發展同各國的關係"，表達對 "主權和領土完整" 的堅持，但並未就主

---

[1] 殷嘯虎：《憲法關於領土問題規定研究》，《上海行政學院學報》2009 年第 4 期，第 74–82 頁；童之偉：《中國憲制之維新》，香港：香港城市大學出版社 2016 年。

權領土的具體意義作出規範。這"五項原則"在 1982 年憲法中也以序言第十二自然段表述出來。此外，憲法條文第四條規定"中華人民共和國是統一的多民族的國家……各少數民族聚居的地方實行區域自治。各民族自治的地方都是中華人民共和國不可分離的部分"，就主權領土治理方式因應人民的多元異質性作出規範，但僅提及"各民族自治的地方"，意指少數民族聚居的地方，未涉及台灣和澎湖的規範，因為台灣並非"各少數民族聚居的地方"。[1]

2.4.6　1982 年《中華人民共和國憲法》

現行《中華人民共和國憲法》制定於 1982 年 12 月 4 日，曾分別於 1988 年 4 月 12 日、1993 年 3 月 29 日、1999 年 3 月 15 日、2004 年 3 月 14 日、2018 年 3 月 11 日局部修正，但這些修正並未涉及"領土條款"（articles concerning sovereign territory）的變更。

1982 年《中華人民共和國憲法》明確以序言方式就台灣問題作出規範。憲法第三十一條對"一國兩制"的領土治理方式作出規範，其餘憲法條文雖有涉及領土問題，但無關台灣問題。可能受到 1979 年中美建交公報的影響，1982 年憲法改以"和平統一、一國兩制"的概念列入憲法序言。

《中華人民共和國憲法》的序言第一自然段開宗明義提出，"中國是世界上歷史最悠久的國家之一"。序言第四自然段規定，"一九一一年孫中山先生領導的辛亥革命，廢除了封建帝制，創立了中華民國。"序言第五自然段規定，"一九四九年，以毛澤東主席為領袖的中國共產黨領導中國各族人民，在經歷了長期的艱難曲折的武裝鬥爭和其他形式的鬥爭以後，終於推翻了帝國主義、封建主義和官僚資本主義的統治，取得了新民主主義革命的偉大勝利，建立了中華人民共和國。"

《中華人民共和國憲法》在這幾段序言宣示的"中國"、"中華民國"和

---

[1] Jerome Alan Cohen, "China's Changing Constitution", *Northern Journal of International Law & Business*, 1:57, 1979, pp. 57–121.

"中華人民共和國"顯然是不同層次的憲法及法律概念。"中國"是一個"歷史最悠久的國家","中華民國"和"中華人民共和國"則是"中國"在悠久歷史階段中產生的"國家組織"（state organization），而非獨立於"中國"之外的主權國家（sovereign state），事實上也不宜用"歷史最悠久"來表述"中華民國"和"中華人民共和國"。"中華民國"和"中華人民共和國"亦非兩個各自獨立的國家，而是分別於 1911 年"創立"及 1949 年"建立"的"國家組織"。這兩個"國家組織"各自有不同的"憲法秩序"（constitutional order），但都在不同的歷史階段擁有同一個"中國"的"領土主權"（territorial sovereignty）。依這幾段憲法序言的意義推論，"中華民國"在 1912 年 1 月 1 日至 1949 年 9 月 30 日間是行使中國領土主權的國家組織，"中華人民共和國"從 1949 年 10 月 1 日起行使中國的領土主權，兩者是前後接續關係的"國家組織"。"國家組織"的定義本質上就是擁有、代表及行使領土主權的政治組織，"中國"則是地球上一個特定的主權領土單位，也是這個特定領土之上的主權的專有名詞，有著國際法和憲法上的"國家"特定含義。"中國"在政治上及法律上也是該主權領土上在各個歷史階段所創立或建立的所有國家組織的統稱或集合名詞，因此才會是"世界上歷史最悠久的國家之一"。

"憲制規範"（constitutional norm）或"憲法秩序"（constitutional order）是實際運作或文件宣示的"憲法體制"（constitutional regime），可以是成文的法律條款，也可以是不成文的法律規範，甚或是類似"祖宗家法式的習慣法"，所以"憲制規範"不是狹義的"憲法條文"（constitutional articles）。

在憲法秩序或憲制規範方面，這段憲法序言說明中國在 1840 年以前是"封建的中國"。1840 年 6 月正是中國與英國爆發鴉片戰爭的時間點。1840 年以後至 1911 年間中國的憲制規範經過許多國際條約的影響，如 1842 年 8 月 29 日中英《南京條約》，從"封建的中國"變成"半殖民地、半封建"的中國。國際條約和國際法也成為形塑中國憲制規範的法源。當時擁有中國領土主權的國家組織是"大清帝國"，也是中國悠久歷史中特定階段的國家組織，習慣上稱為特定的"朝代"。換言之，《中華人民共和國憲法》在序言中

也揭示國際條約和國際法對中國憲制規範所起的規範作用。一九一一年中國
"封建帝制"的憲制規範被孫中山先生領導的辛亥革命廢除，但當時的中國
仍然存在"帝國主義和封建主義"的憲制規範。一九四九年"毛澤東主席為
領袖的中國共產黨領導中國各族人民""推翻了帝國主義、封建主義和官僚
資本主義"的憲制規範，建立"新民主主義"的憲制規範。

　　《中華人民共和國憲法》序言第九自然段宣示："台灣是中華人民共和國
的神聖領土的一部分。完成統一祖國的大業是包括台灣同胞在內的全中國人
民的神聖職責。"這段宣示有幾層法律意義：第一，台灣包括台灣和澎湖是
中國主權領土的一部分；第二，中華人民共和國是代表中國的唯一合法的國
家組織；第三，中華人民共和國擁有全部的中國領土主權；第四，台灣是中
華人民共和國的領土的一部分：第五，"神聖"是"不可分割"的替代用詞；
第六，把 1978 年憲法序言第七自然段規定的"中國的神聖領土"改為"中
華人民共和國的神聖領土"，用意在表彰"中華人民共和國"的國家組織已
持有中國的領土主權。序言 [1] 第九自然段是中華人民共和國憲法最為明確的
"領土條款"。但是 1982 年憲法第九自然段與 1978 年第七自然段最大的不同
在於沒有"解放台灣"的用詞，"解放台灣"等同於"武力統一台灣"。憲法
語意從"解放台灣"調整為具有"和平統一"的意涵，但也不排除"武力統
一"方法的"神聖職責"。[2]

　　除此之外，就領土的法律性質與治理方式，憲法正文第三十條規定行政
區域劃分，較特殊者係因應少數民族自治的需要，設立自治區、自治州、自
治縣、民族鄉。憲法正文第三十一條專為執行"一國兩制"的政策，恢復行
使中國對前英國和葡萄牙殖民統治下的香港和澳門的主權，設立特別行政
區，並由全國人民代表大會制定法律，規範實施特別的制度。這個法律的位
階顯然高於由全國人民代表大會常務委員會所制定的法律，有憲法性法律

---

[1]　翟志勇：《憲法序言中的國家觀與世界主義》，《探索與爭鳴》2015 年第 5 期；陳玉山：《中國憲法序言研究》，
　　　北京：清華大學出版社 2016 年；張千帆：《憲法序言及其效力爭議》，《炎黃春秋》2013 年第 6 期。
[2]　李林：《憲法序言同樣具有最高法律效力》，http://cpc.people.com.cn/BIG5/n1/2018/0309/c64387-29858160.
　　　html，2018 年 3 月 9 日。

（constitutional law）的地位。根據這條關於特別行政區的憲法條文，已制定了《香港基本法》和《澳門基本法》，這是很明確的領土條款。這個領土條款也被視為準備未來若恢復行使對台灣、澎湖、金門、馬祖的中央政府憲法管轄權時，可以運用的憲法條款。[1]

---

[1] 王振民：《中央與特別行政區關係：一種法治結構的解析》，香港：三聯書店（香港）有限公司 2014 年，第 64-90 頁。

2.5

小結

　　本章分成四個部分論析中國現代相關憲法規範的"領土條款"。第一部分討論"中國"一詞的法律意義,包括國家、國家組織、領土主權等法律意義和區別,"中國"的通俗用語和在統一或分裂時期的法律意義。第二部分討論領土主權的法理學定義,包括主權的法理學分析、社會契約論與領土主權的辯證關係的討論、領土與多民族國家的治理問題。第三部分針對《中華民國憲法》相關的領土條款討論分析,尤其是"固有之疆域"的意義。第四部分則著力於探討中華人民共和國各個憲法文本對領土條款的規範,尤其是關於台灣的主權宣示條文。

3

第三章

世界各主要國家的
領土條款

　　本章研究世界各主要國家的憲法中直接或間接的領土條款的規範，對於中國憲制規範下如何處理台灣的領土主權的方案有很高的參考價值。各主要國家除了第二次世界大戰後的日本喪失了海外殖民地、屬地、租借地、委任統治地、附屬地、租界、佔領地，目前領土範圍及其法律性質相對單純。日本國憲法也沒有相關且明顯的領土條款，其他各國常對複雜的領土問題創設許多憲法或憲法性法律的規定。

　　領土條款包含領土的定義及範圍、領土法律性質、領土治理方式等規範。有些國家的規範直接表述領土的定義及範圍，有些國家間接地借用地方管轄制度的憲法規範表述出領土法律性質的意涵，有些國家則間接用國籍法或公民權法令表述領土治理方式的區隔，有些國家則無明文甚或明顯的規定。例如日本與俄羅斯之間有"南千島群島"的爭議，但日本仍以國際法的爭議處理這部分的領土，未在憲法層次對這些爭議領土作出規範。本章探討美國、俄羅斯、法國、德國、英國等世界各主要國家的直接或間接的領土規範，這對於探討台灣的領土主權在中國憲制規範下的意涵有相當的比較法的意義，同時討論加拿大的魁北克問題及西班牙的加泰羅尼亞問題，這對於未來台灣領土主權的安排方式也有務實的參考作用。因此，本章分析各國憲制規範下的領土條款可以作為探索"一國兩制台灣方案"的參考與借鏡。

3.1

美國聯邦憲法

　　《美國聯邦憲法》對"美國領土"有很複雜的規範。《美國聯邦憲法》是全世界第一份成文憲法，1787 年起草，1788 年獲得批准，1789 年施行，1789 年 3 月 4 日選出第一屆國會，1789 年 4 月 29 日選出第一任總統喬治華盛頓（George Washington, 1732-1799）。第一屆國會在 1789 年 9 月 25 日就通過十二項憲法修正案，其中第三項至第十二項修正案在 1791 年 12 月 15日獲得各州批准，變成《美國聯邦憲法》第一條至第十條修正案（增修條文），合稱"權利法案"（Bill of Rights）。第二項修正案直到 1992 年 5 月 5 日才獲得批准為第 27 條修正案（增修條文），第一項修正案（Article the First）則至今尚未獲得各州批准。[1]

　　《美國聯邦憲法》雖然是成文憲法，但美國最高法院解讀《美國聯邦憲法》卻遵循不成文的英國普通法傳統。例如 United States v. Sanges, 144 U.S. 310, 311 (1892) 訴訟案，美國最高法院裁定："憲法要在普通法光線下解讀，那是我們司法制度的起源"（[T]he Constitution ... is to be read in the light of the common law, from which our system of jurisprudence is derived.）。

　　在 Smith v. Alabama,124 U.S. 465, 478 (1888) 訴訟案中，美國最高法院裁定："美國憲法的解釋必然受到它的條款是框在英國普通法的語言內的事實所影響，以及必在它的歷史光芒下讀取。"（The interpretation of the Constitution of the United States is necessarily influenced by the fact that its provisions are framed in the language of the English common law, and are to be read in the light of its history.）因此，《美國聯邦憲法》對於領土和主權的定

---

[1] Selden Bacon, "Territory and the Constitution", *Yale Law Review*, no. 10, October 1900–June 1901, pp. 99–117; 傅利曼（Lawrence M. Friedman）著，楊佳陵譯：《美國法導論（*American Law: An Introduction*）》，台北：商周出版社股份有限公司 2004 年。

義也有普通法的不成文傳統。

3.1.1　《美國聯邦憲法》的領土條款

《美國聯邦憲法》及依據憲法由國會通過的各種有關美國主權領土的法律和條約的規範可說是"一國多制"。

《美國聯邦憲法》序言只有一個自然段，第一句話是"我們合眾國的人民為了形成一個更完美的聯邦……為美利堅合眾國制定（創設）且建立（確立）本憲法"（We the People of the United States, in order to form a more perfect Union, ... , do ordain and establish this Constitution for the United States of America.）。

聯合國憲章也模仿這個格式寫下序言第一句："我們聯合國的人民們決定"（We the Peoples of the United Nations Determined）。[1]

"我們合眾國的人民"是包括美國的國民和公民（nationals and citizens），被定位為美國主權的擁有者，美國的國民和公民不限於美國各州的州民和公民，還包括很多美國非合併（unincorporated）或非建制（unorganized）的領地（territories）或屬地（possessions）。例如美屬薩摩亞人（American Samoan）依法是美國國民（nationals），但不是美國公民（citizens）。這些美國國民可以持有美國護照，可以加入美軍，可以在美國本土工作，但沒有權利參與美國本土的投票或競選公職，既不得在許多政府機構任職，也不得如其他美國公民那樣依法申請持有槍械武器。美國於 1900 年佔領薩摩亞後，美屬薩摩亞人持有的美國護照會加注"本護照持有者是美國國民但不是美國公民"（The bearer of this passport is a United States national and not a United States citizen.）[2]，所以美國存在一個不成文的有差別待遇的領土條款，只因為美屬薩摩亞是美國非合併且非建制的領地或屬地，不是美

---

[1] 阿克曼（Bruce Ackerman）著，汪慶華譯：《我們人民：奠基》，北京：中國政法大學出版社，2012 年；阿克曼（Bruce Ackerman）著，田雷譯：《我們人民：轉型》，北京：中國政法大學出版社，2014 年。

[2] Public Radio International, PRI, 2018.11.16.

國永久不可分離的領土，美國憲法不是全部適用於美屬薩摩亞。除了美屬薩摩亞之外，美國尚有八個無人居住的邊遠島嶼也被定位為非合併且非建制的領地或屬地。

《美國聯邦憲法》不承認美國是多民族的國家，也未給少數民族特別的自治權。雖然第一條第一項第三款提到在各州中的人民分為：自由人（free Persons）、未徵稅的印地安人（Indians not taxed）、所有其他人（all other Persons）三種，但並未直接承認少數民族的存在。縱使憲法第十三修正案用來廢除奴隸制，也未特別指明黑人，只說："在合眾國境內或受合眾國管轄的任何地方，奴隸制和強制勞役都不得存在"（Neither slavery nor involuntary servitude, ... shall exist within the United States, or any place subject to their jurisdiction.）。

第十五修正案第一款也僅保證投票不因種族、膚色而有區別："合眾國公民的投票權，不得因種族、膚色或曾被強迫服勞役而被合眾國或任何一州加以剝奪和限制。"（The right of citizens of the United States to vote shall not be denied or abridged by the United States or by any State on account of race, color, or previous condition of servitude.）這些憲法規範只是在盡量給少數民族擁有白人公民已有的權利，而不是賦予少數民族特別權利以促進他們的待遇。

《美國聯邦憲法》的格式很特殊，憲法條文正文的條數（Articles）很少，但增修條文的修正案（Amendments）的案數很多。憲法條文正文只有七條，修正案有二十七條，但是第二十一條修正案專用於廢除第十八條修正案（禁酒憲法），所以實質上有憲法意義的修正案只有二十五條。

正文條文的條數雖然不多，但每一條文內的項款很多。例如第一條條文規定立法權，就有十個項（Section），每一項又有很多款（Clause），總計第一條條文就有三十個項。其中具有"領土治理方式"規範的領土條款意義的是第一條第十項第一款："任何一州都不得：締結任何條約，參加任何同盟或邦聯；……鑄造貨幣；發行紙幣"（No State shall enter into any Treaty, Alliance, or Confederation; ... coin Money; emit Bills of Credit）以及第一條第十項第三款："任何一州，未經國會同意，不得徵收任何船舶噸位稅，不得在和平時期保持軍隊或戰艦，不得與他州或外國締結協定或盟約，除非實際遭到入侵或遇刻不容緩的緊迫危險時不得進行戰爭。"（No State shall, without the Consent of Congress, lay any Duty of Tonnage, keep Troops, or Ships of War in time of Peace, enter into any Agreement or Compact with another State, or with a foreign Power, or engage in War, unless actually invaded, or in such imminent Danger as will not admit of delay.）

前述這兩款剝奪了各州的國防外交及發行貨幣的權力，各州雖稱擁有主權，但只能透過聯邦國會分享主權，已不再像實施《邦聯條款》時期能自行擁有較為完整的主權。《美國聯邦憲法》的規範已使各州（states）的"主權"近似蘇聯的加盟共和國（union republic）或俄羅斯的自治共和國（autonomous republic），各州的權力僅以美國憲法第四條第三項第二款後段予以保障，條文如下："對本憲法條文不得作有損於合眾國或任何一州的任何權利的解釋。"（and nothing in this Constitution shall be so construed as to Prejudice any Claims of the United States, or of any particular State.）

美國的國號是"美利堅合眾國"（The United States of America），"眾國"是 States，每一個 State 就是一個"國"，但受限於前述憲法第一條，尤其是第十項第一款剝奪每一個"國"的國防外交權力的"主權"，這些"眾國"的憲法地位被降至"邦"或"州"的地方政府層次，不再是"主權國家"，儘管美國最高法院常裁定各州仍擁有"主權"，而非合併領地如波多黎各等沒有"主權"。美國最高法院所謂的"主權"只是意指是否適用美國聯邦憲法的全部條文而已，中文翻譯不再翻譯為"國"，而直接翻譯為"州"，就有了憲法根據。於是，美國憲法制定前的各"眾國"領土，都成為"合眾國"領土永久不可分離的一部分。

1792 年美國聯邦最高法院根據憲法第三條第二項認定有權管轄"一州與他州公民之間"（between a State and Citizens of another State）的訴訟，否定原先各州依據普通法所承認的"主權豁免"，允許"他州公民"在聯邦法院控訴"一州"，這是著名的南卡羅來納州的"奇澤姆訴喬治亞州案"

〔*Chisholm v. Georgia*, 2 U.S. (2 Dall.) 419 (1793)〕，這項 "州主權豁免案" 雖被否定，卻立即在 1795 年 2 月 7 日憲法第十一條修正案重獲支持。這第十一條修正案否定聯邦法院有權受理 "由他州公民或任何外國公民或臣民對合眾一州提出的或起訴的任何普通法或衡平法的訴訟"（any suit in law or equity, commenced or prosecuted against one of the United States by Citizens of another State, or by Citizens or Subjects of any Foreign State）。因此，美國各州雖然已不是 "主權國家"，但仍獲得局部的司法的主權豁免，不過 "兩個或兩個以上州之間的訴訟"（to Controversies between two or more States）還是維持沒有主權豁免。

《美國聯邦憲法》第四條第三項第一款後段特別規定州與州之間不得隨意兼併或分割，以確保 "州權領土完整"，條文如下："不得在任何其他州的管轄範圍內組成或建立新州；未經有關州議會和國會的同意，也不得合併兩個或兩個以上的州或幾個州的一部分組成新州。"（but no new States shall be formed or erected within the Jurisdiction of any other State; nor any State be formed by the Junction of two or more States, or parts of States, without the Consent of the Legislatures of the States concerned as well as of the Congress.）

而第四條第三項第一款前段亦規定聯邦國會有權批准新州加入，條文為："國會得接納新州加入聯邦"（New States may be admitted by the Congress into this Union），亦即各州對於新州的加入無權過問。

《美國聯邦憲法》第二十一條修正案第一項雖然用於廢除第十八條修正案（禁酒憲法），但第二十一條修正案第二項也凸顯出《美國聯邦憲法》對領土的定義，該款規定："在合眾國任何州、領地或屬地內，凡違反當地法律為在當地發貨或使用而運送或輸入致醉酒類，均予以禁止。"（The transportation or importation into any State, Territory, or possession of the United States for delivery or use therein of intoxicating liquors, in violation of the laws thereof, is hereby prohibited.）

這條款確立美國的領土包括三種：州、領地、屬地（State, Territory, or possession），這些領地或屬地不屬於各州，由聯邦政府直接管轄。

美國的領土（U.S. territories）因此根據憲法和國會通過的法律被分為州、華盛頓哥倫比亞特區、本土美國部落（Native American Tribes）、領地、屬地。州被視為依據美國憲法與聯邦共享領土主權的政治體，適用全部的美國聯邦憲法。華盛頓哥倫比亞特區規定在第一條第八項"國會權力列舉條款"第十七段及第二十三條修正案。此外，美國於 1856 年制定《鳥糞島嶼法》（*Guano Islands Act*）規定："任何美國公民在無人、無政府管轄的島嶼、岩石或礁岩上發現沉積鳥糞，且島嶼不屬於其他政府的法律管轄範圍，沒有其他政府的公民佔領，並以和平的方式擁有並佔領這島嶼、岩石或礁岩，則美國總統得宣佈此地屬於美國。"Guano 源自南美原住民 Quechua 語，意指農用糞肥，這部法律是美國島嶼屬地的法源之一。

本土美國部落不是主權體（sovereign entities），但被聯邦認可擁有有限的部落主權（limited tribal sovereignty），目前有 574 個聯邦認可的部落。美國聯邦政府視本土美國部落為"國內依賴民族"（domestic dependent nations），這源自美國憲法第一條第二項第三款、第一條第八項第一款第三段、第十四修正案第二項針對印第安人的特別規定 [1]。

因而，所有的美國領地或屬地都是美國領土主權的一部分，又可分為合併領地或非合併領地，合併領地（incorporated territories）是美國整體的一部分（integral part of United States），適用整部美國憲法而且是美國永久的主權領土，非合併領地（unincorporated territories）則僅適用部分美國憲法，理論上是可以成為合併領地或脫離美國自行獨立的領地。另外，經由國會制定"組織建制法"（organic act）建立政府組織的領地稱為"建制領地"（organized territories），反之則稱為"非建制領地"（unorganized territories）[2]。自 1959 年夏威夷正式成為州之後，美國已經沒有建制合併領地（organized incorporated territories），所有這些領地都已成為正式的州。

---

[1]　"Native American Policies", www.justice.gov, 16 June 2014, retrieved on 7 July 2019.

[2]　Mark Tushnet, "Constitution-Making: An Introduction", *Texas Law Review*, no. 91, 2012–2013, pp. 1983–2013, ref: "Organic laws fall between ordinary legislation and constitutional provisions on a scale of difficulty of adoption, amendment, and repeal", p. 2009.

組織建制法在批准、修訂、廢止的難度上被視為介於一般立法與憲法條款之間，屬於憲法性法律（constitutional law）。

目前美國在加勒比海和太平洋地區有十四個領地或屬地，通稱"島嶼地區"（U.S. Insular Area），其中有五個有永久居民的"非合併領地"，即波多黎各（The Commonwealth of Puerto Rico）、北馬里亞納群島（The Commonwealth of Northern Mariana Islands）、美屬薩摩亞（American Samoa）、美屬維爾京群島（The U.S. Virgin Islands）、關島領地（The Territory of Guam）等，但只有美屬薩摩亞是非合併且非建制領地，所以未被授予美國聯邦的"出生公民權"（citizenship at birth），美屬薩摩亞人被視為"非公民的美國國民"（non-citizen U.S. nationals），另外四個都是非合併的建制領地。十四個領地或屬地中，其他九個並無永久居民的邊遠島嶼是直屬聯邦政府管轄，被通稱為"美國小型邊遠島嶼"（U.S. Minor Outlying Islands），其中只有巴美拉環礁是合併的非建制領地，也是美國唯一的合併的非建制領地，其餘八個島嶼都是非合併且非建制的領地。其實這些邊遠島嶼稱不上"領地"（territories），只能算是"屬地"（possessions）。

美屬薩摩亞依據美國內政部批准的《美屬薩摩亞憲法》（*The Constitution of American Samoa*）統治，而非經由美國聯邦國會立法，本質上屬於美國的非合併非建制領土（unorganized territory）。關島領地則是依據 1950 年《關島建制法》（*the Guam Organic Act of 1950*）成為美國的非合併建制領地。以塞班島（Saipan）為首都的北馬里納群島則自 1986 年起脫離聯合國信託屬地（U. N. trusteeship）的身份，成為美國的"自治邦"（commonwealth），也是非合併建制領地。美屬維爾京群島是美國於 1917 年自丹麥購買來的領地，是依據 1954 年《維爾京群島修訂建制法》（*the Revised Organic Act of the Virgin Islands*）統治的美國非合併建制領地。

九個美國邊遠島嶼分別是位於波利尼西亞的巴爾米拉環礁（Palmyra Atoll）、金曼礁（Kingman Reef）、賈維斯島（Javis Island）、貝克島（Baker Isalnd）、豪蘭島（Howland Island）、約翰斯頓環礁（Johnston Atoll）、中途島（Midway Atoll）、位於密克羅尼西亞的威克島（Wake Island），以及位於加勒比海的納弗沙島（Navassa Island）。除了巴美拉環礁在法律上是美國合併非建制領地外，其餘都是美國聯邦的非合併非建制領地（unincorporated, unorganized territories of the United States）。

波多黎各和關島成為美國非合併的建制領地的原因是 1898 年美國與西班牙在巴黎簽訂《1898 年巴黎條約》〔 *Treaty of Peace Between the United States and Spain (December 10, 1898)* 〕，其第二條規定割讓波多黎各和關島給美國（Article II. Spain cedes to the United States the island of Porto Rico and other islands now under Spanish sovereignty in the West Indies, and the island of Guam in the Marianas or Ladrones.）。另外，美國根據上述條約軍事佔領古巴，但至今僅有以 "永久租借" 為名軍事佔有的關塔那摩（Guantanamo）作為海軍基地，不列為美國的 "海外領地"。

3.1.2 波多黎各自治邦

波多黎各和北馬里亞納群島都是美國沒有州地位（non-state status）的 "自治邦"（commonwealth），法律上是美國非合併的建制領地，以美國總統為 "國家元首"（head of state），有民選的總督（governor）和自治邦議會，有根據美國國會通過的法律授權制定的 "自治邦憲法"（the constitution of commonwealth），有內部事務自治權，但受美國憲法和國會的統治，由美國內政部管轄。波多黎各的憲法受制於美國憲法的 "至尊條款"（Supremacy Clause）以及因 "領土條款"（Territorial Clause）而產生的美國國會立法。該憲法的序言是：

> 我們波多黎各人民……制定及確立這部憲法給本邦，行使我們的自然權利，我們現在創立在我們與美利堅合眾國的聯盟之中。（We, the people of Puerto Rico, ... do ordain and establish this Constitution for the commonwealth which, in the exercise of our natural rights, we now create within our union with the United States of America. ）

更重要的是這部憲法的序言還宣示了美國公民權及對美國聯邦憲法的忠誠，該文字如下：

> 我們認為我們生活的決定性因素是美利堅合眾國的公民權……我們對聯邦憲法原則的忠誠……（We consider as determining factors in our life our citizenship of the United States of America ... our loyalty to the principles of the Federal Constitution ... ）

《波多黎各憲法》第一條第一項更明白寫著：

> 波多黎各邦在此立憲。它的政治權力源自人民且依據他們的意願去行使，要符合波多黎各人民與美利堅合眾國合意協定的條件。（The Commonwealth of Puerto Rico is hereby constituted. Its political power emanates from the people and shall be exercised in accordance with their will, within the terms of the compact agreed upon between the people of Puerto Rico and the United States of America. ）

自治邦無權選舉美國國會議員，但有權選派一名代表，稱"常駐專員"（delegate, "resident commissioner"），進入美國眾議院，該名代表有在眾議院個別委員會的發言權和投票權，但沒有在院會（the House floor）的發言權和投票權。自治邦的公民也具有美國聯邦的公民權，但不必繳納聯邦個人所得稅，可以投票選舉美國總統初選的政黨代表，但自治邦沒有美國總統的選舉人票，事實上等於沒有美國總統的選舉權，所以被稱為 straw poll（草票）。自治邦的公民如果居住在其他州內也可以行使總統和國會議員的選舉權。不過波多黎各人的美國聯邦公民權是由美國國會於 1917 年為了強制徵召（compulsory draft）波多黎各人參加第一次世界大戰而特別立法（the Jones-Shafroth Act）賦予的，不是由美國憲法賦予的，理論上美國國會可以立法剝奪這項公民權。

波多黎各的西班牙語被稱為"波多黎各自由附屬邦"（Estado Libre Asociado de Puerto Rico），英文翻譯"波多黎各自由附屬國"（Free

Associated State of Puerto Rico），但波多黎各只是 "領地" 不是 "州"（Puerto Rico is a territory and not a State），雖稱為 "自由附屬國"（free associated state），算是自由邦（free state）的一種，實際上只是法律位階更低的自治邦（commonwealth）。不像 "密克羅尼西亞聯邦"（Federated States of Micronesia）、帕勞（Palau）、馬紹爾群島（The Marshall Islands）是與美國簽訂 "自由附屬協定"（The Compact of Free Association）的 "自由附屬國"（free associated state），仍保有相當的外交權力，可以主權國家的身份參加聯合國。波多黎各沒有國防外交的自主權，不算主權國家，因此在美國法律上被定位為 "自治邦"（commonwealth），不是真正的 "自由邦" 或 "自由附屬國"，唯有美國國會有最終權力根據 "領地條款"（the Territorial Clause）決定波多黎各的政治地位（Puerto Rican institutions control internal affairs unless U.S. law is involved）。"領地條款" 或 "領土條款" 是指美國憲法第四條第三項第二款（Article Four, Section 3, Clause 2）的規定：

> 國會對於屬於合眾國的領地或其他財產，有權處置和制定所有必要的規則和規定。（The Congress shall have power to dispose of and make all needful Rules and Regulations respecting the Territory or other Property belonging to the United States.）

換言之，除了各州所轄領土外，其他領土皆由美國憲法授權美國國會處置或制定 "規則和規定" 治理，這是美國式的 "領土條款"，某些領土的範圍、法律性質、治理方式由美國國會規範。

1951 年 7 月 4 日美國第 81 屆國會通過《公共法六百號》（the Public Law 81-600），正式名稱是《波多黎各聯邦關係法》（the Puerto Rico Federal Relations Act of 1950），賦予波多黎各可以制定 "自治憲法" 的權力。1952 年 7 月 25 日公民投票通過《波多黎各邦憲法》（the Constitution of Commonwealth），聯合國的去殖民化委員會也不再視波多黎各為美國的殖民地或保護地，而是美國正式領土的 "自治邦"。根據美國聯邦憲法第六條規定，《波多黎各邦憲法》與美國各州憲法都不得抵觸 "合眾國的憲法、法律和條約"。這個規定有 "至高條款"（Supremacy Clause）之稱，第六條條文如下：

> 本憲法及依本憲法所制定之合眾國法律；以及合眾國已經締結及將要締結的一切條約，皆為全國之最高法律；每個州的法官都應受其約束，任何一州憲法或法律中的任何內容與之抵觸時，均不得有違這一規定。（This Constitution, and the Laws of the United States which shall be made in Pursuance thereof; and all Treaties made, or which shall be made, under the Authority of the United States, shall be the supreme Law of the Land; and the Judges in every State shall be bound thereby, any Thing in the Constitution or Laws of any State to the Contrary notwithstanding.）

1993 年美國聯邦第十一巡迴區上訴法院亦裁定美國國會得單方面取消《波多黎各憲法》或《波多黎各聯邦關係法》，且用其他規則或規定取代之 [1]。（Congress may unilaterally repeal the Puerto Rican Constitution or the Puerto Rican Federal Relations Act and replace them with any rules or regulations of its choice.）

3.1.3　自由附屬國

1947 年聯合國安全理事會第 21 號決議，將第一次世界大戰後原屬德意志帝國的殖民地，由國際聯盟委任日本帝國統治的北太平洋諸島嶼，改委託美國管理，美國因此取得這些島嶼的管轄權，但必須受到《聯合國憲章》第七十六條 "託管制度之基本目的" 的拘束。這些島嶼稱作 "太平洋群島託管地"（Trust Territory of the Pacific Islands），現在則分屬馬紹爾群島共和國（The Republic of the Marshall Islands）、密克羅尼西亞聯邦（The Federated States of Micronesia）、帕勞共和國（The Republic of Palau）、北馬里亞納群島

---

[1]　*United States v. Sanchez*, 992 F.2D 1143 (1993), United States Court of Appeals for the Eleventh Circuit (Paragraphs 44–46), fttp.resources.com, 4 June 1993. Archived from the original on 4 May 2011. Retrieved on 21 January 2010.

合眾國自治邦（The U.S. Commonwealth of Northern Mariana Islands）。除了北馬里亞納群島成為美國的"自治邦"外，其他三個都與美國簽訂"自由附屬協定"（The Compact of Free Association），成為美國的"附屬國"或"附庸國"（associated state），其法律性質類似早期中國與朝鮮之間那種宗主國（controlling state）與藩屬國（client state）之間的法律關係，也類似保護國（suzerainty, protector）與被保護國（protected state, protectorate）的關係。

1979 年馬紹爾群島和密克羅尼西亞聯邦獲得美國同意獨立，1986 年與美國簽訂《自由附屬協定》。根據《自由附屬協定》，其軍事防衛事務全交由美國負責，附屬國國民得參加美軍，得免簽證自由進出美國，得在美國居住、就業、就學，得獲取美國財政支援，得向美軍租借土地收取租金。這項《自由附屬協定》不妨礙馬紹爾群島共和國和密克羅尼西亞聯邦在 1990 年脫離託管地身份，並於 1991 年加入聯合國，但在聯合國大會中投票時與美國的立場保持一致。帕勞共和國則於 1981 年才獲得獨立，並於 1982 年與美國簽訂《自由附屬協定》，但直到 1994 年才生效，正式成為美國的附屬國（associated state），並於同年加入聯合國。作為美國的附屬國，其與美國之間雖有外交關係，在外交事務方面聽從美國國務院（U.S. Department of State）指導，但內部事務方面一如託管時期仍由美國內政部（U.S. Department of Interior）處理。

以帕勞為例，1986 年與美國簽訂的《自由附屬協定》第三百一十一條中就規定："帕勞共和國的領土管轄權應完全排除任何國家的軍事部隊和人員或軍事目的，除了美利堅合眾國以外，如第 312 條之規定"（Section 311: The territorial jurisdiction of the Republic of Palau shall be completely foreclosed to the military forces and personnel or for the military purposes of any nation except the United States of America, and as provided for in Section 312.）。根據這個《自由附屬協定》，帕勞已將國防和外交權力交由美國控制，只是表面上可用自己的名義參與外交事務，但仍應經美國批准。

《自由附屬協定》結合著兩種憲法及國際法的觀念。第一種是"自由邦"（free state）或自治邦（commonwealth）的概念，這種政治體系可以擁有除了國防外交以外的所有主權權利，但還不具備主權國家（sovereign state）的法律地位，因為在自由邦的憲法之上還存在一個更高位階的法律、憲法或條約。例如，英國與愛爾蘭於 1922 年簽訂《英愛條約》[1]（*Articles of Agreement for a Treaty between Great Britain and Irland*），或稱《1922 年愛爾蘭自由邦憲法法律》（*Constitution of the Irish Free State Act, 1922*）。第二種是 "附屬國" 或 "附屬邦"（associated state）的概念，這種政治體系名義上是一個獨立國家，實質上是殖民地或佔領地，基本上是魁儡政權。在第二次世界大戰前，1887 年法國在中南半島殖民地 "印度支那聯邦"（Indochinese Union），或 1932 年日本佔領中國東北的 "滿洲國"（State of Manchuria），都是這種形態的法律地位。第二次世界大戰後，許多被聯合國列為 "非自治領地"（non-self-governing territories）也常處於這種法律地位[2]。美國與 "自由附屬國" 的法律關係經由《自由附屬協定》規範，雖然很多關係類似自由邦、自治邦或附屬國，但理論上可以自由脫離 "附屬關係"，因此被視為具有 "主權國家" 的資格，可以加入聯合國成為會員國[3]。

3.1.4 《邦聯條例》

《美國聯邦憲法》第六條第一款規定：

> 本憲法施行前，所有對邦聯有效的已簽約的債務和已從事的約諾，對本憲法下的合眾國應當有效。（All Debts contracted and Engagements entered into, before the Adoption of this Constitution, shall be as valid against the United States under this Constitution, as under the Confederation.）

領土相關的問題在《美國聯邦憲法》上正是 "已從事的約諾"，特別是

---

[1] http://www.irishstatutebook.ie/eli/1922/act/1/schedule/2/enacted/en/html.

[2] 聯合國有關非自治領地的規定，https://web.archive.org/web/20120121100604/http://unyearbook.un.org/1960YUN/1960_P1_SEC3_CH4.pdf。

[3] 林廷輝：《自由聯合國家與國際法：以美國與新西蘭的實踐為例》，《台灣國際法季刊》2013 年 12 月第 10 卷第 4 期，第 7-39 頁。

根據《邦聯條款》（the Article of Confederation and Perpetual Union）設立的邦聯國會（the U.S. Congress of the Confederation），曾制定《1787 年西北條例》（the Northwest Ordinance of 1787），此條例依據《美國聯邦憲法》第六條第一款規定，是屬於 "已從事的約諾"，即繼續有效的領土條款。

西北領地（Northwest Territory）又稱 "老西北"（the Old Northwest），或 "俄亥俄河的西北領地"（the Territory Northwest of the River Ohio），是五大湖區域的領地，對美國剛建國時的十三州領土而言，確實是位於西北邊，但就今日美國領土而言，西北領地算是中北部。1784 年美國邦聯國會依據《邦聯條款》制定《土地條例》（the Land Ordinance of 1784），或稱《1784 年西北條例》，規定將 "西北領地" 劃分為許多州。1787 年《西北條例》則是美國第一份領地建制條例（the first organized territory），規定各種在西北領地建制政府機構的做法。1789 年美國聯邦政府成立，第一屆美國聯邦國會稍加修改後，再度確認《西北條例》的效力，並訂為《1789 年西北條例》。

美國《邦聯條款》在 1781 年生效。《邦聯條款》有十三個條款。第二條確立各個 "州"（states）都是主權獨立的國家，除非特定授與邦聯政府的權力。（Each state retains its sovereignty, freedom, and independence, and every power, jurisdiction, and right, which is not by this Confederation expressly delegated.）因此各州都有 "主權國家" 的法律地位。根據第三條，邦聯的宗旨是一種各個 "州" 之間穩固的 "友誼聯盟"。（The said States hereby severally enter into a firm league of friendship with each other.）第六條規定只有邦聯政府可以宣戰，行使對外政治或商業關係。（Only the central government may declare war, or conduct foreign political or commercial relations.）第八條規定美國邦聯的支出全靠各州募集。第五條規定邦聯國會（The Congress of the Confederation）又稱為 "在召集國會中的合眾國"（the United States in Congress Assembled）。

邦聯國會存續時間不長，僅有從 1781 年 3 月 1 日至 1789 年 3 月 4 日的八年期間，但制定了兩部影響深遠的法律：第一部是前述的 1787 年的《西北條例》，另一部是 1785 年的《土地條例》（The Land Ordinace of 1785）。

1785 年的《土地條例》規定了 1784 年的《土地條例》的具體執行措施，更為 1862 年林肯的《宅地法》或稱《公地放領法》（*Homestead Act of 1862*）奠定基礎。後者幾乎是美國的土地改革，被認為是替林肯贏得南北戰爭的重要因素。

3.1.5　聯邦簽訂的條約

《美國聯邦憲法》第六條第二項規定：

> 本憲法和依本憲法所制定的合眾國法律，以及根據合眾國的權力已締結或將締結的一切條約，都是全國的最高法律；每個州的法官都應受其約束，即使州的憲法和法律中有與之相抵觸的內容。（This Constitution, and the Laws of the United States which shall be made in Pursuance thereof; and all Treaties made, or which shall be made, under the Authority of the United States, shall be the supreme Law of the Land; and the Judges in every State shall be bound thereby, any Thing in the Constitution or Laws of any State to the Contrary notwithstanding.）

前述條款號稱 “至高條款”（Supremacy Clause），確立了聯邦法律、條約是全國最高法律（the supreme Law of the Land），各州自行制定的憲法和法律若有抵觸者無效 [1]。重點在於聯邦締結的條約在美國憲法上的位階高於各州的州憲法和州法律，美國大部分的領土、領地、屬地都是經由條約內的領土條款取得，這些領土條款因此具有高於州憲法和州法律的地位。換言之，各州對美國的領土問題無權過問，各州之間有領土爭議，也是由聯邦法律或條約裁定。但是 “至高條款” 也受到憲法第十修正案的限制，修正案規定：

> 憲法未授予合眾國、也未禁止各州行使的權力，分別保留給各

---

[1] 考文（E. S. Corwin）著，強世功譯：《美國憲法的 “高級法” 背景》，北京：北京大學出版社 2015 年。

州，或給其人民。（The powers not delegated to the United States by the Constitution, nor prohibited by it to the States, are reserved to the States respectively, or to the people.）

此修正案被稱為"權利保留條款"，是"權利法案"（bill of rights）最後一條。

美國與馬紹爾、密克羅尼西亞聯邦、帕勞簽訂《自由附屬協定》是美國聯邦條約的一種。但對美國領土影響最大的條約莫過於 1783 年美國與英國簽訂的《巴黎條約》（*The Definitive Treaty of Paris 1783*），英國承認美國獨立，並劃分英美邊界，美國因而獲得原本十三州以外的"西北領地"（Northwest Territory）。此後美國不管是用金錢購買領土，用戰爭武力取得領土，或兩者兼而有之，都會以條約的簽訂作為法律根據。這些條約在《美國聯邦憲法》中的地位等同於憲法性法律（constitutional law）。[1]

[1]　任東來、陳偉、白雪峰：《美國憲政歷程》，北京：中國法制出版社 2015 年。

3.2

俄羅斯聯邦憲法

《俄羅斯聯邦憲法》援用《美國憲法》和《聯合國憲章》序言的語法寫下：“我們，俄羅斯聯邦多民族的人民在我們的土地上由共同命運聯合起來”（We, the multinational people of the Russian Federation, united by a common fate on our land），確立“俄羅斯聯邦”是“多民族”的聯邦國家，而且以“我們的土地上”（on our land）作為起點表述領土意涵。

《俄羅斯聯邦憲法》以第四條和第五條規範領土相關事項。第四條第一款規定：

1. 俄羅斯聯邦主權及於其全部領土。（The sovereignty of the Russian Federation shall cover the whole of its territory.）

第四條第二款規定：

2. 俄羅斯聯邦憲法和聯邦法律在俄羅斯聯邦全境擁有至高無上的地位。（The Constitution of the Russian Federation and federal laws shall have supremacy in the whole territory of the Russian Federation.）

這類似美國聯邦憲法的“至尊條款”。

第五條第一款規定：

1. 俄羅斯聯邦由共和國、邊疆區、州、聯邦直轄市、自治州、自治區——俄羅斯聯邦的平等主體組成。（The Russian Federation consists of Republics, territories, regions, cities of federal importance, an autonomous region and autonomous areas - equal subjects of the Russian Federation.）

但“共和國”可以制定自己的“憲法”，第五條第二款規定：

2. 共和國（國家）擁有自己的憲法和法律。邊疆區、州、聯邦直轄市、自治州、自治區擁有自己的規章和法律。〔The Republic (State) shall have its own constitution and legislation. The territory, region, city of federal importance, autonomous region and autonomous area shall have its charter and legislation.〕

這是劃分領土性質為共和國、邊疆區、州、聯邦直轄市、自治州、自治區的領土條款。但俄羅斯聯邦各個共和國"憲法"的位階仍必須低於聯邦憲法和聯邦法律。"憲法"如果不是最高位階的法律，只是有其名無其實的法律條文。

俄羅斯把這些地方自治單位稱作"俄羅斯聯邦主體"（subjects of the Russian Federation），這些"聯邦主體"和"聯邦"的關係是以憲法和條約加以規範，因此俄羅斯憲法第十一條第三款規定：

3. 劃分俄羅斯聯邦國家權力機關和俄羅斯聯邦主體國家權力機關的管轄範圍和權限由本憲法和有關劃分管轄範圍與權限的聯邦條約和其他條約予以實現。（The division of subjects of authority and power among the bodies of state power of the Russian Federation and the bodies of state power of the subjects of the Russian Federation shall be fixed by the given Constitution, the Federal and other treaties on the delimitation of the subjects of authority and powers.）

但是第十五條第四款規定：

4. 普遍公認的國際法規範及俄羅斯聯邦的國際條約和協定是俄羅斯聯邦法律體系的組成部分。如果俄羅斯聯邦國際條約和協定確立了不同於法律所規定的規則，則適用國際協定規則。（The universally-recognized norms of international law and international treaties and agreements of the Russian Federation shall be a component part of its legal system. If an international treaty or agreement of the Russian Federation fixes other rules

than those envisaged by law, the rules of the international agreement shall be applied.）

顯見"聯邦國際條約"不同於第十一條第三款所說的"聯邦條約"（the Federal and other treaties）。"聯邦條約"是適用於規範領土治理方式的領土條款。不過，2020 年 7 月 2 日俄羅斯公民投票通過憲法修正案，讓國內法高於國際法，避免外國勢力藉由國際組織所通過的法律，進行分裂俄羅斯主權的活動。

《俄羅斯聯邦憲法》第六十五條第一款把各個共和國、邊疆區、州、聯邦直轄市、自治州、自治區一一列舉，作為條列式的領土範圍，這是很清楚的規範領土範圍的領土條款。《俄羅斯聯邦憲法》最大特色就是設置"自治共和國"（autonomous republic），其類似於美國各州的州憲法，有單獨的自治憲法，但以"共和國"為名。[1]

---

[1] http://www.constitution.ru/en/10003000-01.htm.

3.3

法國憲法

　　目前法國領土包括法國本土（Metropolitan France）及海外法蘭西
（Overseas France）。法國本土指法國歐洲領土（European France），包括法
國大陸（mainland France）和科西嘉（Corsica）。海外法蘭西則於 1958 年法
國憲法前言聲明，（法蘭西）共和國為海外領地（the overseas territories）提
供新的體制（new institutions）。法國憲法第十二章（Title XII）"領土集體"
（On Territorial Communities）第七十二條規定，共和國的"領土集體"包括
市鎮（Communes）、省（Departments）、大區（Regions）、適用憲法第七十
四條的特殊地位集體（Special-Status communities）、海外領地集體（Overseas
Territorial communities）。其英文文本是：

> The territorial communities of the Republic shall be the Communes, the
> Departments, the Regions, the Special-Status communities and the Overseas
> Territorial communities to which article 74 applies.

　　這是領土性質的劃分類別。這些領土集體的自治分別受憲法第七十二
條、法條或規章（statute or regulation）、組織建置法（*Institutional Act*）等
法律的規範。這些正是法國領土治理方式的概括式規範。法國憲法第七十二
條之三第一項明定法蘭西共和國應承認法蘭西人民中的海外人口有自由、
平等、博愛的共同理想（The Republic shall recognise the overseas populations
within the French people in a common ideal of liberty, equality and fraternity）。
這條憲法揭示海外領地都視為法國領土的一部分，海外領地的居民的政治
及公民權利和法國本土居民相同。海外領地的居民有權移居法國本土，在
法國國會兩院都有自己的代表，也有資格參加歐洲議會的選舉。第七十二
條之三第二項則列舉應受法國憲法第七十三條規範的十個海外省及大區

（overseas departments and regions），以及未列舉的其他受法國憲法第七十三條規範的領土集體和第七十四條規範的其他集體。第七十二條之三第三項規定“新喀里多尼亞”（New Caledonia，位於澳大利亞東方）應由法國憲法第十三章規範，第七十二條之三第四項規定“法屬南方及南極領地及克利伯頓（位於中美洲西方）”（the French Southern and Antarctic Territories and Clipperton）應用法條（statute）規範。法國憲法第十三章裏的第七十六條至七十七條全部用於規範“新喀里多尼亞”的公投獨立的過渡條款（Transitional Provisions Pertaining to New Caledonia）。[1]

---

[1] http://www2.assemblee-nationale.fr/langues/welcome-to-the-english-website-of-the-french-national-assembly;
     https://en.wikisource.org/wiki/Constitution_of_the_Fifth_French_Republic_(original_text).

3.4

德國基本法

　　1948 年 6 月美國、英國、法國等佔領國的外交部長在倫敦集會，對德國西部佔領區發佈《法蘭克福文件》（*Frankfurter Dokumente*），指示各佔領區軍事總督授權佔領區十一個邦政府總理在 1948 年 7 月召集 "制憲會議"，草擬基本法，交由各邦議會選派六十五名代表組成 "立法會議"（Parlamentarischer Rat），於 1949 年 5 月 8 日審議通過後，經過三分之二邦議會批准，再經所有邦總理和邦議會議長簽署，最後由 "立法會議" 公佈生效 [1]。

　　1949 年 5 月 23 日由美國、英國、法國佔領的德國區域宣佈成立 "德意志聯邦共和國"，簡稱 "西德"。這個德國是一個由十六個邦組成的聯邦共和國（federal republic），包括十三個區域邦（area states, flachenlander）、兩個城邦（city states, stadtstaaten）、一個不萊梅漢薩自由市（the Free Hanseatic City of Bremen）。"漢薩" 是德語 "商會" 的意思。德國基本法在序言第二自然段就把十六個邦全部列舉出來，並敘明：

> 各邦之德意志人民……已完成德國之統一與自由。……適用於全體德意志人民。（Germans in the Länder of ... have achieved the unity and freedom of Germany ... , ... thus applies to the entire German people.）

　　這段序言是最為明顯的規範領土主權範圍的領土條款。每一個邦都是德國主權領土不可分割的一部分，且意指德國的領土僅限於這十六個邦（Länder）。因此德國基本法第二十條第一款規定："德意志聯邦共和國（Bundesrepublik Deutschland）為民主、社會之聯邦國家。" 但是 1949

---

[1] 葉陽明：《西德因應德國分裂時期（1949–1990）之憲政安排》，《國際關係學報》2006 年 7 月第 22 期，https://ah.nccu.edu.tw/retrieve/111673/11-44.pdf；https://en.wikipedia.org/wiki/Frankfurt_Documents。

年西德基本法的序言原文是："各邦之德意志人民……依據其構成者權力，在過渡時期制定德意志聯邦共和國基本法賦予政治生活新秩序。"（the German people in the Laender ... has, by virtue of its constituent power, enacted this Basic Law of the Federal Republic of Germany to give a new order to political life for a transitional period.）這個序言與 1949 年基本法第 146 條規定"自德國人民以自由意志制定通過的憲法實施之日起，《基本法》失效"被德國聯邦憲法法院認定為具有法律拘束力的"恢復國家統一原則"（Wiedervereinigungsgebot），不是沒有法律拘束力的政治宣示，是德國的國家法定目標和義務，任何國家機關的行為都不能違反。[1]

德國由於第二次大戰後的國際安排，其領土上得施行的主權受到相當程度的限制，呈現在基本法規定上就有第二十四條第一款的規定：

聯邦得以立法將主權權力轉讓於國際組織。（The Federation may, by a law, transfer sovereign powers to international organisations.）

第二十四條第一之一款規定：

各邦……經聯邦政府之同意，得將主權權力轉讓於周邊區域的跨邊界機構（the Länder ... they may, with the consent of the Federal Government, transfer sovereign powers to transfrontier institutions in neighbouring regions.）

第二十四條第二款規定：

……聯邦得加入相互集體安全體系；為此，聯邦應同意限制其主權權力……（... the Federation may enter into a system of mutual collective security; in doing so it shall consent to such limitations upon its sovereign

---

[1] 北大法律訊息網：《"促統"還是"縱獨"：〈兩德基礎條約〉的締結及其影響》，2016 年 5 月 9 日，https://www.cvce.eu/content/publication/1999/1/1/7fa618bb-604e-4980-b667-76bf0cd0dd9b/publishable_en.pdf；Klaus Schlauch、Stefan Korioth 著，吳信華譯：《聯邦憲法法院：地位、程序、裁判》，台北：元照出版有限公司 2017 年。

powers ...）

第二十五條更規定：

國際法之一般規則構成聯邦法律之一部分。此等規定之效力在法律上，並對聯邦領土內居民直接發生權利義務。（The general rules of international law shall be an integral part of federal law. They shall take precedence over the laws and directly create rights and duties for the inhabitants of the federal territory.）

這些規定未見諸其他國家的憲法條文。

德國各邦可自訂憲法，但須受聯邦節制。德國基本法第二十八條第一款規定："各邦之憲法秩序應符合……"（The constitutional order in the Länder must conform to ...）；同條第三款規定："聯邦應確保各邦之憲法秩序符合……"（The Federation shall guarantee that the constitutional order of the Länder conforms to ...）；第三十一條規定："聯邦法律優於各邦法律。"（Federal law shall take precedence over Land law.）這與美國憲法的"至尊條款"類似。第三十七條更規定："……聯邦政府……強令該邦履行其義務。"（the Federal Government ... may ... compel the Land to comply with its duties.）第八十三條更規定："除本基本法另有規定或許可外，各邦應以執行聯邦法律為其本身職務。"（The Länder shall execute federal laws in their own right insofar as this Basic Law does not otherwise provide or permit.）另外，德國基本法第八章"聯邦法律之執行與聯邦行政"、第八章之一"共同任務"就聯邦與各邦的管轄權力作出區分和規範。這些條文可視為規範領土治理方式的領土條款。[1]

目前已不存在的"德意志民主共和國"由蘇聯佔領區組成，包括五個邦和東柏林，於 1949 年 10 月 7 日成立，簡稱"東德"。1955 年 9 月 22 日西德總理艾德諾（Konrad Hermann Joseph Adenauer, 1876-1967）在西德聯邦

---

[1]　https://www.btg-bestellservice.de/pdf/80201000.pdf.

國會宣佈西德 "在國際關係中代表全體德國人民" 的 "單方代表聲明"，接著發表 "赫爾斯坦原則"（Hallstein-Doktrin）拒絕與任何跟東德建立外交關係的國家建交，蘇聯除外。1972 年 12 月 21 日東西德雙方簽訂《兩德關係基礎條約》，同意雙方應該在平等權利的基礎上發展正常的友鄰關係（shall develop normal, good-neighbourly relations with each other on the basis of equal rights），自此 "赫爾斯坦原則" 被廢棄。1973 年 5 月 28 日巴伐利亞邦政府就《兩德關係基礎條約》向德國聯邦憲法法院提起違憲審查的訴訟，1973 年 6 月 18 日德國聯邦憲法法院判決合憲，認定該條約同時具有國際法與國內法的性質，在尚未統一前運用國際法的規則調整 "對內關係" 是必要的。1973 年 9 月 18 日東西德一齊加入聯合國，1974 年互設代表處。1990 年 5 月 18 日東西德簽訂《建立貨幣、經濟暨社會聯盟國家條約》，1990 年 8 月 31 日東西德簽訂《實現德國統一條約》。1990 年 9 月 12 日 "德意志民主共和國" 與 "德意志聯邦共和國"、美國、蘇聯、英國、法國簽訂《最終解決德國問題條約》（The Treaty on the Final Settlement With Respect to Germany）。1990 年 10 月 3 日併入 "德意志聯邦共和國"。[1]

東德成立時同時頒佈的《德意志民主共和國憲法》第一章第一條規定："德國是由德國各邦組建的一個不可分割的共和國。" 這是由各邦組成國家的憲法概念。但 1968 年又制定新憲法，其第一章第一條改為：

> 德意志民主共和國是一個德意志民族的社會主義國家，是由工人階級和馬克思列寧主義政黨領導的，由城市和鄉村中的勞動人民構成的政治組織，其目的是實現社會主義。（The German Democratic Republic is a socialist state of the German nation. It is the political organization of the working people in town and countryside who are jointly implementing socialism under the leadership of the working class and its Marxist-Leninist party.）

---

[1] http://germanhistorydocs.ghi-dc.org/print_document.cfm?document_id=172.

這就刪除了 "聯邦國家" 的概念，改為 "民族國家" 和 "社會主義國家"，而且把這個國家定位為一個由勞動人民構成的 "政治組織"。

1974 年 9 月 27 日東德修憲再將第一章第一條修改為：

> 德意志民主共和國是一個工農社會主義國家，是由工人階級和馬克思列寧主義政黨領導的，由城市和鄉村中的勞動人民構成的政治組織。（The German Democratic Republic is a socialist state of workers and farmers. It is the political organization of the workers in the cities and in the countryside under the leadership of the working class and their Marxist-Leninist party.）

此處刪除 "民族國家" 的概念，等於放棄德國統一，成為一個德意志民族國家分裂出來的 "工農社會主義國家"。[1]

---

[1] https://usa.usembassy.de/etexts/2plusfour8994e.htm; http://www.ejil.org/journal/Vol2/No1/art2-01.html; Legal Aspects of the Unification of the Two German States; https://web.archive.org/web/20080808135441/http://www. ejil.org/journal/Vol2/No1/art2-01.html; 林雍升：《東西德加入聯合國與我際法》，《台灣國際法季刊》2014 年 3 月第 11 卷第 1 期，第 31–57 頁；陳蕙馨：《德國法制史：從日耳曼到近代》，台北：元照出版有限公司 2007 年。

3.5

英國不成文憲法

　　英國國號有"聯合王國"（The United Kingdom）之稱，起自 1800 年大不列顛王國（Greater Britain）合併愛爾蘭王國時的《1800 年聯合法》（The Acts of Union 1800 或 the Union with Irland Act 1800）。雖然稱作"聯合王國"，卻是單一制的國家，構成英國領土的四個"國"（countries）並無其他聯邦國家所具有的"邦或州"的憲法及法律地位，也無權制定自己的"國憲法"（state or country constitution）。英國其他十四個海外領地（Overseas Territories）、皇家屬地（Crown Dependencies）等的法律權利當然更低階。事實上，"大不列顛與北愛爾蘭聯合王國"的領土是一系列憲法性法律表述英格蘭王國對蘇格蘭、威爾士、愛爾蘭等進行兼併的結果，這些法律包括《1535 年及 1542 年威爾士法》（Laws in Wales Acts 1535 and 1542）、《1652 年蘇格蘭聯合法》（Tender of Union 1652）、《1707 年蘇格蘭議會聯合法》（Acts of Union 1707）等等，本質上是規範英國領土範圍、性質及治理方式的領土條款。[1]

　　構成英國領土的四個"國"，是英格蘭、蘇格蘭、威爾士、北愛爾蘭[2]。後三者分別以《1998 年蘇格蘭法》（Scotland Act 1998），設立蘇格蘭政府和議會；《1998 年威爾士法》（Wales Act 1998），設立威爾士政府和議會；《1998 年北愛爾蘭法》（Northern Irland Act 1998），設立北愛爾蘭政府和議會。英國的地方政府並無憲法權力，其運作和治理方式是由英國國會通過的一般性法律規範的，例如《2000 年地方政府法》（Local Goverment Act 2000）、《2001 年地方化法》（Localism Act 2001）。

---

[1]　https://en.wikipedia.org/wiki/Acts_of_Union_1800; https://en.wikipedia.org/wiki/Laws_in_Wales_Acts_1535_and_1542; https://en.wikipedia.org/wiki/Tender_of_Union; https://en.wikipedia.org/wiki/Acts_of_Union_1707.

[2]　Walter Bagehot, *The English Constitution*, Oxford University Press, 2009; 波考克（J. G. A. Pocock）：《古代憲法與封建法：英格蘭十七世紀歷史思想研究》，南京：譯林出版社 2014 年；波格丹諾（Vernon Bogdano）著，李松鋒譯：《新英國憲法》，北京：法律出版社 2013 年，第 3-49 頁。

英國海外領土的法律地位不同於英格蘭、蘇格蘭、威爾士、北愛爾蘭，是由《2002 年英國海外領地法》（*British Overseas Territories Act 2002*）規範，此前只有直布羅陀（Gilbraltar）和福克蘭群島（Falkland Islands）的居民得無條件獲得英國完整的公民權（citizenship）或居留權（the right of abode）。香港回歸中國後，英國國會通過此法無條件賦予十四個海外領地居民完整的英國公民權。原本《1981 年英國國籍法》（*British Nationality Act 1981*）將公民權分類為"英國公民權"（British Citizenship）、"英國附屬領地公民權"（British Dependent Territories Citizenship, British Overseas Territories Citizenship）、"英國海外公民權"（British Overseas Citizenship）、英國屬民（British Subjects）。"英國附屬領地"原本稱作"英皇殖民地"（British Crown Colonies），後來又改名為"英國海外領地"（British Overseas Territories）。英國這種複雜的公民權區隔法令反映著不同的領土治理方式，基本上是面對第二次世界大戰後，原本被視為英國領土的英屬殖民地不斷改變政治地位所產生的相對應措施。[1]

"英國附屬領地公民權"持有人原先被視為英國國民（British nationals）、英聯邦公民（Commonwealth citizens），但不是英國公民（British citizens），也沒有聯合王國的居留權。這個法令的目的在於排除香港居民的英國公民權和居留權，但 1997 年香港回歸中國後，英國國會通過《2002 年英國海外領地法》，將"英國附屬領地公民"改為"英國海外領地公民"，允許取得英國公民權和居留權。

"英國海外公民權"持有人一直被視為英國國民（British nationals）、英聯邦公民（Commonwealth citizens），但不是英國公民（British citizens），也沒有聯合王國的居留權，進入聯合王國仍然要按照英國移民法管控。所以僅持有"英國海外公民權"的人表面上是英國國民，實際上是無國家之人（stateless persons），不保證可以隨意回到英國或任何英國領地。這些"英國海外公民權"持有人絕大多數是亞洲人，尤其是香港人。

---

[1]　https://en.wikipedia.org/wiki/British_Overseas_Territories_Act_2002.

3.6

加拿大的魁北克問題

　　魁北克是加拿大的一個省份，曾是法國殖民地。1763 年法國與印地安戰爭（又名七年戰爭）結束時，法國敗戰，簽訂《巴黎條約》，將其割讓給英國，於是魁北克成為英國殖民地，但當地居民大多數是法語民族。1960 年魁北克爆發寧靜革命，開始產生分離主義運動，稱為 "魁北克主權運動"（Quebec Sovereignty Movement）。1970 年魁北克人黨（Parti Quebecois）成立，1976 年成為絕對多數的魁北克省執政黨。1980 年魁北克人黨提出公民投票案："魁北克人是否希望與聯邦政府及其他省份展開憲政談判，以便在魁北克省和其他省份之間制定一個 '主權附屬協定'（sovereignty association pact）？" 但這個公民投票案遭到幾近 60% 的選民否決。1995 年 10 月 30 日魁北克人黨再度提出公民投票："是否同意魁北克省從加拿大獨立出來？" 這次僅以 50.58% 的些微差距否決了這件公民投票案。1996 年 9 月加拿大跨政府事務部部長狄翁（Stephane Maurice Dion）向加拿大最高法院就三項問題提請裁定諮詢意見（Reference），又稱 "魁北克脫離聯邦諮詢意見"。這三項問題是：第一，依據加拿大憲法，魁北克省議會、立法機構或省政府能否單方面施行（effect）魁北克脫離加拿大？第二，國際法是否賦予魁北克省議會、立法機構或省政府有權單方面施行魁北克脫離加拿大？就這點，國際法上的自決權有否賦予魁北克省議會、立法機構或省政府施行魁北克單方面脫離加拿大的權利？第三，如果國內法與國際法就魁北克省議會、立法機構或省政府是否有權單方面施行魁北克脫離加拿大的問題上有所衝突，在加拿大何者優先？其中，"加拿大憲法" 指 1867 年憲法法律、1931 年《威斯敏斯特法令》、1982 年憲法法律及相關的法院判決。

　　加拿大最高法院於 1998 年 8 月公佈諮詢意見，認為根據加拿大法律與國際法，魁北克無權單方面脫離加拿大。然而魁北克人如果清晰地表達脫離加拿大的意願，聯邦政府必須與魁北克政府展開談判。此諮詢意見確認，加拿大國會有權決定該種公民投票的問題是否足夠“清晰”，以致可以啟動談判。在各方就魁北克獨立條件達成一致同意前，加拿大憲法仍然有效，而這些條件必須尊重加拿大憲法所確立的民主原則、少數派和個人的權利。[1]

狄翁詮釋加拿大最高法院的諮詢意見，主張聯邦政府在魁北克獨立公投的問題設計和通過門檻上有話語權；魁北克獨立只能透過協商達成，不能單方面宣佈獨立；魁北克政府也不能單方面決定與聯邦政府的談判條款。最後加拿大國會於 2000 年 3 月 15 日通過《清晰法案》，規定加拿大下議院有權決定魁北克獨立的公民投票問題是否清晰，獨立公投的通過門檻是“清晰多數”（clear majority），而不是簡單多數（50% plus one）。[2]

加拿大最高法院對這份諮詢意見書（Reference）的裁定等於一份憲法解釋令。加拿大最高法院認為，就憲法層次而言，主張魁北克有權單方面脫離加拿大的立基點是民主原則，但是民主不只是簡單多數決。加拿大最高法院指出：“憲法法理顯示民主存在於其他憲法價值的更大架構內。”（Constitutional jurisprudence shows that democracy exists in the larger context of other constitutional values.）加拿大最高法院認為，即使有一個清晰的公民投票結果，魁北克亦不得訴諸調用自決權去提出一項提議與加拿大其他成員分離的條件。民主投票儘管是絕大多數，其本身無法律效果，而且不能無視聯邦主義和法治的原則、個人與少數的權利，或民主在加拿大整體或其他省份的運作。憲法下的民主的權利不能與憲法義務分離。

加拿大最高法院認為就國際法層次而言，一個國家的政府代表著居住於領土內的人民或民族，在平等且無歧視的基礎上，尊重其內部安排的自決原則，有權在國際法下維護其領土完整且使其領土完整為其他國家所承認。在加拿大憲法或國際法下，無權單方面分離。[3]

---

[1]　Supreme Court of Canada, "Reference re Secession of Quebec", 20 August 1998.

[2]　Stephane Dion, "Letter to Premier Lucien Bouchard on the Need to Respect the Supreme Court's Decision in Its Entirety", Ministry of Intergovernmental Affairs Canada, 25 August 1998; *Clarity Act*, Government of Canada Privy Council Office.

[3]　Patrick Dumberry, "Lessons Learned from the Quebec Seccession Reference before the Supreme Court of Canada", in Marcelo G. Kohen (ed.), *Secession: International Law Perspectives*, Cambridge University Press, 2006, pp. 416–452; S. V. LaSelva, "Divides Houses: Secession and Constitutional Faith in Canada and the United States", *Virginia Law Review*, no. 23, 1999, pp. 771–792; 盧定平：《加拿大式的民主與魁北克的公投》，《歷史月刊》2004 年 3 月 5 日第 194 期，第 87–92 頁。

3.7

西班牙的加泰羅尼亞問題

　　2010 年西班牙憲法法院裁定 2006 年經由西班牙政府同意且經加泰羅尼亞公民投票通過的《加泰羅尼亞自治條例》（*2006 Statute of Autonomy of Catalonia*）部分條文違憲，其他條文必須嚴格解釋，引爆了加泰羅尼亞獨立問題。2013 年 1 月 23 日加泰羅尼亞自治區議會通過《加泰羅尼亞人民的主權和決定權宣言》（*The Declaration of Sovereignty and Right to Decide of the People of Catalonia*），2013 年 5 月 8 日西班牙憲法法院發佈臨時處分令，暫停這份宣言的效力，2014 年 3 月 25 日更近一步宣佈這份宣言違憲。加泰羅尼亞自治區於 2014 年 11 月 9 日舉辦獨立公投，在 40% 投票率下，有 80.7% 選民贊成完全脫離西班牙。2017 年 10 月 1 日在 43.03% 投票率下，有 90.9% 選民贊成加泰羅尼亞成為獨立共和國。2017 年 10 月 27 日加泰羅尼亞自治區議會宣佈成立加泰羅尼亞共和國，10 月 30 日西班牙實施憲法第 155 條，解散加泰羅尼亞自治區議會，並於 12 月 21 日重新選舉。結果反對獨立的政黨得票 52.1%，卻只獲得 65 席；贊成獨立的政黨得票 47.5%，反而獲得 70 席。西班牙憲法第 155 條規定，西班牙政府有權強制自治區履行憲法或法律規定的義務，並得命令自治區所有地方當局服從這些義務，尤其是西班牙憲法第二條規定的義務："西班牙是全體西班牙人民共有的不可分割的祖國。"（The Constitution is based on the indissoluble unity of the Spanish Nation, the common and indivisible homeland of all Spaniards.）

　　2018 年加泰羅尼亞獨立運動領導人被起訴叛亂、不服從、濫用公款等罪名，2019 年 10 月 14 日西班牙最高法院裁定被告以煽動叛亂、濫用公款罪名判刑九到十三年。[1]

---

[1]　Hilly Moodrick-Even Khen, *National Identities and the Right to Self-Determination of Peoples: Civic-Nationalism-Plus in Israel and Other Multinational States*, Boston: Brill Nijhoff, 2016, p. 49.

3.8

朝鮮半島問題

　　韓國的《大韓民國憲法》制定於 1948 年 7 月 17 日，歷經九次修改，目前的憲法文本是 1987 年 10 月 29 日第九次修訂的。該憲法第三條明訂："大韓民國的領土為韓半島和其附屬島嶼。"第四條規定："大韓民國志向統一，樹立並推進立足於自由民主基本秩序的和平統一政策。"前者是明確的領土條款，後者是和平統一條款。第六十六條更規範總統的義務是"維護國家獨立、領土保全、國家繼續性及憲法的義務。……就祖國的和平統一負有忠實的義務。" 1991 年 9 月 17 日南北朝鮮雙方同時成為聯合國成員國，統一並未完成。[1]

　　朝鮮現行的《朝鮮民主主義人民共和國社會主義憲法》制定於 1972 年 12 月 27 日，經過七次修訂，目前實施的憲法文本是 2019 年修訂後的憲法。這部憲法並無明確的領土條款，但第九條規定有"祖國北半部"及"和平統一、民族大團結"的用語。[2] 因此，朝鮮半島兩個國家組織的憲法規範在領土完整和和平統一上的立場是一致的。

---

[1]　http://www.148com.com/html/503/96929.html; 孫冀：《韓國的朝鮮政策》，北京：中國社會科學出版社 2011 年；李明峻：《"南北韓"加入聯合國與國際法》，《台灣國際法季刊》2014 年 3 月第 11 卷第 1 期。

[2]　https://zh.wikipedia.org/wiki/ 朝鮮民主主義人民共和國社會主義憲法．

3.9

小結

　　本章探討了美國、俄羅斯、法國、德國、英國的憲法和憲法性法律的領土條款，這些國家各以不同的方式規範領土的範圍、領土的法律性質和領土的治理方式。有些領土的法律性質出現各種自治共和國、自治邦、自由邦，甚至自由附屬國等較為特殊的規範設計，有些領土治理方式涉及少數民族的權利義務，這些都可供處理台灣領土主權、領土法律性質、領土治理方式時參考。

　　加拿大的魁北克問題、西班牙的加泰羅尼亞問題、朝鮮半島問題等等對台灣問題的爭議解決方式也有參酌的價值。當然這些問題看似有共同的特質，但也在法理上有著很大的歧異之處。本章皆一一予以剖析。在不影響一個中國原則的主權架構下，各國許多領土條款所顯現的特殊制度對於釐清探索"一國兩制台灣方案"都能起到借鑒性的作用。

4

第四章

台灣領土主權變遷的
情況

　　本章討論台灣的領土主權及管轄權歸屬的變遷歷史，以助於第五章對朝鮮戰爭後台灣領土主權的爭議始末進行法理分析時提供準備，並可發現目前的台灣問題是台灣領土主權變遷過程所遺留下來的歷史問題。深入理解這些變遷的歷史過程，有助於判斷目前探索與解決台灣的領土主權問題應有的選項和必備的條件 [1]。

　　台灣從無主權歸屬之地到有主權歸屬之地，再從不同主權者的變遷，反映出不同的法律地位。直到目前因應內外在政治情勢的變遷，圍繞著台灣的領土主權產生許多短期內無法解決的政治或法律爭論。澎湖在 1662 年以後被視為台灣的附屬島嶼，1662 年 2 月 1 日以前則視為不隸屬於台灣的領土單位，但在《馬關條約》和《開羅宣言》中兩者仍不相隸屬。這些主權變遷的法律基礎都源自國際法文件，從條約立憲主義（treaty constitutionalism）的觀點看，這些國際法規範同時具有憲制規範的效力 [2]。

　　在無主之地的時代，中國人就有許多針對台灣的記載，但大多模糊不清。這些文獻無法構成可信的法律證據，敘明中國早已對台灣創設（制定）、確立（建立）或施行（ordain, establish or practice）主權。日本人在豐臣秀吉時代開始嘗試將台灣納為領土，直到德川幕府時代採行鎖國政策時，都未能成功。荷蘭人於 1624 年進入台灣從事貿易工作，1635 年開始積極推動殖民統治及統一台灣的戰爭，台灣最後成為法律上是荷蘭殖民地的有主權管轄之地。此後台灣的主權或管轄權也進入了長期的爭奪和爭論，但中國仍然是迄今為止持有台灣領土主權最悠久的主權國家。

---

[1]　王泰升：《台灣歷史上的主權問題》，《月旦法律雜誌》1996 年 1 月第 9 期，第 4-13 頁，http://ntur.lib.ntu.edu.tw//handle/246246/265368。

[2]　屠凱：《柴進的鐵券：條約立憲主義學說及其挫折》，《華東政法大學學報》2015 年第 5 期，第 78-92 頁。

4.1

無主之地

在荷蘭東印度公司於 1624 年展開殖民統治台灣之前，台灣已有的原住民族從未產生酋邦（chiefdom）或國家組織（state），或如王國（kingdom）的政治組織，因此台灣本是無任何主權統治的"無主之地"（terra nullius），亦即沒有任何酋邦或國家組織創設、確立、施行或擁有台灣的領土主權。直到 1624 年後，獲有荷蘭政府授權的"聯合東印度公司"（VOC）在台灣南部建立殖民政權，並以主權國家代理人身份，於 1635 年後陸續發動統一台灣的戰爭，宣稱台灣以殖民地的法律身份隸屬為尼德蘭七聯省共和國之領土，直到 1642 年統一全台灣，取得全島的領土主權，台灣才成為有國家主權統治之島嶼。因此，1642 年至 1662 年這二十年間，台灣毫無疑義是屬於尼德蘭七聯省共和國領土的一部分。

然而，荷蘭人從未領有澎湖主權，早於 1171 年澎湖的領土主權已毫無疑義地歸屬中國，且劃歸泉州府晉江縣管轄，並非無主之地。在 1662 年鄭成功在台灣建立延平藩王政權之前，澎湖在政治上不是台灣的一部分。1171年，南宋孝宗趙 （1162-1189）乾道七年，泉州知府汪大猷屯兵澎湖，這是澎湖併入中國版圖最早的檔案記錄。從 1171 年後，直到 1604 年明神宗朱翊鈞（1563-1620）時，福建巡撫徐學聚和南路參將施德政派浯嶼都司沈有容（1557-1628）率軍逼退進佔澎湖的荷蘭人韋麻郎時，澎湖一直都是中國的一部分，但台灣當時實際上還不是中國的一部分，澎湖也不是台灣的一部分。澎湖與台灣產生政治上的連結是 1662 年起同為鄭成功的"藩王領地"開始，但歷史上澎湖從未有原住民族居住，也未曾經過荷蘭聯合東印度公司的殖民統治。

4.1.1　原住民與台灣

原住民是台灣最早的永久居民，但始終以零散的原始部落或村社方式生活了上千年。主權是酋邦及國家組織所創設的法律權力，原住民社會未發展出酋邦及國家組織之前，尚屬 "無主權的部落社會"（non-sovereign tribal society）。歐洲人所說台灣平埔族原住民的 "大肚王國" 及高山族原住民的 "大龜文王國"，充其量只是 "部落村社聯盟"，連 "酋邦" 都不是，也談不上是 "酋邦" 與 "王國" 之間過渡階段的 "城邦"（city state），更談不上 "王國"。因此在原住民部落林立時代的台灣從未在島內出現任何具有 "主權" 性質的政治組織，所以台灣此時是 "無主之地"。[1]

4.1.2　中國人與台灣

中國文明誕生於五千年前。第一個中國的國家組織 "夏后氏王國" 出現在四千年前，此後可稱之為 "中國人" 者何時發現台灣，何時抵達過台灣，中國的國家組織何時曾在台灣施行 "主權展示"，並產生創設、確立、施行主權的法律效果，這些問題與台灣的領土主權何時曾歸屬於中國息息相關。

4.1.2.1　古代中國人與台灣

古代中國人的地理概念受限於測量和航海技術，對 "海外" 一詞所指涉的範圍相當含糊而廣泛。跨越台灣海峽位於澎湖與台灣之間被稱為 "黑水溝" 的黑潮海流對古代中國人來說，更是只能想象和臆測。但古代中國人跨越中國東南沿海位於中國大陸與澎湖之間的海岸洋流並不困難。這個海域平均深度只有三十公尺，還因沖刷中國東南海岸的土壤含紅色沙土量過高，使海水呈現紅色，故被稱為 "紅水溝"。

陳壽（233–297）的《三國志・吳志・孫權傳》記載，公元 230 年吳

[1]　連橫：《台灣通史》，台北：國民黨黨史館 2003 年 10 月。

國孫權政府曾派衛溫、諸葛直"將甲士萬人浮海求夷洲及亶洲。亶洲在海中，……所在絕遠，卒不可得至，但得夷洲數千人還"。沒有任何事前證據（prior evidence）確定夷洲或亶洲就是台灣，亶洲在何處始終沒有答案，孫權的軍隊"卒不可得至"，所以沒有到達亶洲。但"得夷洲數千人還"也是靠不住的記載，因為《三國志‧吳志‧陸遜傳》記載，孫權此事的結果很慘："權欲遣偏師取夷洲及珠崖，……權遂征夷洲，得不補失。"另外《三國志‧吳志‧全琮傳》寫得更糟："初權將圍珠崖及夷洲，……權不聽，軍行經歲，士眾疾疫，死者十有八九，權深悔之。"總而言之，陸遜、全琮都反對孫權"求夷洲"。兩種記載相對照，可以判定孫權"得夷洲數千人還"，應該是"甲士萬人"最後只剩"數千人還"，"得夷洲，數千人還"才是正確的解讀。有些文獻以孫權"得夷洲"的歷史記載，作為中國對台灣行使主權展示的開端，顯然經不起考驗。這段歷史記載無法在法律上構成台灣已隸屬中國主權領土的論證。

公元 268 年三國時代末期，吳國丹陽太守沈瑩（？-280）在《臨海水土志》中記載："夷洲在浙江臨海東南，去郡二千里，土地無霜雪，草木不枯，四面是山，眾山夷所居。""浙江臨海郡"就是"浙江省台州市所轄臨海市"；所謂"去郡二千里"，依《漢書‧食貨志》的記載"六尺為步"，換算可得每一步為六尺，三百步為一里，所以當時一里等於一千八百尺，再按出土的秦代商鞅量尺計算，一尺等於 0.231 公尺，所以一里等於 415.8 公尺，"二千里"等於 831.6 公里。台灣海峽平均寬度只有一百五十公里，在漢代約三百六十里而已。因此"去郡二千里"記載的距離，夷洲確定不是台灣。是故《臨海水土志》記載的夷洲，無法作為"中國人"在三國時代已"發現"台灣的證據。

直到公元 607 年《隋書‧煬帝紀》才有記載隋煬帝楊廣（569-618）派朱寬、何蠻，入海訪異俗，到"流求"，"言語不通，掠一人而返。"公元 608 年，再派朱寬去招撫，結果是"流求不從，寬取甲布而還。"這時剛好有日本遣隋使求見，看到這些"甲布"，判定是"此夷邪久國人所用也"，但仍無法確定"夷邪久國"就是台灣。曹永和（1920-2014）認為夷邪久國就是"屋久島"（Yakushima），位於九州南側種子島（Tanegashima）西南、琉球群島的奄美島（Amami）之北，屬於鹿兒島縣的薩南群島，《日本書紀》稱為"掖久"。這表示朱寬去了日本九州南端，絕非台灣。"流求"應該就是"琉球"或日本南端島嶼。[1]

《隋書·煬帝紀》記載，隋煬帝楊廣於公元 610 年派陳稜、張鎮州率軍"擊流求，破之，獻俘萬七千口，頒賜百官。"《隋書·流求國傳》記載"遣人慰諭之，流求不從，拒逆官軍，稜擊走之，進至其都，頻戰皆敗，焚其宮室，虜其男女數千人，載軍實而還，自爾遂絕。"

1535 年，明代陳侃（1507–？）的《使琉球錄》認為朱寬、陳稜征伐的"流求國"就是現今的琉球群島。陳侃說："琉球國，在福建泉州之東海中，其朝貢由福建以達於京師。國之沿革未詳，漢魏以來不通中華。隋大業中，令羽騎尉朱寬訪求異俗始至其國，語言不通，掠一人以返。後遣武賁郎將陳稜率兵至其國，虜男女五百人還。"根據陳侃的說法，陳稜只有"虜男女五百人還"，不是"獻俘萬七千口"，也不是"虜男女數千而歸"。

隋末公元 617 年到南宋末公元 1225 年間，約計六百多年，現存中國文獻幾乎都沒有涉及台灣的文字記載，可說空白了六個世紀之久。元朝（1271–1368）是蒙古族建立的中國王朝，其對海外的興趣卻超越漢族，海外島嶼的記載才又出現。綜上所述，台灣自古是中國領土的說法，這"自古"的期間，很肯定不能從三國或隋唐起算。[2]

4.1.2.2　宋元兩代中國人與台灣

到了宋代，中國人的航海技術進步很多。[3] 宋元時代的中國漁民、海盜、水師軍隊已能跨越台灣海峽的黑潮等危險海流，也有中國人跨越台灣海峽至澎湖聚居的記載。1171 年南宋泉州知府汪大猷（1120–1200）已派兵

---

[1] 曹永和：《台灣早期歷史研究續集（第二版）》，台北：聯經出版事業股份有限公司 2016 年，第 10 頁；黃清琦等著：《台灣歷史地圖》，台南：台灣歷史博物館 2015 年。

[2] 蔡正元：《台灣島史記（修訂版）（上冊）》，香港：中華書局（香港）有限公司 2020 年，第 276–279 頁。

[3] 佟洵、王雲松編：《看得到的中國史》，台北：大是文化 2019 年，第 485 頁。

屯駐澎湖 "建屋二百間，遣將分屯"，常態性派兵屯駐是行使主權的證據。1281 年元代中國政府在澎湖設立巡檢司，隸屬福建同安管轄，這些都是宋元兩代中國政府在澎湖行使主權的鐵證，但仍不能推論台灣已歸屬宋元兩代的中國領土。雖然當時已有中國商船、漁船往來福建、澎湖、台灣、菲律賓，從事正常貿易及捕魚、走私或海盜行為者兼而有之，仍不能證明中國主權已從澎湖延伸至台灣，但已能證明 "中國人" "發現" 了台灣。台灣在當時仍是 "無主之地"，沒有任何國家級的政治組織曾經毫無爭議地將台灣納為主權管轄的領土。

元末旅行家汪大淵（1311-1350）於 1349 年撰《島夷志略》時提到 "彭湖"，說 "地隸泉州晉江縣，至元間設巡檢司"；也提到 "琉球"，說 "琉球，地勢盤穹，林木合抱。山曰翠麓，曰重曼，曰斧頭，曰大崎。其峙山極高峻，自彭湖望之甚近。余登此山，或觀海潮之消長，夜半則望暘谷之出，紅光燭天，山頂為之具明。土潤田沃，宜稼穡。氣候漸暖，俗與彭湖差異。水無舟楫，以筏濟之。男子婦人拳髮，以花布為衫。煮海水為鹽，釀蔗漿為酒。知番主酋長之尊，有父子骨肉之義。" 1535 年陳侃的《使琉球錄》認為汪大淵描述的不是琉球群島，因為 "琉球國之山形，雖南北一帶而生，不甚抱合，亦無翠麓等四山之名，且形勢卑小，不高聳，林木樸樕不茂密。"

汪大淵這篇文章是有史以來，被認為對台灣及原住民描述得最清楚明晰的中國文獻。文中還說汪大淵親自來到台灣——"余登此山"，這證明 "中國人" 此時已 "發現" 台灣，但仍無中國作為一個國家組織曾對台灣施行或展示主權的證據。汪大淵是否真的到過台灣，而且還登過島上高山，未受原住民的阻擾，也無法確證。但汪大淵所說 "煮海水為鹽，釀蔗漿為酒"，則證實十四世紀台灣原住民已懂得煮海鹽，懂得種甘蔗，但只用蔗汁釀酒，未有製造砂糖的記載。

4.1.2.3 明代中國人與台灣

1368 年朱元璋（1328-1398）建立明朝帝國，鑒於倭寇、海盜為患，僅准 "朝貢貿易"，禁絕海外商賈來航。1387 年明代中國政府以澎湖島民 "叛服難信"為由,廢除澎湖巡檢司,"盡徙嶼民"回去福建漳泉。但禁令歸禁令,中國漁民聚集澎湖捕魚,反而更加興盛,不僅橫跨台灣海峽捕魚,甚至到達台灣沿岸,與原住民來往形成"漢番交易"。此種現象依當時的航海技術已屬常態,更難因明朝政府禁令而阻絕,台灣北部已進入鐵器時代的"十三行人"原住民就與中國漁民兼雜貨商有經常性的貿易關係,從"十三行遺址"出土的中國商品可以見證。[1]

1555 年鄭舜功出使日本,回國後於 1560 年出版《日本一鑒》,繪有"滄海津境"簡易地圖,標示小琉球、雞籠山,記載著 1558 年返國途中曾漂流至"耶刺付"(淡水)。1573 年曹學佺(1574-1646)撰《倭患始末》,稱"潮賊林道乾勾倭突犯漳泉海洋,竄據彭湖,尋投東番。"這時期,中國人對台灣的認識僅止於被倭寇佔據的"小琉球"或"東番"而已。

日本戰國時代群雄割據的局面在十六世紀末結束。豐臣秀吉(1537-1598)統一日本後,便迫不及待於 1592 年進犯朝鮮,展開 1592 年至 1598 年的"萬曆朝鮮之役",日本海盜在同年登陸淡水、基隆。1593 年豐臣秀吉派原田孫七郎到台灣,要求原住民納貢稱臣未果。明代中國政府擔心日本趁"萬曆朝鮮之役"佔領澎湖,在 1597 年又再恢復派兵屯守澎湖,此距 1387 年撤出澎湖已二百一十年。從十四世紀到十六世紀,這二百一十年間澎湖形同是被中國政府拋棄的無主之地,但也未歸屬於其他主權或政權,因此中國可輕易恢復行使澎湖的領土主權。

十七世紀以前,中國人到台灣的目的主要是捕魚和經商。當時日本海盜及倭寇侵擾中國海岸,情況嚴重,中國和日本海盜也常以台灣為巢穴。福建海軍將領沈有容(1557-1628)於 1602 年奉福建巡撫朱運昌密令,率二十四艘艦隊自金門啟程清剿倭寇。航抵澎湖遭遇颱風,僅剩十四艘船艦,餘皆飄散。沈有容仍下令進剿藏匿在台灣的倭寇,雙方在台灣外海激戰,倭寇敗亡。沈有容率軍停泊大員港整補,接受平埔族頭目款待近二十天。因此,沈有容是史上第一位登陸台灣的中國官員,其幕僚陳第於 1603 年將見聞寫成

---

[1] 蔡正元:《台灣島史記(修訂版)(上冊)》,香港:中華書局(香港)有限公司 2020 年,第 242 頁。

《東番記》，這是台灣原住民早期生活記錄的中國文獻。已六十二歲的陳第隨同沈有容到大員，接受西拉雅族頭目"大彌勒"的款待，寫下一千五百字左右的傳世之作《東番記》。陳第在《東番記》說："以瑪瑙、瓷器、布、鹽、銅簪環之類，易其鹿脯皮角"，而且"漳、泉之惠民、充龍、烈嶼諸澳，往往譯其語，與貿易"，指中國人已可通譯原住民語，並與原住民從事物物交易。沈有容和陳第雖是史上最早抵達台灣的中國官員，但是兩人在台灣上的活動性質屬於"訪客"身份，並未進行任何"主權展示"活動，不能作為中國主權已延伸到台灣的證述。

　　然而不論是捕漁、經商，或做海盜，都不是長久定居台灣的移民。十七世紀時，中國人才開始移民台灣，進行長期常態的墾殖。1621 年顏思齊以海商集團的武力為基礎，率領福建移民武力進佔台灣中部，在雲林北港到嘉義布袋附近地區建立十個村寨型據點，率眾長居台灣，這是中國人首次移民台灣並形成聚落的正式記錄。但這只是移民村寨，談不上建立政權，不能因此論斷自 1621 年起台灣隸屬中國領土。有政權或國家才能宣示主權，有主權才有主權權利或權力（sovereign rights or power）可以宣稱擁有領土。顏思齊從來沒有建立過政權或國家，不具備宣示領土主權的資格。連橫在《台灣通史》稱讚顏思齊："闢土田，建部落，以鎮撫土番。"顏思齊因此被認為是中國開台第一人。顏思齊早逝，由鄭芝龍接班，到了 1628 年鄭芝龍回福建擔任明代政府的海軍將領，把台灣中部的中國移民村寨作為與荷蘭人商業往來的交易市集。後來鄭芝龍甚至把中國移民的管轄權賣給荷蘭人，那時村寨裏的中國人口據說已達三千人。然而，顏思齊和鄭芝龍當時都不具備中國的官方身份，其移民台灣後也未有任何建立政治組織的意圖，無法作為中國主權已納部分台灣為領土的證據。

　　1629 年，明代中國南京工部右侍郎何喬遠（1558-1632）在《鏡山全集》首度稱台灣為"台灣"。其奏請解除海禁時稱："有地名台灣者，故與我中國不屬，而夷人亦區脫之。"這是文獻上最早使用"台灣"的記錄，但宣稱"故與我中國不屬"，卻也證明在 1629 年時台灣尚不是中國的主權領土。

　　荷蘭人在 1624 年進佔台灣前，先於 1622 年到大員港作調研工作，發現在台灣居留的中國人約一千到一千五百人，主要工作是駕船沿著海岸一個村社又一個村社，去找原住民做買賣的生意人。荷蘭人發現西拉雅族原住民沒有船隻，也不會航海，中國商人駕船從事生意，拿食鹽交換鹿皮，將鹿皮運出原住民部落，送上大員港的貿易船隻[1]。

荷蘭人剛到台灣時，對大員附近中國人的政策是“一切不變”，對鄭芝龍村寨裏的中國人則採“和平共存”。荷蘭最後一任大員長官揆一寫道：“答應准許該地的中國移民照舊居住和生活。”荷蘭人佔住南部，鄭芝龍佔住中部，《巴達維亞日記》稱作“雙方佔有”。但鄭芝龍去福建當官時，就把台灣中部的管轄權賣給荷蘭長官。1683 年施琅在《恭陳台灣棄留疏》裏寫道：“將此地稅與紅毛為互市之所。”所指的就是這件事。

1624 年荷蘭人在台南建立政權，為種植甘蔗、稻米，1631 年後開始積極從福建、廣東招募屯墾佃民，中國移民的人數開始增加，但人口還是少於原住民。1662 年到了鄭成功時期，更大量召集中國移民入台，其人口數才超越原住民。換言之，台灣在 1621 年後，才開始慢慢由原住民的台灣轉變為中國移民的台灣。但縱使有這些移民的歷史事實，截自 1644 年大明帝國滅亡時，仍沒有台灣已屬中國主權領土的法律證據。[2]

[1] 包樂史（Leonard Blusse）、Natalie Everts、Everlien Frech 編，林偉盛譯：《邂逅“福爾摩沙” 台灣原住民社會紀實：荷蘭檔案摘要（第 1 冊）（1623–1635）》，台北：原住民委員會 2010 年，第 13 頁。

[2] 蔡正元：《台灣島史記（修訂版）（上冊）》，香港：中華書局（香港）有限公司 2020 年，第 283–290 頁。

4.2

荷蘭殖民統治時期

　　1635 年荷蘭人打敗台南麻豆社原住民，簽署《麻豆條約》，從原住民手上取得第一塊領土主權。從此荷蘭人依樣畫葫蘆，陸續取得台灣各原住民村社土地的領土主權。《麻豆條約》可說是台灣史上第一份領土主權轉讓條約，也是把部落領地轉換成國家領土的第一份條約。台灣於是出現由荷蘭聯合東印度公司代表尼德蘭七聯省共和國（荷蘭共和國）統治的第一個歷史性的國家組織。[1]

　　在荷蘭人離開台灣前，荷蘭已經確定地擁有全台灣的主權。中國延平藩王鄭成功自荷蘭人手中轉讓台灣主權，首度為中國取得台灣主權。清代中國政府自延平藩王國取得台灣"管轄權"，同時取得全島的主權及"管轄權"。[2]

4.2.1 《麻豆條約》

　　《麻豆條約》是台灣歷史上第一份領土主權讓渡條約，也使荷蘭人從大員港口的佔領軍和貿易商升級為殖民地的統治者，代表荷蘭共和國正式統治台南地區。《麻豆條約》雖說是國際法形式的 "條約"，觀其內容卻是荷蘭人經由麻豆社原住民同意後所頒佈的 "憲法"，規範了 "殖民地屬民"（colonial subjects）的義務和權利。

　　1635 年荷蘭的大員長官普特曼斯率軍攻打台南麻豆社原住民，原住民戰敗投降，簽下《麻豆條約》，條文如下：

[1] 蔡正元：《台灣島史記（修訂版）（上冊）》，香港：中華書局（香港）有限公司 2020 年，第 77-78 頁；程紹剛譯注：《荷蘭人在 "福爾摩沙"》，台北：聯經出版事業股份有限公司 2000 年。

[2] 中村孝志：《荷蘭時代台灣史研究（上卷）：概說、產業》，台北：稻香出版社 1997 年；中村孝志：《荷蘭時代台灣史研究（下卷）：社會、文化》，台北：稻香出版社 2001 年；楊彥傑：《荷據時代台灣史》，台北：聯經出版事業股份有限公司 2000 年。

4.2.2 《琅嶠條約》

1643 年 1 月 3 日荷蘭人征伐琅嶠社，大頭目逃亡。1644 年 5 月 24 日大頭目的兒子到熱蘭遮城求和，同日琅嶠大頭目的弟弟、也是加芝萊社（Catsiley）頭目的 Caroboangh 也到熱蘭遮城表示臣服。1645 年 1 月 23 日荷蘭人逼迫琅嶠大頭目簽訂歸順條約，限定其只擁有龜勞律（Goranos，恆春鎮墾丁里社頂）、豬勝束（Dolaswack 或 Tolasuacq 或 Sukaro，滿州鄉里德村）、無朗逸（Vorangil，來義鄉南和村）、施那格（Sdaki，四林格，牡丹鄉四林村）、蚊蟀埔（Manutsuru 或 Vanghsor，滿州鄉滿州村）等五個村社的收貢權，且擔任其頭目，其餘村社的直接統治權全部割讓給荷蘭人。這等於是直接削權琅嶠大頭目，大頭目的地位只剩下部分 "收貢權"，連處罰屬民或指定繼承人的權力都被剝奪。[1]

4.2.3 《里族條約》

1642 年荷蘭人派出中尉拔鬼仔（Thomas Pedel）與台北盆地北側的基隆河中游的里族社頭目冰冷（Ponap）簽訂《里族條約》。冰冷也是基隆河沿岸十二個巴賽族（Basay）部落村社聯盟的大頭目，控制著基隆河連接基隆與淡水之間的河道運輸。聯盟包括上游的房仔嶼社（Kipangas）、中游的麻里折口社（Kimadaminadauw）、下游的塔塔悠社（Kataya），甚至更下游的毛少翁社（Kimalotsigauwa）全受《里族條約》的拘束，也代表荷蘭共和國正式統治台北盆地。[2]

---

[1] 蔡正元：《台灣島史記（修訂版）（上冊）》，香港：中華書局（香港）有限公司 2020 年，第 408-410 頁；韓家寶（Pol Heyns）著，鄭維中譯：《荷蘭時代台灣的經濟、土地與稅務 *Economy, Land Rights and Taxation in Dutch Formosa*》，台北：播種者文化有限公司 2002 年；江樹生譯注：《熱蘭遮城日誌（四）》，台南：台南市政府 2011 年。

[2] 林逸帆：《里族河的冰冷大王》，載張隆志編：《跨越世紀的信號：書信裏的台灣史（17-20 世紀）》，台北：貓頭鷹出版社 2019 年，第 36-59 頁；吳聰敏編：《制度與經濟成長》，台北：台大出版中心 2020 年，第 31-51 頁；韓家寶（Pol Heyns）著，鄭維中譯：《荷蘭時期的土地權型態》，載吳聰敏編：《制度與經濟成長》，台北：台大出版中心 2020 年，第 53-90 頁。

4.3

中國藩王統治時期

在 1662 年荷蘭人把台灣領土主權轉讓給中國藩王鄭成功之前，台灣不是中國的主權領土。鄭成功在 1662 年擊敗荷蘭人，簽訂《鄭荷條約》後才在台灣建立第一個中國人的政權，並納台灣為中國的主權領土。對台灣而言，這是第三個政權。第一個政權是印度尼西亞來的荷蘭東印度公司，在台南建立殖民政權（1624-1662）。第二個 "政權" 是菲律賓來的西班牙人，在淡水和基隆建立港口佔領軍的據點（1626-1642），當時這個西班牙佔領軍雖可籠統地稱為 "政權"，但仍不能稱為 "殖民統治者"，因為實在看不出誰被殖民統治。西班牙人從頭到尾都只是 "港口佔領軍" 的角色，很難認真地當作 "西班牙殖民統治時期" 看待。第三個政權是鄭成功建立的政權 "延平藩王國"，統治的領土涵蓋台灣海峽兩岸。台灣在 1662 年後，才成為明末清初中國分裂時代鄭氏藩王政權新征服的領土。

《鄭荷條約》是台灣史上繼 1635 年《麻豆條約》後，改變台灣領土主權的第二份國際法文件。這份條約是由荷蘭人提出的《棄城承諾書》及鄭成功提出的《收城承諾書》兩份文件所構成的 "條約"，內容並不像《麻豆條約》具有 "憲制規範" 的意義，比較類似純粹的 "國際法文件"。雙方以熱蘭遮城的放棄及收受作為移交台灣主權的意思表示，而 1635 年麻豆社原住民與荷蘭人簽訂《麻豆條約》則是以檳榔樹苗插在村社泥土、雙手奉給荷蘭人表示主權轉讓並同意被統治。因此荷蘭人的這份棄城承諾書是用 "荷蘭政府的該城堡的長官菲特烈揆一" 的名義簽署，而不是 "荷蘭東印度公司的該城堡的長官菲特烈揆一" 的名義。這傳達的意義是台灣的領土主權是由 "荷蘭政府" 移交給鄭成功，鄭成功則以 "大明招討大將軍國姓" 為名義的 "新政府" 取得台灣領土主權，而不是以個人或 "鄭氏王國" 的名義取得。因此《鄭荷條約》使台灣首度成為中國的主權領土，也使台灣與澎湖首度同屬於一個領土主權之下。[1]

4.3.1　荷蘭的《棄城承諾書》

荷蘭方面開立條件提出的《棄城承諾書》，共十八個條文，《熱蘭遮城日誌》1662 年 2 月 1 日記載全文如下：

> 由一方為自 1661 年 5 月 1 日到 1662 年 2 月 1 日圍攻 "福爾摩沙" [2] 的熱蘭遮城堡的大明招討大將軍國姓（Teijbingh Tsiautoo Teijtsiungcoen Chohsin，閩南語翻譯）殿下，與另一方代表荷蘭政府的該城堡的長官菲特烈揆一（Frederick Coyett）及其議員們所訂立的條約，其條款如下：
>
> （1）雙方造成的所有敵意均予遺忘了。
>
> （2）熱蘭遮城堡，及其外面的工事、大炮、其他武器、糧食、商品、現錢，和其他屬於尊貴公司的所有物品，都將移交給國姓爺閣下。
>
> ……
>
> 以上條列的條約，在眾議會裏，由下列人員決議並簽名。
>
> 下面寫著：在大員的熱蘭遮城堡裏，1662 年 2 月 1 日。[3]

4.3.2　鄭成功的《收城承諾書》

鄭成功交給荷蘭人的條約文件是《收城承諾書》，重點在於承諾以某些條件收取荷蘭人交付的熱蘭遮城，該城的移交代表著轉移統治台灣的主權。《熱蘭遮城日誌》1662 年 2 月 1 日記載全文如下：

---

[1] 江樹生編：《鄭成功和荷蘭人在台灣的最後一戰及換文締和》，載《漢聲雜誌》，台北：漢聲出版社 1992 年第 45 期；江樹生：《檔案敘事：早期台灣史研究論文集》，台南：台灣史博館 2016 年。

[2] "福爾摩沙" 為葡萄牙語中對台灣的稱呼，帶有強烈的殖民色彩。

[3] 蔡正元：《台灣島史記（修訂版）（中冊）》，香港：中華書局（香港）有限公司 2020 年，第 82–84 頁；江樹生譯注：《熱蘭遮城日誌（三）》，台南：台南市政府 2003 年；江樹生譯注：《熱蘭遮城日誌（四）》，台南：台南市政府 2011 年。

距今九個月前，我國姓爺率領大軍來到"福爾摩沙"，終於在長官 Coyett 和他的議會的提議與提案下，我以如下的方式提出這條約的條款：

（1）我理解，以前對雙方構成的所有問題，都已經消失，也不再去想那些事情了。

（2）照所說的，這城堡、所有大的和小的炮、彈藥、現金，和所有的商品，都須毫無例外地交給我。

⋯⋯⋯⋯⋯

下面寫著：羊廄，新政府的第十五年第十二月的第十三日

鄭成功的抬頭官銜仍然使用"國姓爺"，落款卻用"新政府"。又使用永曆的紀年，卻沒有使用永曆的年號。南明永曆皇帝朱由榔是在 1662 年 6 月 1 日被吳三桂絞殺的。1661 年 5 月 1 日及 3 日鄭成功寫給揆一的勸降信，落款皆使用永曆的年號和紀年，但 1662 年 2 月 1 日的《鄭荷條約》，鄭成功卻未使用"永曆"的年號，這點差異殊堪玩味。書寫地點在羊廄，位於台南海岸邊二鯤鯓的林投叢內。[1]

[1] 蔡正元：《台灣島史記（修訂版）（中冊）》，香港：中華書局（香港）有限公司 2020 年，第 84-86 頁；江樹生編：《鄭成功和荷蘭人在台灣的最後一戰及換文締和》，載《漢聲雜誌》，台北：漢聲出版社 1992 年第 45 期，第 61-72 頁。

4.4

大清帝國時期

　　大清帝國時期與俄羅斯、英國等簽訂之有關領土劃界、租借或割讓之條約對形成現今中國主權領土範圍影響甚巨，在當時無明文憲法性質的文件中敘明中國的領土條款，這些屬於國際法文件的條約等同中國領土的憲法規範。大清帝國時期的憲制規範是"君主主權制"（sovereign monarch），領土主權屬於大清皇帝，領土的割讓或劃界的國際法文件或條約由大清皇帝批核，即產生憲法性的法律效果。[1]

　　大清帝國作為一個國家組織而言，台灣領土主權問題不是國際法問題，而是國內法問題。大清帝國統治中國的法理基礎在於大明帝國已經被李自成的大順帝國滅亡，大清帝國消滅李自成即有權繼承大明帝國的中國主權。大清帝國接續消滅各式各樣以大明帝國為名義的"殘存政權或國家"（rump regimes or states），這是完整地繼承中國主權必要的主權聲索（sovereignty claim）行動。因此，大清帝國康熙皇帝派兵逼降以"大明招討大將軍"的"異姓藩王"名義統治台灣的鄭成功、鄭經、鄭克塽三代"延平王"，就成為必要的軍事措施。

　　鄭成功的孫子鄭克塽於 1683 年澎湖海戰失敗，投降康熙皇帝，台灣由中國地方性分裂政權的領土，正式併入清代中國的統一版圖，管轄權與主權合而為一。在 1683 年至 1895 年，計二百一十二年間，台灣是統一中國的一部分，大陸各省移民得以大量入居台灣，可說是中國人的"大移民時代"，由此形成現今台灣的多數族群，原住民也隨之變為絕對的少數族群。

---

[1] N. Wing Mah, "Foreign Jurisdiction in China", *American Journal of International Law*, no. 18, 1924, pp. 676–695; 沈呂巡、馮明珠主編：《百年傳承走出活路：中華民國外交史料特展》，台北：故宮博物院 2011 年。

4.4.1 鄭克塽降表

鄭克塽先後提出兩份降表。第一份降表被施琅認為降意不足，僅稱臣尚有據地為王之意，要求提出第二份降表，同意獻出土地人民，並搬遷回福建，完全讓出台灣的中國主權的管轄權。要特別說明，鄭成功到鄭克塽政權所創設的台灣主權屬於"大明帝國"的中國領土主權的一部分，"大清帝國"所創設的國家主權也是中國領土主權。"大明帝國"和"大清帝國"都是中國主權之下的"國家組織"，而非不同的國家主權。因此，鄭克塽降表的法律意義不是"國家主權"的轉移，而是同一個中國主權之下，部分領土的"管轄權"在一個殘存國家組織和一個主權國家組織之間的轉移。

4.4.1.1 鄭克塽第一份降表

康熙二十二年七月二十七日，即 1683 年 9 月 17 日，鄭克塽上第一份降表，內容為：

延平王佩招討大將軍印臣鄭克塽謹奏：

> 伏以論域中有常尊，歷代紹百王為得統。……今者誤已知迷，敢後麟游於仁圍。伏願視天地萬物為一體，合象胥寄棘為大同。……臣無任瞻天仰聖，激切屏營之至！謹奉表稱進以聞。

4.4.1.2 鄭克塽第二份降表

康熙二十二年八月十五日，即 1683 年 10 月 5 日，鄭克塽上第二份降表，內容為：

招討大將軍延平王臣鄭克塽謹奏：

> 為舉國內附，仰冀聖恩事。竊惟臣生自海邦，稚憃無識。……業有修表具奏外，及接提督臣施琅來書，以復居故土，不敢主張。臣思既傾心而向化，何難納土以輸誠。……謹籍土地人民，待命境上；數千里之封疆，悉歸土宇；百餘萬之戶口，並屬版圖。……為此，激切具本奏

聞，伏候敕旨。[1]

4.4.2 《尼布楚條約》

1689 年 9 月 7 日，中俄簽訂《尼布楚條約》，劃定兩國的東方邊界。《尼布楚條約》被視為中國史上第一份以現代國際法為基礎簽訂的條約，且是經過平等協商所取得的結果，不被視為 "不平等條約"。《尼布楚條約》同時如本書 2.1.3 一節所述，也是在國際法上界定 "中國" 一詞的法律定義的第一份文件。1683 年大清帝國滅了明朝的 "殘存國家組織" 及其藩王國鄭克塽的東寧王國後，1689 年和俄國訂立《尼布楚條約》，當時的台灣和澎湖已是大清帝國主權管轄之內的領土，《尼布楚條約》等同於在國際法上也界定了 "台灣是中國的一部分"。作為中俄邊界的劃分條約，《尼布楚條約》劃定了中俄南北分界線，從唐努烏梁海到額爾古納河，再到外興安嶺和東北部海岸。這條長達四千公里的界線裏，中方領土包括後來獨立的外蒙、黑龍江東及烏蘇里江東、包括庫頁島。除外蒙外，面積至少一百五十萬平方公里，比四十個台灣還要大。《尼布楚條約》的重要內容如下：

在尼布楚地方公議得：

將自北流入黑龍江之綽爾納，即烏魯木河附近之格爾畢齊河為界，沿此河口之大興安嶺至海，凡嶺陽流入黑龍江之河道，悉屬中國，其嶺陰河道，悉屬俄羅斯。⋯⋯

將流入黑龍江之額爾古訥河為界，南岸屬中國，北岸屬俄羅斯。其南岸墨勒克河口現存俄羅斯廬舍，著徙於北岸。⋯⋯

除從前一切舊事不議外，中國現有之俄羅斯人，及俄羅斯國現有中國之人，免其互相索還，著即存留。（從前一切舊事不議外。中國所有鄂羅斯之人、鄂羅斯所有中國之人、仍留不必遣還。）

---

[1] 蔡正元：《台灣島史記（修訂版）（中冊）》，香港：中華書局（香港）有限公司 2020 年，第 117–118 頁。

4.4.3 牡丹事件的條約

牡丹事件雖是發生於台灣南部的事件，但善後所簽訂的《台事北京專約》，卻是中國變相承認琉球群島為日本領土的法律文件，中國從此也不再是琉球的宗主國。牡丹事件的處理過程卻差一點使台灣成為日本的勢力範圍，尤其是台灣南部的原住民保留地區（番地）。

1871 年 10 月 18 日，琉球王國南部的宮古島豪族貢船 "山原號"，載重要人士赴那霸首里府向琉球國王進貢，回程返回宮古島時，遇颱風於 11 月 6 日漂至屏東恆春半島東海岸的滿州鄉八瑤灣（九棚灣，屏東滿州鄉港仔村），六十九名乘客中溺死三人，六十六人上岸進入人口只有兩百人的排灣族的高士佛社（Saqacengali）。高士佛社頭目原先熱情招待這批琉球人，高士佛社人要琉球人脫去外衣，卻因言語不通，琉球人心生恐懼，趁高士佛社人上山打獵時，不告而別，卻被高士佛社人追殺。高士佛社的後人解釋，琉球人不告而別，是不禮貌且有敵意的行為，因此被誤以為是前來打探消息的海盜奸細。這種解釋很難令人信服，高士佛社人早有劫殺船難、奪取財物的記錄。

排灣族高士佛社原住民追殺琉球人，於雙溪口殺害五十四人，餘十二人逃出。雙溪口位於今牡丹鄉公所對面。牡丹社（Sinvaudjan）聽聞消息，趕來協助高士佛社，但高士佛社已離去，牡丹社人砍取已被殺害的五十四人的人頭，吊在一棵大雀榕樹上。這棵大雀榕樹位於現今牡丹警察派出所後面，牡丹國小及牡丹鄉石門托兒所旁邊。牡丹社人繼續追殺剩餘的十二名琉球人。這十二名琉球人逃至中國移民的保力莊莊長楊友旺家中，由楊友旺以牛、豬、布匹交給牡丹社人贖命，再獲社寮中國移民鄧天保、楊阿才、宋國隆等人救助脫險，經台灣府送至福建省琉球使館安頓。1872 年 6 月再由閩浙總督文煌、福建巡撫王凱泰送歸琉球王國。

琉球王國於 1372 年成為明代中國的藩屬國，從中國學得造船技術。1403 年明成祖永樂皇帝到 1550 年明嘉靖皇帝年間，琉球王國藉助鄭和下西洋的局面，大力發展日本、朝鮮、中國、台灣、東南亞之間的國際貿易，琉球進入富裕的貿易黃金時代。直到明朝末年倭寇海盜掌控東海海域，才結束琉球海上貿易的全盛時期。

1867 年明治繼位為日本天皇，1871 年明治維新推動 "廢藩置縣"，琉球王國被編歸鹿兒島縣轄下的地方小諸侯，稱 "令制國"。1872 年 9 月廢琉球王國為琉球藩，將琉球國王尚泰降級為 "藩王"。琉球群島正式成為日本帝國屬地，日本政府採強硬政策，積極推動琉球皇民化。1875 年命令琉球藩停止向中國朝貢。1879 年 4 月 4 日明治廢琉球藩，改為沖繩縣，琉球由屬地改為內地化的領土。琉球一詞就此消失。以上做法統稱 "琉球處分"。

1871 年台灣原住民殺害琉球王國進貢船乘員，日本政府以主權國政府的身份，照會各國駐日外交使節，擬對台灣原住民採取報復行動。1872 年西鄉從道（1843–1902）派樺山資紀（1837–1922）、水野遵（1850–1900）遍歷台灣，探訪民情，測量港口水深，搜集軍事情報。1873 年 3 月明治政府派外務卿副島種臣（1828–1905）、外務大丞柳原前光（1850–1894）赴北京拜會滿清軍機大臣董旬、吏部尚書毛昶熙（1817–1882），交涉牡丹社事件。

毛昶熙先說："二島（琉球與台灣）具我屬土，屬土之人相殺，裁次固在於我，我恤琉人，自有措置，何預貴國事，而煩為過問？"副島種臣拿出被害者有四位小田縣（日本岡山縣小田郡）日本漁民的證據，要求中國負責，追問 "貴國既然已知撫恤琉球民，為何不懲辦台番？"毛昶熙又說："生番皆化外，猶如貴國之蝦夷，不服王化，萬國之野蠻人大部如此。"柳原前光態度強硬說："生番殺人，貴國拾而不治，故我國將出師問罪，唯番域與貴國府治犬牙接壤，若未告貴國起役，萬一波及貴轄，端受猜疑，慮為此兩國傷和，所以予先奉告。"毛昶熙無知地說："生番既屬我國化外，問罪不問罪，由貴國裁奪。"柳原前光警告說："唯係兩國盟好，一言聲明耳。"雙方言詞對撞，談判破裂。

毛昶熙和當時的清政府官員都不具備初始的國際法知識，不知道如何處理 "原住民保留地區" 或 "番界" 的涉外事件，也分不清 "主權版圖" 和 "行政版圖" 兩種概念的區別。原住民保留地區雖無行政架構，但與主權存否無關。1683 年台灣的全部領土已盡歸清代中國的主權版圖，原住民保留地區

雖繳交"番餉"，但不設政府官署，未納入"行政版圖"。毛昶熙遇事只想推託卸責，既不能堅持"二島（琉球與台灣）具我屬土"的立場，又不善談判用兵，"生番皆化外"一語容易被有心人操弄，作為中國已放棄"番界"的領土主權的證詞。"我國化外"明顯意指"我國國土內未經教化之民"，但"化外"一詞成了日本可以武力干涉的憑據。

1873年3月當中日兩國談判時，日本秋田縣有佐藤利八等四名漁民駕船從岡山縣倉敷市，擬前往和歌山縣，遇暴風雨漂至台灣東岸馬武窟（台東東河），再遭原住民劫掠。日本認定中國未盡主權國的義務，考慮興兵報復，嚴懲"番民"，明治政府派西鄉從道（1843-1902）率領日軍三千六百餘人，從長崎直攻台灣。另有一說，明治政府主張外交解決，並未同意興兵，反對征台的木戶孝允策動大政大臣三條實美，派內務卿大久保利通出面阻止，但西鄉從道置若罔聞，這事凸顯日本軍閥對外侵略，不受內閣高層節制的傳統。司馬遼太郎因此認為，西鄉從道為牡丹社事件出兵是"官制的和寇"，意指"官兵當倭寇"，但這個說法並不可靠。閩浙總督李鶴年（1827-1890）得知西鄉從道出兵，亦緊急致函阻止，但西鄉從道也置之不理。

明治政府早已決定出兵台灣，1874年2月6日大久保利通和大隈重信在內閣會議提出"台灣番地處分要略"，4月5日設立"台灣蕃地事務局"，由大隈重信任長官，西鄉從道任都督，在鹿兒島募兵3,658人。4月27日先遣部隊從長崎出發，5月8日從屏東恆春半島西海岸的琅𤩝灣（車城灣）登陸，即今車城社寮。清軍王懋功、郭占鰲雖駐兵琅𤩝，但未予阻止，等於中國承認日本擁有動用武力懲罰台灣原住民的權利，也承認日本有權替琉球島民聲索受損的生命權。更直接地說，等於中國默認日本把台灣"番界"劃為日本的"勢力範圍"，日本就這一事件或未來相關事件得在中國領土上行使主權權利或權力（sovereign right or power），台灣的中國主權開始產生"主權消損"（sovereignty depletion）的危機 [1]。

清政府為防範西鄉從道擴大侵略，6月21日派船政大臣沈葆楨、福建

[1] John D. Montgomery and Nathan Glazer (eds.), *Sovereignty Under Challenge: How Governments Respond*, London: Routledge, 2017, p. 192. 參見其中有關"主權消損"（sovereignty depletion）問題的內容。

布政使潘蔚為幫辦抵達琅嶠灣，23 日在車城要求會晤西鄉從道，未獲理會。清政府命沈葆楨於 6 月 31 日率福建水師赴台，又命福建陸軍提督唐定奎、福建巡撫王凱泰率兵兩萬五千人支援。沈葆楨前往琅嶠規勸西鄉從道率軍離去，時值日俄爭執庫頁島問題，英國又從台南派軍艦到琅嶠，抗議日軍久駐。日本政府恐戰事不利，於 9 月 10 日派大久保利通赴北京談判，索賠軍費三百萬兩銀。在英國公使威妥瑪（Thomas F. Wade, 1818–1895）協調下，清政府同意賠銀五十萬兩撫恤，10 月 31 日中日簽訂《台事北京專約》規定：＂日本國此次所辦，原為保民義舉起見，清國不指為不是。＂這等於中國承認琉球居民是日本臣民，琉球是日本的領土。又規定：＂至於該處生番，清國自宜設法妥為約束，不能再受凶害。＂這也等同日本承認台灣原住民是中國臣民，牡丹社事件終告落幕。

　　清政府官員未在談判中明確否定日本對琉球的主權，宮古島的琉球人在 1871 年遭到台灣原住民殺害，清政府是有主權可自行處理，不干日本的事，但清政府如此顢頇無能，可能連日本明治政府都會覺得太不可思議。牡丹社事件也是日本第一次侵害中國領土主權的事件。在這起事件中，清政府不瞭解國際法的規範，無法或怠於行使主權的國家會產生＂主權消損＂（sovereignty depletion）危機，逐漸喪失領土主權的＂權源＂（title）。該領土可能會被積極爭取或展示主權權利或權力（sovereignty rights or power）的國家所奪取。[1]

4.4.4　《馬關條約》

　　1894 年中日甲午戰爭，中國戰敗。1895 年 4 月 17 日清代中國政府與日本明治政府在日本山口縣下關市馬關港簽署《馬關條約》。第一條規定：＂中

---

[1]　蔡正元：《台灣島史記（修訂版）（中冊）》，香港：中華書局（香港）有限公司 2020 年，第 294–301 頁；張隆志：《從封禁到殖民：十九世紀台灣＂番地＂問題與晚清領土政策論爭（From Quarantine to Colonization: Qing Debates on Territorialization of Aboriginal Taiwan in the Nineteenth Century）》，《台灣史研究（Taiwan Historical Research）》，2008 年 12 月 1 日第 15 卷第 4 期，第 1–30 頁。

國認明朝鮮國確為完全無缺之獨立自主。故凡有虧損獨立自主體制，即如該國向中國所修貢獻典禮等，嗣後全行廢絕。"這是中國首度確認朝鮮國為獨立自主國家，朝鮮對中國的朝貢、奉獻、典禮永遠廢止。中國第二度確認朝鮮獨立是在 1943 年的《開羅宣言》。朝鮮根據《馬關條約》可從中國獨立出去，卻淪為日本殖民地。朝鮮根據《開羅宣言》於第二次世界大戰後，可從日本獨立出去，卻陷入朝鮮內戰。

《馬關條約》第二條規定，中國割讓遼東半島、台灣、澎湖給日本，條文如下：

> 中國將管理下開地方之權並將該地方所有堡壘、軍器、工廠及一切屬公對象，永遠讓與日本：
>
> 一、下開劃界以內之奉天省南邊地方。……
>
> 二、台灣全島及所有附屬各島嶼。
>
> 三、澎湖列島。即英國格林尼次東經百十九度起、至百二十度止及北緯二十三度起、至二十四度之間諸島嶼。[1]

從此台灣及澎湖成為日本帝國及天皇的殖民地，中國的主權不再及於台灣及澎湖，直到 1945 年日本天皇宣佈無條件投降為止。日本從此取得第一份海外殖民地。但是《馬關條約》第二條第一款規定的 "奉天省南邊地方" 在 1895 年 11 月 8 日另訂《遼南條約》額外支付賠款，不必割讓給日本。

《馬關條約》於 4 月 17 日簽訂前，伊藤博文在 3 月 24 日已戰略性地佔領澎湖，立即切斷台灣和福建的軍事聯繫，台灣已被孤立。所以不管 4 月 17 日李鴻章要不要簽訂《馬關條約》，要不要割讓台灣，生米煮成熟飯，台灣在《馬關條約》簽訂前，已確定是明治的囊中物。當時美國已佔領夏威夷和菲律賓群島，英國佔領香港、九龍，法國佔領越南，荷蘭佔領印度尼西亞群島，所以日本早有佔領台灣的盤算。

日本取得台灣及澎湖時，為避免與英、美、法、俄等國的關係惡化，

---

[1] https://zh.wikisource.org/wiki/ 馬關條約 .

1895 年 7 月宣佈台灣海峽航行自由，日本絕不阻撓各國船艦通航台灣海峽。8 月日本政府也與菲律賓的西班牙殖民政府達成協議，以巴士海峽中線為界，西班牙的菲律賓當局不要求中線以北島嶼的領土主權，日本不聲索中線以南的島嶼主權。1898 年美西戰爭（Spanish-American War）爆發，西班牙兵敗，被迫將菲律賓以兩千萬美元的代價賣給美國。巴士海峽中線變成日本殖民地與美國殖民地的國界線。不過 1915 年日本趁第一次世界大戰紛亂之際，對中國提出《二十一條要求》，明白威嚇中國將福建劃歸日本的 "勢力範圍"（sphere of influence），理由是 "有鑒於與台灣的關係"，福建任何建設或事項都需經過日本同意，尤其是與軍事設施有關的建設。日本既可以阻止福建出現任何可能威脅台灣的軍事設施，又可以防止福建出現任何足以阻擋日本從台灣進攻福建的障礙，另一方面又可以讓日本很方便地透過台灣對福建進行全方位的滲透，這項要求在 1937 年中日戰爭時發揮了對日本極為有利的效果。一國對他國全部或局部的主權領土上的重大事務擁有否決權或核准權，即成為國際政治上一國的 "勢力範圍"，相對地也成為他國的 "主權消損" 範圍。這時 "台灣海峽航行自由" 成為空談，日本置台灣海峽為內海的企圖昭然若揭。另外，1941 年太平洋戰爭爆發，日本直接撕毀承諾，破壞巴士海峽中線，進攻美國的殖民地菲律賓。[1]

---

[1] 蔡正元：《台灣島史記（修訂版）（中冊）》，香港：中華書局（香港）有限公司 2020 年，第 322-328 頁；葛爽：《國際法視角下的中日條約關係：以〈馬關條約〉為中心》，南京大學中國近現代史碩士論文，2011 年。

4.5

日本殖民統治時期

　　1895 年至 1945 年，日本殖民統治台灣，台灣和澎湖都成為日本主權領土的一部分，以殖民地的法律地位呈現。台灣的中國移民面對日本統治，開始產生模糊的台灣認同，"台灣人"的身份認同於焉啟蒙。對當時的台灣人而言，中國是台灣人的祖國，但台灣人卻是日本天皇的臣民，不是中國皇帝的臣民。日本殖民統治後期推動"皇民化"政策，促使 2％的台灣人自我定位且登記為"皇民化的準日本人"。日本殖民政府鼓勵台灣人效忠日本天皇（倭王），替日本人侵略中國和東南亞，當日本人的侵略共犯，台灣人卻也積極響應，這造成台灣人更嚴重的認知混亂。[1]

4.5.1　《台灣及澎湖列島住民退去條規》

　　《馬關條約》還規定兩年內"留島不留人"，台灣及澎湖的中國人願意離開者，可變賣所有財產離開。但兩年後未離開者，視為日本臣民。《馬關條約》第五條規定："本約批准互換之後限二年之內，日本准中國讓與地方人民願遷居讓與地方之外者，任便變賣所有產業，退去界外。但限滿之後尚未遷徙者，酌宜視為日本臣民。"1895 年 5 月 8 日中國與日本交換《馬關條約》批准書，1897 年 5 月 8 日前台灣中國移民必須就中國籍和日本籍，選擇其一。留居者自動成為"日本臣民"，離去者變賣財產遷出。

　　《馬關條約》這個國籍選擇條款顯示，台灣的領土主權變更和居民的國籍選擇權，是兩件不同的事。法理上居民身份不會自動取得居留地的領土主權，《馬關條約》"留島不留人"的條款確立台灣居民沒有台灣主權的國際法事實。換言之，世居台灣不是擁有台灣主權的法律要件，亦即"台灣人無權

---

[1]　陳小沖：《日據時期台灣與大陸關係史研究：1895–1945》，台北：崧燁文化事業有限公司 2019 年。

決定台灣前途"。

　　1896 年日本台灣總督頒佈《台灣及澎湖列島住民退去條規》，或稱《台灣民離去規定》，管理離台居民，不論世居或旅居的台灣居民一律登記，曾武裝反日者須先投降等等。[1]

4.5.2　《六三法》

　　1896 年 3 月 31 日，日本帝國議會公佈《第六十三號法律》，稱為《應於台灣施行法令相關之法律》，只有六條，簡稱《六三法》，授權日本的台灣總督得在台灣發佈等同法律的命令，亦即授予台灣總督有權立法，讓台灣總督成為集權行政、立法、司法、軍事的殖民地獨裁者。這等於是大日本帝國憲法的 "領土條款"，專為在台灣施行殖民地憲制規範的憲法法律，也是統治台灣的最高法令。

　　1898 年 11 月 5 日在台灣實施 "有罪推定"、"已遂罪未遂罪不分"、"本刑從刑不分" 的《匪徒刑罰令》就是以《六三法》為依據訂定的，因此從 1898 年到 1903 年，不到五年，就有 11,950 名台灣人遭處死。《六三法》等於是日本政府在台灣實施的 "憲法" 或 "基本法"，原本只適用至 1899 年，但延長至 1906 年。有日本帝國議會的議員認為《六三法》侵犯帝國議會的立法權。日本政府於 1906 年又公佈《第三十一號法律》，稱為《關於應該在台灣施行的法令之法律》，也只有六條，簡稱《三一法》。《三一法》表面上取代《六三法》，其實只是換湯不換藥的詐欺權術，《三一法》和《六三法》可說是同一套東西。

　　1918 年林獻堂在東京籌組 "六三法撤廢期成同盟會"，推動廢除《六三法》。《三一法》實施至 1922 年被《法三號》取代。《法三號》是 1921 年公佈的《第三號法律》，內容說 "日本法律要適用於台灣，須以天皇命令為之。

---

[1]　李建良：《人民與國家 "身份連結" 的法制詮要與法理探索：兼論台灣人 "國籍" 的起承斷續問題（Legal Analisis of the "Status-Connection" between the People and State: And Focus on the Problems about the Nationality of the Taiwanese）》，《台大法學論叢（*Taiwan University Law Journal*）》2007 年 12 月 1 日第 36 卷第 4 期，第 1–60 頁；蔡正元：《台灣島史記（修訂版）（中冊）》，香港：中華書局（香港）有限公司 2020 年，第 328–330 頁。

特殊情形得以總督命令為之。” 根據《法三號》，台灣總督的立法權被日本天皇縮減，但已經依《六三法》及《三一法》發佈的總督命令，仍然有效，結果還是換湯不換藥。廢除《六三法》於是成為台灣民眾抗爭日本殖民政府的重要訴求。[1]

4.5.3 《中日北京條約》

1915 年 5 月 25 日，中國與日本在北京簽訂《中日北京條約》，又稱《中日民四條約》，該條約是 1915 年日本提出的《二十一條要求》的條約文本。日本藉由《中日北京條約》納福建省為日本帝國的勢力範圍，國際政治的解釋是日本帝國意圖納台灣海峽為內海，這是台灣自 1895 年成為日本殖民地後，日本帝國從台灣往西擴張的新一輪行動。所以《中日北京條約》要求中國不得在福建設立 “造船所、軍用貯煤所、海軍根據地或為其他一切軍事上之設施”，等同於日本對中國福建的軍經措施擁有否決權。[2]

4.5.4 辜振甫的 “台灣自治獨立案”

1945 年 8 月 15 日，日本昭和宣佈無條件投降，有駐台日軍不願接受戰敗投降的事實。8 月 16 日中宮悟郎、牧澤義夫召集辜振甫、許丙、簡朗山、林熊徵、徐坤泉、杜聰明、林呈祿等人在草山（陽明山）秘密聚會，根據 “威爾遜十四點和平原則” 的殖民地獨立條件，討論 “台灣自治獨立方案”。8 月 22 日辜振甫偕同杜聰明、林呈祿、簡朗山拜會日本殖民總督安藤利吉，討論 “台灣自治獨立方案”。安藤利吉一口回絕說：“本官非常瞭解你們的真情，然而本官察看世界的大勢，勸告你們取消台灣獨立運動的念頭。假如一定要進行，本官不會阻止，這是你們的自由，但本官為了職責，不會

---

[1] 蔡正元：《台灣島史記（修訂版）（中冊）》，香港：中華書局（香港）有限公司 2020 年，第 399-401、470頁；矢內原忠雄著，林明德譯：《日本帝國主義下之台灣》，台北：吳三連基金會 2014 年；末光欣也著，辛如意、高泉益譯：《台灣歷史——日本統治時代的台灣》，台北：致良出版社 2012 年。

[2] https://zh.wikisource.org/wiki/ 中日民四條約 .

放縱此種運動，必定立即動員日本軍隊斷然討伐之。"

8月24日安藤利吉在《台灣新報》發表談話：

> 還有如 "本島獨立運動者"，不管他們是內地人（日本人）或本島
> 人（台灣人），不論採取怎樣的方法，絕對是禁止的；因為它將加重本
> 島的災難，而且陷帝國於危難中。

安藤利吉這段談話，阻止了辜振甫等人的計劃，也否定了 "台灣地位未定論" 的說法。"台灣地位未定論" 的主張者常說，日本並沒有要把台灣交給中國。安藤利吉身為殖民地總督，當時是僅次於日本昭和及首相外，最有權力對台灣的法律地位表示意見的人。8月24日晚上辜振甫等三十多人看到安藤利吉公開談話的報導，在許丙家中聚會，決定終止此項 "台灣自治獨立方案"。

安藤利吉繼續管控台灣的政治穩定，8月27日對在台灣的日本人發佈告示：

> 回顧既往五十年來，台灣在一視同仁的聖旨之下，前人的經營有了
> 顯著的成果，島民的安定與幸福與日具增。透過此次大戰，表現出身為
> 日本國民發揮充分的忠誠，令我與各位都無法忘懷。……此次根據《開
> 羅宣言》，將來台灣的主權會有異動，歸屬會被安排在別的境遇裏……
> 有關台灣獨立運動之類的活動，反而會加深本島的災難，也違背了聖旨
> 的真義，不管要採取任何方式，一概禁止。

安藤利吉明白表示，台灣的主權變動將根據《開羅宣言》的安排，禁止一切任何形式的台灣獨立的活動。

辜振甫等人忽略幾個關鍵問題：

第一，台灣的中國移民和原住民在第二次世界大戰的角色是日本人侵略中國和東南亞的戰爭共犯，敗戰的戰爭共犯就是戰犯，戰犯是沒有權利主張任何領土主權的。

第二，其他日軍佔領地區的人民紛紛組織抗日組織、軍隊或臨時政府，

在抗日戰爭中立功，戰後以殖民地身份爭取領土權利，要求獨立建國，符合"威爾遜十四點和平原則"的殖民地獨立條件。反觀台灣人積極響應日本殖民政府的參戰需求，出錢出力幫助日本人打侵略戰爭，沒有成立任何抗日組織，反而充斥皇民組織，在立基點上已喪失爭取獨立的政治與法律條件。

第三，《開羅宣言》、《波茨坦公告》、《昭和投降詔書》、《日本降伏文書》等四份國際法文件所設立的國際領土秩序，已確立台灣主權復歸（restored to）中國，台灣從 1945 年 8 月 15 日起已非殖民地，無法依殖民地身份向聯合國請求獨立。

第四，台灣主權於 1945 年 8 月 15 日復歸中國後，南京民國政府於 1946 年 1 月 12 日宣佈《台灣同胞國籍回復令》，台灣人回溯自 1945 年 10 月 25 日起，將台灣人身份由日本殖民地臣民轉換為中國國民，且除了國際法庭外，中國法庭不懲罰台灣人任何戰爭相關罪行。台灣人再有叛離中國主權的行為，自然觸犯中國的叛亂罪，但辜振甫等人幸運地獲得輕判。[1]

4.5.5 "威爾遜和平原則"

《開羅宣言》在 1943 年 12 月 1 日發佈時，台灣及澎湖仍然處於 1895 年《馬關條約》的有效期間，實際上仍是日本的殖民地，具備國際法上殖民地的身份。

殖民地依據 1918 年 "威爾遜十四點和平原則" 的第五點 "殖民地調整原則"，是有權行使自決權[2]：

　　一個自由的、開放心靈的、且絕對不偏倚的調整殖民地的聲索，於決定公平政府的名份，在決定所有這些主權問題時，基於嚴格地遵守有關人口的利益，必須有平等份量的原則。（A free, open-mind, and absolutely impartial adjustment of all colonial claims, based upon a strict observance of the principle that in determining all such questions of

[1] 蔡正元：《台灣島史記（修訂版）（下冊）》，香港：中華書局（香港）有限公司 2020 年，第 46、599–600 頁。

[2] Woodrow Wilson's Fourteen Point, https://www.ourdocuments.gov/doc.php?flash=false&doc=62&page=transcript.

sovereignty the interests of the populations concerned must have equal weight with the equitable government whose title is to be determined.）

上述第五點 "殖民地調整原則" 是 "調整殖民地的聲索"，被解釋為鼓勵殖民地民族自決，並於第二次世界大戰尚未結束的 1941 年 8 月 14 日羅斯福與丘吉爾聯合發表《大西洋憲章》（*Atlantic Charter*）時，將 "威爾遜和平原則" 落實為其第三点：

> 尊重所有民族選擇他們願意生活於其下的政府形式之權利；希望看到曾經被武力剝奪其主權及自治權的民族，重新獲得主權與自治。[1]

換言之，《大西洋憲章》第三點是國際法上 "民族自決" 或 "殖民地自決" 的法源，而 "威爾遜和平原則" 是其開端。

1942 年 1 月 1 日《聯合國宣言》（*Declaration by United Nations*）發佈，再將《大西洋憲章》列為《聯合國宣言》的 "共同目標與原則"（a common program of purposes and principles）。《大西洋憲章》就從拘束美國和英國的國際法文件，升級為拘束所有聯合國會員國的國際法。

1943 年 12 月 1 日發佈的《開羅宣言》與《大西洋憲章》、《聯合國宣言》、《波茨坦公告》是第二次世界大戰期間最重要的四份國際法文件，共同建構第二次世界大戰後的國際秩序，尤其成為影響中國領土主權的外加 "憲制規範"。

1945 年 6 月 26 日《聯合國憲章》通過時，將《大西洋憲章》轉列為憲章的第一條第二款。它規定了 "發展國際間以尊重人民平等權利及自決原則為根據之友好關係" 的聯合國宗旨。1960 年聯合國大會更以 "1514 (XV) 號決議案" 通過《給予殖民地國家和人民獨立宣言》（*Declaration on the Granting of Independence to Colonial Territories and Peoples*），擴大詮釋《聯合國憲章》的 "自決原則"。《宣言》第五條規定："五、在託管領地和非自治領地以及還沒有取得獨立的一切其他領地內立即採取步驟，依照這些領地的

---

[1]　Atlantic Charter, https://avalon.law.yale.edu/wwii/atlantic.asp; See Samuel Rosenman (ed.), *Public Papers and Addresses of Franklin D. Roosevelt*, vol. 10, 1938–1950, New York: MacMillan Company, p. 314.

人民自由地表示的意志和願望，不分種族、信仰或膚色，無條件地和無保留地將所有權力移交給他們，使他們能享受完全的獨立和自由。"

綜上所述，依據 1918 年 "威爾遜十四點和平原則" 及 1941 年《大西洋憲章》，"殖民地自決獨立" 很快成為國際法通行原則，台灣當時是日本殖民地，符合此國際法原則，使當時台灣獨立的主張有了國際法原則的依據。1928 年台灣共產黨也是依此原則成立，且在共產國際指導下，率先主張建立 "台灣共和國"。

但到了 1941 年 12 月 7 日（美國時間）日本突襲珍珠港事件後，日本殖民政府在台灣積極推動皇民化，台灣人被馴化成日本天皇的忠誠屬民，台灣的殖民地性質產生很大轉變。台灣人在 1930 年代後從未組織抗日政權或遊擊隊，在 1940 年代世界各國反對日本侵略的國際鬥爭中，當時台灣人積極支持日本人侵略中國和東南亞，明顯不同於其他殖民地。台籍日本兵還涉入 1944 年至 1945 年間的 "馬尼拉大屠殺"，台灣人出錢出力出人支持日本侵略，成為日本人忠實的戰爭共犯，戰後軍事法庭判決死刑的戰爭罪犯，台籍的戰爭罪犯人數高居第二，僅次於日本人。"福爾摩沙警衛"（Formosa Guard）虐待戰俘的行徑，在國際上是一個僅次於納粹黑衫軍的惡魔。台灣人已失去第二次世界大戰後聲索自決獨立的政治正當性和法律可能性。

1943 年《開羅宣言》確立台灣和澎湖是 "待復歸" 的中國領土，1945 年經《波茨坦公告》、《日本昭和投降詔書》和《日本降伏文書》確認生效，台灣從此不再具備殖民地身份。1918 年威爾遜的 "殖民地自決原則" 和 1941 年《大西洋憲章》第三點從此不再適用於台灣。

依據 1945 年《聯合國憲章》及 1960 年聯合國決議《給予殖民地國家和人民獨立宣言》的法理論述，台灣及澎湖作為日本自 1895 年後統治的殖民地，原本是有法理權利爭取獨立。但是 1943 年《開羅宣言》確認，台灣、澎湖、滿洲是日本自中國人所竊取的領土，並應復歸當時的中華民國，即表示台灣及澎湖自 1943 年 12 月 1 日起不被美、英、中、蘇視為 "殖民地"，且明確地被認定為 "被竊中國領土"，自然不具備殖民地自決獨立的權利，這是《開羅宣言》對中國很重大的領土安排。

"台灣人"也不是一個"民族"的個體，跟"香港人"、"九州人"一樣，不具備可區別的血統、歷史、語言、文化，也不符合 1970 年 10 月 24 日聯合國"第 2625 號決議案"通過的《關於各國依聯合國憲章建立友好關係及合作之國際法原則之宣言》（*Declaration on Principles of International Law concerning Freindly Relations and Co-operation among States in accordance with the Charter of the United Nations*），簡稱《國際法原則宣言》。該《宣言》揭櫫七大國際法原則的第五項是"各民族享有平等權利與自決權之原則"，"台灣人"只是"居民"，不是"民族"，不適用該《宣言》"平等權利與自決權"的相關規定。反而該《宣言》的第一項原則"各國在其國際關係上應避免為侵害任何國家領土完整或政治獨立之目的或以與聯合國宗旨不符之任何其他方式使用威脅或武力之原則"，會使其他國家無法使用"威脅或武力"推動台灣"民族自決權"的適用。

《開羅宣言》可說是目前"一個中國"原則的國際法源，且自 1945 年 8 月 15 日《開羅宣言》對日本生效起，台灣、澎湖、滿洲在國際法上已確定是中國主權的領土。日本已依《波茨坦公告》"無條件投降"，中國是否與日本簽訂戰後和約，或戰後和約是否規定台灣、澎湖、滿洲的主權歸屬，均不影響《波茨坦公告》的國際法效力。要變更《波茨坦公告》有關台灣主權歸屬的法律效力，唯一途徑只有中國主權者自願或被迫放棄台灣主權，否則沒有任何國家、國際組織、人民有權變更此一國際法上的法定效力。中國自 1978 年 12 月 18 日推行"對內改革、對外開放"的政策，國力迅速崛起，已不是中國清代晚期可以被美國或日本強迫放棄領土主權的時代。由《開羅宣言》產生而適用於台灣主權的"一個中國"原則，目前尚無其他政治勢力或國際法程序能予以改變，這也是《中華人民共和國憲法》序言宣示台灣是主權領土之一部分的法理基礎。[1]

---

[1] *1943 Cairo Declaration*, https://en.wikipedia.org/wiki/1943_Cairo_Declaration; *1942 Declaration of The United Nations*, United Nations, retrieved on 1 December 2018; *Potsdam Declaration*, https://www.britannica.com/topic/Potsdam-Declaration; *Charter of the United Nations*, https://www.un.org/en/charter-united-nations/; *Declaration on Principles of International Law*, http://en.pkulaw.cn/display.aspx?cgid=5af5c9690dc563b6a149653e66b41a13bdfb&lib=tax.

4.6

中華民國時期

　　就法論法，"中華民國" 作為代表中國主權的國家組織無可置疑地對台灣施行主權的時間僅限於 1945 年 8 月 15 日至 1949 年 9 月 30 日。第二次世界大戰後，中國陸續解除不平等條約，廢除租界，收回租借地及主權領土，最先收回並恢復行使主權的領土有台灣、澎湖、滿洲等地。收回這些主權領土的法律依據是《開羅宣言》、《波茨坦公告》、《日本昭和投降詔書》、《日本降伏文書》。收回後的善後事宜是發佈《台灣同胞國籍回復令》，區別處理 "在台日人" 和 "台灣同胞" 的國籍身份和財產沒收問題。

　　因為 1942 年 1 月 1 日中華民國政府是被認定有權代表中國主權簽署《聯合國宣言》（*Declaration by United Nations*）的政府組織，1943 年 12 月 1 日美國總統羅斯福經丘吉爾、蔣介石、斯大林同意後發表《開羅宣言》[1]，台灣被認定是日本人從中國人手中盜取的領土，應該返還當時代表中國主權的中華民國，即確立中華民國代表中國主權對台灣的合法統治權，至少在 1971 年中華人民共和國取代中華民國的聯合國中國代表權以前，在國際法上，台灣主權毫無疑義屬於中國，亦即屬於當時擁有國際法上中國主權的國家組織 "中華民國"。

　　1945 年 10 月 25 日中華民國政府根據《波茨坦公告》，代表中國恢復對台灣行使領土主權。1946 年 1 月 12 日即宣佈《台灣同胞國籍回復令》，台灣人自 1945 年 10 月 25 日起，恢復中華民國國籍。1946 年 2 月 26 日頒佈《台灣人財產處理原則》，台灣人的財產和中國大陸人一樣受到中華民國法令的保障，與在台灣的日本人可能被沒收的財產有所不同。換言之，台灣人以 "台灣同胞" 的身份，取得中國人的身份，原本是日本殖民地屬民的台

---

[1]　蔡正元：《台灣島史記（修訂版）（下冊）》，香港：中華書局（香港）有限公司 2020 年，第 24-27 頁。

灣人，由戰敗國的屬民變成戰勝國的人民。原本支持或參與日本侵略中國和東南亞戰爭的台灣人，也免除戰爭共犯的刑事責任。在日本殖民時代棄祖背宗、更名改姓做日本皇民的台灣人，也免除被指控為漢奸的政治處罰，這與韓國、朝鮮的狀況有所不同。

但是 1949 年 10 月 1 日中華人民共和國成立，這一新的國家組織逐步取得憲法秩序及國際法秩序上的中國主權，包括領土主權及其他主權權利。1949 年 10 月 1 日以後宣稱代表中國主權繼續統治台灣的 "中華民國"，其在憲法及國際法上的法律性質跟之前有很大的不同。

1949 年 10 月 1 日經由中國人民政治協商會議宣示 "代表全國人民的意志" 制定《共同綱領》而宣佈成立的中華人民共和國，在憲法法理上等於由擁有制憲權的中國人民賦予新的國家組織及憲制規範的主權權利，也等於宣佈原有的國家組織 "中華民國" 在憲制規範上發生嚴重的 "主權消損"（sovereignty depletion）危機。1949 年 12 月 7 日，"中華民國" 宣佈 "遷移" 至台灣的台北市的政治形勢，更確認 "中華民國" 的主權消損問題已使其喪失憲法上的中國主權，此後，遷移至台北的 "中華民國政府" 的法律性質只能定義為 "台北的中華民國政權"，或簡化為 "台北政權" 或 "台灣當局"，只存在政權管理機能，而非具有主權國家資格的國家組織。但是從 1949 年 10 月 1 日中華人民共和國成立，到 1971 年 10 月 25 日中華人民共和國取得中國主權在聯合國的代表權，這段二十二年的時間裏，"台北的中華民國" 雖仍在聯合國代表中國主權，也在台灣代表中國行使領土主權，但在憲法秩序和國際法秩序上的合法性卻備受爭議。其法律基礎事實，是依賴於美蘇冷戰框架下，"台北的中華民國" 始終由於美國的支持，在國際法上以 "殘存國家"（rump state）的身份，維持對整個中國的主權聲索（sovereignty claim）而存在，而此時的 "台北的中華民國" 已無法經由選舉或其他憲制規範容許的方式取得中國人民的 "主權授權"（sovereign mandate）。

1971 年 10 月 25 日聯合國大會 "第 2758 號決議案" 通過後，"台北的中華民國" 的主權國家地位及 "台灣當局" 的主權政府身份，在國際法上開始發生嚴重 "主權消損" 的危機。"台北的中華民國" 聲稱是 "主權國家" 的舊有地位在政治上更受到嚴厲挑戰，外有中華人民共和國的壓力，內有島內外 "台獨" 勢力的挑戰，可說前途多艱。但是 1971 年後實際統治台灣的領導人蔣介石、蔣經國、李登輝、陳水扁、馬英九、蔡英文等都仍然以 "中華民國" 的憲法名義進行統治，國際法的法律意義上卻是 "代行"（acting on behalf of）中國主權統治台灣的 "中國台灣當局"（Taiwan Authority of China），而不具備 "代表"（representing）中國主權的法律資格。例如 2016 年 7 月 12 日根據《國際海洋法公約》附件七組成的仲裁庭就 "南中國海仲裁案" 宣告，將 "台灣當局" 定位為 "中國的台灣當局"（The Taiwan Authority of China），這是最新的國際法文件就 "台灣當局" 的國際法地位所下的定義。"當局" 是 "政府" 或 "政權" 的定義方式，不是具有主權國家資格的國家組織的代名詞。在這個定義下，台灣是中國的一部分，但 "中國的台灣當局" 是不受中國中央政府管轄的區域性政府。[1] 這個國際法的習慣法慣例接受 "殘存國家組織" 在原有的主權領土上可以在一定限制範圍內代行部分主權者原有的權力。

4.6.1 《開羅宣言》

1941 年 8 月 14 日美國總統羅斯福（1882-1945）及英國首相丘吉爾（1874-1965）在大西洋北部紐芬蘭阿金夏美國海軍基地（US Naval Station Argentia, Placentia Bay, Newfoundland）的奧古斯塔號軍艦（USS Augusta）上舉行大西洋會議（Atlantic Conference），公佈《大西洋憲章》（*Atlantic Charter*），聲明：1. 英美兩國不尋求任何領土或其他方面的擴張。2. 英美兩國不想看見不符合相關人民自由意志的領土變更。3. 英美兩國尊重所有人民有權選擇他們願意生活於其下的政府形式；希望看見曾被武力剝奪主權權利及自治政府的人們能光復。

---

[1] 《南中國海仲裁案》，https://pca-cpa.org/en/cases/7/；王泰升：《台灣戰後初期的政權轉替與法律體系的承接（一九四五至一九四九）》，《台大法學論叢（*National Taiwan University Law Journal*）》1999 年 10 月 1 日第 29 卷第 1 期，第 1-90 頁。

1941 年 12 月 7 日（美國時間），日本海空軍突襲美國夏威夷珍珠港，被視為是日本對美國發表《大西洋憲章》的回應。

珍珠港事件後不到一個月，1942 年 1 月 1 日以美、英、蘇、中四國為首的二十六個國家在華盛頓簽署《聯合國宣言》（*Declaration by United Nations*），確認這二十六個國家同意《大西洋憲章》所載宗旨和原則的共同綱領，並首度出現 "聯合國"（United Nations）的概念。在這份文件宋子文（1894-1971）是以 "中國"（China）的代表身份簽字，文件上不是用當時的國號 "中華民國"。

1942 年 6 月 4 日，日本海空軍偷襲中途島（Midway Atoll），被視為是日本對《聯合國宣言》的回應。但中途島戰役日本戰敗，損失四艘航空母艦，從此日本喪失在太平洋發動大規模戰役的能力。

1943 年 11 月 23 日至 26 日，美英中三國領袖羅斯福、丘吉爾、蔣介石（1887-1975）在埃及開羅召開會議，商討反攻日本的軍事戰略及戰後國際秩序的安排，制定從緬甸反攻日軍的軍事計劃及援助中國的方案，會後公佈《開羅新聞公報》，後改稱《開羅宣言》，宣示聯合國要作戰至日本無條件投降。"無條件投降" 意指日本不能為投降開具任何條件，只能依照聯合國或同盟國開立的條件投降。換言之，日本對《開羅宣言》規定的條件，只能照單全收，沒有討價還價的空間。聯合國此時尚未正式成立，但已在《開羅宣言》中視同已經成立的國際組織表達了立場和意見。

開羅會議（Cairo Conference）在埃及開羅市吉薩金字塔旁邊的米納之家大飯店（Mena House Hotel）舉行。開羅會議期間，羅斯福的總統特助霍普金斯（Harry Lloyd Hopkins, 1890-1946）起草開羅會議新聞公報稿，經丘吉爾修改定稿。11 月 28 日丘吉爾飛赴伊朗德黑蘭參加 "德黑蘭會議" 時，當面徵得斯大林同意《開羅宣言》的文字稿。12 月 1 日由美國白宮公佈這份說明開羅會議結論的 "新聞公報"，即《開羅宣言》。

1943 年《開羅宣言》可說是繼 1941 年《大西洋憲章》、1942 年《聯合國宣言》後，在第二次世界大戰期間最重要的國際法文件，也是對中國領土主權影響最重大的國際法文件。《開羅宣言》是具備國際法上可創設主權權利的宣言文件，對美、英、中、蘇四國和其他同盟國，立即產生國際法上的拘束力。當日本接受《開羅宣言》作為投降條件時，《開羅宣言》的法定效力也立即產生，就已排除其他各國或政權取得台灣領土主權的法理可能性。

《開羅宣言》的第二段確定在日本無條件投降後，對於日本領土、領地及佔領地的安排規定如下：

> 三大盟國進行此次戰爭在於制止及懲罰日本之侵略，三國絕不為己圖利，亦無擴張領土之意圖。三國之宗旨在剝奪日本自從 1914 年第一次世界大戰開始後在太平洋上所奪得或佔領之全部島嶼；在使日本從中國人竊取之全部領土，例如滿洲、台灣、和澎湖，應復歸給中華民國；日本也將被驅離它以暴力和貪慾攫取之所有其他領土；我三大勢力深知朝鮮人民所受之奴隸待遇，決定在相當時期，使朝鮮自由與獨立。

《開羅宣言》的內容對中國的領土主權有許多國際法及憲法上的重大意義，美、英、中、蘇等四個同盟國，對第二次世界大戰後日本佔領或持有的四類領土的處理方式達成共識，第一類是朝鮮半島，第二類是台灣、澎湖、滿洲地區，第三類是太平洋島嶼，第四類是其他島嶼，說明如下：

（1）《開羅宣言》以《波茨坦公告》第八條規定的國際法條文出現，是第二次世界大戰期間，1942 年 1 月 1 日《聯合國宣言》發佈後，首度有"聯合國"名義出現的國際文件，並且是發佈同盟國戰略及戰後有關日本、台灣、東亞、太平洋島嶼等領土安排的唯一國際法文件。

（2）同意朝鮮半島獨立，中國及日本都放棄對朝鮮半島的領土宗主權。這是繼《馬關條約》之後，中國第二次放棄朝鮮半島宗主權的國際法文件。朝鮮不再是中國和日本的殖民地、附屬國或藩屬國，1910 年日本與朝鮮簽訂的《合併條約》將因此無效。

（3）確認滿洲地區、台灣、澎湖是日本人從"中國人"（The Chinese）所"竊取"之領土，這個"中國人之領土"包括清代中國人曾經所有之台灣、澎湖及中華民國時期中國人曾經所有之滿洲地區（中國東北地區）。但三者的法律性質不同，台灣、澎湖是經馬關條約由中國割讓給日本的領土，日本擁有該領土有國際法依據。滿洲則是 1931 年九一八事變後，日本侵佔的中國東北領土，於 1932 年 3 月 9 日成立 "滿洲國"，溥儀擔任 "執政"，並曾為蘇俄所承認。1934 年改稱 "滿洲帝國"，溥儀就任 "皇帝"。1945 年 8 月 17 日溥儀宣佈退位並解散滿洲帝國，此時滿洲在國際法上於 1945 年 8 月 15 日成為中國領土，但也是蘇俄的軍事佔領區，蘇俄有滿洲管轄權，日本不再有任何法律上的佔領的權利。

（4）日本自中國人竊取（has stolen from the Chinese）的 "全部領土"（all the territories）都應 "復歸"（be resored to）給 "中華民國"，意即不承認當時清皇室溥儀的滿洲帝國有收回中國人領土的權利，也不承認清皇室溥儀持有滿洲地區的主權。當時作為國家組織的中華民國持有《聯合國宣言》的中國主權的代表權，國際法上有權代表中國主權接受這些領土的 "復歸"。但中華民國這項中國代表權自 1971 年喪失聯合國的中國主權代表權後，中國的領土主權在國際法上已由另一個國家組織中華人民共和國繼受。

（5）《開羅宣言》只提及日本自 1914 年第一次世界大戰後取得的太平洋島嶼，其主權要被剝奪，但未提及太平洋島嶼的日本主權被剝奪後，其領土主權的歸屬應由誰承繼。《開羅宣言》僅對朝鮮、台灣、澎湖、滿洲的主權歸屬作出決定，其他太平洋島嶼在事後的發展，則是 "誰的武力驅逐日本人，誰就取得管轄權並有權處分這些土地"，最後由美國取得太平洋島嶼的處分或管轄權利，但這些太平洋島後來成為美國的附屬國（associated state）、自治邦（commonwealth）、屬地（possessions）。

（6）日本以暴力和貪慾攫取的 "所有其他領土"（all other territories），日本人都應被驅離。這些領土泛指日本在珍珠港事件後所攻佔的東南亞，包括英國殖民地的香港、新加坡和馬來西亞、法國殖民地的中南半島、美國殖民地的菲律賓、荷蘭殖民地的印度尼西亞等。在開羅會議時，羅斯福與蔣介石有特別討論到 "其他領土" 包括琉球和香港，但未談到南海諸島。有關琉球問題，在開羅會議上，美國總統羅斯福不只一次詢問蔣介石，中國要不要取回琉球，蔣介石竟然回答 "中國贊同琉球由中美聯合佔領，最後在國際組織信託下，由中美共管。" 羅斯福總統也提到香港問題，蔣介石建議羅斯在決定前先和英國當局討論。蔣介石對琉球和香港的態度，令人不解，《開羅宣言》文件也未做說明。

（7）由於蔣介石的疏忽，中國在開羅會議上未取得琉球群島的宗主權或領土主權，琉球群島是否被概括在"以暴力或貪慾攫取之所有其他領土"，其處理方式也未以"驅離日本"作出交代。1945 年 4 月美國獨力佔領琉球群島後，取得琉球群島的管轄權，先後建立"琉球軍政府"和"琉球民政府"。經過一段時間，卻把琉球群島還給日本，還留下釣魚台的主權爭論，以及未來的東海紛爭問題。

（8）《開羅宣言》也僅以"以暴力或貪慾攫取之所有其他領土"來概括南海諸島嶼，未提這些島嶼的領土主權歸屬，這議題甚至未在開羅會議上討論過。南海諸島的主權未被具體列為"日本人自中國人竊取的所有領土"，其歸屬在第二次世界大戰後陷入國際紛爭，可說其來有自。南海諸島嶼在日本人被驅離後留下的主權真空，就成為中國、越南、菲律賓爭奪的目標。[1]

4.6.2 《波茨坦公告》

1945 年 7 月 26 日由美國總統杜魯門、英國首相艾德禮、中國國民政府主席蔣介石聯名發表的《波茨坦公告》（*Potsdam Proclamation*），又稱《波茨坦宣言》（*Potsdam Declaration*）。《波茨坦公告》共有十三條，主要條款是：第一條，同意給日本投降的機會。第三條，日本若不投降，同盟國將使日本軍隊完全崩解（complete destrution），以及日本本土全然毀滅（utter devastation）。第五條，同盟國的條件不會偏離，沒有替代，不容許延宕。

同盟國開的日本投降條件是：第六條，推動日本侵略者必須永遠被剷除。第七條，日本領土必須被同盟國佔領，直到日本的戰爭機器被摧毀。第八條，《開羅宣言》的條件必須實現，日本領土僅限於本州、北海道、九州、

---

[1] 蔡正元：《台灣島史記（修訂版）（中冊）》，香港：中華書局（香港）有限公司 2020 年，第 577–582 頁；蔡正元：《台灣島史記（修訂版）（下冊）》，香港：中華書局（香港）有限公司 2020 年，第 22–24 頁；梁敬錞：《開羅會議》，台北：台灣商務印書館 1973 年。

四國及同盟國決定的小島。第十三條，日本政府要通告所有日本軍隊無條件投降，否則就是日本立即全然的毀滅。《波茨坦公告》對台灣最重大的影響是《開羅宣言》正式成為日本無條件投降的條件，只要日本一投降，《開羅宣言》的條件立即生效。[1]

4.6.3　《日本天皇投降詔書》

1889 年《大日本帝國憲法》（明治憲法）第四條規定，日本主權歸屬天皇總攬，日本領土的移轉當然由天皇決定，稱 "天皇大權"，因此 1945 年 8 月 15 日昭和發佈詔書宣佈對《波茨坦公告》及《開羅宣言》"通告受諾其共同宣言旨"，亦即表示無條件接受《共同宣言》，日本天皇與美、英、中、蘇四國領袖達致合意，《波茨坦公告》及《開羅宣言》所列條件立即生效，對美英中蘇日五國產生國際法的拘束力，所有戰爭、戰役、戰鬥立即終止，尤其涉及日本與簽署國直接相關的領土主權變動的項目，即刻生效。這份詔書對這五個國家而言，既是國際法文件，也是憲法文件。[2]

4.6.4　《日本降伏文書》

1945 年 9 月 2 日日本昭和派外相重光葵（1887–1957）、日軍參謀總長梅津美治郎（1882–1949）赴停泊於東京灣的美軍密蘇里艦，與同盟國軍方代表簽署《日本降伏文書》（*Japanese Instrument of Surrender*），這是政府對政府、軍隊對軍隊的投降文件。所以簽署雙方，由重光葵代表日本昭和及日本政府，由梅津美治郎代表日本軍隊。《降伏文書》是確認日本天皇、日本政府、日本軍隊都接受《波茨坦公告》的國際法文件，不只是 "單純的停戰協定"。內容要點是：第一，日本無條件投降的對象僅限於美、英、中、蘇等四國，這文件的投降對象寫 "中國"（China），不是寫 "中華民國"（The

---

[1] 蔡正元：《台灣島史記（修訂版）（中冊）》，香港：中華書局（香港）有限公司 2020 年，第 585–591 頁。

[2] 蔡正元：《台灣島史記（修訂版）（中冊）》，香港：中華書局（香港）有限公司 2020 年，第 591–596 頁。

Republic of China），與"開羅宣言"寫明"中華民國"的用詞不同，當"中華民國"不是擁有"中國"主權代表權的國家組織，就會產生爭議。第二，日本接受且將誠實履行《波茨坦公告》。第三，日本主權將受制於盟軍"最高統帥"所代表的同盟國。[1]

4.6.5 《台灣同胞國籍回復令》

前文已述，1945 年 10 月 25 日中華民國政府根據《波茨坦公告》，代表中國恢復對台灣行使領土主權。1946 年 1 月 12 日宣佈《台灣同胞國籍回復令》，台灣人自 1945 年 10 月 25 日起，恢復中華民國國籍。1946 年 2 月 26 日頒佈《台灣人財產處理原則》，台灣人的財產和中國大陸人一樣受到中華民國法令的保障，與在台灣的日本人可能被沒收的財產有所不同。換言之，台灣人以"台灣同胞"的身份，取得中國人的身份，原本是日本殖民地屬民的台灣人，由戰敗國的屬民變成戰勝國的人民。原本支持或參與日本侵略中國和東南亞戰爭的台灣人，也免除戰爭共犯的刑事責任。

依法律地位的設定順序，台灣、澎湖、滿洲的領土主權自 1945 年 8 月 15 日起復歸中國，1945 年 10 月 25 日正式接收及佈達起，台灣人恢復中國人的身份和國籍，台灣人的財產恢復為中國人的財產，與日本人的財產作出區隔，不受日本人的財產沒收法令的影響。1945 年 10 月 25 日以前參與日本人侵略行為的台灣人免除漢奸或戰犯的刑事責任。《台灣同胞國籍回復令》可說是中國收回台灣和澎湖領土主權的善後條款，視同領土條款的附帶法令。但是《台灣同胞國籍回復令》是否適用 1945 年 10 月 25 日以後尚居留於日本的台灣人有一段時間成了中國政府、日本政府、美國佔領日本軍事總部等三者之間的棘手問題。[2]

---

[1] 蔡正元：《台灣島史記（修訂版）（中冊）》，香港：中華書局（香港）有限公司 2020 年，第 596-598 頁。

[2] 湯熙勇：《恢復國籍的爭議：戰後旅外台灣人的復籍問題（1945-47）（Establishing of Nationality of Overseas Formosans and Their Problems, 1945-47）》，《人文及社會科學集刊》（"中央研究院"人文社會科學研究中心）2005 年 6 月 1 日第 17 卷第 2 期，第 393-437 頁；蔡正元：《台灣島史記（修訂版）（下冊）》，香港：中華書局（香港）有限公司 2020 年，第 46 頁。

4.7

中華人民共和國時期

　　中華人民共和國是清代以來唯一沒有喪失中國領土的時代，外蒙古獨立於 1945 年，與成立於 1949 年的中華人民共和國無關。1951 年和平解放了早於 1949 年宣佈獨立的西藏，1971 年聯合國大會通過 "2758 號決議案" 恢復中華人民共和國的中國代表權，1979 年全國人大常務委員會發表《告台灣同胞書》，1981 年葉劍英以全國人大常務委員會委員長兼具國家元首的身份針對台灣問題發表 "葉九條"，1997 年對清代被割讓的香港、被租借的九龍、新界恢復行使主權，1999 年對澳門恢復行使主權，2005 年制定《反分裂國家法》，2010 年台海兩岸簽訂 ECFA。[1]

　　中華人民共和國處理台灣問題的方式主要是以推進 "一個中國" 原則作為國際法上的政策主張，並輔以 "一國兩制" 作為憲法上的法律主張。本書先分析各國對於 "一個中國" 政策的回應和聲明。有的國家全然接受且承認完整 "一個中國" 原則。有的國家只承認 "世界上只有一個中國，中華人民共和國政府是中國唯一合法政府"，但對 "台灣是中國的一部分" 則採取模糊的態度，用 "留意"、"認知"、"尊重"、"理解" 等用語取代 "承認"。有的國家甚至在聲明中完全未提及 "台灣問題"，顯現出刻意堆砌 "一個中國" 原則的障礙。[2]

[1] 黎安友（Andrew Nathan）、施道安（Andrew Scobell）著，何大明譯：《尋求安全感的中國（China's Search for Security）》，新北：左岸文化事業有限公司 2013 年；亨利・基辛格（Henry Kissinger）：《論中國（On China）》，北京：中信出版社 2016 年；洪世謙：《疆界民主化：解構哲學式的思考》，《台灣政治學刊（Taiwan Political Science Review）》2015 年 6 月 1 日第 19 卷第 1 期，第 59–97 頁。

[2] Chu Shulong, "National Unity, Sovereignty and Territorial Integration", *The China Journal*, no. 36, July 1996, http://www.jstor.org/stable/2950376, pp. 98–102; 唐納德・戴維斯（Donald E. Davis）、尤金・特蘭尼（Eugene P. Trani）著，馬建標等譯：《誤讀異邦：20 世紀美國人與中國、俄國的關係》，台北：獨立作家出版社 2014 年。

4.7.1　聯合國大會 "第 2758 號決議案"

1971 年 7 月 9 日，美國總統尼克松的國家安全特別助理基辛格秘密訪問中國，開啟美中兩國新關係的時代，這直接導致聯合國大會於 1971 年 10 月 25 日通過阿爾巴尼亞等二十三個國家提案的 "第 2758 號決議案"（The United Nations General Assembly Resolution 2758），即《關於恢復中華人民共和國在聯合國組織中的合法權利問題的決議案》，承認中華人民共和國政府是聯合國體系中唯一合法的中國代表，繼承所有中華民國在聯合國既有權利。同時以十票的差距否決美國提案的《雙重代表權決議案》，台灣的 "台灣當局" 徹底喪失在聯合國的權利和地位。

"第 2758 號決議案" 全文如下：

> 大會回顧《聯合國憲章》的原則，考慮到恢復中華人民共和國的合法權利對於維護《聯合國憲章》和聯合國組織根據《憲章》所必須從事的事業都是必不可少的，承認中華人民共和國政府的代表是中國在聯合國組織的唯一合法代表，中華人民共和國是安全理事會五個常任理事國之一，決定：恢復中華人民共和國的一切權利，承認她的政府的代表為中國在聯合國組織的唯一合法代表並立即把蔣介石的代表從它在聯合國組織及其所屬一切機構中所非法佔據的席位上驅逐出去。一九七一年十月二十五日，第一九七六次全體會議。

這個決議案使中華人民共和國在國際法上取得完整的中國主權，也使 "台灣當局" 陷入更嚴重的 "主權消損" 危機。這個決議案表述：1. 中國主權及聯合國席位由中華人民共和國繼承；2. 中華民國不再被承認為主權國家，只是蔣介石政權；3. 蔣介石政權在聯合國不具備擁有主權國家權利的資格。

4.7.2 《中美上海聯合公報》

1972 年 2 月 28 日，中美在上海發表《聯合公報》，俗稱《上海公報》，這是中國與美國之間結束冷戰關係最重要的文件。其第十二自然段及第十三自然段有關台灣領土主權問題的文本如下：

> 雙方回顧了中美兩國之間長期存在的嚴重爭端。
>
> 　中國方面重申自己的立場：台灣問題是阻礙中美兩國關係正常化的關鍵問題；中華人民共和國政府是中國的唯一合法政府；台灣是中國的一個省，早已歸還祖國；解放台灣是中國內政，別國無權干涉；全部美國武裝力量和軍事設施必須從台灣撤走。中國政府堅決反對任何旨在製造 "一中一台"、"一個中國、兩個政府"、"兩個中國"、"台灣獨立" 和鼓吹 "台灣地位未定" 的活動。
>
> 　美國方面聲明：美國認識到，在台灣海峽兩邊的所有中國人都認為只有一個中國，台灣是中國的一部分。美國政府對這一立場不提出異議。它重申它對由中國人自己和平解決台灣問題的關心。考慮到這一前景，它確認從台灣撤出全部美國武裝力量和軍事設施的最終目標。在此期間，它將隨著這個地區緊張局勢的緩和逐步減少在台美軍設施和武裝力量。[1]

4.7.3 《中日聯合聲明》

1972 年 9 月 29 日，中日發表《聯合聲明》。其第三條如下：

> 　中華人民共和國政府重申：台灣是中華人民共和國領土不可分割的一部分。日本國政府充分理解和尊重中國政府的這一立場，並堅持遵循

---

[1] Stephen Lee, "American Policy toward Taiwan: the Issue of the De Facto and De Jute Status of Taiwan and Sovereignty", *Buffalo Journal of International Law*, vol. 323, no. 2, 1995–1996, http://shop.heinoline.org?handle=hein. journals/bufhr2&div=18&collection=journals; 范強：《台海問題戰略主導權分析：大國權力變動中的兩岸關係（*Analysis on Strategic Dominance of Cross-Strait Issue*）》，中國海洋大學國際政治碩士論文，2011 年。

波茨坦公告第八條的立場。

這份聲明徹底瓦解了 "台灣法律地位未定論"、"開羅宣言無效論",因為交還台灣給中國的當事國日本都 "堅持遵守波茨坦公告第八條的立場",跟此 "法益" 無關的其他非當事國更無置喙的餘地。

4.7.4 《中美建交聯合公報》

1979 年 1 月 1 日,中美簽訂《建交聯合公報》,關鍵內容如下:

美利堅合眾國承認中華人民共和國政府是中國的唯一合法政府。在此範圍內,美國人民將同台灣人民保持文化、商務和其他非官方關係。中華人民共和國和美利堅合眾國重申上海公報中雙方一致同意的各項原則,並再次強調:⋯⋯美利堅合眾國政府認知中國的立場,即只有一個中國,台灣是中國的一部分。(The Government of the United States of America acknowledges the Chinese position that there is but one China and Taiwan is part of China.)

美國對 "中華人民共和國政府是中國的唯一合法政府" 這一個論述採取 "承認" 的立場,但對 "只有一個中國,台灣是中國的一部分" 的論述卻採取 "認知" 中國的立場,並再度 "重申"《上海公報》的 "各項原則",其中顯然包括 "和平解決台灣問題" 的限制條件。

4.7.5 《中美八一七聯合公報》

1982 年 8 月 17 日,中美簽訂《聯合公報》,關鍵內容如下:

美利堅合眾國承認中華人民共和國政府是中國的唯一合法政府,並認知中國的立場,即只有一個中國,台灣是中國的一部分。在此範圍內,雙方同意,美國人民將同台灣人民繼續保持文化、商務和其他非官方關係。……

　　……

　　四、中國政府重申，台灣問題是中國的內政。一九七九年一月一日中國發表的告台灣同胞書宣佈了爭取和平統一祖國的大政方針。一九八一年九月三十日中國提出的九點方針是按照這一大政方針爭取和平解決台灣問題的進一步重大努力。

　　五、美國政府非常重視它與中國的關係，並重申，它無意侵犯中國的主權和領土完整，無意干涉中國的內政，也無意執行"兩個中國"或"一中一台"政策。美國政府理解並欣賞一九七九年一月一日中國發表的告台灣同胞書和一九八一年九月三十日中國提出的九點方針中所表明的中國爭取和平解決台灣問題的政策。台灣問題上出現的新形勢也為解決中美兩國在美國售台武器問題上的分歧提供了有利的條件。

美國在這份公報中"重申"三個"無意"，即無意侵犯中國的主權和領土完整，無意干涉中國的內政，也無意執行"兩個中國"或"一中一台"政策；並再度表明"認知"中國的立場："只有一個中國，台灣是中國的一部分。"

4.7.6 《中俄睦鄰友好合作條約》

2001 年 7 月 16 日中俄兩國簽訂《睦鄰友好合作條約》，關鍵條文如下：

　　第五條　俄方重申一九九二年至二〇〇〇年期間兩國元首簽署和通過的政治文件中就台灣問題所闡述的原則立場不變。俄方承認，世界上只有一個中國，中華人民共和國政府是代表全中國的唯一合法政府，台灣是中國不可分割的一部分。俄方反對任何形式的台灣獨立。

俄羅斯在這份聲明中承認"台灣是中國不可分割的一部分。俄方反對任何形式的台灣獨立。"這是俄羅斯聯邦成立後最明確也最完整地承認"一個中國"原則且明白反對任何形式的台灣獨立的國際法文件。

4.7.7 《中加聯合聲明》

2009 年 12 月 3 日，中國與加拿大發表《聯合聲明》，其第五點表述為：

> 加方重申建交時確立的長期一貫的一個中國政策，強調支持台灣海峽兩岸關係和平發展，包括兩岸加強經濟、政治及其他領域對話與互動的努力。

加拿大在這份聲明中只有 "確立" 一個中國政策及支持海峽兩岸和平發展，並未提及 "台灣是中國的一部分"。

4.7.8 《中哈關於發展全面戰略夥伴關係的聯合聲明》

2011 年 6 月 30 日，中國與哈薩克斯坦簽訂兩國《關於發展全面戰略夥伴關係的聯合聲明》。其第一部分第三自然段表述為：

> 哈薩克斯坦共和國重申，堅定奉行一個中國政策，承認中華人民共和國政府是代表全中國的唯一合法政府，台灣是中國不可分割的一部分，確認不同台灣建立官方關係和進行官方往來。哈薩克斯坦共和國支持台灣海峽兩岸關係和平發展和中國和平統一大業。

1992 年中國與哈薩克斯坦發表建交公報時即已承認 "台灣是中國不可分割的一部分"，這是 2011 年再度以 "聯合聲明" 的形式強化相關承諾。

4.7.9 建交公報中的台灣問題

世界各國與中華人民共和國簽訂建交公報都會涉及 "一個中國" 原則的四項關鍵性論述，即：一、世界上只有一個中國，中華人民共和國政府是中國唯一合法的政府（the Government of the People's Republic of China as the sole legal government of China）；二、台灣是中國領土不可分割的一部分

（Taiwan an inalienable part of Chinese territory）；三、不與台灣建立或發展任何形式的官方關係或從事任何官方接觸（undertakes not to establish or develop official relations of any form with Taiwan and will not engage in any official contacts with Taiwan）；四、反對"台灣獨立"、"兩個中國"或"一中一台"。

　　關於這些論述，第一項論述"中華人民共和國政府是中國唯一合法的政府"，基本上沒有問題。對於第二項論述"台灣是中國領土不可分割的一部分"，有的國家採取"支持"（support）的立場，有的國家採取"承認"（recognizes）的立場，有的採取"尊重"（respect）的立場，有的採取"認知"（acknowledge）的立場，有的採取"留意"（take note）的立場，有的則未提及台灣問題，這表示"一個中國"原則的推進遇到一些障礙。但依"台獨"分子彭明敏和黃昭堂的國際法見解，這些表態"台灣是中國領土不可分割的一部分"的國家不管是支持、承認、尊重、認知、留意，往後就不再有反對的空間。至於第三項或第四項論述則罕少提及，這些現象表示"一個中國"原則的推進遇到某些國家刻意堆砌的限制性的障礙。

　　就第二項論述"台灣是中國領土不可分割的一部分"這個關鍵性命題而言，各個國家的立場如下（括號內為年份）：

一、採取"支持"（support）的立場的國家有：

莫桑比克（1975）、蘇聯（1989）、白俄羅斯（1992）。

二、採取"承認"（recognizes）的立場的國家有：

馬爾代夫（1972）、尼日爾（1974）、幾內亞比紹（1974）、博茨瓦納（1975）、約旦哈希姆（1977）、葡萄牙（1979）、安提瓜和巴布達（1982）、安哥拉（1983）、萊索托（1983）、尼加拉瓜（1985）、玻利維亞（1985）、納米比亞（1990）、拉脫維亞（1991）、愛沙尼亞（1991）、立陶宛（1991）、亞美尼亞（1992）、以色列（1992）、克羅地亞（1992）、吉爾吉斯斯坦（1992）、哈薩克斯坦（1992）、土庫曼斯坦（1992）、塔吉克斯坦（1992）、摩爾多瓦（1992）、斯洛文尼亞（1992）、格魯吉亞（1992）、阿塞拜疆（1992）、亞美尼亞（1992）、格魯吉亞（1992）、厄立特里亞（1993）、馬其頓（1993）、利比里亞（1993）、萊索托（1993）、安道爾（1994）、拉脫維亞（1994）、波斯尼亞和黑塞哥維那（1995）、尼日爾（1996）、聖盧西亞（1997）、巴哈馬（1997）、庫克群島（1997）、南非（1997）、湯加（1998）、中非（1998）、幾內亞比紹（1998）、馬其頓（2001）、俄羅斯（2001）、東帝汶（2002）、瑙魯（2002）、利比里亞（2003）、多米尼克（2004）、格林納達（2005）、塞內加爾（2005）、黑山（2006）、乍得（2006）、哥斯達黎加（2007）、紐埃（2007）、馬拉維（2007）、南蘇丹（2011）、岡比亞（2016）、聖多美和普林西比（2016）、巴拿馬（2017）、多米尼加（2018）、薩爾瓦多（2018）、布基納法索（2018）、所羅門群島（2019）、基里巴斯（2019）。

三、採取"尊重"（respect）的立場的國家有：

荷蘭（1972）、菲律賓（1975）、大韓民國（1992）。

四、採取"認知"（acknowledge）的立場的國家有：

英國（1972）、澳大利亞（1972）、新西蘭（1972）、西班牙（1973）、泰國（1975）、馬來西亞（1974）、斐濟（1975）、西薩摩亞（1975）、美國（1979）。

五、採取"留意"（take note）的立場的國家有：

加拿大（1970）、意大利（1970）、智利（1970）、冰島（1971）、比利時（1971）、黎巴嫩（1971）、秘魯（1971）、希臘（1972）、阿根廷（1972）、馬耳他（1972）、委內瑞拉（1974）、巴西（1974）、厄瓜多爾（1979）、哥倫比亞（1980）、象牙海岸（1983）、烏拉圭東岸（1988）、聖馬力諾（1991）。

未提及台灣問題的國家以 1970 年中國與加拿大建交開始提及台灣問題時為分隔點，可分成"以前"及"以後"兩組，分別有：

一、1970 年以前：

蘇聯（1949）、保加利亞（1949）、羅馬尼亞（1949）、匈牙利（1949）、捷克斯洛伐克（1949）、波蘭（1949）、阿爾巴尼亞（1949）、朝鮮（1949）、蒙古（1949）、越南（1950）、緬甸（1950）、印度尼西亞（1950）、印度（1950）、瑞典（1950）、丹麥（1950）、瑞士（1950）、列支敦士登（1950）、芬蘭（1950）、巴基斯坦（1951）、斯里蘭卡（1951）、挪威（1954）、尼泊爾（1955）、阿富汗（1955）、南斯拉夫（1955）、塞爾維亞（1955）、也

門（1956）、埃及（1956）、敘利亞（1956）、摩洛哥（1958）、阿爾及利亞（1958）、柬埔寨（1958）、伊拉克（1958）、幾內亞（1959）、加納（1960）、古巴（1960）、馬里（1960）、剛果（1961）、坦噶尼喀（1961）、老撾（1961）、布隆迪（1963）、桑給巴爾（1963）、肯尼亞（1963）、中非（1964）、剛果布拉柴維爾（1964）、法國（1964）、達荷美（1964）、突尼斯（1964）、毛里塔尼亞（1965）、南也門（1968）。

二、1970 年以後：

埃塞俄比亞（1970）、赤道幾內亞（1970）、土耳其（1971）、聖馬力諾（1971）、伊朗（1971）、奧地利（1971）、科威特（1971）、盧旺達（1971）、喀麥隆（1971）、塞內加爾（1971）、塞拉勒窩內（1971）、塞浦路斯（1971）、尼日利亞（1971）、黎巴嫩（1971）、塞浦路斯（1971）、聖馬利諾（1971）、奧地利（1971）、盧森堡（1972）、德國（1972）、牙買加（1972）、馬爾加什（1972）、墨西哥（1972）、乍得（1972）、圭亞那（1972）、多哥（1972）、毛里求斯（1972）、加納（1972）、上沃爾特（1973）、特立尼達和多巴哥（1974）、岡比亞（1974）、加蓬（1974）、孟加拉（1975）、聖多美和普林西比（1975）、科摩羅（1975）、塞舌爾（1976）、巴布亞新幾內亞（1976）、蘇里南（1976）、佛得角（1976）、巴巴多斯（1977）、利比里亞（1977）、阿拉伯利比亞（1978）、阿曼蘇丹國（1978）、吉布提（1979）、愛爾蘭（1979）、基里巴斯（1980）、津巴布韋（1980）、瓦努阿圖（1982）、阿拉伯聯合酋長國（1984）、格林納達（1985）、伯利茲（1987）、卡塔爾（1988）、巴勒斯坦（1988）、密克羅尼西亞（1989）、巴林（1989）、沙特阿拉伯（1990）、馬紹爾群島（1990）、新加坡（1990）、印度尼西亞（1990）、文萊達魯薩蘭（1991）、烏克蘭（1992）、烏茲別克（1992）。

上述的歸類以公報的內容為主。若有同一個國家出現兩次，表示同一個國家發佈兩次的建交公報或其他聯合公報。[1]

---

[1] https://zh.wikisource.org/wiki/Portal: 條約 ; https://zh.wikisource.org/wiki/Category: 中華人民共和國建交公報 ; https://zh.wikisource.org/wiki/Category: 中華人民共和國復交公報 ; http://big5.www.gov.cn/gate/big5/www.gov.cn/guoqing/2017-06/14/content_5202420.htm; https://www.wikiwand.com/zh-tw/ 中華人民共和國建交列表 .

4.8

小結

本章按時間軸線討論台灣的主權變遷經過。澎湖在 1662 年以後被視為台灣的附屬島嶼。本章分成七個部分，具體如下：

第一部分討論台灣在"無主之地"時代，中國人和日本人都曾試圖經略台灣，或嘗試納台灣為主權領土，但都沒有成功。

第二部分討論荷蘭人與台灣各個原住民族簽訂各種"條約"，展開殖民統治。這些條約有雙重性質，一方面是國際法性質的規範，正式納台灣的土地為荷蘭的主權領土；一方面也是憲法性質的規範，正式拘束台灣原住民族的行為和法律身份。而且兩者都有"領土條款"的特性，包括領土範圍、領土性質、領土治理方式等規範。

第三部分討論中國藩王鄭成功與荷蘭人簽訂的"鄭荷條約"，替中國取得台灣的領土主權。"熱蘭遮城"（安平古堡）是荷蘭的台灣領土主權象徵，"熱蘭遮城"的放棄與取得代表著台灣領土主權的移轉。

第四部分討論鄭克塽降表是康熙取得台灣領土管轄權的依據。這份降表不是台灣領土主權（territorial sovereignty）的轉移，而是管轄權（constitutional jurisdiction）的轉移。因為在明清之際的中國憲制規範下，鄭克塽以中國藩王身份與康熙以中國皇帝身份，兩人分別管轄的領土，都是中國的主權領土。同時討論尼布楚條約所涵攝的中國領土範圍已包括台灣；圍繞牡丹事件中日簽訂《台事北京專約》，接著中日簽訂《馬關條約》，中國喪失台灣主權。

第五部分討論日本殖民統治台灣五十年，即依《馬關條約》制定《台灣及澎湖列島住民退去條規》，處理台灣民的國籍問題。依《大日本帝國憲法》所制定的《六三法》作為殖民統治台灣的憲制規範。日本依據《中日北京條約》的規定，試圖將在台灣的殖民統治力量延伸至福建。1945 年日本殖民統治結束時，台灣復歸為中國的主權領土，但發生辜振甫試圖依據"威爾遜和平原則"推動"台灣自治獨立案"，但為當時日本的台灣總督安藤利吉駁斥和阻止。

第六部分討論 1945 年至 1949 年中華民國時期，《開羅宣言》和《波茨坦公告》依據《日本天皇投降詔書》和《日本降伏文書》而發生效力。1946 年發佈《台灣同胞國籍回復令》，處理台灣民眾的恢復中國國籍的問題 [1]。

第七部分討論中華人民共和國處理台灣的領土主權問題。從 1971 年聯合國大會"第 2758 號決議案"通過後，中華人民共和國便開始推動根據"一個中國"原則簽訂各項公報或條約。但從各國的聲明之中，也出現許多對"一個中國"原則沒有完全接納的情況。"一個中國"原則有著兩個關鍵命題：承認中華人民共和國是中國唯一合法政府，以及承認台灣是中國的一部分。第一個命題基本上沒有疑義且是國際法上的通行規則，第二個命題則出現不同的狀況，有承認、尊重、理解、認知、留意等，甚至還有顧左右而言他。這也反映了"一個中國"原則在國際法和憲法秩序中，在中國尚未統一之前，是遇到了不同程度的阻礙。

從以上的歷史變遷分析，可以發現歷次台灣的主權和管轄權的變動都經由局部或全面性的戰爭後，經由國際法秩序或憲法秩序，才建立新的領土規範，並將這些規範寫在各式文件上。

---

[1] 彭明敏、黃昭堂著，蔡秋雄譯：《台灣在國際法上的地位》，台北：玉山社出版事業股份有限公司 1995 年，第 214-220 頁；Tzu-wen Lee, "The International Legal Status of the Republic of China on Taiwan", *UCLA Journal International Law & Foreign Affair*, no. 1, 1996–1997, pp. 351–364; Timothy S. Rich, "Status for Sale: Taiwan and the Competition for Diplomatic Recognition", *Issues & Studies*, vol. 45, no. 4, December 2009, pp. 159–188.

5

第五章

朝鮮戰爭後台灣領土
主權的爭論始末

　　朝鮮戰爭後台灣領土主權問題的爭論，與過去的歷史變遷有著不同的起因和背景，本章將進一步予以分析探討。近代，由於國共鬥爭、中華人民共和國建立、國共兩黨隔海對峙、美蘇冷戰、朝鮮戰爭及越戰、聯合國大會第2758號決議案、中美建交、"台獨" 勢力成長等一連串歷史性事件的發展，陸續在法理層次上產生有關於台灣領土主權歸屬的爭議，甚至延伸至台灣及台灣當局的法律地位等有待梳理的爭論。這些爭論大都衝著挑戰 "台灣是中國的一部分" 這個命題而來，本章將就這些爭論從各個重要法律文件的層面一一剖析。[1]

---

[1] Lung-chu Chen and W. M. Reisman, "Who Owns Taiwan: A Search for International Title", *The Yale Journal*, vol. 81, no. 4, March 1972, pp. 599–671.

5.1

領土主權爭論的起源

　　"台灣是中國的一部分" 這個主權歸屬的命題，在 1945 年至 1949 年之間，不論是政治上或法律上都從無挑戰。1949 年 8 月 5 日美國國務院發表的《對華政策白皮書》，以及 1950 年 1 月 5 日美國總統杜魯門發表的《"福爾摩沙" 聲明》(*Statement on Formosa*) 都一再聲明支持中國主權獨立和領土完整，也再度確認美國承認台灣是中國的一部分的立場。1950 年 6 月 25 日朝鮮戰爭爆發，6 月 27 日杜魯門便發表《韓國情勢聲明》，開啟所謂的 "台灣地位未定論" 的論述，其他挑戰開羅宣言所確立的 "台灣是中國的一部分" 的基本原則也陸續出現。[1]

5.1.1　杜魯門的《"福爾摩沙" 聲明》

　　1949 年 8 月 5 日，美國國務院發表《對華政策白皮書》(*The China White Paper*)，原名是《中美關係，特別就 1944 年至 1949 年期間》(*United States Relations with China with Special Reference to the Period 1944–1949*)。《白皮書》說明國共內戰，國民黨戰敗，是國民黨政府領導無能的問題，與美國無關。《白皮書》包括正文八章，附件八章，用五分之一的篇幅說明 1844 年《中美望廈條約》至 1949 年 5 月李宗仁致信杜魯門為止，美國對中國局勢的看法及政策，其餘五分之四的篇幅都是文獻彙編。《白皮書》收錄的文獻包括《艾奇遜致杜魯門信》，這封信可說是《白皮書》的核心結論。該信說：

---

[1] 李明峻：《"台灣" 的領土紛爭問題——在假設性前提下的探討》，《台灣國際法季刊》2004 年 6 月 1 日第 1 卷第 2 期，第 61–112 頁；Jonathan I. Chamey and J. R. V. Prescott, "Resolving Cross-Strait Relations between China and Taiwan", *The American Journal of International Law*, vol. 94, no. 3, July 2000, pp. 453–477, http://www.jstor.org/stable/2555319; U.S. Government Printing Office, *United States Relations with China with Special Reference to the Period 1944–1949*, 1949.

"在合理範圍內，美國所做任何事，都不可能改變中國局勢；美國若袖手不管，對局勢也不會有影響。這是中國內部勢力造成的結果，結局由中國內部決定，是一方怠忽職責所致。"《白皮書》公開點出蔣介石政府的無效率、貪污情事、用強硬手段對付反對人士等因素導致軍事失敗和政治崩潰，且認為蔣介石政府在蔣介石於 1949 年 1 月 21 日辭去總統職務後，國民黨政權已完全無望。

1950 年 1 月 5 日，美國總統杜魯門在白宮發表《"福爾摩沙"聲明》，又稱《一五聲明》或《不介入台灣海峽爭端聲明》。杜魯門表明，共產黨軍隊跨越台灣海峽攻擊撤退至台灣的國民黨軍隊，美國不會派兵援助國民黨軍隊。杜魯門發表的《"福爾摩沙"聲明》原文如下：

> 《開羅宣言》裏美國總統、英國首相、中國總統曾申明他們的目的是，使日本竊取於中國的領土，如台灣，歸還中國。……美國對台灣或中國其他領土從無掠奪的野心，美國目前無意在台灣獲取特別權力或特權或建立軍事基地，美國亦不擬使用武裝部隊干預其現在的局勢，美國政府不擬遵循任何足以把美國捲入中國內爭中的途徑。[1]

杜魯門的《"福爾摩沙"聲明》還有重點文字如下：

> 美國政府堅守國際關係的誠信。傳統的美國對中國政策如同門戶開放政策所表彰的，要求國際尊重中國領土完整。這個原則最近經由聯合國大會 1949 年 12 月 8 日決議再度確認。（The United States Government has always stood for good faith in international relations. Traditional United States policy toward China, as exemplified in the open-door policy, called for international respect for the territorial integrity of China. This principle was recently reaffirmed in the United Nations General Assembly Resolution of December 8, 1949.）

---

[1]　Harry S. Truman, "Statement On Formosa", 5 January 1950, https://china.usc.edu/harry-s-truman-"statement-formosa"-january-5-1950.

1943 年 12 月 1 日的開羅聯合聲明中，美國總統、英國首相、中國總統宣稱，他們的目的是要將日本竊自中國的領土，例如台灣，應歸還中華民國。美國政府於 1945 年 7 月 26 日簽署的《波茨坦公告》中，宣告《開羅宣言》的條件應予施行。這個《宣言》的條款於投降時為日本接受。遵照上述《宣言》，台灣移交給蔣介石元帥，在過去四年內，美國與其他同盟國均接受中國在該島行使權力。（In the Joint Declaration at Cairo on December 1, 1943, the President of the United States, the British Prime Minister, and the President of China stated that it was their purpose that territories Japan had stolen from China, such as Formosa, should be restored to the Republic of China. The United States was a signatory to the Potsdam Declaration of July 26, 1945, which declared that the terms of the Cairo Declaration should be carried out. The provisions of this declaration were accepted by Japan at the time of its surrender. In keeping with these declarations, Formosa was surrendered to Generalissimo Chiang Kai-shek, and for the past 4 years the United States and other Allied Powers have accepted the exercise of Chinese authority over the island.）

　　美國並無奪取台灣或其他中國領土的意圖，目前美國不想在台灣取得特權，也無設置軍事基地的意圖。此外，也不打算使用軍隊干涉現狀。美國政府不採取會介入中國內戰的措施。（The United States has no predatory designs on Formosa, or on any other Chinese territory. The United States has no desire to obtain special rights or privileges, or to establish military bases on Formosa at this time. Nor does it have any intention of utilizing its Armed Forces to interfere in the present situation. The United States Government will not pursue a course which will lead to involvement in the civil conflict in China.）

　　杜魯門提到的"聯合國大會 1949 年 12 月 8 日決議"是指 1949 年第四次大會"第 291 號決議案"《促進遠東國際關係穩定案》（*Promotion of the*

Stability of International Relations in the Far East）。決議內容如下：

　　要求所有國家：1. 尊重中國的政治獨立和在聯合國的原則規範下與中國的關係；2. 尊重中國人民的權利，現在及未來，自由選擇政治制度和維護政府免於外國控制；3. 尊重與中國的現有條約；4. 禁止（a）尋求獲取影響力範圍或在中國領土建立外國控制的政權；（b）尋求獲得中國領土上的特權或利益。〔Calls upon all States: 1. To respect the political independence of China and to be guided by the principles of the United Nations in their relations with China; 2. To respect the right of the people of China, now and in the future, to choose freely their political institutions and to maintain a government independent of foreign control; 3. To respect existing treaties relating to China; 4. To refrain from (a) seeking to acquire spheres of influence or to create foreign-controlled regimes within the territory of China; (b) seeking to obtain special rights or privileges within the territory of China.〕

接著，同日，美國國務卿艾奇遜在下午 2 時 30 分的記者會上詮釋杜魯門的《聲明》說：

　　台灣即依照已成立的《宣言》及投降條件交與中國。中國已統治台灣四年，美國或任何其他盟國從未對該項權力及佔領發生過任何疑問。當台灣被作為中國的一個省份的時候，沒有任何人曾對此提出過任何法律上的疑難，此舉經認為是符合各項約定。

艾奇遜又說："美國將不採取任何足以捲入中國內戰的行動，也不給予在台灣的中國軍隊任何軍事援助。" 此時遷移至台灣的國民黨軍隊和政府，儘管有 1949 年 10 月 25 日金門古寧頭戰役打敗共產黨軍隊的勝利餘威，仍然是風雨飄搖的政權。

　　1 月 12 日，美國國務卿艾奇遜也公開說明，美國不把台灣列入防衛圈，任令在台灣的國民黨軍隊自生自滅。

　　這份《"福爾摩沙"聲明》或《不介入台灣海峽爭端聲明》是美國總統

再度表達台灣領土主權屬於中國的聲明，是再度表示確認《開羅宣言》及《波茨坦公告》效力的聲明，亦即美國受《開羅宣言》及《波茨坦公告》的效力所拘束的聲明。

美國後來閃閃爍爍提倡"台灣地位未定論"，明顯也在躲避這份《"福爾摩沙"聲明》的拘束，避免違反國際法上的"禁止反言原則"（Estoppel）。因為 1933 年 4 月 5 日國際常設法院（Permanent Court of International Justice）在丹麥控告挪威有關東格陵蘭領土主權案（Eastern Greenland Case）的判決中指出，1919 年 7 月 2 日挪威外交大臣艾赫倫（Nils Claus Ihlen, 1855–1925）接見丹麥駐克里斯蒂安尼亞（Christiania）公使時，曾口頭聲明，並由艾赫倫本人記錄在案，表示"挪威政府對丹麥擁有格陵蘭的領土主權一事不予阻擾"（respecting Danish sovereignty over the whole of Greenland ... would be met with no difficulties on the part of Norway），挪威不佔領格陵蘭的一寸土地。這個聲明在國際法上成為著名的《艾赫倫宣言》（*Ihlen Declaration*）。國際常設法院判定這一聲明對挪威具有拘束力，至少挪威承擔了對丹麥在全部格陵蘭島的主權不提出異議的義務。這是國際法上很有名的"禁止反言原則"。同理，從《開羅宣言》、《波茨坦公告》到杜魯門的《"福爾摩沙"聲明》，美國都承擔對"台灣是中國主權領土的一部分"這一聲明不得提出異議的義務。[1]

5.1.2　杜魯門的《韓國情勢聲明》

1950 年 6 月 27 日朝鮮戰爭爆發第三天，美國總統杜魯門迅即改變態度，發表《韓國情勢聲明》（*Statement on the Situation in Korea*），內容涉及台灣部分如下：

> 在此情況，共產黨軍隊佔領"福爾摩沙"將直接威脅太平洋地區的

[1] Bin Cheng, Georg Schwarzenberger, *General Principles of Law as Applied by International Courts and Tribunals*, Oxford: Cambridge University Press, 2006, pp.198–199; Malgosia Fitzmaurice, Olufemi Elias, *Contemporary issues in the law of treaties*, Eleven International Publishing, 2005, pp. 13–14.

安全及美國軍隊在此地區執行合法且必要的職能。因此我已命令第七艦隊預防對 "福爾摩沙" 的任何攻擊。這行動的同一推論，我將呼籲 "福爾摩沙" 的中國政府停止對大陸所有海空軍事行動。第七艦隊將視察確定此事。"福爾摩沙" 未來地位的決定必須等太平洋恢復安全，與日本和平解決，或由聯合國考慮。（In these circumstances the occupation of Formosa by Communist forces would be a direct threat to the security of the Pacific area and to United States forces performing their lawful and necessary functions in that area. Accordingly I have ordered the 7th Fleet to prevent any attack on Formosa. As a corollary of this action I am calling upon the Chinese Government on Formosa to cease all air and sea operations against the mainland. The 7th Fleet will see that this is done. The determination of the future status of Formosa must await the restoration of security in the Pacific, a peace settlement with Japan, or consideration by the United Nations.）

這份美國單方面的《聲明》雖然不具備國際法要件，不能視為國際法文件，但卻是確立台灣屬於美國 "勢力範圍"（sphere of influence）的政治宣告文件。這份《聲明》雖未直接否定台灣隸屬中國主權，卻形成 1979 年後美國以《台灣關係法》設定台灣是中國主權領土，但又是美國 "勢力範圍" 的國際政治鬥爭形勢的美國國內法基礎。

杜魯門在《韓國情勢聲明》中的這句話 "台灣未來地位的決定必須等太平洋恢復安全，與日本和平解決，或由聯合國考慮" 企圖修正 1 月 5 日《不介入台灣海峽爭端聲明》表述的美國立場，被部分人士認為是 "台灣地位未定論" 的依據。但這個說法在國際法上是不成立的：

第一，這是美國單方面的聲明，《波茨坦公告》的其他簽約國如英國、蘇聯、中國並未達成此共識，杜魯門這份《聲明》無法構成對《波茨坦公告》在國際法上的修訂效果，只能表述美國單方面的意向。

第二，這份《聲明》的 "未定論" 是指台灣未來地位是要交給哪一個中國的未定論，或是指涉要不要交給中國的未定論，杜魯門未說明清楚。當時"中華人民共和國"和"中華民國"是兩個競爭聯合國中國主權代表權的國家組織，亦即當時在現實上存在"兩個中國"的問題，杜魯門只是含混地稱"福爾摩沙上的中國政府"（the Chinese Government on Formosa），而迴避實質問題。換言之，從這份1950年的《聲明》發表後到1971年聯合國"第2758號決議案"通過時，國際法秩序上在這二十一年間同時存在"兩個中國"的政治和法律事實，1971年後"一個中國"原則確立，接著產生"台灣當局法律地位未定論"（undetermined legal status of Taiwan authorities）的問題。但是在憲制規範上，海峽兩岸直到現在仍同時存在兩個維持"一個中國"原則又互不管轄的憲制規範。

第三，這份《聲明》完全不提台灣人有權決定台灣的未來地位，在《聲明》中僅含混暗示美國、日本、聯合國才有權決定。因為負責"恢復太平洋安全者"是美國，與日本和平解決牽涉很廣，且日本是無條件投降國，也無權對戰勝國的中國說三道四，最後僅剩聯合國可以當藉口。而且這份《聲明》暗示"未定論"的有效時間是在朝鮮戰爭結束前，與日本簽訂和約前，或聯合國考慮前。嚴格來說，這份《聲明》提倡"台灣地位聯合國決定論"，而不是"未定論"。

第四，這份6月27日《韓國情勢聲明》完全沒有論及法律依據是什麼，只想單憑軍事力量作出裁決，當軍事力量不足時，就完全站不住腳。相反的，杜魯門1月5日的《"福爾摩沙"聲明》就完全以《開羅宣言》為依據，立論清晰穩固。因此，如果把台灣的法律地位從屬於美國如何看待韓國情勢，對台灣的福禍實在難以判斷。同時6月27日的《韓國情勢聲明》若有抵觸1月5日的《"福爾摩沙"聲明》，即違反國際法"禁止反言原則"，抵觸部分無效。

聯合國直到1971年才經由"第2758號決議案"，確定中華人民共和國取得中國主權代表權的"一個中國"原則，亦即"中華人民共和國政府是代表中國的唯一合法政府"，原來的國家組織"中華民國"也因"第2758號決議案"而導致"主權消損"，過渡成為更加典型的"殘存國家組織"。

從1950年的杜魯門《韓國情勢聲明》到1971年的聯合國"第2758號

決議案"之間的所有論述，也無法達致國際法上"台灣人有權自行決定台灣未來地位"的必然推論，1971 年聯合國"第 2758 號決議案"通過後，杜魯門的"台灣地位未定論"更無存在空間。任何想經由杜魯門的"台灣地位未定論"達成"台灣人有權自行決定台灣未來地位"的論述，是有邏輯斷層存在的。尤其中國崛起後，更有實力維護領土主權時，美國的實力相對衰弱。沒有美國因素的台灣，任何區域性自治政府都難以獨立存在，何況 1972 年美國總統尼克松代表美國政府向中國承諾，美國今後不再主張"台灣地位未定論"。各式各樣的"台灣地位未定論"全部走入歷史，但這份《韓國情勢聲明》基於反對共產主義的立論，確立台灣是美國"勢力範圍"的國際現實，以及台灣的任何政權必定是美國扈從政權的政治現實，至今也尚未改變。[1]

5.1.3　蔣介石曾說台灣是"託管地"

蔣介石於 1949 年 1 月 1 日任命陳誠為台灣省主席，陳誠就任後於記者會談及"台灣為剿共堡壘"，蔣介石竟於 1 月 12 日拍發電報責怪陳誠說法不當。

蔣介石在電文上說："台灣法律地位與主權，在對日和會未成以前，不過為我國一託管地之性質，何能明言作為剿共最後之堡壘與民族復興之根據也，豈不令中外稍有常識者之輕笑其為狂囈乎。"但這份電文在蔣介石生前從未公開，無法產生法律效果。[2]

蔣介石這段話正好顯示他自己連"稍有常識"都缺乏，原因如下：

第一，如果"對日和會"未成，台灣法律地位與主權未定，在《開羅宣言》中與台灣並列的"滿洲"的法律地位與主權歸屬為何已定？

---

[1] "Statement by the President on the Situation in Korea", https://www.presidency.ucsb.edu/documents/statement-the-president-the-situation-korea; 胡克（Steven W. Hook）、斯伯尼爾（John Spanier）著，白雲真、李巧英、賈啟辰譯：《二戰後的美國對外政策》，北京：金城出版社 2015 年；亨利・基辛格（Henry Kissinger）：《世界秩序（World Order）》，北京：中信出版社 2015 年。

[2] 《蔣中正總統檔案》，台北："國史館"，https://news.ltn.com.tw/news/politics/paper/1068163。

第二，日本是無條件投降，日本只能根據《開羅宣言》和《波茨坦公告》的條件投降，也沒有權力改變這些條件，不管有沒有"對日和會"，《波茨坦公告》的投降條件於日本投降生效時，台灣和滿洲的法律地位與主權歸屬即已同時確定，蔣介石是真的不懂？還是另有企圖？就不得而知。

第三，《波茨坦公告》並無"台灣是中國託管地"的表述，原文清楚表述"台灣應歸還給中國"，除非美、中、英、蘇四國再簽約修改《波茨坦公告》，否則單一方領導人的個人言論，皆無法改變台灣和滿洲的法律地位與主權歸屬，這是已經確定的事實。當時也沒有任何國際法文件表述"為我國一託管地之性質"的任何文字，蔣介石這個說法毫無根據。

第四，1949 年 1 月 10 日淮海戰役（又稱"徐蚌會戰"）國民黨軍隊大敗，中國幾乎大部分領土已由中國共產黨取得統治權，蔣介石已喪失政治影響力且已被迫辭職，1 月 12 日的電報從未公開且已不構成南京民國政府的意思表示，更談不上是中國主權者的宣示。1 月 21 日卸職後的蔣介石更無權代表中國主權政府對外簽署或發表任何涉及中國領土主權的聲明、公報、條約。

第五，蔣介石拿這個"台灣是中國託管地"的理由，責難陳誠不可以說"台灣是最後民族復興之根據也"，實在文不對題，顯現蔣介石在 1949 年 1 月 10 日後心煩意亂，恐懼陳誠"僭越"，並且不滿陳誠"最後之堡壘與民族復興之根據也"的說法，尤其"最後"一詞可能觸及蔣介石失敗的心境。

電文末尾，蔣介石還說："今後切勿自作主張，多出風頭，最要當以中央之主張為主張，如對記者所言則與中央文告完全背反，使中外人士對弟有莫名其妙之感，務望埋頭苦幹，思過自責，再不受人嫉忌，力避為人指摘，則公私幸甚。"

1 月 12 日拍發電報後隔不到十天，蔣介石即於 1 月 21 日宣佈"不能視事"，由李宗仁代行總統職權，蔣介石也喪失談論領土主權的領導人資格。1950 年 3 月 1 日蔣介石在台灣宣佈"復行視事"，重掌"總統"職權，也開口閉口"復興基地"，完全忘了他自己曾指責陳誠的過往。關於蔣介石的教育程度，在開羅會議時已顯現其國際法及國際政治知識相當不足，會發出這封情緒性電報不是意外。

第六，蔣介石自認為參加開羅會議，發表《開羅宣言》，簽署《波茨坦公告》，促使日本無條件投降，收回台灣、澎湖、滿洲是他畢生的重大成就。在國共內戰失敗後，卻發電向陳誠稱台灣是中國的託管地，邏輯顯然不通。最負面的解釋是蔣介石雖早已安排台灣作為退路，但仍寄希望於"託管地"的身份認定可以幫他從美國獲得奧援，或者可以從法理上阻卻中國共產黨領導的人民解放軍進攻台灣，但杜魯門 1950 年 1 月 5 日的《"福爾摩沙"聲明》卻破壞了這個構想。

5.1.4　《舊金山和約》

《舊金山和約》常被"台獨"分子或反中人士視為"台灣地位未定論"的"依據"或"法源"，理由是《舊金山和約》只規定日本放棄台灣和澎湖，但沒有規定應該歸還給中國，也沒有規定要託管給哪一個國家，所以根據"人民主權"（popular sovereignty）的憲法理論及"人民自決"（self determination）的國際法理論，應交由"台灣人民"決定。但是日本只向四個國家無條件投降，即美國、英國、蘇聯、中國，美國和英國簽署《舊金山和約》，蘇聯和中國未簽署，國際法基本原則是"條約不創設非締約國權利義務"（pacta tertiis nec nocent nec prosunt），因此蘇聯和中國不受《舊金山和約》的拘束，意即《舊金山和約》無權修正《波茨坦公告》。[1]

5.1.4.1　1951 年《舊金山和約》

《舊金山和約》共有二十七條，全名是《對日和約》（*Treaty of Peace with Japan*）。雖美其名是四十八個同盟國與日本簽和約，但缺了蘇聯與中國，本質上只是《美日和約》。

---

[1] 陳鴻瑜：《舊金山合約下西沙和南沙群島之領土歸屬問題》，《遠景基金會季刊（*Prospect Quarterly*）》，2011 年 10 月 1 日第 12 卷第 4 期，第 1–50 頁；Stephen D. Krasner, "The Hole in the Whole: Sovereignty, Shared Sovereignty, and International Law", *Michigan Journal of International Law*, no. 25, 2003–2004, pp. 1075–1101.

《舊金山和約》第一條規定結束戰爭狀態並承認日本人民對日本及領海的完全主權；第二條規定日本放棄五部分領土權利：朝鮮半島、台灣及澎湖、千島群島及庫頁島、太平洋島嶼與南極、南沙與西沙群島。除了承認朝鮮獨立外，對其他四部分放棄的領土權利，《舊金山和約》並未規定日本放棄後的權利由誰繼受，因為《日本昭和投降詔書》是戰敗無條件投降，日本無權指定由誰繼受。蘇聯未簽署和約，蘇聯有權根據其他國際法文件，例如1945年2月11日蘇聯、美國、英國簽訂的《雅爾塔協定》，又名《蘇聯參加對日作戰的協定》，取得千島群島及庫頁島的主權，《雅爾塔協定》甚至未列入要求日本投降的《波茨坦公告》的投降條件之內。中國也未簽署《舊金山和約》，中國也有權根據其他國際法文件，例如依據《波茨坦公告》的規定取得台灣和澎湖，或依其他國際法文件取得南沙群島與西沙群島的主權，不受《舊金山和約》缺乏繼受規定的拘束。

　　《舊金山和約》第三條規定美國取得北緯二十九度以南的太平洋島嶼的信託管轄權，包括琉球群島、大東群島、小笠原群島、西之嶼、火山島、沖之鳥礁、南鳥礁等。此條文被解釋成日本仍持有這些太平洋島嶼的主權，但美國根據聯合國的信託制度持有管轄權。美國後來也陸續將這些太平洋島嶼的管轄權歸還給日本。這個條文的確是對《開羅宣言》有關"剝奪日本在太平洋上奪得或佔領的島嶼"起了修正作用，改用聯合國信託制度代替"剝奪"日本主權，但這僅影響美國和日本之間的權利，跟其他國家無關。美國願意放棄管轄權，其他國家也無太大意見，但卻留下"釣魚台島"的中日爭議問題。

　　第六條規定《舊金山和約》生效後九十天，在日本的美國佔領軍要自日本撤離，但得另訂駐軍協定。第八條規定日本承認同盟國為終結第二次世界大戰的戰爭狀態，自現在起締結的所有條約的全部效力；日本承認同盟國為恢復和平相關的所有其他安排。1951年9月8日《舊金山和約》簽訂時，美日兩國同時在舊金山美國陸軍第六司令部簽訂《美日安全保障條約》，美日締結軍事同盟，美國有權在日本駐軍、抵禦侵略、鎮壓暴亂，其實也是"軍事監視"日本政府。1960年1月19日美日在華盛頓改簽《美日共同合作和安全條約》，代替《美日安全保障條約》。

　　第十四條規定同盟國除本和約另有規定外，放棄戰爭賠償請求權。相較於第十條提到的 1901 年 9 月 7 日八國聯軍攻入北京，日本等國與中國簽訂《辛丑條約》取得的戰爭賠款和特權，《舊金山和約》可說是美國對日本極為寬大的處理。但第十條也規定日本放棄一切在中國的特權與利益，包括自《辛丑條約》取得者。

　　第二十一條規定中國不受《舊金山和約》第二十五條的限制，但仍享有第十條和第十四條規定的權益。該限制指非簽約國不得引用《舊金山和約》去減損日本利益。這個條文可以廣泛賦予中國雖非《舊金山和約》的簽署國，但有權在《舊金山和約》之外，對日本另行主張權利，或引用《舊金山和約》對日本聲索權利，只是《舊金山和約》的簽署國表示不認同中國以後開具更嚴格的條件給日本。這是中國例外條款，對蘇聯並無此規定，因為日本並未侵略蘇聯。尤其中國未簽署《舊金山和約》，相關規定也對中國不具拘束力。

　　中國沒有代表參加舊金山會議，也未簽署《舊金山和約》，原因在於中國代表權。1945 年 10 月 25 日日本殖民政府台灣總督及台灣軍司令安藤利吉在台北中山堂，代表日本台灣軍及台灣總督府向聯合國中國戰區的盟軍及南京的中華民國政府的代表陳儀簽字投降。隨後發生國共內戰和朝鮮戰爭，僅五年時間國際情勢丕變。1949 年 10 月 1 日中華人民共和國成立，12 月 7 日南京的“中華民國政府”宣佈撤退到金門、馬祖、台灣和澎湖，南京的“中華民國政府”縮小成“台灣當局”，並不具備“主權國家”的法人資格。

　　國際上的“中國主權”代表權在 1951 年實質上處於“兩個中國”的未定狀態，美國召集各國在舊金山召開“對日和會”，由哪一個國家組織或政府組織代表中國主權，成了爭議問題。美國因為朝鮮戰爭，支持遷移至台北的“台灣當局”代表中國。英國與蘇聯支持北京新成立的中華人民共和國政府代表中國，英國甚至還在會議中主張台灣主權應交給中華人民共和國。最後舊金山會議時，美國和英、蘇兩國相持不下，中國主權的代表權不確定，中華人民共和國政府與“台灣當局”皆缺席，無人代表中國主權出席會議，也無人代表中國簽署《舊金山和約》,《舊金山和約》變成對中國不具國際法拘束力的條約。蘇聯參加舊金山會議,但拒絕簽字,《舊金山和約》也對蘇聯不具拘束力。

中國主權的代表權是很關鍵的問題。《開羅宣言》和《波茨坦公告》明文規定,台灣主權"復歸"給"中華民國",《聯合國憲章》也明文記載"中華民國"是聯合國的創始會員國,"中華民國"在法律上持有從 1912 年 2 月 12 日自大清帝國宣統皇帝手中繼承"大清帝國"的憲法及國際法上的中國主權。但是《聯合國宣言》所列參與國家是"中國",《日本昭和投降詔書》和《日本降伏文書》所列投降對象也都是"中國",不是"中華民國"。1949 年 10 月 1 日剛成立的"中華人民共和國"若未經適當的聯合國程序,無法充分繼承中國主權代表權。原有的"中華民國"若喪失"中國主權"代表權,也不再是日本的投降對象,自然喪失受降當事國的權利。這個爭議拖延至 1971 年才由聯合國大會的第 2758 號決議案處理完成。

另一方面,遷移到台北的"中華民國政府",自稱擁有中國"法統",這"法統"包括在南京制定的《中華民國憲法》及在南京成立的"中華民國政府"。其實"法統"就是中國領土主權及其延伸產生的制憲權或主權權利,如憲法管轄權(constitutional jurisdiction)。喪失中國領土主權或主權權利的國家性質的政治組織,就沒有"中國法統"可以存在或可以詮釋的空間。《中華民國憲法》明文規定,"中華民國"的主權屬於"國民全體"。"國民全體"明顯也是"全體中國人",遷移至台灣的"中華民國政府",不再擁有南京時代"國民全體"的代表性,而只可能代表"國民全體中的台灣地區部分"。"台灣地區部分的國民全體"在國際法及憲法上明顯不再是南京時代的"國民全體",要聲索整個中國主權的代表權,進而依《開羅宣言》擁有台灣主權,自然也遭遇難以跨越的"法統"障礙。"法統"的政治意義若解釋為憲法管轄權的"正當性"(legitimacy)及"合法性"(legality),這些概念在國際法和憲法上都有嚴格的法律定義,如果不具備法理上的正當性及合法性,"法統"最終只是政治上誇大其詞的宣傳而已。

1951 年 9 月 8 日,以美國為主的聯合國軍隊還在和抗美援朝的中國志願軍及朝鮮軍隊激烈作戰的時候，美日兩國急於解決日本於第二次世界大戰後的國際地位、戰爭責任以及釐清各種國際法問題，讓日本儘早脫離美國長達七年的軍事佔領及統治，並恢復國際法主權國家的法人資格；以及推動朝鮮戰爭引起的“冷戰政策”。美國在蘇聯出席會議但拒絕簽署和約，而中國無人代表的缺席情況下，找到四十八個扈從國家與日本簽訂《舊金山和約》。所以《舊金山和約》對蘇聯與中國不生法律效力或拘束力，對蘇聯與中國而言，也不能修正《開羅宣言》、《波茨坦公告》、《日本昭和投降詔書》、《日本降伏文書》這四份國際法文件所產生的移轉領土主權的法律效力，因為“條約不創設非締約國權利義務”（pacta tertiis nec nocent nec prosunt）。這四十八個簽約國中，與日本正式交戰過的國家也只有菲律賓、英國、美國、越南，真的與日本有重大戰爭恩怨的國家也只有美國和菲律賓。菲律賓當時也還是戰後 1946 年剛獲得主權獨立的國家，但也不是日本的投降對象。

因此這份《舊金山和約》缺了蘇俄和中國，基本上只是《美日和約》，對蘇俄和中國無拘束力。日本於 1945 年提交的《降伏文書》（*Instrument of Surrender*）明確記載，無條件投降的對象僅有美國、英國、中國、蘇俄等四個 “同盟國”，不干其他國家的事。要簽訂 “和約”，也必須與這四個 “同盟國” 簽訂。美國卻拉來一堆不相干的國家或政權參與簽署《舊金山和約》，反而作為日本投降對象的中國和蘇聯未簽訂和約，而東歐國家也未出席和會，印度、南斯拉夫、緬甸拒絕出席和會，印度尼西亞、哥倫比亞、盧森堡拒絕批准和約，這根本是美國利用 “冷戰” 情勢在玩弄國際政治的怪事。

蘇聯與日本於 1956 年 10 月 19 日另行發表《日蘇共同宣言》。兩國同意結束戰爭狀態並恢復外交關係，蘇聯同意日本加入聯合國並遣返西伯利亞的日本戰俘，且放棄對日本索賠戰爭損失。蘇聯也同意另簽和約解決蘇俄歸還南千島群島給日本等事宜。但蘇聯及其國家組織直到轉換後的俄羅斯聯邦都未與日本締結和約，也不承認《舊金山和約》。[1]

5.1.4.2 《舊金山和約》的爭議

有人主張《舊金山和約》沒有規定日本放棄台灣後應由誰接收主權，所以台灣的法律地位未定。這個問題有兩個層面，一是國際法秩序問題，一是憲法秩序問題。

就國際法問題而言，國際法的確規定領土主權的移轉要經過適當的法律程序。依據條約規範領土主權的移轉是較常見的方式，但所謂領土主權移轉的條約不一定是解除戰爭狀態的“和約”（treaty of peace），也不是只有“和約”才能規範領土主權的移轉。“和約”在國際法上是處理戰爭問題的條約，不是處理領土問題的條約；國際上大部分的“和約”也跟領土割讓或轉移無關。例如 1875 年 5 月 7 日俄羅斯與日本簽訂《庫頁島千島群島交換條約》就跟戰爭和“和約”都無關；第二次大戰後有關德國領土的處理完全根據同盟國單方面的協議處理，例如《雅爾塔議定書》和《波茨坦協定》，當時從未與德國簽訂任何“條約”或“和約”。

依據國際習慣法編纂而成的《維也納條約法國際公約》規定，意思表示一致的國際法文件，不論由幾份文件構成，都可以構成“條約”，名稱也不一定要取名“條約”。所以《開羅宣言》、《波茨坦公告》、《日本昭和投降詔書》、《日本降伏文書》等四份文件，只要意思表示一致，即構成一份完整的“條約”。台灣、澎湖、滿洲這些領土的主權“應復歸給中華民國”，而且日本的投降對象是“中國”。只要擁有“中國主權代表”的“中華民國”或其“中國主權繼承者或擁有者”存在，“台灣、澎湖、滿洲應復歸給中國主權者”的規範，就是意思表示一致的結論，沒有“台灣地位未定論”的問題。

再就國際法程序而言，1971 年 10 月 25 日聯合國大會通過“第 2758 號

[1] *No.1832 Treaty of Peace with Japan*, https://treaties.un.org/doc/Publication/UNTS/Volume%20136/volume-136-I-1832-English.pdf; 蔡正元：《台灣島史記（修訂版）（下冊）》，香港：中華書局（香港）有限公司 2020 年，第 216-219 頁；王建朗：《台灣法律地位的扭曲——英國有關政策的演變及與美國的分歧（1949-1951）》，《近代史研究》2001 年第 1 期，http://jds.cass.cn/webpic/web/jdsww/UploadFiles/zyqk/2010/12/2010012131417072152.pdf.

決議案"，確立中國主權的聯合國代表權由"中華人民共和國"所擁有，在國際法秩序上，中國主權的歸屬問題已塵埃落定，"中華人民共和國"有權代表中國主權根據《開羅宣言》、《波茨坦公告》、《日本昭和投降詔書》、《日本降伏文書》等文件聲索台灣的領土主權，就如同它已擁有滿洲的領土主權一樣。

就憲法秩序問題而言，1949 年 10 月 1 日中華人民共和國成立，在憲法秩序上，中國主權是否仍由"中華民國"這個國家組織所擁有，開始產生爭議。畢竟中華人民共和國所涵蓋的"中國人民"已遠多於"台灣上的中華民國"。既然是"人民主權"決定憲法秩序（制憲權），絕對多數的中國人民有權決定憲法意義下的主權歸屬，"中華人民共和國"轄下有著絕對多數的中國人民自然是"中國人民"所授權（mandate）的"中國唯一合法的主權政府"。

任何挑戰中國主權的政治力量，不論來自台灣內外，在中國崛起之後，中國主權政府都有能力排除，確保《開羅宣言》等四份文件所規定的中國主權不受損害。美國幾度試圖挑戰中國對台灣的主權，先是 1950 年 1 月杜魯門的《"福爾摩沙"聲明》公開承認《開羅宣言》等文件的法律確定性效力；接著 1950 年 6 月杜魯門的《韓國情勢聲明》"意圖扭曲"《開羅宣言》等文件所傳達的訊息。後來杜勒斯等美國政府要員也都有類似"台灣地位未定論"的說法，但這些意圖否定的說法都違反國際法"禁止反言原則"，只是政治上的挑釁，不構成法律上的挑戰。而且 1971 年基辛格代表美國總統尼克松向中華人民共和國政府保證美國不再提及"台灣地位未定論"，接著聯合國大會通過"第 2758 號決議案"，美國政府的"台灣地位未定論"已煙消雲散。其實不論美國如何轉變立場，都是單方面的主張，中國、蘇俄、日本、英國政府從無"台灣地位未定論"的共識，因此不影響《開羅宣言》等文件的法律效力。尤其 1972 年日本發表聲明"堅持遵循《波茨坦公告》第八條的立場"，"第八條的立場"就是《開羅宣言》，因此所謂日本未表明將台灣的領土主權轉移給特定國家的說法，更無法存在。[1]

5.1.4.3　1952 年《台北和約》

1952 年 4 月 28 日《舊金山和約》生效，在美國壓力下，日本政府於《舊金山和約》正式生效前七個小時與 "台灣的中華民國政府" 或稱 "台灣當局" 簽訂《"中華民國" 與日本國間和平條約》，又稱《台北和約》(*Treaty of Taipei*)。"台灣的中華民國政府" 或稱 "台灣當局" 被排除在《舊金山和約》的簽署國之外，已顯示其持有中國代表權的說法已不被國際社會接受，其政府的合法性已被侵蝕和存疑。在此 "主權消損" 危機下，"台灣的中華民國政府" 當時希望透過與日本簽訂 "和約" 以取得政權的合法性，日本政府則希望在實質內容取得利益，最後在美國壓力下，雙方簽訂十四個條文的《台北和約》。

《台北和約》的特色是用法律技巧迴避三個問題：

第一、簽約方的 "中華民國" 是不是第二次世界大戰期間《開羅宣言》及《波茨坦公告》簽訂方的 "中華民國"？

第二、簽約方的 "中華民國政府" 是不是持有國際法上完整中國代表權的中國主權政府？

第三、簽約方的 "中華民國" 是不是日本宣告投降對象的 "中國"？

日本人的立場是對上述三個問題都採否定態度，既不提《開羅宣言》及《波茨坦公告》，也不提 "中華民國政府是中國唯一合法政府"，也不稱 "中華民國政府是代表中國的主權政府"。

《台北和約》第一條規定 "中華民國" 與 "日本國" 間的戰爭狀態終止。所有 "和約" 都是為結束戰爭狀態而簽訂的；但《台北和約》除了依例終止戰爭狀態外，尚有確認僅實際控制台澎金馬地區的 "中華民國" 是戰爭參與

---

[1] 蔡正元：《台灣島史記（修訂版）（下冊）》，香港：中華書局（香港）有限公司 2020 年，第 219–221 頁；柯斯安：《美國單極體系為何未遭制衡？國合秩序性崛起個案研究》，台灣政治大學碩士論文，2009 年；Boys Chen, "Sovereignty or Identity? The Significance of the Diaoyutai/Senkaku Islands Dispute for Taiwan", *Journal of International Affairs*, vol. 19, no. 1, 2014, pp. 107–119, https://dergipark.org.tr/en/pub/perception/issue/48970/624779.

國的法律意義，有藉以支撐 "中華民國" 國際地位的政治用意。但是日本在第二次世界大戰期間從未與台灣和澎湖的居民有任何戰爭狀態，簽訂這種從未發生戰爭的 "和約"，其法律基礎事實根本不存在，更何況當時的台灣和澎湖的居民還是支持日本侵略戰爭的 "戰爭共犯"，又有何 "和約" 的意義？若僅是指從中國大陸敗退至台灣和澎湖的國民黨的黨政軍相關人員和支持者，這些人雖曾對日戰爭，但只是台灣和澎湖上的絕對少數人口，又有何根據代表台灣和澎湖上的人民與日本簽訂 "和約"？簽約者的身份既不代表中國人民，也不代表台灣居民，只代表撤退至台灣的國民黨支持者，實在欠缺簽約的法律基礎。

　　《台北和約》第二條規定雙方承認《舊金山和約》第二條日本放棄台灣和澎湖、南沙群島及西沙群島的主權。《舊金山和約》並未就台灣的主權歸屬作出明顯的規定，台灣主權歸屬的國際法依據，當然就不是《舊金山和約》。但這不能解釋成《舊金山和約》是唯一可以決定台灣主權歸屬的國際法文件。《舊金山和約》沒有規定、也不能推論台灣主權歸屬沒有其他國際法文件可以規定，也無法達致 "台灣地位未定論" 的推論。《台北和約》對領土主權問題除了重申《舊金山和約》的規定外，並無新意。對當時風雨飄搖的 "台灣當局" 而言，《台北和約》的意義只在於利用簽訂《台北和約》的外交能力確認 "中華民國" 及其政府在某種模糊的法律意義上仍虛擬而有效存在。《台北和約》對台灣和澎湖領土主權的條文，也無法對《開羅宣言》及《波茨坦宣言》產生修訂或補充的法律效果。但《台北和約》卻未提及《開羅宣言》或《波茨坦公告》，日本人既不確定也不確認在台灣自稱是 "中華民國" 的 "台灣當局" 在國際法上是否仍然擁有中國主權，故意保持模糊，可說謹慎又別有用心。

　　第四條規定雙方承認 "中國與日本" 在 1941 年 12 月 9 日前簽訂的一切條約、專約、協定無效，但未釋明是 "自始無效" 或 "自此無效"。"自始無效" 是這些條約從簽訂後的效力就全部廢棄，"自此無效" 是這些條約從《台北和約》簽訂後的效力才廢棄。這條規定的用意在於使中日之間的不平等條約歸於無效，但是否包括 1895 年《馬關條約》的無效，後來成為法律論述的邊緣爭議。1941 年 12 月 9 日是重慶的"中華民國"政府正式對日本、德國、意大利宣戰的佈告日，也是珍珠港事件爆發第二天。這條規定的用意在使"中華民國"的"中國代表權"被當時的日本間接承認，以表示在台北簽約的"中華民國"政府仍然是在重慶宣戰的"中華民國"政府。

第十條規定"中華民國國民"的範圍僅適用於台灣及澎湖的居民，換言之，中國大陸人民不包括在本和約的"中華民國國民"範圍內。因此《台北和約》僅適用於"台灣地區"，也間接釋明當時"中華民國"的"主權"和"台灣當局"的管轄權不及於中國大陸。文字上還刻意寫明"在台灣及澎湖的中華民國"（the Republic of China in Taiwan and Penghu），表示日本不承認這時的中華民國擁有全部中國的領土主權，而僅是存在於台灣及澎湖的一個殘存的國家組織。

《台北和約》尚有附件《照會第一號》："本約各條款，關於中華民國之一方，應適用於現在在中華民國政府控制下或將來在其控制下之全部領土。"就這條規定，當時"中華民國政府"外交部長葉公超（1904-1981）在"立法院"報告說："所謂控制是一種事實的狀態，並無任何法律意義，與法律上之主權，截然不同……"這等於正式否認《照會第一號》有任何規範"主權領土"的意義。

日本國政府於 1972 年 9 月 29 日和中華人民共和國政府發表《中日聯合聲明》，又稱《中日建交聯合公報》。日本既承認中華人民共和國政府是中國的唯一合法政府，也宣稱"堅持遵循"《波茨坦宣言》第八條，亦即《開羅宣言》。日本"理解且尊重"中華人民共和國政府重申台灣是共和國領土不可分割的一部分的主張，雙方建立外交關係，中華人民共和國政府放棄對日本國的戰爭賠償要求。日本同時聲明片面終止《台北和約》，並與"中華民國"斷交。1978 年 8 月 12 日，日本與中華人民共和國簽訂《中華人民共和國和日本國和平友好條約》，只有五個條文，重點在強調嚴格遵守 1972 年 9 月 29 日的《中日聯合聲明》，再度確認台灣的領土主權屬於中國。

有人說《舊金山和約》、《台北和約》[1]對台灣的主權歸屬並無明顯的規定，這是事實。因為《舊金山和約》並非為處理台灣主權而訂的條約，《台北和約》的重點在於確認當時的"中華民國政府"的法律地位是"在台灣及澎湖的中華民國"，並未對台灣的領土主權作出規定。同時日本是無條件投降的戰敗國，也無權對台灣主權表示投降條件以外的意見，這兩份"和約"反而凸顯了"台灣當局的法律地位"尚待決定的困境。

1972年2月28日日本首相佐藤榮作解釋說："中國只有一個，至於台灣，日本在《舊金山和約》中已放棄，其歸屬如何，日本已沒有說話的立場。不過，日本既已和'台灣的國民政府'簽訂和約，其歸屬實已決定。也就是說，國民政府是主張一個中國的，因之，台灣也就是中國之物。……我說台灣是中國的，而代表中國的是中華人民共和國。"換言之，佐藤榮作認為《台北和約》簽訂的先決條件是"台灣當局"必須堅持"一個中國"原則。[2]

2016年9月12日，日本最大在野黨黨魁候選人村田蓮舫被質疑持有"台灣國籍"，蓮舫公開宣稱支持"一個中國"原則，而且"台灣不是國家"，"台灣國籍"不具國家地位，持有"台灣國籍"並不違反日本禁止雙重國籍的規定，就是這一種日本立場的反應。日本政府也接受蓮舫的聲明，未撤銷蓮舫的議員及政黨黨魁資格。"在台灣及澎湖的中華民國"政府及代表"台獨"勢力的民主進步黨對蓮舫的聲明未發表任何駁斥，代表一種默認。

5.1.4.4 1953年《美台共同防禦條約》

1951年2月美國和"台灣當局"換文達成《聯防互助協定》，5月1日美軍顧問團抵達台北。1953年12月3日美國和"台灣當局"在華盛頓簽署

---

[1] "Treaty of peace between the Republic of China and Japan", https://china.usc.edu/treaty-peace-between-republic-china-and-japan-treaty-taipei-1952; 蔡正元：《台灣島史記（修訂版）（下冊）》，香港：中華書局（香港）有限公司2020年，第221–224頁；彭孟濤：《戰後台美關係與"台灣地位未定論"（1949–1979）》，http://www.twpeace.org.tw/wordpress/wp-content/uploads/2015/05/彭孟濤-論文摘要.pdf。

[2] 徐泓馨：《1952年"中日合約"的性格再議（The Nature of the 1952 Sino-Japan Peace Treaty Reconsidered）》，《台灣國際研究季刊》2012年12月1日第8卷第4期，第109–130頁；黃自進：《戰後台灣主權爭議與"中日和平條約"》，《近代史研究所集刊（Bulletin of the Institute of Modern History Academia Sinica）》，2006年12月1日第54期，第59–104頁。

《美台共同防禦條約》。1955 年 1 月 1 日美國太平洋司令部在台灣成立"美軍協防司令部"，在台駐軍五千餘人。4 月 26 日美國第七艦隊在台灣設立"台灣聯絡中心"。1965 年越戰爆發，抵達台灣渡假後再赴越南作戰的美軍人數快速上升。最初美軍來台灣渡假每年約兩萬餘人，後增至十七萬人，1971 年高達二十萬人，貢獻外匯給台灣達十億美元。

《美台共同防禦條約》的政治目的在於強化"台灣當局"的外交地位，保證美國不再放棄台灣的安全防衛，向中華人民共和國傳達美國將台灣納入"勢力範圍"的決心，也使美國協防台灣有法律依據。有趣的是，該條約第二條所提"締約的領土"，僅用第六條明訂為台灣及澎湖。第七條規定美軍有權在台灣、澎湖及其附近部署美國陸海空軍。

1954 年 12 月 1 日，"台灣當局"和美國在台北就簽訂《美台共同防禦條約》一事發表共同聲明：1. 《美台共同防禦條約》僅限於台灣、澎湖及西太平洋諸島。2. 條約本質上是在防衛且符合《聯合國憲章》。換言之，"台灣當局"若對中國大陸進行軍事行動，就不在《美台共同防禦條約》的規範內。美國參議院批准《美台共同防禦條約》時還附帶聲明說："本委員會認為本條約之生效，將不致影響或修改台灣與澎湖之現有法律地位。……不應被解釋為影響或修改其所適用之領土的法律地位與主權。"簽約雙方另以換文方式表明，台灣上的軍隊調離台灣必須經過美國同意。換言之，未得美國同意，"台灣當局"不得動用武力攻擊中國大陸。

1955 年 1 月底，美國國會加碼通過《"福爾摩沙"決議案》(*Formosa Resolution*)，或稱《台灣決議案》。該決議案授權美國總統可以不經立法程序動用武力保衛台灣和澎湖及必要的防衛地區。但基辛格密訪中國後，1971 年 7 月 21 日，美國參議院向中國表達善意，撤銷《"福爾摩沙"決議案》，這些都只是美國單方面的意思表示。

但 1971 年 10 月 25 日，聯合國大會通過"第 2758 號決議案"後，"台灣當局"失去中國代表權，駐台美軍人數逐漸減少。1972 年美國和中華人民共和國發表《上海公報》，美國逐漸撤出駐台美軍。1974 年美軍撤出越南，駐台美軍只剩三千多人。1978 年 12 月 16 日，美國與中華人民共和國宣佈建交，廢棄《美台共同防禦條約》，美軍協防司令部和美軍顧問團完全撤離台灣，"台灣當局"產生更嚴重的"主權消損"問題。[1]

5.1.5　杜勒斯的"台灣地位未定論"和《蔣杜公報》

美國對"台灣地位"的立場不是國際法理的詮釋，而是完全因應美國政治需要而變化的政治策略。

1950 年 1 月 5 日，杜魯門因應國共內戰所發表的《"福爾摩沙"聲明》，確立台灣隸屬於中國主權的立場，且"於投降時為日本接受"。這是杜魯門版的"台灣地位已定論"，也是杜魯門版的"一個中國"政策。

1950 年 6 月 27 日，杜魯門因應朝鮮戰爭，發表《韓國情勢聲明》，主張台灣未來地位問題要"與日本和平解決，或由聯合國考慮"，這是杜魯門版的"未來再考慮的台灣地位未定論"。杜魯門沒有否定當下台灣的主權屬於中國，但強調"未來"將"由聯合國考慮"。但是聯合國從未考慮，反而於 1971 年 10 月 25 日通過"第 2758 號決議案"，確定中國主權代表權由中華人民共和國取得。至於"與日本和平解決"則毫無意義，因為日本是向中國無條件投降的敗戰國，除了謹守《波茨坦公告》開具的投降條件外，日本其實別無選擇。

1954 年 12 月 13 日，美國國務卿杜勒斯聲明："在技術上台灣與澎湖的主權歸屬還未解決，因為日本和約中僅僅包含日本對這些島嶼權利與權源的放棄，但是將來的權利名義，並未被日本和約決定。"這是杜勒斯因應 1954 年 9 月 3 日"九三金廈炮戰"而發表的模糊的"技術上台灣地位未定論"，他說出了一個國際法無法理解的"在技術上……主權歸屬還未解決"的說法，因為"技術上"沒有法律意義。杜勒斯對顧維鈞（1888-1985）說："假使美國業已將台灣視為中國的領土，不僅中國的代表權問題須立謀解決，而

---

[1] 蔡正元：《台灣島史記（修訂版）（下冊）》，香港：中華書局（香港）有限公司 2020 年，第 226–227 頁；
Victor D. Cha, "Powerplay: Origins of the U.S. Alliance System in Asia", *International Security*, vol. 34, issue 2, winter 2010, pp. 158–196, https://www.mitpressjournals.org/doi/10.1162/isec.2010.34.3.158.

且美國也將失去部署第七艦隊協防台灣的依據。”換言之，美國必須對《開羅宣言》及杜魯門的《“福爾摩沙”聲明》假裝視而不見，宣稱一個模模糊糊的“技術上”的台灣地位未定論，才能將台灣劃入美國的勢力範圍。

1958 年 10 月 23 日，蔣介石與美國國務卿杜勒斯發表聯合公報，關鍵重點是美國要蔣介石不得以“武力”“反攻大陸”，但公報文字用婉轉的語句表達：“維護《聯合國憲章》原則……正履行之條約係屬防禦性質……恢復大陸人民之自由……之主要途徑……非憑藉武力。”

從此蔣介石只能“保衛台灣”而無法“反攻大陸”，美國的責任也僅止於協助蔣介石防衛台灣。《蔣杜公報》等於讓蔣介石以武力“反攻大陸”失去國際法和憲法上的憑藉，雖然後來蔣介石一再宣傳“反攻大陸”，那只是政治宣傳而已。蔣介石已受《蔣杜公報》拘束，武力反攻大陸不但已無法律依據，而且還有國際法上的限制。

美國在冷戰時代一直維持這個模糊的“台灣地位未定論”的基調。1971年 4 月 28 日，美國國務院發言人布瑞（Charles W. Bray III, 1933–2006）發表聲明說：“我們以為此事未獲解決，因為在開羅與波茨坦的《宣言》中，同盟國表明意向稱，台灣與澎湖將為中國的一部分，此種盟國暫時意向的聲明，從未正式實行。”布瑞又說：“此項意向之聲明與日本簽訂和約時曾有加以執行的機會，但是和約中再度未討論到此點。美國認為中華民國在對台灣與澎湖行使合法權力，是由於日本佔領台灣的軍隊係奉命向中華民國投降的事實。”

布瑞的發言代表美國政府用心良苦配合政治需要，調整“台灣地位未定論”的解釋成為“從未正式執行和約的台灣地位未定論”，既不敢否定台灣屬於中國主權，又不情願承認這個法律事實，只好為了政治需要，打打擦邊球。其把《開羅宣言》與《波茨坦公告》說成“暫時意向的聲明”，也不提《舊金山和約》未經中國與蘇俄簽署的事，又順便否定“中華民國擁有台灣”的合法性。“中華民國”僅是因為日本軍隊向“中華民國”投降，所以可“行使合法權力”。布瑞沒有釐清的是，“領土主權由日本軍隊的投降對象決定”，這個說法有什麼國際法的基礎。日本關東軍在中國東北向蘇聯投降，美國卻不同意蘇聯有“合法權力”統治中國東北，還積極要求蘇俄撤軍，卻從未要求“中華民國”自台灣撤軍。布瑞的說法自陷矛盾。《開羅宣言》和《波茨坦宣言》所確定的台灣和滿洲的國際法地位完全相同，美國卻從未質疑過滿洲屬於中國主權的事實，就沒有立場質疑台灣同樣屬於中國主權的法律基礎。

布瑞的發言不到兩個月又十二天，美國為“聯中制俄”於 1971 年 7 月 9 日派基辛格秘密訪問中國，正式向中華人民共和國承諾“美國不再發表任何台灣地位未定論的聲明”。1972 年 2 月 21 日，美國總統尼克松訪問中國，正式向中華人民共和國提出《四大保證》，其中第四點就是“美國不再發表任何台灣地位未定論的聲明”。

最關鍵的發展是，1972 年 9 月 29 日田中角榮與周恩來共同發表《中日聯合聲明》，正式表述日本“堅持遵循《波茨坦公告》第八條的立場”。美國從此失去立場談論“與日本和約未涉及台灣歸屬”，或《波茨坦公告》只是暫時意向的聲明”，因為國際法上有關台灣地位的問題，已有中國與日本雙方確定依照《波茨坦公告》第八條（即《開羅宣言》）處理。美國或盟國的“意向”，不論是“暫時或永久”都已實行，也通通不關美國的事。從杜魯門、杜勒斯，到布瑞的“台灣地位未定論”，全部瓦解。[1]

5.1.6　彭明敏的“台灣人民自救宣言”

1964 年 9 月 20 日，台灣大學教授彭明敏發表“台灣人民自救宣言”。“宣言”指稱：

> 蔣介石是非法政權，主張“一中一台”是事實存在。只要美國第七

---

[1]　蔡正元：《台灣島史記（修訂版）（下冊）》，香港：中華書局（香港）有限公司 2020 年，第 230–232、246 頁；林呈蓉：《台灣涉外關係史概說》，台北：五南圖書出版股份有限公司 2015 年；姜皇池：《台灣國際法律地位之演化》，新世紀智庫論壇 2001 年 9 月 30 日第 15 期，http://www.taiwanncf.org.tw/ttforum/15/15-13.pdf；薛化元：《從歷史文獻看台灣國際的地位問題》，台灣國際地位研討會會議論文，2009 年 11 月 21 日，http://nccur.lib.nccu.edu.tw/bitstream/140.119/53314/2/20091121003.pdf。

艦隊撤離，蔣介石政權數小時內就會崩潰，台灣的經濟和軍力，不可能反攻大陸。中共國勢強大，已使百年來飽嘗外侮的民族主義者揚眉吐氣，這絕不是蔣介石所能望其項背。蔣介石已失去令人信服的戰爭目標，"我們究竟為誰而戰？為何而戰？誰願為這個獨夫賣命？"蔣介石政權既不能代表大陸人民，不能代表台灣人民，也不能代表國民黨。龐大的軍隊、激增的人口，經濟無法成長，失業日趨嚴重。土地改革在消滅地主反對力量，農民只能在為糊口掙扎。以平均地權、變賣公共事業，榨取人民。任何處境相同、利害一致的人們都可以組成一個國家，台灣實際上已成為一個國家。不可妄想和平轉移政權，和蔣介石妥協都是圈套。確認反攻大陸絕不可能，團結一切力量，推翻蔣政權，建立新國家、新政府。在國民黨、共產黨之外，選擇自救的途徑。

彭明敏的"宣言"既肯定中國共產黨的民族主義的歷史地位，說"中共國勢強大，已使百年來飽嘗外侮的民族主義者揚眉吐氣"，又反映出一個台灣大地主對蔣介石土地改革的憤怒，把土地改革看成"消滅地主反對力量"。彭明敏想推動"一中一台"，卻要美國撤軍，論理矛盾到不可思議的地步。美軍撤防，中共軍隊渡海攻台相對容易，國民黨軍隊潰敗，取而代之的政權必定是中國共產黨，而不是彭明敏等"台獨"勢力。1961年起，台灣長達十年的經濟成長率平均10.2%，可說是台灣史上最燦爛的黃金十年，卻被彭明敏視為"經濟無法成長，失業日趨嚴重"，彭明敏為政治目的，扭曲事實，成了"台獨"勢力的習慣作為。彭明敏主張"任何處境相同、利害一致的人們都可以組成一個國家"，既不符合國際法原則，也不是國際政治現實。倒是彭明敏認為"反攻大陸絕不可能"是正確的政治判斷，還有那句"為誰而戰？為何而戰？"，後來在1997年5月8日被馬英九抄襲去作為辭去連戰內閣政務委員的辭職聲明。

有人把彭明敏這篇"宣言"吹噓成很了不起的"台獨"宣言，卻故意遮掩彭明敏作為大地主，在這篇"宣言"上大刺刺反對土地改革的反動嘴臉。彭明敏主張的"台灣實際上已成為一個國家"，成為後來"台獨"分子的共同說法，但是國家是擁有領土主權的政治組織，"台獨"分子始終無法說明"台灣"這個國家的領土範圍如何，也說不清楚"台灣人"為什麼有這些領土主權，只好提倡"台灣地位未定論"。問題是"台灣地位未定"，"台灣"就不可能是一個國家。至於"台灣前途由台灣人民決定"更突顯台灣地位尚未決定的議題，問題又回到原點，也揭開"台灣前途不是僅由台灣人民決定"的現實。[1]

5.1.7 長老教會的"人權宣言"

1977 年 8 月 16 日，台灣基督長老教會由趙信愨、翁修恭、高俊明具名發表"人權宣言"，但標題與內容跟"人權"無關，卻跟台灣"主權"有關。"宣言"名實不符。

"宣言"主張說："台灣的將來應由台灣一千七百萬住民決定"；又說："我們促請政府於此國際情勢危急之際，面對現實，採取有效措施，使台灣成為一個新而獨立的國家。"

這份"宣言"的焦點，在以台灣居民為基礎，把台灣的領土主權從中國分裂出去，由台灣人單獨擁有台灣的領土主權，產生"新而獨立的國家"。

這份"宣言"有六個解不開的問題：

第一，1945 年《波茨坦公告》和《日本昭和投降詔書》已確立台灣主權屬於中國所有，台灣人若不具備中國人身份，是否有權單獨持有台灣主權？

第二，台灣人不具備中國人身份，台灣人的身份會不會回到 1945 年前，仍是戰敗的日本侵略共犯，如何有權行使主權？

第三，"宣言"稱基於基督教信仰和《世界人權宣言》，提出"台獨"主張，但《聖經》和《世界人權宣言》都沒有這項邏輯，可從人權觀點推論出

---

[1] 李蓓蓓：《台灣主權屬於中國：駁斥"台灣法律地位未定論"》，《海峽評論》1996 年 3 月 1 日第 63 期，第 43-46 頁；吳玉山：《抗衡或扈從：面對強鄰時的策略抉擇（上）(The Choice of Strategy Towards One's Strong Neighbor: Balancing or Bandwagoning "I")》，《問題與研究（Issues & Studies）》1997 年 2 月 1 日第 36 卷第 2 期，第 1-32 頁。

台灣脫離中國主權的依據。畢竟"人權"是針對政府應如何對待人民的問題而產生的權利和責任，但是"主權"卻是從國家應如何處理領土這一問題出發的。

第四，"宣言"呼籲"美國"和"全世界教會"支持"台灣獨立"，除非中國同意，否則美國支持"台灣獨立"，就必須面對與中國爆發核戰的風險，且又缺乏任何國際法與憲法理論的支持，特別是美國本身在1861年發動南北內戰，阻止南方邦聯脫離美國獨立，美國更無立場支持台灣獨立。

第五，1979年後中國改革開放，成功變為新的強國，中國與美國的軍力和經濟力差距越來越小，中國與台灣當局的軍力和經濟力差距越來越大，台灣要維持獨立政權已越來越困難，何況要建造獨立國家，更是欠缺客觀的事實基礎。

第六，加拿大的魁北克獨立公投案和西班牙加泰羅尼亞獨立公投案已證實在法律上"人民自決公投案"無法改變憲制規範創建新而獨立的國家，在國際法上"人民自決"也無權分裂領土創建新的獨立國家。總而言之，"人民主權"（popular sovereignty）與"人權"（human right）沒有必然的法理關係，也與"領土主權"（territorial sovereignty）無必然的法理關係。"人民主權"只是"確定領土"（defined territory）上的人民的權利，但"確定領土"的範圍無法單獨由居住其上的人民決定。[1]

---

[1] Christopher Hughes, *Taiwan and Chinese Nationalism: National Identity and Status in International Society*, New York: Routledge, 1997.

5.2

"一個中國" 原則的推進與障礙

1950 年至 1971 年間,雖然兩岸的憲制規範都是堅持 "一個中國" 原則,但國際政治和國際法秩序卻客觀上存在 "兩個中國" 的事實和現象。1971 年後 "一個中國" 原則開始在國際政治和國際法秩序上積極推進,其開始的源頭就是 1971 年美國國務卿基辛格訪問中國和聯合國第 2758 號決議,以及 1972 年中美兩國簽訂的《上海公報》,但也遇有許多尚無法處理的障礙。[1]

5.2.1 "第 2758 號決議案" 的爭論

聯合國這個決議案確立國際法上的 "一個中國" 原則:世界上只有一個中國,中華人民共和國是唯一代表中國主權的國家組織,有權承繼大清帝國及中華民國的國際法權利和義務。本決議案用 "恢復" 一詞,意指中華人民共和國早有繼承中國主權的合法地位,只是聯合國尚未 "恢復" 其地位。本決議案同時否定 "台灣當局" 具有 "主權政府" 的資格,也否定 "台灣當局" 所宣稱的 "中華民國" 具備 "國家" 的地位,而僅是 "蔣介石的代表",這等於撤銷了 "中華民國" 的國際法地位,"中華民國"(Republic of China)作為一個國家組織(state organization)或政治實體(political entity)從此在國際法上被定位為 "殘存國家"(rump state)或 "未被承認國家"(unrecognized state),不再被視為 "主權國家"(sovereign state)。[2]

---

[1] Y. Frank Chiang, *The One-China Policy: State, Sovereignty, and Taiwan's International Legal Status*, Amsterdam: Elsevier, 2018; Timothy S. Rich, "Status for Sale:Taiwan and the Competition for Diplomatic Recognition", *Issues & Studies*, vol. 45, no. 4, December 2009, pp. 159–188.

[2] 范強:《台海問題戰略主導權分析:大國權力變動中的兩岸關係(*Analysis on Strategic Dominance of Cross-Strait Issue*)》,中國海洋大學國際政治碩士論文,2011;俞新天:《中國主權理論的發展與擴大台灣涉外活動的思考》,《台灣研究》2012 年第 3 期,第 6–11 頁。

有人爭論"第 2758 號決議案"僅涉及中國的國家繼承問題，並未處理"台灣人民"在聯合國的代表權問題，所以"台灣人"有權要求加入聯合國。2008 年陳水扁推動台灣加入聯合國的公民投票，但是這個問題的癥結包括：

第一，"台灣人民"既非"國家"亦無"主權"，是否在國際法上能成為一個法律主體，可擁有台灣的領土主權？

第二，台灣領土主權的歸屬有何國際法或憲法依據，能由台灣居民的公民投票決定或變更？

第三，自 1943 年 12 月 1 日《開羅宣言》、1945 年 7 月 26 日《波茨坦公告》、1945 年 8 月 15 日《日本昭和投降詔書》、1945 年 9 月 3 日《日本降伏文書》所確立的"台灣復歸中國"的國際法秩序，是否另有其他國際法文件對此產生修正或變更的法律效力？

第四，聯合國 1970 年 10 月 24 日"第 2625 號決議案"的《國際法原則宣言》明白規定第五項"民族自決"原則，但"台灣人民"只是中國漢族在台灣的"居民"，並非一個"民族"，無法適用，且"民族自決"原則不得逾越第一項"國家領土主權完整"原則，"台灣人民"如何憑藉"居民的公民投票"取得原本已由中國持有的台灣領土主權？

第五，1980 年及 1995 年加拿大的魁北克人（Quebec）和 2014 年及 2017 年西班牙的加泰羅尼亞人（Catalunya）在歷史、語言、文化都稱得上是一個獨立的"民族"，但都無法經由公民投票取得獨立建國的法律地位，"台灣人"只是中國漢族在台灣的"居民"，憑空編撰的"台灣意識"或"台灣民族"和冷戰餘緒，又如何取得獨立建國的政治、軍事及法律條件？[1]

5.2.2 《上海公報》與"四大保證"

1971 年美國國家安全顧問基辛格（Henry Alfred Kissinger, 1923- ）於 7

[1] 陳隆志：《"台灣不是中國的內政問題"》，《新世紀智庫論壇》第 8 期，第 118-119 頁；陳隆志、許慶雄、李明峻編輯：《當代國際法文獻選集》，台北：前衛出版社 1998 年；陳隆志：《舊金山對日和約、聯大第 2758 號決議與台灣國際法律地位》，《台灣國際法季刊》2015 年 3 月第 12 卷第 1 期，第 7-44 頁。

月 9 日至 11 日秘密訪問中國，對台灣及 "台灣當局" 的定位與發展產生重大影響。

美國總統尼克松於 1970 年 10 月央請巴基斯坦總統葉海亞汗（Agha Mohammad Yahya Khan, 1917–1980）轉告中國，美國準備改善中美關係。經過巴基斯坦居間斡旋，中美達成基辛格密訪中國的共識。1971 年 7 月 15 日尼克松（Richard Milhous Nixon, 1913–1994）主動披露基辛格密訪中國一事，並強調目的在與中國建立較正常的關係。尼克松宣稱沒有中國參與，就不會有穩定經久的和平。尼克松也稱中美建立新關係，"不會以犧牲我們老朋友們的利益為代價"。尼克松同時宣佈將於 1972 年訪問中國。7 月 21 日美國參議院向中國表達善意，主動廢止 1955 年 1 月通過的《"福爾摩沙" 決議案》。該決議案授權美國總統派兵防衛台灣。

基辛格與周恩來（1898–1976）1971 年 7 月 9 日、10 日舉行會談，議題包括駐台美軍、台灣地位、中美關係等部分 [1]。基辛格表態 "不存在兩個中國、一中一台、台灣獨立" 等問題，周恩來同意尼克松訪問中國時不必觸及 "台灣問題"，只須作出同樣保證即可。基辛格稱駐台美軍有三分之二跟越戰有關，越戰如果結束，這三分之二美軍自然調走。剩下三分之一，隨著中美關係改善，也會逐漸減少。基辛格直接了當對中國提出 "七不承諾"：美國不支持 "兩個中國"、不支持 "一中一台"、不支持 "台灣獨立運動"、不支持國民黨反攻大陸、不再提 "台灣地位未定論"、不讓日本軍隊進駐台灣、不讓日本參與 "台灣獨立運動"。

基辛格密訪中國的後續效應很多，包括：第一、1971 年 10 月 25 日，聯合國大會以七十六票對三十六票通過 "第 2758 號決議案"，台灣當局喪失聯合國的中國主權代表權；更正確地說，台灣當局主張的 "中華民國" 在國際法上逐漸喪失 "國家" 的法人資格，"兩個中國" 的時代宣告結束。第二、1972 年 2 月 21 日至 28 日，美國總統尼克松訪問中國。2 月 22 日，尼克松與周恩來會談，尼克松開宗明義就向周恩來保證說："美國的原則是只有一

[1]　蔡正元：《台灣島史記（修訂版）（下冊）》，香港：中華書局（香港）有限公司 2020 年，第 267–269 頁。

個中國，台灣是中國的一部分。美國不支持台灣獨立，不贊成日本介入，不再提台灣地位未定論，不以軍事行動對付中華人民共和國。"尼克松又說："美國國內有些團體操弄台灣問題，阻擾中美合作，因此《上海公報》的文字必須有些妥協，才不會激怒那些動物"。尼克松補充說："不讓他們叫囂美國出賣台灣，否則他會被迫發表強烈支持台灣的聲明，有礙中美建交。"尼克松的意思是，美國的政策理所當然承認台灣是中國的一部分，但為了不讓美國國內反對者有攻擊的力道，尼克松必須迂迴詮釋這個政策，不可能直接表白。尼克松會談後公開對中國再度保證，美國不支持"兩個中國"，不支持"一中一台"，不支持"台灣獨立運動"，不再提"台灣地位未定論"等"四大保證"，這些保證後來構成"一個中國"原則的基本命題。

1972 年 2 月 28 日，尼克松和周恩來在上海發表《中華人民共和國和美利堅合眾國聯合公報》，俗稱《中美上海公報》，中美雙方各自表達對台灣問題的看法，其主要內容如下。

中華人民共和國政府在《上海公報》中表達的立場是比聯合國大會"第2758 號決議案"更為嚴格的"一個中國"原則的立場，因為聯合國的決議案僅處理"一個中國、兩個政府"、"兩個中國"，未明文涉及"一中一台"、"台灣獨立"或"台灣地位未定論"。後面三個問題是由《波茨坦公告》規範的，現在則由《上海公報》完整表述出中華人民共和國的基本立場。另一方面，中華人民共和國政府並未解釋"一中一台"的涵義，也未說明"一中一台"與"台灣獨立"或"台灣地位未定論"有何差異。

美國方面則聲明，美國認識到，在台灣海峽兩邊的"所有中國人"都認為只有一個中國，台灣是中國的一部分。美國政府對這一立場不提出異議。它重申它對由中國人自己和平解決台灣問題的關心。美國僅承諾從台灣撤除駐軍，對於"一個中國"原則卻未正面直接地表態。同時設定"和平解決台灣問題"是美國聲明的附帶條件，而且"所有中國人"都認為只有一個中國，如果台灣有人自認為"台灣人"而不是"中國人"，美國的立場又是如何？換言之，美國在《上海公報》中未對"台灣獨立"或"台灣地位未定論"表達"反對"或"不支持"，卻由尼克松在與周恩來會談時主動提出"四大保證"：美國不支持"兩個中國"、不支持"一中一台"、不支持"台灣獨立運動"、不再提"台灣地位未定論"，並列入正式會議記錄。[1]

5.2.3 《中日聯合聲明》與《波茨坦公告》

1972 年 9 月 25 日至 30 日，日本首相田中角榮（1918–1993）訪問中國。9 月 29 日，田中角榮與周恩來發表《中日聯合聲明》。

聲明中，日本"承認中華人民共和國政府是中國的唯一合法政府"，"中華人民共和國政府重申：台灣是中華人民共和國領土不可分割的一部分。日本國政府充分理解和尊重中國政府的這一立場，並堅持遵循《波茨坦公告》第八條的立場。""中華人民共和國政府和日本國政府決定自一九七二年九月二十九日起建立外交關係"。[2]

日本還公開表述，"日本方面痛感日本國過去由於戰爭給中國人民造成的重大損害的責任，表示深刻的反省。"日本作為當事國，再度確認《波茨坦公告》的效力，其他國家若再主張"台灣地位未定論"就失去了法律基礎。但是對於"台灣是中華人民共和國領土不可分割的一部分"的立場，日本只是"理解和尊重"，未達"承認"或"支持"的程度。日本"堅持遵循《波茨坦公告》第八條的立場"，但又不明示中華人民共和國取代"《波茨坦公告》第八條"所指的"中華民國"，已充分繼承中國主權的法律基礎。

---

[1] 蔡正元：《台灣島史記（修訂版）（下冊）》，香港：中華書局（香港）有限公司 2020 年，第 272 頁；鄭華：《從美國解密檔案看中美〈上海公報〉的談判》，《上海行政學院學報》2008 年第 5 期，http://www.cqvip.com/qk/81983x/200805/28296403.html；朱衛斌：《論尼克松政府的"一個中國"表述——"上海公報"背後的表態與承諾》，《廣東社會科學》2010 年第 4 期，http://www.cqvip.com/qk/80603x/201004/34572829.html。

[2] 廉德瑰、陳勤奮：《關於中日間台灣地位問題的"1972 年承諾"與中美日"三角關係"》（On the 1972 Agreement Regarding the Status of Taiwan in Terms of China-Japan Bilateral Relations and China-US-Japan Trilateral Relations），《台灣研究集刊（*Taiwan Research Quarterly*）》，2008 年 3 月 30 日，2008 年卷第 1 期，第 17–26 頁；曹冰：《台灣問題中的日本因素研究》，外交學院國際關係碩士論文，2012 年。

5.2.4 《中美建交公報》與《台灣關係法》

　　1979 年 1 月 1 日，中美正式建交，雙方於 1978 年 12 月 17 日發表《中華人民共和國和美利堅合眾國關於建立外交關係的聯合公報》，俗稱《中美建交公報》。美國 "承認" （recognizes）中華人民共和國政府是中國的唯一合法政府。在此範圍內，美國人民將同台灣人民保持文化、商務和其他非官方關係。美國政府 "認知" （acknowledges）中國的立場，即只有一個中國，台灣是中國的一部分。

　　1979 年 4 月 10 日，美國緊接著制定《台灣關係法》，將台灣的政權機構定性為 "統治當局" （governing authorities），而非 "主權國家的政府" （sovereign government），同時表明美國決定和中華人民共和國建立外交關係之舉，是基於對台灣前途的期望，將以和平方式達成這一期望。任何企圖以非和平方式來決定台灣的前途之舉，包括使用經濟抵制及禁運手段在內，將被視為對西太平洋地區和平及安定的威脅，而為美國所嚴重關切。決定提供防禦性武器給台灣人民，以抵抗任何訴諸武力、或使用其他方式高壓手段而危及台灣人民安全及社會經濟制度的行動。如遭受威脅，因而危及美國利益時，美國總統和國會將依憲法程序，決定美國應付上述危險所應採取的適當行動。美國法律將繼續對台灣適用，缺乏外交關係或承認不影響美國法律對台灣的適用。《台灣關係法》使用 "台灣上的人民" （people on Taiwan）這一表達，來以美國國內法創設美國政府與台灣居民之間的法律適用關係，這也是繼 1950 年杜魯門發表《韓國情勢聲明》後，第二份將台灣納為美國 "勢力範圍" 的文件。

　　美國的《台灣關係法》可說是美國版的 "一個中國" 政策，也是美國版的 "一中一台" 政策。一方面承認 "一個中國" 原則，不承認台灣是一個國家；另一方面又承認台灣存在 "統治當局"，美國反對中華人民共和國以非和平方式決定 "台灣的前途"，亦即反對中國以武力推翻台灣的 "統治當局"。美國可以繼續對台灣的 "統治當局" 出售軍火，美國與台灣也可以透過非官方的方式繼續維持交流，並以 "美國在台協會" （American Institute in Taiwan, AIT）作為對台灣從事交流工作的管道。在美國的運作下，原本被視為美國"扈從國家"的"中華民國"及台灣當局，經過《台灣關係法》的過濾，變成了法律上模糊的"扈從政權"，也充分揭示了"台灣當局法律地位未定論"這一法律事實和台灣當局是"殘存國家"這一政治事實。

美國明顯是在玩雙手策略：台灣的領土歸屬在國際法上屬於中國的主權範圍，而台灣的政權機構和人民則在美國保護的"勢力範圍"內，這個策略可以阻卻中國大陸實際對台灣行使主權或管轄權。美國的政策是在美國反對下，中國沒有實力恢復行使對台灣的領土主權或管轄權，台灣的統治當局雖無法律地位，但有機會永遠維持實質的獨立地位。而這個機會是隨中美兩國在西太平洋的軍力對比而變化，也隨著中美兩國動用武力解決這個爭端的意志力強弱而變化。這些因素將左右"中國主權領土"和"美國勢力範圍"這兩股力量對台灣的歷史發展軌道的影響。

國家是擁有領土主權的政治組織，這個政治組織可以構建行使主權的政府，統治人民，與他國相互承認以及劃定領土範圍與邊界，並負起義務保障他國人民在本國領土範圍內的基本權利。因此，一個主權國家是否存在的問題，涉及內部被統治人民對政府的承認，更涉及外部其他主權國家對該國領土主權、國家組織和政府地位的承認。這種承認是法理上的"主權存在承認"（recognition of sovereign existence）。美國與中國建交一事，涉及對中華人民共和國擁有中國領土主權的"主權存在承認"、"國家組織承認"、"政府地位承認"、"外交權利承認"（diplomatic recognition），但《建交公報》和《台灣關係法》卻涉及對台灣當局撤除"主權存在承認"的問題，"主權存在承認"被撤除，接續的"國家組織承認"、"政府地位承認"、"外交承認"（diplomatic recognition）等問題也就不存在。

主權存在承認、國家組織承認、政府地位承認、外交權利承認是由上而下四個不同層次的問題。對中國主權存在的承認始終不是問題，但 1949 年 10 月 1 日中華人民共和國成立，世界各國對中國的國家組織的承認就分成兩個路線。有些國家承認中華人民共和國代表中國，而聯合國及有些國家則仍然承認"中華民國"代表中國，客觀上形成所謂"兩個中國"的時期。

1971 年後，"中華民國" 的國家組織地位的承認被撤除，中華人民共和國完整地成為代表中國的唯一合法的國家組織，中華人民共和國政府完整地成為代表中國的唯一合法政府。但美國直到 1979 年 1 月 1 日才對中華人民共和國進行國家組織的承認和政府地位的承認，台灣當局從此陸續失去國際上的政府承認和外交承認。

主權存在承認是外交承認的前提，但是主權存在、國家組織被承認在法理上並不必然導致政府地位承認或外交權利承認。例如 1984 年 4 月 29 日，英國曾與利比亞斷交，亦即英國在外交上不承認卡扎菲的利比亞政府，但英國也未承認有任何其他國家對利比亞的領土擁有主權。對英國而言，利比亞這個主權國家是存在的，利比亞的國家組織有權擁有領土主權、建立主權政府，只是英國不承認利比亞政府有外交權利與英國建立外交關係。

歷史上自稱擁有人民或政府的政權比比皆是，但許多政權卻無法在憲法或國際法秩序下被承認為主權國家。美國的《台灣關係法》不承認台灣居民推選產生的政權有權與美國建立外交關係，也不承認台灣居民所推選的政權是主權國家的政府，也未承認台灣是台灣居民及政權的 "領土"，更談不上具有 "國家" 的國際法身份，而只默認這個政府的 "管轄範圍"，又 "認知" 台灣是中國的一部分。美國小心翼翼地推動 "模糊戰略"，用《台灣關係法》把台灣的統治當局定位為一個在中國內部沒有領土主權的區域自治政府，而非地方政府。

有關 "台灣是中國的一部分" 的議題，美國用 "認知" 中國的立場來表述，並非史無前例。英國、澳大利亞、新西蘭、西班牙、泰國、馬來西亞、斐濟、西薩摩亞與中國建交時，都用 "認知" 中國政府關於台灣是中華人民共和國的一個省份的立場來表述。

除了 "認知" 模式外，有比較輕描淡寫的 "留意"（take note）模式。例如 1970 年加拿大與中國建交，表述方式是 "中國政府重申：台灣是中華人民共和國領土不可分割的一部分。加拿大政府留意（take note）中國政府這一立場。" 採用 "留意" 模式的國家還有意大利、智利、比利時、秘魯、黎巴嫩、冰島、阿根廷、希臘、委內瑞拉、巴西、厄瓜多爾、哥倫比亞、科特迪瓦等。

比"認知"模式更強烈的是"尊重"（respect）模式。日本和菲律賓採取這種模式，"中華人民共和國一再表明台灣為中華人民共和國領土不可分割的一部分，日本充分理解並尊重中華人民共和國的立場。"日本另外還發表聲明"堅持《波茨坦宣言》第八項的立場"。

最直接的就是"承認"（recognizes）模式，葡萄牙、蘇聯、波蘭、捷克、朝鮮、柬埔寨、馬爾代夫、約旦、尼日爾、博茨瓦那、幾內亞比紹等國採用這個模式。例如，"葡萄牙政府承認台灣是中華人民共和國領土不可分割的一部分"。

對於上述的模式，"台獨"運動的領導人彭明敏的評論最清晰："就政治的效果而言，從'留意'到'尊重'，這些國家不論以任何形式言及，以後都無法再反對中國的這種立場。"彭明敏沒有說的是，不只政治效果如此，法律效果也相同。

其實台灣的法律地位問題可分成四個階段討論：

第一階段是 1895 年至 1945 年，台灣在國際法上的法律地位是日本的殖民地。各國包括大清帝國和中華民國都承認此一法律地位，並在台灣派駐領事人員。

第二階段是 1945 年至 1949 年，台灣屬於中國的主權領土範圍，同時是由國家組織中華民國行使中國對台灣的領土主權，美、英、蘇、日沒有異議。1950 年 1 月，美國總統杜魯門還發表《"福爾摩沙"聲明》，清楚表明台灣海峽爭端是國民黨與共產黨各自建立國家組織爭奪中國主權的問題，重申美國遵守《開羅宣言》及《波茨坦公告》的效力，確認台灣是中國主權領土的一部分。至於中國主權由誰取得的爭端，美國不介入。

第三階段是 1950 年至 1971 年，冷戰白熱化，朝鮮進攻韓國，爆發朝鮮戰爭。美國率先改變立場，雖未正式否定《開羅宣言》及《波茨坦公告》的效力，但杜魯門發表《韓國情勢聲明》，以共產主義"蔑視聯合國安理會"為由，聲明台灣未來地位"由聯合國考慮"，創造出杜魯門式的"台灣地位未定論"。這段期間國際社會因冷戰而分裂，一部分支持台灣當局，一部分支持中國大陸政府，但聯合國的中國主權代表席位由台灣當局持有，客觀上形成"兩個中國"的鬥爭格局，且是結果未定的僵局。

第四階段是 1971 年以後，聯合國大會通過"第 2758 號決議案"，而且美國推動"聯中制俄"策略，國際社會由"共產"與"反共"的分裂，變成"反俄"與"反美"的鬥爭，台灣當局喪失戰略價值，繼而喪失聯合國席位、中國主權者身份以及國際外交合法性，逐漸成為法律身份不明的台灣統治當局，既像"國家"又不是"主權國家"，既像"政府"又不是"主權政府"。台灣當局存在於台灣的合法性建立於勉強適用《南京憲法》"代行"中國主權、卻僅能取得國際法秩序及憲法秩序上統治台灣的"薄弱合法性"。有關《南京憲法》的問題，本書將於第七章深入討論。

1979 年 1 月 1 日，中美發表《建交公報》，互相承認並建立外交關係。美國"承認"中華人民共和國政府是中國唯一的合法政府，而且"在此範圍內，美國人民將同台灣人民保持文化、商務和其他非官方關係"。美國"認知"中國的立場，即只有一個中國，台灣是中國的一部分。

1979 年 1 月 29 日至 2 月 5 日，鄧小平（1904-1997）訪問美國，這是中國高層自 1949 年 10 月 1 日以來首次訪問美國。經過近二十六年，1998 年 6 月 30 日，克林頓訪問中國，再度聲明美國不支持"兩個中國"或"一中一台"、不支持台灣獨立、台灣不應加入任何必須以國家名義才能加入的國際組織。1972 年尼克松只說不支持"台灣獨立運動"，1998 年克林頓更近一步說不支持"台灣獨立"，還確認"台灣不是國家"。

這些發展顯示，美國的國內政治和反共風潮，使得台灣當局可以影響美國政府到一定的程度，但是台灣從來不具有重大實質的地緣政治或戰略價值。美國不會想見到一個獨立的台灣，因為它既需要美國保護，又會阻礙美國的戰略利益。其核心問題決定於中美兩國共同的全球戰略利益有多大。台灣可讓美國用來勒索中國，但卻無法用來威脅中國。[1]

---

[1] 雲莉：《美國在台灣問題上的政策取向（American Policy Adoption on the Taiwan Issue）》，《廣播電視大學學報（哲學社會科學版）》，2011 年 6 月 28 日第 2 期，第 105–109 頁；張瑋心：《美國聯邦法院關於"台灣主權"裁判問題：政治問題不受司法審查之意義（The Meaning of Political Questions Nonjusticiable）》，《台灣國際法季刊》2015 年 3 月第 12 卷第 1 期，第 65–96 頁。

5.2.5　美國政府和法院設立的障礙

2009 年 11 月 24 日，美國非官方機構 "美國在台協會" 理事主席薄瑞光（Raymond F. Burghardt, 1945-　）在台灣舉行 "媒體圓桌會議" 發表演講說："過去三十七年來，美國明白表示 '認知' 不代表認可、不代表接受，除了 '認知' 以外不代表任何意義。過去三十七年來，有許多場合都有人對美國施壓，要求美國在台灣主權問題上採取更明確的立場，美國從來都不曾同意。美國向來敦促任何台灣海峽兩岸之間的議題，都應該和平解決，並且得到海峽兩岸人民的同意…… 美中三個聯合公報，或是之前的任何美中聯合聲明，都不曾提過台灣關係法。中國絕不可能同意將台灣關係法納入此次聲明中。"

薄瑞光的說明 "海峽兩岸人民的同意" 即表示 "一個中國" 原則碰到了障礙。美國另留有一手，認定 "兩岸之間的議題" 都必須 "得到海峽兩岸人民的同意"，這等於說 "兩岸人民" 互有對 "兩岸議題" 的否決權。[1]

2015 年 6 月 8 日，美國聯邦最高法院在 *Zivotofsky v. Kerry* 訴訟案的判決書中提出詮釋說：

> 承認是一個特定的 "實體擁有國家的資格" 或 "一個特定的政權是一個國家的有效政府" 的 "正式的認知"……。它也得涉及一個國家主權界限的決定。…… 承認經常受表述 "書面或口頭的宣言所影響"。（Recognition is a "formal acknowledgement" that a particular "entity possesses the qualifications for statehood" or "that a particular regime is the effective government of a state." [Restatement (Third) of Foreign Relations Law of the United States § 203, Comment a, p. 84 (1986).] ... It may also involve the determination of a state's territorial bounds. [See 2 M. Whiteman, Digest of International Law § 1, p. 1 (1963) (Whiteman).] ... Recognition is often effected by an express "written or oral declaration."）[2]

---

[1]　https://web.archive.org/web/20150402053351/http://ait.org.tw/zh/officialtext-ot0926.html.

[2]　https://web.archive.org/web/20150608194611/; http://www.supremecourt.gov/opinions/14pdf/13-628_l5gm.pdf, p. 7; http://www.supremecourt.gov/opinions/14pdf/13-628_l5gm.pdf.

換言之，依美國最高法院的詮釋邏輯，承認是正式的認知，認知就是非正式的承認。"認知"當然不是"持異議"，也不是"反對"，而是比"不持異議"和"不表反對"更加強烈的態度和意思。但是美國最高法院在該判例又認為：

關於台灣的地位，總統"認知中國的立場是台灣是中國的一部分"……但他沒有接受這個聲索。總統提出一項新的法律定義了美國將如何與台灣打交道。……經過廣泛的修正，國會通過，且總統簽署，台灣關係法。……這個法對待台灣好似它是法律上有別於中國的實體——是美國有意維持強力連結的實體。(As to the status of Taiwan, the President "acknowledge[d] the Chinese position" that "Taiwan is part of China," [id., at 39, text of U.S.-PRC Joint Communique on the Establishment of Diplomatic Relations (Jan. 1, 1979).] ... but he did not accept that claim. The President proposed a new law defining how the United States would conduct business with Taiwan. [See Hearings on Taiwan Legislation before the House Committee on Foreign Affairs, 96th Cong., 1st Sess., 2-6 (1979) (statement of Warren Christopher, Deputy Secretary of State).] ... After extensive revisions, Congress passed, and the President signed, the Taiwan Relations Act. [93 Stat. 14 (1979), codified as amended at 22 U. S. C. §§3301-3316.] ... The Act (in a simplified summary) treated Taiwan as if it were a legally distinct entity from China – an entity with which the United States intended to maintain strong ties. [See, e.g., §§3301, 3303(a), (b)(1), (b)(7).]) [1]

美國最高法院在 2015 年這個判決明白指出，美國總統沒有接受"台灣是中國的一部分"的聲索，台灣是"美國有意維持強力連結的實體"，這顯然也是美國法律上確認的"一個中國"原則的障礙。雖然美國憲法第六條第二項規定國際條約對美國所有法官有"至尊條款"（Supremacy Clause）的拘束力，但中美簽訂的各種屬於條約性質的公報，美國法官還是經常以普通法

---

[1] https://web.archive.org/web/20150608194611/; http://www.supremecourt.gov/opinions/14pdf/13-628_l5gm.pdf, pp. 24-25.

的傳統堆砌出"一個中國"原則的障礙。只要台灣尚未統一，這種情形就不會消失。

5.2.6 《告台灣同胞書》與"三不政策"

台海兩岸長期對峙期間，大陸用各種名義發佈了五次《告台灣同胞書》，每一次都代表當時兩岸情勢下，大陸對台重大政策的方向。這五次《告台灣同胞書》都主張"中國統一"的立場，但對"台灣當局"的定位則不相同，對如何達成統一的方法也從"武力解放"演變到"和平統一"，從"全國一制"走向"一國兩制"。但這五次《告台灣同胞書》只有 1979 年 1 月 1 日經由全國人大常委會決議發佈的《告台灣同胞書》，才是具備完整程序的法律文件。其他四次只是政策性文件，不具備法律效力。

5.2.6.1 《告台灣同胞書》

台灣及澎湖自 1945 年 8 月 15 日起光復為中國領土。但自 1949 年 10 月 1 日起，中華人民共和國成立，原"中華民國"政權的部分機關遷移至台灣及澎湖，形成兩個分裂分治的憲法秩序及國際法秩序。關鍵問題是：中國主權由這兩個國家組織中的哪一個擁有？或由哪一個代表？就憲法秩序而言，中華人民共和國自 1949 年 10 月 1 日起有效代表大多數中國人民行使中國主權，有效治理除台灣及澎湖外所有中國領土及人民，已擁有中國領土主權。原"中華民國"的部分政權機關遷移至台灣成為"台灣當局"，已無法代表中國的"國民全體"，自然無法擁有或代表中國主權，治理範圍也僅及於台灣及澎湖；但就國際法秩序而言，卻仍持有聯合國的中國主權代表權，直到 1971 年 10 月 25 日聯合國大會"第 2758 號決議案"通過後才喪失。自 1949 年起，台灣及澎湖顯然與中國大部分領土處在不同的國家政權治理之下，這一事實延伸出"兩個中國"、"一中一台"、"台灣獨立"等政治爭議及法律問題。海峽兩岸的政權試圖梳理"一個中國"的法理定義和爭議，分別產生許多重要文件和論述，用來定位"對方"的法律性質。

中華人民共和國政府因應這個"分裂"形勢，分別由不同單位發表了五次《告台灣同胞書》，代表了各個歷史階段內外局勢的論述。

第一次是 1949 年 10 月 1 日中國共產黨成立中華人民共和國，於 1950 年 2 月 28 日透過謝雪紅組織的"台灣民主自治同盟"，以紀念"二二八事件"為名，發表《告台灣同胞書》，內容宣稱：

> 中國人民從日本人手中收回台灣，國民黨反動派劫收台灣，二二八對國民黨反動派鬥爭，犧牲一萬多人，蔣介石殘餘匪幫勾結美國控制台灣，解放軍今年要把解放台灣，殲滅蔣匪幫的殘餘勢力作為第一個重要任務。

但是這件"重要任務"卻被朝鮮戰爭改變了。這份《告台灣同胞書》對"台灣當局"的定位與《共同綱領》第五十六條定位為"國民黨反動派"持相同立場。

1950 年 2 月 28 日是朝鮮戰爭前夕，且是美國杜魯門政府公開放棄支持台灣當局的時期。由謝雪紅的台灣民主自治同盟發表，稱台灣當局為"蔣匪幫"，主張要完成解放台灣的任務。但這份《告台灣同胞書》由一個非執政的政黨所發表，在法律上不具政府和國家的代表性。

第二次是 1958 年 10 月 6 日金門炮戰期間，毛澤東撰搞，交由國防部長彭德懷發表的《告台灣同胞書》，內容是說明金門炮戰意在懲罰蔣介石的飛機空飄傳單、丟特務、炸福州、擾江浙。世界上只有一個中國，沒有兩個中國，台澎金馬是中國領土。中華人民共和國不承認蔣介石與美國簽訂的軍事協定，美國人終究要拋棄他們，即日起暫停炮擊七天。建議兩岸間舉行談判，期望和平解決。再打三十年也沒什麼了不起，早日和平解決較妥善。彭德懷是以中華人民共和國國防部長名義發表的，要求台灣當局共同對付美國。"你們與我們之間的戰爭，三十年了，尚未結束，這是不好的。建議舉行談判，實行和平解決。"文中稱台灣當局為"你們"或"台灣的朋友們"，稱"中華人民共和國"為"我們"。這份《告台灣同胞書》以國防部長名義發表，性質上是交戰軍隊間的喊話，也不具法律意義。

　　第三次是 1958 年 10 月 25 日以中華人民共和國國防部長彭德懷的名義發表，要求台灣當局要與中國大陸團結一致，共同對付美國，稱為《再告台灣同胞書》。"中國人的事只能由我們中國人自己解決。一時難於解決，可以從長商議。""我們兩黨間的事情很好辦。""美國人迫於形勢，改變了政策，把你們當作一個'事實上存在的政治單位'，其實並非當作一個國家。"彭德懷說，金門炮擊逢雙日不打金門機場、料羅灣碼頭、海灘和船隻，單日也不一定打，但不准美國人護航。蔣介石和杜勒斯會談時，蔣介石只代表"自由中國"，美國人只把他們當作"事實上存在的政治單位"，而非一個國家看待。警告蔣介石不要屈服於美國人的壓力，喪失主權，否則會存身無地，被人丟到大海裏去。這份文件把兩岸關係解讀為國共"兩黨間的事情"的關係。這份《告台灣同胞書》以國防部長名義發表，性質上是共產黨軍隊向國民黨軍隊的喊話，也不具法律意義。

　　第四次是在 1958 年 11 月 1 日，也是由毛澤東撰稿，仍以共和國國防部長彭德懷的名義發表，稱為《三告台灣同胞書》，但當時並未公開發表。彭德懷宣稱，在美國不護航條件下，雙日停止所有炮擊，炮擊只限單日，但也不一定打機場、料羅灣碼頭、海灘和船隻。建議舉行和談，結束內戰。這份文件首度稱呼"台灣的朋友們"為台灣當局。這等於中華人民共和國政府正式承認"台灣的朋友們"為一個"台灣區域政權"。

　　第五次是 1979 年 1 月 1 日中華人民共和國政府宣佈與美國建立外交關係的當天，由全國人大常委會通過決議，發表《告台灣同胞書》。這是中華人民共和國首度正式以"國家元首"和"政府"的身份對外發表的對台政策性宣示文件。這份《告台灣同胞書》從民族主義的立場主張"台灣自古就是中國不可分割的一部分"，要求"盡快結束目前的分裂局面"，"實現祖國統一"。要求結束軍事對峙，且"應當通過中華人民共和國政府和台灣當局之間的商談結束這種軍事對峙狀態"。"在解決統一問題時尊重台灣現狀和台灣各界人士的意見，採取合情合理的政策和辦法，不使台灣人民蒙受損失。"要求兩岸三通，"發展貿易，互通有無，進行經濟交流。""雙方盡快實現通航通郵，以利雙方同胞直接接觸，互通訊息，探親訪友，旅遊參觀，進行學術文化體育工藝觀摩。" 這份聲明稱 "寄希望於台灣當局",默認台灣政權為中國主權下 "地區政府" 式的 "台灣當局"。這份文書代表中華人民共和國政府的對台政策,已從 "武力解放台灣" 轉向 "和平統一台灣",也表示 "台灣當局" 不再是 "叛亂團體"。這份《告台灣同胞書》由全國人大常委會通過決議發表,是五次《告台灣同胞書》中唯一具有法律意義的 "意向書";同時列入 1982 年 8 月 27 日中美《八一七公報》,成為中國的國際法義務 。[1]

5.2.6.2 蔣經國的 "三不政策"

針對 1979 年 1 月 1 日中華人民共和國政府發表的第五次《告台灣同胞書》,以 "和平方式解決台灣問題" 取代原有 "解放台灣",積極推動 "和平統一",1979 年 4 月 4 日,蔣經國在中國國民黨中央常務委員會發表談話回應稱,對中國大陸的政策是 "不妥協、不接觸、不談判" 的 "三不政策"。

蔣經國說:

> "共產黨" 所謂統戰,現在是講 "和平統一",其實不是從現在才開始的。遠在我們 "清黨" 以前,"共產黨" 潛伏到本黨內部時,即使用統戰方法。後來,總裁(蔣介石)堅決反共;並進行剿 "匪","共產黨" "竄退" 延安,到了政府對日抗戰,"匪" 又以統戰來求其本身的生存。民國三十八年大陸 "變色" 以前更是 "匪" 統戰最厲害的時候。我們到了台灣之後,"匪" 仍繼續不斷地做統戰工作。所以統戰不是 "共產黨" 新的政治作戰方法,而是它藉以打擊敵人的傳統方法。我們黨根據過去反共的經驗,採取不妥協、不接觸、不談判的立場,不惟是基於血的教訓,是我們不變的政策,更是我們反制敵人最有力的武器。

1985 年 9 月 20 日李光耀訪華,鄧小平請李光耀帶信給蔣經國,同時表示希望與蔣經國會面,蔣經國拒絕。但是 1986 年夏天李光耀赴台訪問,與蔣經國討論大陸局勢。蔣經國態度翻轉,明確告訴李光耀,對於改造台灣

[1] 蔡正元:《台灣島史記(修訂版)(下冊)》,香港:中華書局(香港)有限公司 2020 年,第 167、245、289 頁。

的政治體制，他已經有全盤計劃和最新想法。蔣經國說："我們必須採取主動，踏上中國的統一之路。台灣和大陸，終究必須統一。兩岸若不統一，台灣恐怕將越來越難單獨存在。"

蔣經國的"三不政策"很快就失敗。1986 年 5 月 3 日，中華航空公司一架貨運飛機的機長王錫爵，制伏機組人員，將飛機劫持至廣州白雲機場，迫使蔣經國派人赴香港與大陸官員談判，遣返飛行員與貨機。這是國共內戰以後，雙方官員首度接觸。1987 年蔣經國授權台灣紅十字會與中國紅十字會協商，開放台灣居民赴大陸探親，"三不政策"終於結束。[1]

5.2.7 "一國兩制"的提議

1973 年 3 月 10 日，鄧小平復任中華人民共和國國務院副總理，立即提出對台灣的新政策"和平統一"。鄧小平說："北京已經準備好，可以跟台北直接談判統一的問題。在現階段，優先考慮和平方式。"鄧小平的"和平統一"政策擺在台灣歷史上似乎是個高度理想主義的思考，因為台灣史上歷次主權變動全部經由戰爭實現，無一例外。鄧小平要兩岸和平，就得面對"台灣獨立"的可能性；要兩岸統一，就得有林肯的魄力，準備付出軍事上的龐大代價完成統一。但也不可否認，鄧小平的想法是台灣歷史上極為新穎的政策，其結果有待觀察。

1978 年 3 月 5 日，中華人民共和國全國人民代表大會通過 1978 年憲法，序言第七自然段寫明："台灣是中國的神聖領土。我們一定要解放台灣，完成統一祖國的大業。""解放"一般意指"武力統一"。這時期鄧小平"和平統一"的構想顯然尚未成熟，才會出現"解放台灣"的憲法領土條款。

"一國兩制"的初步概念出現於 1978 年 10 月 8 日，鄧小平會見日本文藝作家江藤淳（1932-1999）時指出："如果實現祖國統一，我們在台灣的政策將根據台灣的現實來處理。"這段談話被認為是解決台灣問題、完成中國

[1]　蔡正元：《台灣島史記（修訂版）（下冊）》，香港：中華書局（香港）有限公司 2020 年，第 290 頁。

統一、提議以"一國兩制"處理"台灣的現實"的最原始的構想,但尚未明確主張"一國兩制"。

1978年11月14日,鄧小平再度提出台灣問題,表示:"在解決台灣問題時,我們會尊重台灣的現實。比如,台灣的某些制度可以不動,那邊的生活方式可以不動,但是要統一。"此時的鄧小平主張開始有了"一國兩制"的雛形。

1978年12月,中國共產黨第十一屆三中全會公報首次以"我國神聖領土台灣回到祖國懷抱,實現統一大業",代替過往"解放台灣"的說法。

1979年12月,鄧小平會見日本首相大平正芳時,提出統一台灣的三個不變原則,即"台灣的制度不變,生活方式不變,台灣與外國的民間關係不變"。並說,"台灣作為一個地方政府,可以擁有自己的自衛力量、軍事力量。"這是正式出爐的台灣版"一國兩制"的初步構想,其中台灣當局的法律定位是"一個地方政府"。

1981年10月1日,葉劍英以中華人民共和國全國人大常委會委員長身份發表《有關和平統一台灣的九條方針政策》,俗稱"葉九條"。這是有關"一國兩制"的最為正式的文件,可視為中華人民共和國第一份正式對台灣提出的特別治理方式的領土條款,其主張也被列入1982年8月27日中美《八一七公報》,成為中國的國際法義務。"葉九條"要點如下:

(1)中國國民黨與中國共產黨兩黨可以對等談判;

(2)雙方共同為通郵、通商、通航、探親、旅遊及開展學術、文化、體育交流提供方便,達成協議;

(3)統一後的台灣可保留軍隊,作為特別行政區,享有高度自治權;

(4)台灣社會、經濟制度,生活方式與同其他外國的經濟、文化關係不變;私人財產、房屋、土地、企業所有權、合法繼承權和外國投資不受侵犯;

(5)台灣政界領袖可擔任全國性政治機構領導,參與國家管理;

（6）台灣地方財政有困難時，可由中央政府酌予補助；

（7）台灣人民願回大陸定居者，保證妥善安排、來去自如、不受歧視；

（8）歡迎台灣工商界人士到大陸投資，保證合法權益與利潤；

（9）歡迎台灣各界人士與團體，提供統一的建議，共商國事。

"葉九條"是中華人民共和國政府在"一國兩制"政策形成過程中的階段性設想，尤其第六條提及的"台灣地方財政"的明白定位和第五條所提的"台灣政界"，是"地方政府"的概念。

1982年1月11日，鄧小平再度闡釋"一國兩制"的概念，指出"國家的主體實行社會主義制度，台灣實行資本主義制度"，但這次是用"國家"對應"台灣"，不是用"中央"對應"地方"。

1982年12月4日，《中華人民共和國憲法》序言第九自然段宣示："台灣是中華人民共和國的神聖領土的一部分。完成統一祖國的大業是包括台灣同胞在內的全中國人民的神聖職責。"並首度訂定第三十一條的"特別行政區"條款，確立"一國兩制"的憲法依據。

1983年6月26日，鄧小平再次提出《解決台灣問題的六條方針》。這是未經立法程序的政策文件，具體說明"一國兩制"的性質，把台灣當局的法律地位定位為"台灣特別行政區"。該文件俗稱"鄧六條"。其要點如下：

1. 台灣問題的核心是祖國統一，和平統一已成為國共兩黨共同語言。

2. 制度可以不同，但在國際上代表中國的，只能是中華人民共和國。

3. 不贊成台灣"完全自治"的提法，"完全自治"就是"兩個中國"，而不是一個中國。自治不能沒有限度，不能損害統一的國家的利益。

4. 祖國統一後，台灣特別行政區可以實行與大陸不同的制度，可以有其他省、市、自治區所沒有而為自己所獨有的某些權力。司法獨立，終審權不須到北京。台灣還可以有自己的軍隊，只是不能構成對大陸的威脅。大陸不派人駐台，不僅軍隊不去，行政人員也不去。台灣的黨、政、軍等系統都由台灣自己來管。中央政府還要給台灣留出名額。

5. 和平統一不是大陸把台灣吃掉，當然也不能是台灣把大陸吃掉，所謂"三民主義統一中國"不現實。

6. 要實現統一，就要有個適當方式。建議舉行兩黨平等會談，實行國共第三次合作，而不提中央與地方談判。雙方達成協定後可以正式宣佈，但萬萬不可讓外國插手，那樣只能意味著中國還未獨立，後患無窮。

1984 年 2 月 22 日，鄧小平會見外賓時說："我們提出的大陸與台灣統一的方式是合情合理的。統一後，台灣仍搞它的資本主義，大陸搞社會主義，但是一個統一的中國。一個中國，兩種制度。香港問題也是這樣，一個中國，兩種制度。"鄧小平並把"一國兩制"解決中國統一問題的辦法，解釋成"也是一種和平共處"。換言之，鄧小平用處理國際關係問題的"和平共處"原則，來解決國內的特殊問題，把"一國兩制"定位成處理內政問題的"和平共處原則"，並宣示"五十年不變"。更重要的是把台灣當局定位為"台灣特別行政區"。

1984 年 6 月 22 日、23 日，鄧小平會見香港工商界訪京團和香港知名人士鍾士元，指出"一個國家，兩種制度"的構想：在內地實行社會主義制度，在香港實行資本主義制度。

1985 年 3 月，中華人民共和國第六屆全國人民代表大會第三次會議批准 1984 年 12 月 19 日趙紫陽簽署的《中華人民共和國和大不列顛及北愛爾蘭聯合王國政府關於香港問題的聯合聲明》及三個附件，也決議成立中華人民共和國香港特別行政區基本法起草委員會，正式把在香港實施"一國兩制"的承諾，確立為中華人民共和國的一項基本國策，把原本針對台灣所提的"一國兩制"構想，轉為適用於香港回歸祖國的處理方式。5 月 27 日，中英聯合聲明宣告生效，香港的"一國兩制"正式上路。1990 年 4 月 4 日，中華人民共和國第七屆全國人大第三次會議通過《香港特別行政區基本法》。

1993 年 3 月 31 日又通過《澳門特別行政區基本法》。1997 年 7 月 1 日中華人民共和國政府對香港恢復行使主權，1999 年 12 月 20 日對澳門恢復行使主權。"一國兩制" 具備很特殊的憲法意義，本質上就是憲法的領土條款。憲法的領土條款存在的意義就是規範領土範圍、領土的性質、以及領土的治理方式。[1]

5.2.8　《八一七公報》與 "六項保證"

1982 年 8 月 17 日，中美又發表一份聯合公報，公報說中華人民共和國政府重申台灣問題是中國內政，1979 年 1 月 1 日中國發表的《告台灣同胞書》[2] 宣佈了爭取和平統一祖國的大政方針。1981 年 9 月 30 日（中國時間 10 月 1 日）中國提出的九點方針（"葉九條"），就是按照這一大政方針爭取和平解決台灣問題的進一步重大努力。

美國政府重申，它無意侵犯中國的主權和領土完整，無意干涉中國的內政，也無意執行 "兩個中國" 或 "一中一台" 的政策。美國政府聲稱，它不尋求執行一項長期向台灣出售武器的政策，它向台灣出售的武器在性能和數量上將不超過中美建交後近幾年供應的水平，它準備逐步減少對台灣政權的武器出售，並經過一段時間導致最後的解決。這是美國首度提及 "無意執行 '一中一台' 政策"，但卻也迴避美國《台灣關係法》是不是 "美國版一中一台" 的問題。

另外 "六項保證" 則是美國處理台灣與中國大陸關係的政策指引之一。1982 年美國與中華人民共和國協商《八一七公報》時，由蔣經國政府提出，經美國里根政府認同，於 1982 年 7 月知會美國國會後，以里根私人信函向

---

[1]　Sow Feat Tok, *Managing China's Sovereignty in Hong Kong and Taiwan*, UK: Palgrave MacMillan, 2013; 王振民：《"一國兩制" 下關於國家統一觀念的新變化》，《環球法律評論》2007 年第 5 期；周葉中：《論構建兩岸關係和平發展框架的法律機制》，《法學評論》2008 年第 3 期，第 3 頁。

[2]　胡為雄：《"一國兩制" 實踐與祖國和平統一大業的回顧與前瞻》，《湖北大學學報（哲學社會科學版）》2011 年 5 月 22 日第 38 卷第 3 期，第 56-63 頁；蔡正元：《台灣島史記（修訂版）（下冊）》，香港：中華書局（香港）有限公司 2020 年，第 282-284 頁。

蔣經國提出保證，信函日期就是 8 月 17 日。

1982 年版本的"六項保證"內容包括：

1. 我們不同意對台結束軍售設定日期；（We did not agree to set a date certain for ending arms sales to Taiwan）

2. 我們不在台灣與中華人民共和國之間作調停角色；（We see no mediation role for the United States between Taiwan and the PRC）

3. 我們不會施壓台灣要求與中華人民共和國談判；（Nor will we attempt to exert pressure on Taiwan to enter into negotiations with the PRC）

4. 我們對台灣的主權議題的長期立場並沒有改變；（There has been no change in our longstanding position on the issue of sovereignty over Taiwan）

5. 我們無計劃尋求修改《台灣關係法》；以及（We have no plans to seek revisions to the Taiwan Relations Act; and）

6.《817 公報》不應解讀為意味著我們已同意對台軍售會先徵詢北京意見。（the August 17 Communiqué, should not be read to imply that we have agreed to engage in prior consultations with Beijing on arms sales to Taiwan）

2015 年 10 月 28 日，美國眾議院提出《第 88 號共同決議提案》，重申"六項保證"與《台灣關係法》均為美台關係之重要基石。提案文的"六項保證"更改 1982 年版本內容如下：

1. 美國不會設定終止對台軍售日期；（The United States would not set a date for termination of arms sales to Taiwan）

2. 美國不會更動《台灣關係法》的條款；（The United States would not alter the terms of the Taiwan Relations Act）

3. 美國做成對台軍售決策不會事先與中國諮商；（The United States would not consult with China in advance before making decisions about

United States arms sales to Taiwan）

4. 美國不會在"台灣與中國"[1]之間作調停；（The United States would not mediate between Taiwan and China）

5. 美國不會更動有關對台灣的主權的立場，認為這是一個由中國人自行和平解決的問題，且不會施壓"台灣與中國"談判；以及（The United States would not alter its position about the sovereignty of Taiwan which was, that the question was one to be decided peacefully by the Chinese themselves, and would not pressure Taiwan to enter into negotiations with China; and）

6. 美國不會正式承認中國主權涵蓋台灣。（The United States would not formally recognize Chinese sovereignty over Taiwan.）

2016 年 5 月 16 日美國眾議院討論提案時，認為"六項保證"的提案與《台灣關係法》都是美台關係的重要基石，要求美國總統和國務院公開接受。但決議案的"六項保證"的提案內容，尤其提案第六點，被認為挑戰中國對台灣的領土主權，最後眾議院院會並未通過，而是以 1982 年的版本內容通過。美國眾議院這項"HCR88 號共同決議案"，只是表達美國眾議院的聲明。美國參議院於 2016 年 8 月 7 日也通過 1982 年版本的"第 38 號共同決議案"。共同決議案只是美國國會的聲明，不須經美國總統簽署，也不具法律效力，對美國總統和國務院無拘束力。但卻是里根經由私人信函轉為美國國會正式聲明的第一次。這個保證也突出了美國與台灣政權之間的扈從關係與保護關係，以及其對"一個中國"原則所設定的障礙。[2]

---

[1] 編注：請注意對兩岸稱謂的變化，本段與下段的中文引文遵照原文表述。

[2] 雲莉：《美國在台灣問題上的政策取向（American Policy Adoption on the Taiwan Issue）》，《廣播電視大學學報（哲學社會科學版）》，2011 年 6 月 28 日第 2 期，第 105–109 頁；王文菲：《新世紀美國對台政策研究》，中國石油大學政治學碩士論文，2010 年；王中文：《中美關係中的美台軍售問題》，南京大學世界史博士論文，2008 年。

5.2.9 九二共識

台灣當局在 1991 年 3 月 14 日通過《國家統一綱領》，宣佈 "大陸與台灣均是中國的領土，促成國家統一，應是中國人共同的責任" [1]。但 2006 年 2 月 27 日陳水扁卻宣佈存在十五年的《國家統一綱領》停止適用。台灣當局另在 1991 年 5 月 1 日通過《台北增修條文》，宣示 "因應國家統一前之需要"，確認台灣地區的憲法秩序，默認大陸地區存在另一部憲法秩序。

1992 年 3 月 22 日，海基會和海協會在北京進行首度事務性商談，雙方對如何表述 "一個中國" 原則發生重大分歧。海基會表示未獲授權商談 "一個中國" 的問題，卻又提出許多明顯違反 "一個中國" 原則的主張。海協會則堅持事務性商談應該在 "一個中國" 原則下進行，同時考慮台灣的實際情況，只要求台灣方面表明 "一個中國" 原則的態度就行，不涉及其政治內涵。至於 "一個中國" 原則的表述方法可以討論。

為回應大陸方面的要求，1992 年 8 月 1 日，台灣方面由李登輝主導的 "國家統一委員會" 通過關於 "一個中國" 的涵義如下：

> 海峽兩岸均堅持 "一個中國" 之原則，但雙方所賦予之涵義有所不同。中共當局認為 "一個中國" 即為 "中華人民共和國"，將來統一以後，台灣將成為其轄下的一個 "特別行政區"。台灣方面則認為 "一個中國" 應指 1912 年成立迄今之中華民國，其主權及於整個中國，但目前之治權，則僅及於台澎金馬。台灣固為中國之一部分，但大陸亦為中國之一部分。1949 年起，中國處於暫時分裂之狀態，由兩個政治實體，分治海峽兩岸，乃為客觀之事實，任何謀求統一之主張，不能忽視此一事實之存在。

李登輝試圖主張在一個中國的主權下論述有 "兩個分治的政治實體"。

李登輝的回應確立了海峽兩岸在事務性商談中，要有堅持 "一個中國"

[1] 蔡正元：《台灣島史記（修訂版）（下冊）》，香港：中華書局（香港）有限公司 2020 年，第 319–320 頁。

原則的共識。1992 年 9 月海基會和海協會分別派出秘書長在福建廈門會面，就堅持“一個中國”的表述問題，非正式交換意見。海協會表示海峽兩岸堅持“一個中國”原則已有共識，但大陸方面不同意台灣方面對“一個中國”內涵的解釋，也不可能和海基會討論關於“一個中國”的內涵。

1992 年 10 月 26 日至 29 日，海基會的許惠佑與海協會的周寧，在香港的港麗酒店舉行會議，兩會各自提出五個關於“一個中國”原則的文字表述方案，討論時雙方意見分歧。海協會希望先就“一個中國”的議題達成協議，主張“在海峽兩岸共同努力謀求國家統一的過程中，雙方均堅持一個中國的原則，對兩岸公證文書使用（或其他商談事務）加以妥善解決”。

1992 年 10 月 30 日，台灣方面透過海基會的許惠佑用口頭表述方式，提出另外三個表述方案。海基會最後一個方案提議表述：“在海峽兩岸共同努力謀求國家統一的過程中，雙方雖均堅持一個中國的原則，但對於一個中國的涵義，認知各有不同。惟鑒於兩岸民間交流日益頻繁，為保障兩岸人民權益，對於文書查證，應加以妥善解決。”

海協會認為海基會這項“一個中國”的表述，與海協會歷來主張“在事務性商談中只要表明堅持一個中國原則的態度，不討論一個中國的政治涵義”的立場接近，可以考慮與海基會以各自表述的內容，表達堅持一個中國原則的態度。海協會希望海基會能夠確認這是台灣方面的正式意見，但直到香港會談結束時，台灣方面都未確認海基會這項表述。

1992 年 11 月 3 日上午，海協會孫亞夫給海基會陳榮傑打電話，表示對海基會提議各自以口頭聲明方式，表述堅持“一個中國”原則的態度表示尊重和接受，並請海基會確認許惠佑的建議是台灣方面的正式意見，具體表述內容再另行協商。11 月 3 日晚上海基會以新聞稿的方式傳真致函海協會表示，已徵得台灣方面大陸事務委員會同意，以口頭聲明方式各自表達“一個中國”原則的“表述”。至於口頭聲明的具體內容，台灣方面將根據《國家統一綱領》及國家統一委員會“本年八月一日”對於“一個中國”涵義所作決議，表述為“雙方雖均堅持一個中國的原則，但對於‘一個中國’的含義，認知各有不同。”台灣單方面稱這項表述為“一中各表”。

1992 年 11 月 16 日，海協會去函海基會表示 "我會充分尊重並接受貴會的建議"，並表述為："現將我會擬作口頭表述的要點函告貴會：海峽兩岸都堅持一個中國的原則，努力謀求國家的統一。但在海峽兩岸事務性商談中，只要表明堅持一個中國原則的態度，不涉及 '一個中國' 的政治含義。" 大陸方面的表述常被稱為 "見面時擱置爭議"。換言之，如果海峽兩岸官方人員見面會商時，若提及 "一個中國的政治含義"，則該會商就不是 "事務性商談"，而是涉及 "一個中國的政治含義" 的 "政治性談判"。因此雙方正式見面時，僅以某種方式 "表明堅持一個中國原則的態度" 即可，大陸方面的代表不提 "中華人民共和國"，台灣方面的代表也不提 "中華民國"，以維持 "事務性商談" 的性質。

　　12 月 3 日，海基會回函海協會，對 11 月 16 日海協會的函件內容表示 "我方表示歡迎"。海基會函中強調：

> 我方始終認為：兩岸事務性之商談，應與政治性之議題無關，且兩岸對 "一個中國" 之涵義，認知顯有不同。我方為謀求問題之解決，爰建議以口頭各自說明。至於口頭說明之具體內容，我方已於十月三日發佈之新聞稿中明白表示，將根據《國家統一綱領》及國家統一委員會本年八月一日對於 "一個中國" 涵義所作決議加以表達。

這個 "八月一日" 的涵義指涉 "兩個分治的政治實體"。

　　這就是 1992 年海協會及海基會在香港會談結束後，以函電 "換文" 方式達成的共識內容。這個共識由 2000 年 4 月 28 日蘇起創造出 "九二共識" 的名詞，加以概括說明：台灣方面的表述是 "堅持一個中國的原則，但認知各有不同"，大陸方面的表述是 "堅持一個中國的原則，但事務性商談不涉及一個中國的政治涵義"，雙方互不否定對方的表述。

　　總而言之，海峽兩岸達成了四點 "九二共識"：1. 雙方都堅持一個中國的原則；2. 兩岸都謀求國家統一；3. 台灣的但書是一個中國的涵義，認知各有不同；4. 大陸的但書是事務性商談不涉及一個中國的政治涵義。

　　但 "九二共識" 在 1995 年台海導彈危機後名存實亡。直到 2005 年連戰訪問北京，與胡錦濤發表 "五項願景"，才正式成為國民黨的政策綱領。2008 年馬英九執政後才又成為台灣當局的政策。但 2016 年蔡英文執政，"九二共識" 又被廢棄。[1]

5.2.10　汪辜會談

1992 年海峽兩岸經由海基會和海協會在香港舉行會談，討論處理文書認證所產生的 "一個中國" 問題。會談中未就 "一個中國" 的定義達成結論，卻在會談後的函電交換中達至共識，事後被稱為 "九二共識"，從而開啟 1993 年的汪辜會談。

1992 年的年初和 8 月，海協會汪道涵兩度邀請海基會辜振甫訪問大陸。1992 年 8 月 22 日，辜振甫回信汪道涵，表示接受邀請並建議在新加坡舉行會談。由於 1992 年 11 月兩岸透過海基會與海協會達成 "九二共識"，奠定了汪辜會談的政治基礎，海協會同意在新加坡舉行會談。1993 年 4 月 27 日至 29 日，"海峽交流基金會" 與 "海峽兩岸關係協會" 在新加坡海皇大廈舉行辜振甫與汪道涵的 "汪辜會談"。汪道涵首先講話，表達大陸領導人以個人身份對台灣方面領導人的問候，即展開具體問題的會談。汪道涵說應以兩岸經濟交流合作為重點，不受政治分歧的影響。辜振甫則談台商權益保障、能源合作開發、工商界領導人互訪。第二天會談討論鼓勵和保護台商，卻陷入僵局。大陸方面要求台灣方面放寬台商赴大陸投資，放寬對大陸商品的進口限制，台灣方面卻不同意。只達成加強經濟交流的共識，卻擱置台商投資保護的討論，以後再議。汪辜兩人簽訂《兩岸公證書使用、查證協議》、《兩岸掛號函件查詢、補償事宜協議》、《兩會聯繫與會談制度協議》、《汪辜會談共同協議》。

其中《汪辜會談共同協議》敲定 1993 年兩會事務性協商的議題，包括

---

[1] 張執中：《兩岸對政治談判的評估及因應策略分析》，《問題與研究（*Issues & Studies*）》2002 年 1 月 1 日第 41 卷第 1 期，第 25–50 頁；Dean P. Chen, *US-China Rivalry and Taiwan's Mainland Policy: Security, Nationalism, and the 1992 Consensus,* Switzerland: Palgrave Macmillan, 2017; 趙寶煦：《論主權原則與台灣地位》，《海峽評論（*Straits Review Monthly*）》1993 年 2 月 1 日第 26 期，第 47–51 頁。

"違反有關規定進入對方地區人員之遣返及相關問題"、"有關共同打擊海上走私、搶劫等犯罪活動問題"、"協商兩岸海上漁事糾紛之處理"、"兩岸智慧財產權（知識產權）保護"、"兩岸司法機關之相互協助（兩岸有關法院之間的聯繫與協助）"，並同意加強經濟、能源資源開發、文教科技等的交流。

中華人民共和國政府在 1993 年 8 月 31 日發表《台灣問題與中國的統一》白皮書，強調"台灣是中國不可分割的一部分"及說明"台灣問題的由來"。台灣當局則在 1994 年 7 月 1 日公佈《台海兩岸關係說明書》詮釋"中華民國的立場"。中華人民共和國政府在 2000 年 2 月 21 日再發表《一個中國原則與台灣問題》，說明"一個中國"原則的立場，並列舉"否定一個中國原則"是武力統一台灣的條件。

汪辜會談這些成就在 1995 年導彈危機後，形同失效。1998 年辜振甫雖然應汪道涵邀請赴上海會面，亦無進一步的發展。[1]

5.2.11　1993 年《台灣問題與中國的統一》白皮書

1993 年 8 月 31 日，中華人民共和國政府公佈《台灣問題與中國的統一》白皮書，在前言開頭即主張"維護國家統一和領土完整，是國際法的基本原則"，聲明凡以局部或全部破壞這個基本原則，都不符合《聯合國憲章》及聯合國《關於各國依聯合國憲章建立友好關係及合作之國際法原則之宣言》。

白皮書第一部分論述"台灣是中國不可分割的一部分"。白皮書引用三國時吳國人沈瑩的《臨海水土志》論證"台灣自古即屬中國"，並強調三國孫吳政權和隋朝楊廣政府"都曾先後派萬餘人去台"。但這段說法有待進一步討論，本書第四章第 4.1.2.1 節已有論述。

白皮書引用這些材料去證明"台灣自古即屬中國"，不是很妥當的做

---

[1]　蔡正元：《台灣島史記（修訂版）（下冊）》，香港：中華書局（香港）有限公司 2020 年，第 332-333 頁；武漢大學兩岸及港澳法制研究中心編：《兩岸協議紀實：兩岸協議執行前後的整體樣貌，重要七年全記錄》，台北：崧燁文化事業有限公司 2019 年。

法。歷史著作提供的主權證據如果時間跨度太長，間隔太大，且屬於單一或臨時起意的事件，甚或相互矛盾的事實，不能作為領土先佔（occupation）的證據，更不能作為行使主權的證據。"先佔"是一個國家通過和平方式佔領"無主之地"（terra nullius），並宣佈為其領土的法律權源（title）創設行為，是創設（ordain）領土主權的原生性權源（original title）的方式。"無主之地"的基本定義就是無任何國家組織擁有該土地的主權，但是在具體實踐上，有時不得將無國家組織卻有結構性政治社會組織的部落和民族居住的土地視為"無主之地"。從這些部落或民族的土地取得領土主權的權源，應通過簽署協定或取得歸順作為創設領土主權的權源，否則不算是對無主之地的先佔行為。荷蘭殖民政權在 1635 年從麻豆社原住民手上取得領土主權，即通過與西拉雅族麻豆社原住民簽署《麻豆條約》而來。

白皮書提及宋、元、明三代中國政府即派兵駐守澎湖的歷史事實，雖然自宋代開始，澎湖已是中國主權所轄領土的一部分，但忽略了當時台灣與澎湖並無政治上的連結。澎湖納入中國主權版圖的時間點，並不代表台灣也在同一個時間點納入中國主權版圖。

台灣納入中國領土最明確的證據是，1662 年 2 月 1 日鄭成功以"大明招討大將軍國姓爺"的名義和荷蘭東印度公司大員長官揆一簽署《鄭荷條約》時，台灣才正式納入中國的主權版圖。當時鄭成功以"明代中國東都"之名"東都明京"在台灣設立政權，其性質相當於"明代中國東部邊區政府"，這時中國主權才透過地區性政權施行於台灣之上。當時佔有廈門、金門、澎湖的延平王政權，取得台灣之後，澎湖才與台灣有了政治上的連結。在這之前，台灣沒有明確證據與中國主權有任何關聯。一個國家擁有某一土地的主權或宗主權，有時不一定非通過中央政府展示主權，地方政權也可以。1609 年日本薩摩藩派兵三千名入侵琉球王國，將琉球尚寧王日賀末按司添（1564-1620）俘虜到鹿兒島，被迫向薩摩藩島津氏稱臣並簽訂《掟十五條》的投降條約，就是一例。

1683 年 10 月 5 日，台灣的延平王鄭克塽具表上奏康熙皇帝"為舉國內附，仰冀聖恩事"，聲明"謹籍土地人民，待命境上。數千里之封疆，悉歸土宇。百餘萬之戶口，並屬版圖"，台灣及澎湖才在歷史上歸屬一個統一的中國領土，這也是歷史上"一個中國"原則明示台灣屬於中國中央政府的首度實踐，而不再屬於中國"分裂分治的政治實體"。

台灣隸屬中國的大明帝國屬下的延平王國之領土二十一年及大清帝國領土二百一十二年後，1895 年 4 月 17 日，清代中國政府與日本明治政府在日本山口縣下關市馬關港，簽署《馬關條約》，從此台灣及澎湖成為日本帝國的殖民地，中國的領土主權不再及於台灣及澎湖。

亦即，1683 年鄭克塽及康熙皇帝確立的"一個中國"原則，自 1895 年起終止適用。直到 1943 年公佈的《開羅宣言》，在 1945 年經由《波茨坦公告》及《日本昭和投降詔書》確認後，產生國際法效力，台灣及澎湖於 1945 年 8 月 15 日重歸中國版圖，"一個中國"原則又重新適用。因此，現代版的"一個中國"原則確是從《開羅宣言》產生的。

白皮書最重要的論述是"中華人民共和國政府是中國的唯一合法政府，台灣是中國的一部分"。這段論述留下的問題是，台灣和台灣當局的領土法律性質是什麼？海峽兩岸在 1992 年香港會談後的函電中表明，雙方都堅持"一個中國"的原則，台灣是中國的一部分已無疑義，但對"中國"的定義留下模糊的爭論空間。"唯一合法政府"顯然不是指台灣方面的台灣當局。台灣方面的台灣當局是不是"合法政府"，白皮書並未給予正式的答案。"唯一合法政府"和"台灣當局"之間的關係也是迄今兩岸憲法秩序的重大議題。尤其 1958 年 11 月 1 日及 1979 年 1 月 1 日《告台灣同胞書》所承認的台灣當局到底具備什麼法律意義，也尚未釐清。

白皮書認為台灣問題的由來是中國國民黨發動內戰以及外國勢力介入。1949 年 10 月 1 日中華人民共和國成立，中華人民共和國政府繼承中國主權，已成為中國的唯一合法政府。"國民黨集團的一部分軍政人員退據台灣。他們在當時美國政府的支持下，造成了台灣海峽兩岸隔絕的狀態"則是台灣問題的源頭，亦即間接不承認遷至台灣的"國民黨集團"是"合法政府"。

白皮書延續 1958 年 11 月 1 日及 1979 年 1 月 1 日《告台灣同胞書》的

說法，模糊地稱呼 "國民黨集團" 為台灣當局，而不提及台灣當局的合法性問題。同時確認 1972 年《中美上海公報》、1978 年《中美建交聯合公報》、1982 年 8 月 17 日的《八一七公報》。

白皮書認為 1979 年美國通過《台灣關係法》違反《中美建交公報》，阻擾台灣與中國大陸統一，同時《八一七公報》的減少售武決定，美國並未認真執行且不斷違反。白皮書最後提出 "和平統一、一國兩制" 作為解決台灣問題的基本方針，即一個中國、兩制並存、高度自治、和平談判。美國的《台灣關係法》也用 "台灣上的統治當局" 稱呼台灣當局，而不明確定義其法律性質。[1]

5.2.12　**1994 年《"一中兩體" 說明書》**

1994 年 7 月 1 日 "台灣當局" 的大陸事務委員會公佈《台海兩岸關係說明書》，作為對 1993 年中華人民共和國政府所發表的《台灣問題與中國統一》白皮書的回應。《說明書》的前言部分提倡：

> 很多國家在歷史上都有過分裂與統一的經驗，傳統中國歷朝各代也是分分合合，現代中國仍未能跳脫這個歷史的循環。

《說明書》接著強調自 1949 年起，"中國人民以台灣海峽為界" 分別生活在意識形態和制度不同的 "社會"，提出以 1991 年制定的《國家統一綱領》追求統一。

《說明書》主張，中華民國是由孫中山所創立，中國共產黨在 1931 年 11 月在江西成立中華蘇維埃共和國是中國再度分裂的開始，1949 年 10 月在北京成立中華人民共和國，"中華民國政府從南京經廣州，播遷台北"，"中國遂以台灣海峽為界暫時形成分裂分治之勢"。《說明書》主張 "中華民國" 是孫文所創立，可能會有歷史學的爭論。

---

[1]　蔡正元：《台灣島史記（修訂版）（下冊）》，香港：中華書局（香港）有限公司 2020 年，第 333-337 頁；國務院台灣事務辦公室：《台灣問題與中國的統一》（白皮書），北京，1993 年。

《說明書》認為，兩岸分裂分治的本質，受到國際政治及意識形態的影響，且認定"中國統一問題的真正癥結還是出在中共本身，不在別人"。統一的條件是"如果中國大陸實施自由民主的制度，經濟條件符合現代化水準，哪有中國人不願見到自己國家統一呢？""中國人願見到自己國家統一"的說法留下伏筆，暗示"如果台灣人不認為自己是中國人"情勢會有變化。

《說明書》歷數中共對台政策的演變，質疑若真的要"和平統一"，但中共卻仍不承諾放棄以武力解決統一的問題。《說明書》解釋台灣方面推動交流統一的努力，包括在 1990 年 6 月召開"國是會議"，在 1990 年 10 月成立國家統一委員會制定《國家統一綱領》，1991 年 1 月成立大陸事務委員會，1991 年 2 月成立財團法人海峽基金會，1991 年"行政院"院會通過《國家統一綱領》，1991 年 5 月 1 日終止"動員戡亂時期"及廢止《動員戡亂時期臨時條款》。

《說明書》強調，台灣當局率先片面放棄以武力追求統一，不在國際上競爭"中國代表權"，且認為"中國只有一個"，但"台灣與大陸都是中國的一部分"，"中共不等於中國"，在統一之前，兩岸應有"平行參與國際社會的權利"。換言之，《說明書》認為中華人民共和國並未全盤繼承中國的領土主權，目前還留有隔著台灣海峽分裂分治的現實。

《說明書》敘述，1990 年 9 月兩岸紅十字會簽訂《金門協議》，處理大陸偷渡客遣返問題。1992 年 7 月制定《台灣地區與大陸地區人民關係條例》，奠定兩岸交流的法理依據。1993 年 4 月在新加坡舉行"汪辜會議"，正式簽訂四項協議：《兩岸公證書使用、查證協議》、《兩岸掛號函件查詢、補償事宜協議》、《兩會聯繫與會談制度協議》、《汪辜會談共同協議》。

在政治方面，《說明書》主張：中華民國自 1912 年以來，在國際間始終是一個"具獨立主權的國家"；兩岸關係既不是國與國間的關係，也不是一般單純的國內事務；兩岸是兩個"政治實體"的互動，應暫時擱置"主權爭議"問題。換言之，台灣方面主張台灣當局仍具有 1912 年創立的中華民國政府的合法權力，而不提 1950 年 3 月 1 日蔣介石"復行視事"後，"中華民國"是否還有符合中國國民主權原則的憲法地位，也不提 1971 年 10 月 25

日後，聯合國 "第 2758 號決議案" 通過，"中華民國" 是否還有符合主權國家要件的國際法地位。

《說明書》詮釋《國家統一綱領》，認為兩岸關係是 "一個中國、兩個對等政治實體"，"一個中國是指歷史上、地理上、文化上、血緣上的中國"，但《說明書》始終不提 "國際法上、政治上、憲法上的中國" 的具體定義。《說明書》強調："中華民國的存在是不容否認的事實"；台灣當局不接受 "一國兩制" 的主張；高度自治的特別行政區是要 "中華民國" 向 "中共" 全面歸降。但《說明書》結論是，"台灣當局" 堅決主張 "一個中國"，反對 "兩個中國" 與 "一中一台"，在和平統一之前，應以理性、和平、對等、互惠四項原則處理兩岸關係。《說明書》意圖使用 "對等政治實體" 來彰顯 "中華民國" 與 "中華人民共和國" 的對等地位。

《說明書》承認，統一與分裂有國際環境因素，也默認 "台灣獨立" 的主張逐漸滋長，統一與分裂兩股力量同時存在。尤其 1987 年解除戒嚴，開放黨禁後，台灣地區已形成民主自由的 "生命共同體"，"台獨" 黨派的民意勢將影響大陸政策的制定。最後結論是 "民主、自由、均富才是中國統一的真正價值"。這是台灣方面首度承認 "台獨" 勢力已成長至能影響中國統一及 "一個中國" 原則的正式文件。更正確的說法，李登輝正準備打 "台獨牌" 應付中國統一的壓力，操作台灣當局的生存策略與 "台獨" 勢力的發展策略相輔相成的平行戰略。

《說明書》所揭示的 "政治實體" 的概念在 1974 年 12 月 13 日聯合國大會第 3292（XXIX）號《西班牙沙哈拉問題（Question of Spanish Sahara）決議案》出現過。該決議案使用 "毛里塔尼亞實體"（the Mauritanian Entity）一詞表述由四個酋邦和許多部落組成的 "政治實體"，該 "政治實體" 後來發展成毛里塔尼亞共和國。台灣或台灣當局是否可視為一個 "實體" 且具有部分國際法上的主權權利，確實是一個爭議問題，但也凸顯了 "台灣當局法律地位未定論"。[1]

---

[1]　蔡正元：《台灣島史記（修訂版）（下冊）》，香港：中華書局（香港）有限公司 2020 年，第 337–340 頁。

5.2.13　1995 年 "江八點" 與 "李六條"

1995 年 1 月 30 日，江澤民以中共總書記身份發表《為促進祖國統一大業的完成而繼續奮鬥》的講話，提出八點主張，通常稱 "江八點"。其中與主權有關的是：

1. 堅持一個中國原則，是實現和平統一的基礎和前提。反對台灣獨立、分裂、分治、階段性兩個中國的主張。

2. 在一個中國的前提下，和平統一談判，什麼問題都可以談。

3. 努力實現和平統一，中國人不打中國人。

1995 年 4 月 8 日，李登輝在國家統一委員會發表談話，回應江澤民，俗稱 "李六條"，但與主權有關的只有三條：

1. 在兩岸分治的現實上追求中國統一。

2. 兩岸平等參與國際組織，雙方領導人藉此自然見面。

3. 兩岸均應堅持以和平方式解決一切爭端。[1]

5.2.14　李登輝提出 "兩國論"

1999 年 7 月 9 日，李登輝接受 "德國之聲" 錄影訪問。德國人問到："在並非實際可行的台灣宣佈獨立與不被大多數台灣人民接受的 '一國兩制' 之間，是否有折衷方案？" 李登輝答："中華民國從 1912 年建立以來，一直都是主權獨立的國家，又在 1991 年的修憲後，兩岸關係定位在特殊的國與國關係，所以並沒有再宣佈台灣獨立的必要。"

因此，爆發了 "兩國論" 的爭議。中華人民共和國政府國台辦立刻批判

---

[1] 蔡正元：《台灣島史記（修訂版）（下冊）》，香港：中華書局（香港）有限公司 2020 年，第 346-347 頁；毛啟蒙：《兩岸關係研究語境中的 "治權" 釋義——再論 "主權" 與 "治權" 話語下的兩岸關係》，《台灣研究集刊》2015 年第 3 期，第 22-30 頁；陳儀深：《從馬關條約到國統綱領：兼對李登輝 "六項主張" 的批評》，《台灣教授協會通訊》1995 年 5 月 1 日第 2 期，第 56-57 頁。

李登輝"公然把兩岸關係歪曲為國與國關係,暴露其一貫蓄意分裂中國領土和主權的政治本質"。原定 1999 年 10 月汪道涵赴台訪問,與辜振甫在台北舉行第三次汪辜會談的計劃也因此終止。但由於 1999 年 9 月 21 日台灣發生"九二一大地震",中華人民共和國政府原定的軍事演習行動也因而中止。

　　事實上,1998 年 8 月李登輝已秘密組織"強化中華民國主權國家地位小組",蔡英文就是成員之一。這個小組計劃透過"修憲"、修法、廢除《國統綱領》、凍結"一個中國"原則,揚棄台灣方面"一中各表"的"九二共識",在法理上效法東德的"何內克原則""修憲",製造"兩個中國"或"一中一台",使兩岸關係形成李登輝口中的"特殊國與國的關係"。整套計劃原本要默默進行,並在 1999 年推動"修憲"。蔡英文事後回憶,她也不解李登輝為什麼在接受"德國之聲"訪問時,會大剌剌地講出來,引起軒然大波,反而引發美國介入,最後無疾而終。[1]

5.2.15　2000 年《一個中國的原則與台灣問題》白皮書

　　2000 年 2 月 21 日,中華人民共和國政府再公佈《一個中國的原則與台灣問題》白皮書,開宗明義再度認定"國民黨統治集團退據中國的台灣省,在外國勢力的支持下,與中央政府對峙,由此產生了台灣問題"。時間點刻意選在台灣當局領導人選舉前,政治意義有著複雜的解讀。這份白皮書被認為是針對 1999 年李登輝提出"兩國論"的反制。

　　白皮書承認,1949 年 10 月 1 日起,中國的主權和固有領土疆域並未改變,只是在中國這一國際法主體下,新政權取代舊政權,中華人民共和國取代中華民國,中華人民共和國政府完全享有和行使中國的主權,其中包括對台灣的主權,成為全中國的唯一合法政府和中國在國際上的唯一合法代表。

　　白皮書明確地認定,國民黨統治集團退據台灣的政權性質,始終只是中

---

[1] 唐耐心（Nancy Bernkopf Tucker）著,林添貴譯:《1949 年後的海峽風雲實錄——"美中台"三邊互動關係大揭密》,台北:黎明文化事業股份有限公司 2012 年;蔡正元:《台灣島史記（修訂版）（下冊）》,香港:中華書局（香港）有限公司 2020 年,第 352–353 頁。

國領土上的一個 "地方當局"。雖然台灣當局繼續使用 "中華民國" 和 "中華民國政府" 的名稱，但已完全無權代表中國行使國家主權。此處，台灣當局被定位為 "地方當局"。

白皮書聲明，外國承認中華人民共和國政府是代表全中國的唯一合法政府，與台灣當局斷絕或不建立外交關係，是 "新中國與外國建交的原則"。中國政府堅持 "世界上只有一個中國，台灣是中國的一部分，中華人民共和國政府是代表全中國的唯一合法政府" 的主張，構成了中國大陸方面 "一個中國" 原則的基本涵義。

這個白皮書定義的 "一個中國" 原則，可說是 1955 年西德政府 "赫爾斯坦原則"（Hallstein Doctrine）的中國版。"赫爾斯坦原則" 在國際法上專指分裂國家中的一方，不僅不承認對方，且拒絕與承認對方的其他國家建立正式外交關係，也拒絕正式參與承認對方的國際組織。

白皮書也肯定台灣當局的立場是堅持一個中國的立場，堅持台灣是中國的一部分，反對製造 "兩個中國" 和 "台灣獨立"，只是不承認中華人民共和國政府代表全中國的合法地位。

白皮書詮釋 "和平統一，一國兩制" 的基本方針，兩岸敵對狀態並未正式結束，爭取和平統一，但是不承諾放棄使用武力。台灣如果否認 "一個中國" 原則，圖謀將台灣從中國領土中分割出去，和平統一的前提和基礎將不復存在。採用武力是最後不得已而被迫做出的選擇。統一後台灣實行高度自治，中央政府不派軍隊和行政人員駐台。

白皮書認定，"台灣獨立"、"兩個中國"、"兩國論" 都違背 "一個中國" 原則。只要在 "一個中國" 的框架內，台灣當局的政治地位可以通過政治談判，在和平統一的過程中解決。這顯然是很複雜的憲法問題。白皮書這段論述，與 "林肯原則"（Lincoln Doctrine）揭開美國南北戰爭的憲法原則相同。

美國聯邦憲法規定的聯邦體制，依憲政慣例，經聯邦國會同意即可加入聯邦，但並無各州退出聯邦之規定。1861 年 3 月 4 日，林肯就任美國總統的就職演說提出 "林肯原則"，可稱為 "一個美國" 原則。"林肯原則" 主張："任何州均不得僅憑自己動議，即可合法脫離聯邦……反抗美國政府當局的暴力行動，都可以按具體情況視為叛亂或革命。"而當"林肯原則"轉成"一個中國"原則，即意味著台灣當局不得僅憑己意脫離中國，或有反抗中國政府的暴力行動，否則可被定性為叛亂。[1]

5.2.16　《反分裂國家法》

2005 年 3 月 14 日，中華人民共和國全國人大通過《反分裂國家法》。該法只有十個條文，除了將過去統一台灣的大政方針以法律形式規範外，其中第八條規定："'台獨'分裂勢力以任何名義、任何方式造成台灣從中國分裂出去的事實，或者發生將會導致台灣從中國分裂出去的重大事變，或者和平統一的可能性完全喪失，國家得採取非和平方式及其他必要措施，捍衛國家主權和領土完整。"

《反分裂國家法》第七條強調台灣海峽兩岸應平等協商和談判，實現和平統一。和平統一的步驟和安排、台灣當局的政治地位、台灣地區在國際上與其地位相適應的活動空間，都可以協商和談判。然而台灣當局和台灣地區卻都涉及憲法和國際法的問題，很難和平談判。尤其 1950 年後台灣被美國納入"勢力範圍"，1979 年 4 月 10 日美國制定《台灣關係法》更把這個"勢力範圍"法律化，"台獨"勢力以"王莽篡漢"的策略爭取政權更加得心應手，這個僵局更難解開。尤其 2014 年後，台灣內部主張"台獨"的聲浪日益高漲，主張統一的聲勢大不如前。"台獨"由暗而顯，統一由顯而暗，和平統一的寬裕度必將面臨更加嚴酷的考驗。2005 年中華人民共和國制定的《反分裂國家法》是否適宜應付變局，仍屬於不確定狀況。這個法律以中華人民共和國國內法面貌出現，相當程度上也是針對美國國內法《台灣關係法》而來。兩部法律都把"台北政府"定位為"台灣當局"或"在台灣的統治當局"，都模糊地"認知"台灣當局的法律地位不是"主權政府"，主權存

---

[1]　蔡正元：《台灣島史記（修訂版）（下冊）》，香港：中華書局（香港）有限公司 2020 年，第 366-368 頁；李國雄、莊家梅：《一個中國內外有別對台灣之適用性的探討》，《中國大陸研究》2001 年 6 月 1 日第 44 卷第 6 期，第 41-51 頁。

在承認、國家組織承認、政府地位承認、外交權利承認都不適用，法律地位接近“區域性自治政府”。美國的《台灣關係法》把“台灣作為美國的勢力範圍”法律化，《反分裂國家法》則把“台灣是中國的主權領土”法律化。[1]

5.2.17　2005 年“胡連五項願景”

2005 年 4 月 26 日，中國國民黨主席連戰訪問中國大陸[2]，送行的支持者與反對者在桃園機場大廳爆發嚴重的肢體衝突。4 月 29 日連戰在北京人民大會堂與中國共產黨總書記胡錦濤舉行歷史性的會見，會見後發表新聞公報，稱“胡連五項願景”。兩黨共同體認要堅持“九二共識”，恢復兩岸談判、終止敵對狀態、達成和平協議、建立黨對黨定期溝通平台。這是繼 1993 年辜振甫、汪道涵新加坡會談後，第二次海峽兩岸重大會談的歷史事件。

“胡連五項願景”內容如下：

一、促進兩岸在“九二共識”基礎上儘速恢復平等協商。

二、促進正式結束兩岸敵對狀態，達成和平協議，建構兩岸和平穩定發展架構，包括建立軍事互信機制，避免兩岸軍事衝突。

三、全面經濟合作，建立密切經貿合作關係，包括全面直接雙向三通等，進而建立穩定經濟合作機制，並促進恢復兩岸協商後，優先討論兩岸共同市場問題。

四、討論台灣民眾關心的參與國際活動問題，包括優先討論參與世界衛生大會（WHA）。

五、未來國共將建立黨對黨定期溝通平台，徹底落實國共和解。

---

[1] 李鐵喜、高升：《析〈反分裂國家法〉與〈與台灣關係法〉的根本區別》，《惠州學院學報》2005 年 8 月 1 日第 25 卷第 4 期，第 28-31 頁；周葉中：《論反分裂國家法律機制的問題意識與完善方向》，《法學評論》2018 年第 1 期，第 1-8 頁；周葉中、祝捷：《關於大陸和台灣政治關係定位的思考》，《河南省政法管理幹部學院學報》2009 年第 3 期，第 20 頁。

[2] 蔡正元：《台灣島史記（修訂版）（下冊）》，香港：中華書局（香港）有限公司 2020 年，第 380-381 頁。

這 "五項願景" 有部分在 2008 年馬英九當政後付諸實施。[1]

5.2.18 兩岸直航與 ECFA

2002 年 10 月 27 日，據稱是蔣經國的兒子的蔣孝嚴（時任 "立法委員"）率先提議 "大陸台商春節返鄉專案"，啟動 "春節包機"，打開台海兩岸通航的契機。經陳水扁當局同意，分別於 2003 年及 2005 年辦理兩次 "台商春節包機"，搭機對象僅限台商及家眷。2004 年大陸要求直飛，陳水扁當局堅持停經第三地，談判破局，包機停航。2006 年春節擴大搭乘資格至所有在大陸的台灣居民，稱 "台灣居民包機"。同年 7 月，開放 "專案貨運包機"；8 月兩岸議定，包機擴及春節、清明、端午、中秋。2007 年開辦常態貨運包機、緊急醫療包機。

2008 年 5 月 12 日汶川大地震後，開辦 "人道救援包機"。5 月 20 日馬英九上台執政，7 月 4 日起開辦 "週末包機"，並開放大陸居民及其他國家人民搭乘。12 月 15 日兩岸包機常態化，不再停經第三地、拐彎飛航，由上海與台北兩個空管中心直接對接，實現真正直航。2009 年 8 月 31 日包機轉為定期航班。

2005 年連戰訪問大陸，與胡錦濤共同發表 "胡連五項願景"，其中第三項是 "促進兩岸經濟全面交流，建立兩岸經濟合作機制"。2008 年馬英九競選時，主張兩岸簽訂《海峽兩岸經濟貿易協議》。2009 年 1 月國民黨與工商團體呼籲兩岸及早簽訂經貿協議。2010 年 6 月 29 日海峽兩岸在重慶簽訂《海峽兩岸經濟合作架構協議》（*Economic Cooperation Framework Agreement*），簡稱 ECFA[2]。8 月 17 日台灣地區立法機構中國民黨、民進黨民意代表在議場主席台打架，民進黨不敵，王金平宣佈通過 ECFA。兩岸直航

---

[1] 牛太升：《論鞏固加強海峽兩岸和平發展的法律基礎》，《法治研究》2009 年第 7 期，第 8 頁；蔡正元：《台灣島史記（修訂版）（下冊）》，香港：中華書局（香港）有限公司 2020 年，第 381 頁。

[2] Eleanor Albert, "China-Taiwan Relations", Council on Foreign Relations, 7 December 2016；劉光華：《海峽兩岸經濟合作框架協議：從政治議題轉換為法律命題》，《海峽法學》第 2 期，第 3 頁；張亮：《ECFA 的法律性質研究》，《法律科學：西北政法學院學報》2012 年第 5 期，第 162–168 頁。

及開辦定期航班、簽訂 ECFA 可說是馬英九的兩項政績。

　　2010 年通過 ECFA 時，只有部分貨品降免關稅，部分服務項目獲得市場准入，列名其中的貨品和服務的清單，稱"早收清單"[1]。2011 年 2 月、3 月兩岸依 ECFA 規定，繼續協商《海峽兩岸服務貿易協議》及《海峽兩岸貨品貿易協議》，擴大貨品和服務的清單，2013 年 6 月達成《海峽兩岸服務貿易協議》。2014 年 3 月台灣方面審議《海峽兩岸服務貿易協議》時，爆發"台獨"分子假"3.18 台灣部分團體和學生反服貿抗爭事件"之名，發動暴民佔領議場，馬英九無法處理，兩個協議完全停擺。[2]

[1]　袁發強、馬之遙：《海峽兩岸〈綜合性經濟合作協議〉的法理思考》，《時代法學》2009 年第 5 期，第 48 頁。

[2]　曹雪菲：《中國共產黨執政以來對台政策變化分析》，內蒙古大學政治學原理碩士論文，2010 年；曾建元、林啟驊：《ECFA 時代的兩岸協議與治理法制（The Legal Regulation of the Cross-Straits Agreements and Governance in the ECFA Age）》，《中華行政學報（*The Journal of Chinese Public Administration*）》2011 年 6 月 1 日第 8 期，第 297-313 頁；蔡正元：《台灣島史記（修訂版）（下冊）》，香港：中華書局（香港）有限公司 2020 年，第 394-395 頁。

5.3 ————————————————————————————

小結

　　本章分兩個部分討論 1950 年朝鮮戰爭爆發後，有關於台灣領土主權產生的各種爭議。第一個部分討論有關於 1950 年後台灣的領土主權歸屬的爭議問題的起源，包括杜魯門兩次互相矛盾的聲明、蔣介石的 "託管地說"、《舊金山和約》的問題、杜勒斯的 "台灣地位未定論"，以及在台灣內部引起 "台獨" 勢力的反應，都構成後來 "一個中國" 原則推動時的障礙，例如彭明敏和長老教會的 "宣言"。這個部分主要在鋪陳、分析及評論這些爭議問題在國際法和憲法上的法理內容。

　　第二個部分解析 "一個中國" 原則因聯合國 "第 2758 號決議案" 而終結 "兩個中國" 的國際法現象，繼而快速推進，包括有《上海公報》、《中日聯合聲明》、《中美建交公報》、《八一七公報》等國際法層面的進展，可是同時也有《台灣關係法》、"六項保證" 等美國所設立的障礙，以及在美國支持下台灣內部對 "一個中國" 立場的挑戰性反應和發展。"一個中國" 原則在憲法層面的發展有《告台灣同胞書》、"一國兩制" 的提議、"九二共識"、"江八點"、2005 年 "胡連五項願景"、ECFA 等等的提出，同時也有 "三不政策"、"李六條"、"兩國論" 的阻擾，以及目前僵持在三份白皮書和《反分裂國家法》之間的兩岸關係。這部分的主權爭議也延伸到了憲法層面，使原本的《南京憲法》秩序產生不停的崩解與不斷的調整。

第六章

台灣領土主權的
法理爭論

　　"一個中國"原則在憲法和國際法上有三個層次的法理論述。第一個層次是"世界上只有一個中國，一個完整的中國主權領土，一個合法的中國政府"，這是主權存在承認和國家組織承認的問題；第二個層次是"中華人民共和國政府是中國唯一合法的政府"，這是政府承認的問題；第三個層次是"1945 年以後台灣是中國主權領土的一部分"，這是局部領土主權的承認問題。第一個層次的論述已被國際法和兩岸的憲法秩序所承認。第二個層次是被國際法所承認但不被台灣地區現行憲制秩序所承認。第三個層次則被"台獨"分子和反中人士不斷提出挑戰，首先被挑戰的就是《開羅宣言》的合法性和法律效力，如何理解這些法理爭論會影響台灣領土主權問題的解決方向。[1]

---

[1]　江啟臣：《"一個中國"與中華民國的法律地位》，《台灣國際法季刊》2006 年 9 月 1 日第 3 卷第 3 期，第 133–160 頁；Robert A. Madsen, "The Struggle for Sovereignty between China and Taiwan", in Stephen D. Krasner (ed.), *Problematic Sovereignty: Contested Rules and Political Possibilities*, New York: Columbia University Press, 2001, pp. 141–150; Ulrich Came and Charles, "Challenging Sovereignty: India, TRIPS, and the WTO", in John D. Montgomery and Nathan Glazer (eds.), *Sovereignty Under Challenge: How Governments Respond*, London: Routledge, 2017, p. 192.

6.1

開羅宣言的爭論

1943 年 12 月 1 日，《開羅宣言》是以 "新聞公報" 的名義由美國白宮發佈，其效力後來卻引起許多爭論。首先，沒有爭議的是《開羅宣言》所揭示的領土安排是美、英、中、蘇等四個國家的共識或意向（letter of intent），但《開羅宣言》有無國際法或憲法上的法律效力，或者何時產生法律效力，就成為各方爭論的問題。

第一，有人爭論《開羅宣言》發佈時只是 "新聞公報"，美國白宮當時並未取名《開羅宣言》，所以世上從來沒有《開羅宣言》這份法律文件存在。[1]

睽諸實際狀況，《開羅宣言》在 1943 年發佈時，的確是以 "新聞公報" 為名發佈，甚至也不是以《開羅公報》或《開羅宣言》的名義發佈。不過 1945 年 7 月 26 日美、英、中發佈及隨後蘇俄加入簽署之《波茨坦公告（或宣言）》第八條明訂：

> 《開羅宣言》之條件必將實施，而日本之主權必將限於本州、北海道、九州、四國及吾人所決定其他小島之內。

1945 年《波茨坦公告》所說的《開羅宣言》就是 1943 年的那份 "新聞公報"，就這一點相關國家從來沒有質疑過。換言之，1943 年的 "新聞公報" 到了 1945 年，已經由《波茨坦公告》正式訂名為《開羅宣言》，所以名稱不是問題。1945 年 7 月 28 日，日本首相鈴木貫太郎（1868-1948）也聲明美、英、中的《波茨坦公告》和《開羅宣言》中的投降條件並無差異。因此，國際上各當事國包括日本已於 1945 年 8 月 15 日確認《開羅宣言》的存在，而且以附著於《波茨坦公告》的方式成為正式的法律文件。

---

[1]　https://www.storm.mg/article/367532?page=2.

第二，《開羅宣言》當時未經簽字，未經簽字的宣言是否有法律效力，時常受到爭議。[1]

重點是《波茨坦宣言》有經美、英、中、蘇四國領袖陸續簽字，《開羅宣言》已列入《波茨坦宣言》的第八條，已具有四國領袖簽字生效的法律效力。何況《開羅宣言》經美國白宮發佈時，已審閱過《開羅宣言》的四國領袖當時也從未持異議。《維也納國際條約法公約》第十一條規定：“一國承受條約拘束之同意得以簽署、交換、構成條約之文書、批准、接受、贊同或加入、或任何其他同意之方式表示之”。《開羅宣言》之效力，只要發佈前經美、英、中、蘇同意，該四國即受《開羅宣言》之拘束。“簽署”不是唯一生效的要件，“贊同”及“任何其他同意之方式”也是生效要件。

第三，《開羅宣言》是否對日本產生效力的爭議。由於在 1943 年發佈時，《開羅宣言》只對美、英、中、蘇四國發生國際法的拘束效力，日本是該宣言涉及的“當事國”，日本當時尚未同意接受《開羅宣言》的拘束，《開羅宣言》尚不對日本產生效力。但 1945 年 8 月 15 日，日本昭和天皇發佈《無條件投降詔書》的第二段宣示“朕使帝國政府，對美、英、中、蘇四國通告受諾其共同宣言旨。”《開羅宣言》有關領土的安排立即對日本產生拘束效力。尤其依據當時日本的《明治憲法》第四條規定：“天皇，為國之元首，總攬統治權，依本憲法條規行之。”亦即日本國的主權者是天皇，不是日本國民，亦非日本帝國議會。國際法“當事國”的日本天皇以詔書通告接受《波茨坦宣言》時，《開羅宣言》規定台灣及澎湖應歸返中國的條件，立即對日本產生拘束效力。換言之，《開羅宣言》在 1943 年 12 月 1 日起，對美、英、中、蘇四國產生拘束效力；但至 1945 年 8 月 15 日起，才對日本產生拘束效力，且產生可執行的國際條約法的效力。日本是將台灣及澎湖歸還中國的當事人，台灣及澎湖歸還中國的法律效力，自是從 1945 年 8 月 15 日日本昭和天皇發佈《無條件投降詔書》起才立即生效。[2]

第四，儘管 1945 年 9 月 2 日外相重光葵代表日本天皇及政府，梅津美

---

[1]　https://www.books.com.tw/web/sys_serialtext/?item=0010827182&page=2.

[2]　https://talk.ltn.com.tw/article/paper/522617.

治郎代表日本軍部（大本營）簽署《投降書》（*The Instrument of Surrender*），又稱《日本降伏文書》，投降書第六段也宣示，"余等茲為天皇、日本國政府及其繼續者，承約切實履行《波茨坦宣言》之條款"，還是有人從國際法的細節爭論，認為只有"條約"才可以規定領土的移轉，《開羅宣言》和《波茨坦宣言》都不是"條約"，不構成台灣及澎湖的領土主權從日本移轉回中國的效力。這些人認為未經任何"條約或和約"明訂台灣及澎湖歸還中國，"宣言"或"文書"不生領土主權移轉的國際法效力。重點是，國際法涉及領土主權的移轉，不一定要簽訂"條約"才算數，簽訂的文件也不一定要命名為"條約"，甚至個別署名的"相互有關文書"，只要領土主權轉移內容的意思表達一致，國際法"條約"效力立即成立。這在編纂國際習慣法而成的《維也納國際條約法公約》中寫得很清楚。該公約第二條明訂："稱'條約'者，謂國家間所締結而以國際法為準之國際書面協定，不論其載於一項單獨文書或兩項以上相互有關之文書內，亦不論其特定名稱為何。"

換言之，"不論名稱，相互有關文書"都可以構成國際法上的"條約"。歷史上荷蘭東印度公司代表荷蘭共和國將台灣的領土主權移轉給代表大明帝國的國姓爺鄭成功，也是用兩份意旨相符的"聲明書"所構成，但仍史稱《鄭荷條約》即是一例。[1] 第二次世界大戰後德國呈遞《德國降伏文書》（*German Instrument of Surrender*）表示無條件投降，德國許多領土立即被轉移給波蘭、法國、蘇聯等國，既未經德國同意，也從無簽訂任何條約，這證實條約不是移轉領土主權的必要方法。

第五，有人認為只有《舊金山和約》有規定的項目才算數，《舊金山和約》只規定日本放棄台灣和澎湖，並沒有提及台灣和澎湖歸屬於中國，因此中國就無權取得台灣主權。有趣的事實是，蘇聯和中國並未簽署或同意《舊金山和約》，因此《舊金山和約》對蘇聯與中國不生效力。《舊金山和約》的簽約國除了美國外，也沒有任何其他簽約國像蘇聯與中國一樣和日本大規模

---

[1] https://news.ltn.com.tw/news/politics/breakingnews/1485820; The Instrument of Surrender; https://www.ndl.go.jp/constitution/e/etc/c05.html; https://en.wikisource.org/wiki/Vienna_Convention_on_the_Law_of_Treaties; 蔡正元：《台灣島史記（修訂版）（中冊）》，香港：中華書局（香港）有限公司 2020 年，第 81–86 頁。

交戰過，也不是日本無條件投降的對象國家。這些其他簽約國都是美國拉來助陣的"觀眾"（audience）或"扈從國家"（bandwagoning states），不是正牌的"參戰國"。這份《舊金山和約》表面上是多國簽署的國際條約，但蘇聯、中國未簽署，充其量只是《美日和約》。所以《舊金山和約》對《開羅宣言》、《波茨坦公告》、《無條件投降詔書》、《日本降伏文書》等國際法文件，都不生"修訂"效力，也不生取代作用。想以《舊金山和約》作為"台灣地位未定論"的法理基礎，毫無依據。日本昭和天皇《無條件投降詔書》及日本政府《降伏文書》所列投降對象都明確地僅指"美國、英國、中國、蘇聯"等四個同盟國，日本與這四個國家以外者簽訂"和約"，沒有國際法上"宣戰、戰爭、停戰、投降、和解"的意義。日本人的投降條件未經這四個國家一致同意，也不會有修正的效力。[1]

　　第六，有人按字面解釋《開羅宣言》，台灣"應復歸中華民國"，不是"應復歸中國"或"應復歸中華人民共和國"。問題的關鍵是"中華民國"在1942年1月1日簽署《聯合國宣言》（*Declaration by United Nations*）是由宋子文以"中國"（China）之名簽署，並非以"中華民國"（The Republic of China）的國號簽署。在1943年美國發佈《開羅宣言》時的"中華民國"是代表中國主權（China sovereignty）的國家組織（state organization），其憲法及國際法上的先決條件是"中華民國"作為一個國家級的政治組織必須擁有憲法及國際法上的中國領土主權，其政府必須是憲法及國際法上中國唯一的合法政府。但如果"中華民國"喪失這些憲法及國際法上的先決條件，《開羅宣言》規定"台灣應復歸中華民國"的主權權利，就由繼承中國領土主權的國家組織所繼承，這項法理殆無疑義。因為一個不擁有中國領土主權的"中華民國"，只是一個普通的政治組織，不是"主權國家"，無法聲索《聯合國宣言》及《開羅宣言》所賦予的國際法權利，相關權利將被新的中國主權繼承者所繼承，這就是"主權權利或權力"（sovereignty rights or power）隨"主權"（sovereignty）而移轉的法理基礎。尤其日本昭和天皇《無

---

[1]　http://www.twhistory.org.tw/20010910.htm.

條件投降詔書》和日本政府《日本降伏文書》都明確指名投降對象是"中國"（China），不是指名"中華民國"或任何其他國號的國家組織，意即唯有持有中國主權的國家組織才是日本投降條件的履行對象。就如同 1991 年蘇聯解體，除非俄羅斯聯邦自願放棄，原蘇聯所擁有國際法上的主權權利由俄羅斯聯邦繼承。1971 年聯合國大會"第 2758 號決議案"剝奪台灣當局以"中華民國"為名所擁有的國際法上的中國主權權利，台灣當局雖號稱"中華民國"，但在國際層面上，已經不再是"主權政府"，也不再是代表中國的"合法政府"，而是一個"法律地位未定"的政治組織。1979 年 4 月 10 日，美國自行訂定的《台灣關係法》將台灣當局定位為"在台灣的統治當局"（the governing authorities on Taiwan），既不是"主權國家"（sovereign state），也不是"主權政府"（sovereign goverment）。2017 年國際海洋法仲裁庭更裁定台灣當局是"中國台灣當局"（Taiwan Authority of China），再度確認台灣當局不是"主權政府"，而是中國主權領土上法律地位未定的政治組織。[1]

---

[1] 安托尼・奧斯特（Anthony Aust）著，汪國青譯：《現代條約法與實踐》，北京：中國人民大學出版社 2009 年；劉紅編：《台灣"國家認同"問題與歷史沿革概論》，台北：崧燁文化事業有限公司 2019 年；張衛彬：《國際法院解釋條約規則及相關問題研究》，上海：上海三聯書店 2015 年。

6.2

"光復" 與 "終戰" 的爭論

　　1945 年中國取回台灣的領土主權，史稱 "台灣光復"（Taiwan retrocession）。"台獨" 理論以本土化、去中國化、"台獨" 化為理論，否定 "台灣光復" 的意義。"台灣光復" 其實明文寫在《開羅宣言》這份國際法文件上："日本自中國人竊取之所有領土都應復歸中華民國。" "復歸" 的英文用 "be restored to"，翻譯成 "光復"（retrocession）並無不可。所以 "台灣光復" 是國際法上的歷史事實，無關統獨，也與本土化或去中國化無關。當時適用《開羅宣言》的 "復歸條款" 的其他領土還有滿洲地區及澎湖。有趣的是，日語裏 "投降"（Koufuku）的發音和 "光復" 完全相同，但意思卻完全相反。因此 "台獨" 的主張者由於親日始終反對使用 "台灣光復" 一詞，這是對日本無條件投降的法律事實與效果提出挑戰的爭論。

　　但企圖建立 "台獨" 理論的法律學者卻很積極地擬想《開羅宣言》無效論，否定 "台灣光復" 的歷史事實，歪曲歷史事實去論述所謂的 "台灣主體性"，主張配合日本習慣的 "終戰" 的說法，把 "台灣光復" 說成 "終戰非法接收"。現列舉 "台獨" 理論的說法如下：

　　第一，有人認為依國際法 "慣例"，只有 "條約" 才能表述領土主權的轉移，像《馬關條約》一樣，單憑《開羅宣言》不足以表述台灣主權可以從日本轉移至中國。這種說法不但沒有根據，也是對國際法的曲解，因為 "條約" 從來就不是領土主權轉移的唯一國際法文件，領土主權移轉的國際法文件也不一定取名 "條約"，只要領土轉移雙方當事國家有足以表述轉移合意的文件即可，交互換文或交互聲明均可，況且不是所有符合 "條約" 要件的國際法文件，都會以 "條約" 命名。第二次世界大戰後，德國的領土立即大量喪失，僅憑 1945 年 8 月 2 日美國、英國、蘇聯三國舉行波茨坦會議會後的《波茨坦議定書》（Potsdam Protocol），又稱《波茨坦協定》（Potsdam

Agreement），就決定德國應該喪失奧得河與尼斯河（Oder-Neisse）以東的領土、西普魯士和東普魯士、阿爾薩斯和洛林等等大塊領土，而且沒有德國任何代表簽訂任何條約，就把土地割給波蘭、蘇聯、法國、比利時、拉脫維亞、捷克等國。德國與日本同為無條件投降國家，相較之下，《開羅宣言》、《波茨坦公告》、日本昭和天皇《無條件投降詔書》、《日本降伏文書》等四份國際法文件，在法理上更充分地確定台灣及澎湖的主權自 1945 年 8 月 15 日中午起由日本轉移給中國，因為日本昭和天皇《無條件投降詔書》及《日本降伏文書》這兩份文件表述的投降對象都是 "中國"（China），並由當時具有 "中國" 主權代表權的國家組織 "中華民國" 收受。這四份文件即可使台灣的領土主權移轉給中國發生效力，且在 1943 年《開羅宣言》發佈時，對美國、英國、中國、蘇聯產生拘束力。1945 年日本昭和發佈《無條件投降詔書》時，對日本生效，並無國際法上的疑慮，不須再由其他 "條約" 補充。《開羅宣言》規定的領土轉移不只是台灣、澎湖而已，中國東北地方的 "滿洲" 亦在其中，滿洲已按《開羅宣言》的規定歸還給中國，同一條文規定的台灣、澎湖歸還中國的法律效力，當然沒有不同。滿洲的領土主權已於同時間 "復歸" 中國，儘管當時滿洲處於蘇聯佔領狀態下，主權仍屬於中國，台灣和澎湖絕對沒有例外的法律空間，也不會因處於誰的佔領下而有所不同。台灣有些國際法知識非常不足的學者如薛化元主張 "領土移轉必須有條約" 就是一例。[1]

　　第二，有人認為 1951 年 9 月《舊金山和約》，只規定日本放棄台灣與澎湖，並未言明讓與中國，而 1952 年 4 月 28 日台灣當局與日本簽訂 "和約" 也是如此，所以推論中國或 "中華民國" 無權統治台灣。台灣的法律地位就處於 "未定狀態"，這是 "台灣地位未定論" 的論據。這種說法的謬誤在於無視日本是 "無條件投降" 的國際法事實，無條件投降的敗戰國，無權決定被剝奪的領土或其他權利應該轉移給何人，只有戰勝國才有權決定。與無條件投降之戰敗國的日本簽訂和約，不需要日本的同意去決定這些領土主

[1]　薛化元：《台灣地位關係文書》，台北：日創社文化事業有限公司 2007 年。

權的歸屬或如何移轉。日本無條件投降的對象國家可共同決定日本被剝奪的領土的歸屬，即美國、中國、英國、蘇聯這四個國家才有權共同決定，而這四個國家如何共同決定這些領土的歸屬，必須受《波茨坦公告》的拘束。日本表述的投降對象是“中國”，不是“中華民國”，這點與《開羅宣言》的表述不同。所以“中華民國”作為一個國家組織，也必須擁有“中國”的主權代表權才能擁有台灣的領土主權。《舊金山和約》只是解除第二次世界大戰同盟國對日本佔領狀態的和約，而且蘇聯和中國作為《波茨坦公告》的兩大簽約國，也是日本投降對象四個同盟國中的兩個國家，並未簽署《舊金山和約》，不受《舊金山和約》的拘束。未經中國和蘇聯同意，《舊金山和約》無權否定或修改《開羅宣言》、《波茨坦公告》、日本昭和天皇《無條件投降詔書》、《日本降伏文書》所建立的國際法領土秩序。何況日本在日本昭和天皇《無條件投降詔書》及《日本降伏文書》上都明白記載，日本只對“美國、英國、中國、蘇聯”這四個國家投降，並沒有對其他國家投降，美國在舊金山找一堆扈從國家（bandwagoning states）參與“和會”，簽署“和約”，中國和蘇聯沒有簽署，對台灣、澎湖、滿洲的領土主權歸屬問題，《舊金山和約》就沒有國際法上的規範意義，也對中國和蘇聯不具拘束力，不影響中國在《波茨坦公告》及《日本降伏文書》已取得的權益。有些台灣學者缺乏國際法訓練，對《舊金山和約》作出錯誤解讀，張炎憲就是一例。至於所謂“中國主權代表權”是指從大清帝國繼承而來的國際法及憲法上中國主權的權利和義務。“中國”不是憲法上的國號，卻早在 1689 年 9 月 7 日以拉丁文和滿文簽訂《尼布楚條約》（Treaty of Nerchinsk）時，大清帝國便以“中國”之名劃分中俄疆界，確立“中國”一詞是具有國際法人格的國家主權載體，1689 年台灣已是中國主權和管轄權所及領土的一部分。[1]

　　第三，有人認為日本是對同盟國投降，不是單獨對中國投降，受降的中國主官都是根據盟軍最高統帥麥克阿瑟發佈的“一般命令第一號”的授權，

---

[1]　張炎憲：《台灣地位非根據日本降書》，http://211.75.138.103/formosa/blog_echo.php?TopicID=4085；林呈蓉：《舊金山和平條約與台灣地位未定論》，https://web.archive.org/web/20150313075002/，http://www.twhistory.org.tw/20010910.htm。

代表盟軍受降，受降典禮都懸掛各同盟國旗幟，而非單獨懸掛中國旗幟；中國軍隊佔領台灣，是中華民國的軍事佔領，不是合法的領土主權移轉。這又是對國際法無知的說法，領土主權移轉和軍事將領無關，麥克阿瑟只是軍事將領，不是國家元首或內閣總理，無權發佈命令移轉領土主權，各地投降儀式上的雙方將領，只能代表軍隊或機關人員行使投降手續，無權行使領土主權移轉的表述。麥克阿瑟在 1945 年 9 月 2 日交付給重光葵和梅津美治郎的"一般命令第一號"只是以同盟國太平洋戰區統帥的身份，代表杜魯門、斯大林、艾德禮和蔣介石對日本軍隊和政府下令，不是對日本國或日本天皇，更不是對中國。1945 年 10 月 25 日在台北舉行的台灣光復儀式，先舉行日本軍隊的投降儀式，日本的台灣殖民總督及第十方面軍司令官安藤利吉同時代表日本在台灣的殖民政府和第十方面軍，向代表中國及同盟國的台灣省行政長官及警備總司令陳儀投降，這是戰敗國文武官員的投降儀式，所以現場有各同盟國國旗的佈置，與台灣的領土主權移轉無關。投降儀式結束後，陳儀代表中國政府宣佈光復台灣和澎湖的布達儀式，這是主權移轉後的光復布達儀式，也非主權移轉本身。只有《開羅宣言》等四份文件，是經過國家元首或政府首長同意的文件，才足以表述領土主權的移轉行為。"台獨"學者如李筱峰等人就是對第二次世界大戰後的國際法秩序的安排不瞭解，才不知道"一般命令第一號"是杜魯門草擬，經斯大林、艾德禮、蔣介石同意後，才交給麥克阿瑟的軍事文件，與法律上領土主權的移轉事項無關。[1]

第四，有人說美國、英國或其他第二次世界大戰參戰國，都曾有人發言否定《開羅宣言》的效力，例如丘吉爾、杜魯門，甚至蔣介石等人。這項否認如果發生在日本天皇發佈詔書表示接受宣言之前，是可以產生《開羅宣言》及《波茨坦公告》效力中斷的問題。可是這些發言卻都發生在《開羅宣言》經過日本昭和天皇《無條件投降詔書》接受而生效之後，除非美、中、英、蘇、日五國同時合意，才可能再度更改《開羅宣言》等四大文件的國際法既定效力，單憑局部當事人變更立場的發言，無礙中國已擁有台灣領土主

[1] 李筱峰，https://news.ltn.com.tw/news/focus/paper/40263。

權的法律效果。至於位階更低的各國官員發言否定《開羅宣言》的效力，更沒有國際法的意義。1950 年 1 月 5 日美國總統杜魯門在白宮親自發表的《"福爾摩沙" 聲明》就明白肯定《開羅宣言》對美國的拘束力。儘管事後美國基於冷戰的需要，發表《韓國情勢聲明》，嘗試否定《開羅宣言》，但一來違反國際法的 "禁止反言原則"，二來也只能拐彎抹角試圖曲解，卻從未成功過，也從未形成國際法的共識。這些都是 "台獨" 分子拿無知來做門面的說詞，無法動搖《開羅宣言》已成的國際共識和國際法定事實。

所有 "台灣地位未定論" 的主張都是 "政治爭論"，不是 "法律爭論"，更精確的說法是 "以法律爭論為表象的政治爭論"，其問題本質是 "台灣當局法律地位未定論"，而不是 "台灣法律地位未定論"。"政治爭論" 的起源來自中國的國共內戰，美蘇冷戰對峙，以及隨之而來的國際上的中國代表權爭論。台灣的領土主權要在法律上宣稱不屬於中國，只有兩條路可走：第一，台灣人能說服中國主權政府放棄 "一個中國" 原則，改採兩個分裂的德國或韓國的模式，或容許台灣獨立，使台灣人分裂建國，取得台灣主權；第二，台灣人片面宣佈獨立，像 1776 年 7 月 2 日美洲大陸會議宣佈美洲十三個殖民地脫離英國獨立，並展開獨立戰爭，或像 1861 年 2 月 9 日美國南方有七個州宣佈脫離美國聯邦，另組獨立的美利堅邦聯（Confederate States of America），引爆美國南北戰爭。所以台灣片面獨立就必須面臨與中國主權的戰爭衝突。其實歷史上每次台灣主權變更都是通過戰爭完成的，要有例外不太可能。"台獨" 勢力若戰爭獲勝，可如同 1776 年美國獨立。"台獨" 若戰爭失敗，結果可能比 1861 年想獨立的美國南方各州更悽慘。

總而言之，根據《開羅宣言》等四份文件，台灣及澎湖目前的領土主權屬於中國，毫無疑義。有疑問的是台北的 "中華民國政府" 或 "中華人民共和國政府" 誰有權代表中國行使這份領土主權。在 1945 年至 1949 年，當然毫無疑問，南京的中華民國政府有權代表中國行使台灣主權。在 1950 年至 1971 年就因為 "兩個中國" 事實上的存在，開始產生爭議，因為 "中華人民共和國政府" 取得中國絕大部分的領土主權和統治權，台北的 "中華民國政府" 只剩下台灣等島嶼的統治權，雖宣稱擁有全中國主權，而且也擁有聯合國的中國主權代表權，但其"主權消損"（soverignty depletion）危機已相當嚴重，已無法自中國人民或國民取得中國主權的授權狀（mandate）。1971年後聯合國的中國代表權由"中華人民共和國"取得，"兩個中國"事實並立的情況消失，"一個中國"原則成為廣泛的國際法共識。台灣的憲法管轄權實際上雖然仍持續掌控在台灣當局手上，但台灣當局已成為1979年美國《台灣關係法》上的"在台灣的統治當局"，或2016年南海仲裁案裁定書上的"中國的台灣當局"，在國際法上都不具備"國家"資格，只是一種"政權"、"自治政府"或"區域性政府"，基本上其法律地位尚未確定。這既是客觀的政治事實，也是未定的法律問題。《開羅宣言》是發佈在《聯合國宣言》之後的國際法文件，也是聯合國正式成立前的國際法文件，且《開羅宣言》上明文寫上"聯合國"，所以國家組織被聯合國承認擁有中國領土主權代表權，是持有台灣作為主權領土很重要的依據之一。

政治上有所謂"台灣是台灣人的台灣"的主張，這是"政治主張"，不是"法律立論"。至於"台灣人"有沒有台灣的主權，是憲法和國際法問題，要從幾個角度去理解：

第一，領土主權只屬於國家，不屬於居民或民族，除非"台灣人"被承認有權"獨立建國"，並以"國家"身份取得台灣的領土主權，否則"台灣人"只是台灣的居民，並非可以擁有領土主權的法律實體。

第二，如果"台灣人"仍是"準日本人"或"日本天皇的臣民"，絕無法律基礎持有台灣主權，這種法律狀態的台灣人一如1896年日本政府發佈的《台灣及澎湖列島住民退去條規》的規範，仍是敗戰且無條件投降之"臣民"，沒有任何聲索領土主權的權利。

第三，如果"台灣人"是中國人，這時的"台灣人"是以中國人的身份，依中國政府於1946年發佈《台灣同胞國籍回復令》的規定參與行使台灣的領土主權。行使的程序則依據中國的憲制規範，有疑義的只是依據《中華民國憲法》、《中華人民共和國憲法》或還是其他憲制規範而已。

第四，如果"台灣人"要以"台灣共和國"的身份行使台灣的主權，認為"台灣前途由台灣人決定"，並無國際法基礎，除非經由戰爭或其他手段，使中國放棄台灣主權，改變《開羅宣言》賦予中國對台灣的領土主權，否則"台灣人"仍如同《馬關條約》的"留島不留人"的條款規定，無台灣主權。

第五，"台灣人"不是一個"民族"，儘管"台獨"化後的台灣當局不斷宣傳台灣是多元民族組成的社會，"台灣人"是多民族移民的共同體，但是97%以上的"台灣人"都屬於中國漢族卻是不爭的事實，並無可以基於語言和民族身份而取得"民族自決"的權利。

自陳水扁當政後，台灣各級"政府"放棄紀念"台灣光復"，改以日本慣用的"終戰"為名取代，意圖表現"台灣人"的"本土立場"，其實這反而凸顯"台灣人"曾是日本戰敗國臣民的身份，更無權行使台灣主權。"台灣人"的國際法身份，是經由"台灣光復"所具有的法律程序，才轉換為戰勝國人民，而有權參與行使台灣主權。陳水扁這種"去中國化"的分離主義行徑，只會回復到戰敗國臣民的身份，反而喪失台灣主權的行使權利，失去與中國主權者談判的立基點，或產生與中國大陸爭奪台灣領土主權的武力衝突。[1]

---

[1] 楊護源：《"終戰"後台灣軍事佔領接收的籌備準備（1945.08.15–10.31）》，《高雄師大學報》2014 年第 37 期，第 1–16 頁；陳孔立：《台灣民意與群體認同》，台北：崧燁文化事業有限公司 2018 年，第 62 頁；許慶雄：《台灣如何成為"國家"》，《台灣國際研究季刊（*Taiwan International Studies Quarterly*）》2017 年夏季號第 13 卷第 2 期，http://www.tisanet.org/quarterly/13-2-1.pdf，第 1–39 頁。

6.3

"主權消損" 與 "確定的領土"

法國人權宣言揭櫫的 "人民主權" 或 "國民主權" 理論,主張國家的最高及最終的主權歸屬於人民,任何個人或共同體未經人民授權都無權行使主權相關的權力。這個理論有個先決條件就是要釐清哪些人是 "人民主權" 所指涉的 "人民"。根據《蒙特維多國家權利義務公約》的論述,這些 "人民" 必須是在一個 "確定的領土" 之上的 "永久居民",這個 "確定的領土" 無疑指涉一個 "固有領土"、毫無爭議的領土範圍,最起碼這些 "人民" 組織的國家所擁有的領土主權,未與其他另一群 "人民" 組織的國家所主張的領土主權重疊,若有重疊時其程度不足以使任一方 "人民" 成為無法單方面行使主權的 "人民"。就憲法學而言, "人民" 是一個永住人口的法律集合名詞, "人民" 的範圍由領土的範圍所決定。如果由 "人民" 的範圍決定領土的範圍,通常即代表著領土主權的分裂。

美國南北戰爭的爭論就是南方邦聯的人民認為各州就是一個 "確定的領土",各州人民擁有個州土地的主權,有權與南方其他州另組主權國家,宣佈脫離北方聯邦而獨立。北方聯邦則認為依據美利堅合眾國憲法序言規定,美國聯邦的領土主權屬於 "我們美利堅合眾國的人民",不屬於各州的人民,因此林肯主張任何州未經聯邦同意,擅自脫離聯邦就是 "叛國"。換言之, "人民主權" 要由人民集體且共同行使,集體且共同範圍就是 "確定領土" 的範圍,南方邦聯的人民要經過美利堅合眾國人民 "集體且共同" 行使主權來決定是否有權脫離美利堅合眾國。換言之, "確定領土" 決定 "人民" 的範圍,只有在一個 "確定領土" 的範圍內, "人民主權" 才能合法且有效地行使。

加拿大的魁北克獨立問題亦復如是。魁北克經由公民投票要脫離加拿大獨立,仍必須依加拿大最高法院的裁定所述,須經加拿大國會同意,這表示

"人民主權" 得行使的範圍是整個加拿大人民，不是局部的魁北克人民。單憑 "魁北克人民" 並無權力行使 "人民主權"，這是同為法語民族的法國人在十八世紀發佈 "人權宣言" 時沒有表述的前提："以特定領土範圍為基本前提的人民主權"。因為當時法國革命時代的人民所在領土很固定，是法國領土上的全部人民，不是局部領土上的人民。

西班牙的加泰羅尼亞也是試圖經由公民投票表達脫離西班牙，另行組建獨立國家的意志，但西班牙憲法和歐盟憲法都不承認加泰羅尼亞人民有單方面的權力得以行使 "人民主權" 脫離西班牙，西班牙法律視這種公民投票為違法行為，通緝並審判主張且辦理這項 "獨立公投" 的領導人。

"確定的領土" 顯然構成 "人民主權" 得以行使的基本條件。一個擁有領土主權的國家組織，若因為種種原因喪失大部分領土，這些領土上的大部分人民不再或無法繼續將 "人民主權" 的代表權授權或委任給原有的國家組織及其政府，這個原有的國家組織就發生 "主權消損"（sovereignty depletion）問題。領土喪失是 "主權消損" 最常見的原因，但也有領土雖未喪失但因國際法或其他原因，原有國家組織得在其全部或部分領土行使的主權權力受到消減或限制，這也是 "主權消損" 的現象。清代末年的中國遭國際列強 "搶租" 領土，劃分勢力範圍，即屬於這類的 "主權消損" 現象。

但是主權國家壓抑自己的主權行使範圍，將部分主權權力讓予國際組織，這種主權局部讓予只要符合下列條件，就不屬於 "主權消損" 定義下的範疇：第一，主權讓予對象是國際組織，不是另外一個主權國家；第二，主權讓予只限於主權的局部，不是大部分，甚或全部；第三，主權讓予國家保有可以單方面解除讓予並退出國際組織的權利；第四，國際組織所有成員所讓予的主權比例符合公平、平等及互惠的原則。

一個國家組織如果 "主權消損" 過度，會危及 "主權國家" 的資格成為 "殘存國家"（rump state）。"殘存國家" 會有幾個現象：第一，一個國家組織所宣稱的 "確定領土" 已大部分不再屬於其實際管轄之下，且已被另外一個國家組織所管轄，並已宣告為其領土；第二，一個國家組織所宣稱的 "人民" 不再或無法繼續將 "人民主權" 授予（mandate）這個國家組織或其政府，甚至改授予另外一個國家組織和政府；第三，一個"確定領土"鄰近的主權國家不再承認宣稱擁有此"確定領土"主權的國家組織或政府，或者不承認該國家組織或政府合法擁有該"確定領土"的主權。[1]

---

[1] 有關 "主權消損"（sovereignty depletion）問題，參見：Jacques deLisle, "Taiwan: Sovereignty and Participation in International Organizations", *Foreign Policy Research Institute*, July 2011, https://www.fpri.org/docs/media/201107. delisle.taiwan.pdf; John D. Montgomery and Nathan Glazer (eds.), *Sovereignty Under Challenge: How Governments Respond*, London: Routledge, 2017, p. 192; 黃崇佑：《台灣的 "國家定位"（1945–2008）〔*Taiwan's National Orientation (1945–2008)*〕》，台灣大學國家發展研究所碩士論文，2012 年。

6.4

殘存國家理論

　　"殘存國家"（rump state）是世界歷史上常常出現的國家現象，是歷史研究的熱門題目，但其法律性質卻常為憲法學及國際法學所忽略。"殘存國家"原本是具有健全或完整主權的國家組織，通常因為原生國家組織或政權（original state organization or regime）爆發革命（revolution）、政變（coup d'etat）、去殖民化（decolonization）、外國佔領（occupation）、兼併（annexation）、內部分裂（secession）、內戰（civil war）、外敵入侵（foreign invasion）、殖民勢力進入（colonization）等因素造成的政治現象，導致喪失領土、失去人民、主權權利被剝奪、政府機能失敗，產生嚴重的"主權消損"（sovereignty depletion）危機，所遺留或殘存的國家組織，可能還使用著原先的國家符號和憲制規範，但在實質意義和法律意義上已與"主權消損"危機前的國家組織性質大不相同。

　　歷史上常有國家組織喪失大部分主權領土及可課稅的人口，產生"主權消損危機"（crisis of sovereignty depletion），因而喪失代表原先主權者的法律地位（sovereign legal status）。例如公元 1202 年至 1204 年間，西歐第四次十字軍東征（Fourth Crusade）攻擊同為基督教國家的東羅馬帝國，東羅馬帝國仍自稱"羅馬帝國"（Imperium Romanum），但十六世紀後常被歷史學家稱為"拜占庭帝國"（Byzantine Empire）。十字軍佔領拜占庭首都君士坦丁堡（Constantinople），拜占庭帝國的餘臣在剩餘的領土上另外組建三個國家組織：位於希臘西部的伊庇魯斯王國（Despotate of Epirus）、位於土耳其北部的特拉比松帝國（Empire of Trebizond）、位於土耳其西部的尼西亞帝國（Empire of Nicaea）。這三個國家組織都宣稱擁有拜占庭帝國的全部領土主權，也都聲稱要驅逐佔領君士坦丁堡的第四次十字軍所建立的拉丁帝國（Latin Empire），但始終無法實現。因此這三個國家組織雖然都自稱"羅馬帝國"，但鄰近國家則給予另外的稱呼和定位，如特拉比松帝國等的稱呼，實際上只是"羅馬帝國"歷經"主權消損危機"後的"殘存國家"（rump state）。"殘存國家"的發展常是被合併統一，或獨立一段時間，但其法律性質常不如其政治特徵為大量研究文獻所關注。

"殘存國家"的基本特徵是原生國家組織經歷"主權消損"後，部分殘存政治力量聲稱沿用舊有的憲制規範的"國家組織"，聲稱存在一個法律上的"確定領土"，其範圍與實際管轄的"確定領土"產生極大的差距，使得鄰近國家難以施行正常的國際法秩序給予承認或與其互動。"殘存國家"的承認問題不同於"分裂國家"。分裂國家從原生國家分裂出兩個或更多的國家組織時，各個分裂的國家組織所管轄的"確定領土"面積相差不大，且呈穩定狀態，幾達互相承認的地步。

"殘存國家"在運用原有的憲制規範時會有運作瑕疵的缺陷，在國際法秩序中會有"殘存領土法律地位"（legal status of rump territoty）、"主權承認"、"國家承認"、"政府承認"、"外交承認"等問題。第二次世界大戰期間，德國入侵比利時，且佔領比利時絕大部分領土，此時的比利時雖仍然擁有非洲的殖民地，但已是"殘存國家"，就曾在憲法和國際法上產生問題。

1950 年後"中華民國"作為一個曾經是"主權國家"中國的國家組織，經歷過度的"主權消損"，"確定領土"已不再確定，成為"主權"資格備受爭議的"殘存國家或政府"式的"台灣當局"。在國際法上，"一個中國"原則與"台灣地位未定論"產生矛盾；在憲法上，"主權消損"危機使蔣介石聲稱的"中華民國政府"淪為"台灣當局法律地位未定論"的焦點。雖然聲稱只有一個中國，"中華民國"代表一個中國，中國主權涵蓋台灣，"中華民國政府"的管轄權卻不及於大陸，大陸又已產生被國際承認的中華人民共和國，使台灣主權和管轄權發生嚴重分離的政治與法律現象，透過"殘存國家"的理論模式去探討，可說是相當合適。

本書提出殘存國家的理論模型如下：

第一，任一擁有主權的國家組織遇有嚴重的"主權消損"，若沒有被完全消滅，可能成為"殘存國家組織"，簡稱"殘存國家"。

　　第二，"殘存國家"剛開始都會宣稱仍然擁有"主權消損"發生前的"主權權利"，包括領土聲索權（territorial claim）等，在一定限制範圍內，實際上代行部分原有主權者的權力，並在一定程度內常被鄰近各國所默認或接受，出現類似 *Carl Zeiss Stiftung v. Ray & Keeler* 案中的 Wilberforce 原則。

　　第三，"殘存國家"會繼續使用原有的國家符號和憲制規範，也會陸續進行一些調整以適應現實狀況。

　　第四，鄰近國家對"殘存國家"的存在會基於自己的利益而發展出各種與"殘存國家"交流和對待的不同方式。

　　第五，"殘存國家"生存的時間可長可短，端視"殘存"的背景因素的變化而定。

　　第六，歷經時間的衝擊，"殘存國家"會逐漸淡化原有國家組織的各項特性，發展出獨特且別具特色的法律及政治性格。[1]

　　第七，"殘存國家"不是轉型為更小的獨立國家組織，就是被新興勢力所合併，或因內鬥等原因而瓦解。[2]

　　第八，"殘存國家"尚有部分原有領土的管轄權，不像"流亡國家"（exiled state）連一點領土的管轄權都喪失，完全談不上領土主權的行使。[3]

　　第九，"殘存國家"若離開原生的主權領土，佔有其他國家的領土，就會形成"遷佔者國家"，鄭成功的政權性質在中國大陸時期就是"殘存國

[1] Amitai Etzioni, "The Evils of Self-Determination", *Foreign Policy*, no. 89, Winter 1992-1993, pp. 21-35; Michael Angold, "After the Fourth Crusade: The Greek Rump States and the Recovery of Byzantium", in Jonathan Shepard (ed.), *The Cambridge History of the Byzantine Empire c. 500-1492*, Cambridge University Press, Resreach Gate, January 2009, pp. 729-758; Marcelo G. Kohen (ed.), *Secession: International Law Perspectives*, Cambridge University Press, 2006, pp. 23-45.

[2] Stephen D. Krasner, *Problematic Sovereignty: Contested Rules and Political Possibilities*, Columbia University Press, 2001, p. 148 (For some time the Truman administration had been hoping to distance itself from the rump state on Taiwan and to establish at least a minimal relationship with); Stephen D. Krasner, *Sovereignty: Organized Hypocrisy*, Princeton University Press, 1999; Steven Lee, "A Puzzle of Sovereignty", *California Western International Law Journal*, vol. 27, spring 1997, pp. 2-33.

[3] Daniel W. Hamilton, *The Limits of Sovereignty: Property Confiscation in the Union and the Confederacy during the Civil War*, University of Chicago Press, 2008; Stefan Talmon, *Recognition of Governments in International Law: With Particular Reference to Governments in Exile*, Oxford: Clarendon Press, 1998; Roxanne Lynn Doty, "Sovereignty and the Nation: Constructing the Boundaries of National Identity", Thomas J. Biersteker and Cynthia Weber (eds.), *State Sovereignty as Social Construct*, Cambridge University Press, 1996.

家"，轉戰台灣就是"遷佔者國家"。古代的匈奴帝國或大月氏國就有類似情形，近代非洲也曾發生類似狀況的政治現象。台灣當局在 1950 年後或 1971 年後也是很標準的"殘存國家"現象。[1]

[1] Jaroslav Tir, "Keeping the Peace after Secession: Territorial Conflicts between Rump and Secessionist States", *Journal of Conflict Resolution*, vol. 49, no. 5, 1 October 2005, pp. 713–741, https://doi.org/10.1177%2F0022002705279426.

6.5

遷佔者國家理論

　　台灣當局的"主權消損"危機和憲制規範的嚴重瑕疵，給予"台獨"理論相當的操作空間。"台獨"分子先主張《開羅宣言》無效論，否定中國主權涵蓋台灣；繼而推論出"台灣地位未定論"，再主張"台灣主權由居民決定論"；最近抄襲美國社會學者魏澤（Ronald Weitzer, 1952–　）研究津巴布韋（Zimbabwe）和北愛爾蘭（North Irland）建立的"遷佔者國家"（Settler State）理論，不但否定"中華民國"對台灣的領土主權，更直接否定"中國"對台灣的領土主權。

　　"遷佔者國家理論"認定 1945 年的中華民國接收台灣時就是遷佔者國家，或者 1950 年後的台灣當局是遷佔者國家的政府。目的是用"遷佔者國家"的概念將當時的中華民國比擬成羅德西亞，去否定 1945 年中國接收台灣的合法性，進而否定任何中國主權者對台灣的領土聲索權。

　　津巴布韋的前身是由白人殖民者於 1965 年宣佈獨立建國的羅德西亞（Rhodesia），但其殖民母國英國拒絕承認，還宣佈該獨立建國是叛亂行為。羅德西亞作為 1888 年後才遷入的白人所統治的國家，與大多數被統治的黑人非但是不同民族，還分屬不同種族。白人統治從未取得憲法及國際法上的合法性，被魏澤形容為"遷佔者國家"是有道理的。遷佔者國家本身就不符合國際法，甚至是非法的。但 1945 年至 1949 年，中華民國作為一個國家組織，南京的中華民國政府作為一個行使中國主權的政府，在憲法和國際法上都擁有完整的台灣主權，這個法律基礎並無質疑的空間。具備合法的領土主權和領土聲索權的國家組織不會是"遷佔者國家"。1950 年至 1971 年"中華民國"遭遇"主權消損"危機，變成"台灣當局"，這時台灣當局在憲法基礎上問題重重，但仍擁有聯合國的中國代表權，形成一種憲法主權既不完整也不充分的國家組織、但國際法主權仍存在的殘存國家組織和政府，其"殘存主權" 也尚未完全喪失。直到 1971 年後聯合國席位由中華人民共和國取代台灣當局，台灣當局的主權消損危機更加嚴重。台灣當局自稱是"中華民國"，但是作為一個政治組織在國際法上是否還具有主權國家的資格都疑雲重重，客觀法律上已形成"台灣當局法律地位未定論"。

北愛爾蘭問題始自 1603 年英國控制愛爾蘭，1609 年基督新教派的英格蘭人和蘇格蘭人大舉移民北愛爾蘭，霸凌天主教徒的愛爾蘭人。愛爾蘭人屬於凱爾特（Celt）民族，英格蘭人和蘇格蘭人則是日耳曼民族。兩陣營的衝突，既是不同民族的鬥爭，又是宗教衝突的延伸，也是外來移民與本地舊住民的分裂械鬥。這在十七世紀並非新鮮事物，也非嚴重性很高的戰爭，兩陣營也都不具備憲法及國際法的資格去否定對方的存在。

依魏澤的理論架構，遷佔者國家（Settler State）的條件是：外來移民非法移入一塊其他民族居住的土地，建立少數統治多數的政權。但這不適用於台灣當局，至少在 1971 年以前，台灣當局都有相當國際法上的依據，有權對台灣行使主權；且至目前為止，任何中國的主權者都有國際法上的依據聲索台灣主權。作為一個政權，統治中心的遷移，或統治範圍的變動，如果沒有超過原有領土範圍，並不構成"遷佔者政權"的條件。作為一個民族，台灣上絕大多數人口仍是中國漢族，並沒有因為日本殖民統治五十年而演化為語言文化完全不同的異族，也不構成"遷佔者"與"被遷佔者"分屬不同種族或民族的基本條件。第二次世界大戰後這段時期的台灣實況，不是白人統治黑人的羅德西亞，兩者分屬不同種族；也不似英國人統治愛爾蘭人的案例，因為兩者分屬盎格魯薩克遜民族（Anglo Saxons）和凱爾特民族（Celts），是完全不同民族，並信仰不同宗教。台灣有部分主張"台獨"的學者囫圇吞棗魏澤不是很嚴謹的"遷佔者國家"的概念，解釋 1945 年後外省人入台為"遷佔者"，忽略"外省人"與"本省人"屬於同一民族，而且"外省人"是第二次世界大戰遭到日本侵略屠殺的勝戰族群，"本省人"反而是協助日本侵略中國和東南亞的敗戰共犯。在第二次世界大戰期間，"本省人"台灣人的行為和"志願"的表現，完全是日本人的侵略共犯，出錢出力，協助日本人侵略中國和東南亞。雖因《開羅宣言》和"以德報怨政策"，戰爭共犯責任獲得免刑，但在戰後日本無條件投降的國際法秩序，失敗的侵略共犯仍然沒有領土主權的聲索權利。這是台灣人不願面對、卻必須面對的歷史真相。戰敗的侵略者及侵略共犯無權指責戰勝國取回上次戰爭失去的領土主權是"遷佔者"。1945年至1949年間，台灣人仍具有第二次世界大戰日本侵略共犯的法理責任，不可能有權獨立建國，而當時日本也仍在以同盟國為名義的美國軍事佔領下。

魏澤自己定義"遷佔者國家"必須是遷佔者的後代仍然在政治上對本地住民居於優勢（To constitute a settler state, the descendants of settlers must remain politically dominant over natives），這個情形不存在於1949年後的台灣。魏澤認為"遷佔者國家"同時要有三大特徵：第一，遷佔者統治行使政治權威和強制權力必須獨立於遷出的母國（metropole）；第二，遷佔者統治要堅固的控制本地人口；第三，遷佔者的霸權要維持遷佔者種姓般的團結和國家凝聚力（the settlers' caste solidarity and the state's cohesion）。前兩項特徵貌似1949年後統治台灣的蔣介石政權，但蔣介石統治中國大陸也是如此，並非專為台灣而建立。蔣介石的統治機制肇因於國共內戰的戰爭體制，而非為統治台灣的本省人而設計。最後一項特徵"種姓般的團結"在台灣完全不存在，尤其居於種姓上層的遷佔者如魏澤所說的"要徵收最富庶的土地，聲索主要的自然資源，剝削本地勞工"。這只存在於1945年以前由日本殖民統治的台灣。基於前面兩項特徵，魏澤本人也把1949年後的台灣視為"遷佔者國家"，但卻不吻合第三項特徵，魏澤只好自言自語說"台灣在遷佔者國家中是獨一無二"（Taiwan unique among settler states）。這種論述暴露了魏澤治學邏輯的嚴重疏漏。[1]

因此，"中華民國"對台灣不是遷佔者國家，1945年至1949年間南京的中華民國政府也不是遷佔者政府。1950後蔣介石在台灣"復行視事"，展開統治，台灣當局雖然法律地位未定，仍是中國主權領土上的政權，在中國的台灣領土上統治，雖不見得能"代表"中國主權，但以《南京憲法》為依據

[1] Ronald Weitzer, *Transforming Settler States*, University of California Press, 1990, pp. 24-40.

進行統治，雖有法理瑕疵，仍具備以"殘存國家"（Rump State）或"殘存政權"（Rump Regime）的身份"代行"中國主權的政權資格，也不是遷佔者政權。"殘存國家"代行原生國家組織的主權權利，在歷史上及國際法上屢見不鮮，中國藩王鄭成功家族就是一例。

　　台灣的外在局勢是，在國際法和兩岸各自的憲制規範上，台灣都是中國的主權領土，但在國際政治上台灣的統治當局卻是美國的勢力範圍下的"屬從政權"。美國對中國全部或局部主權領土上的重大事務擁有否決權、干涉權或核准權，即成為國際政治甚或國際法上的"勢力範圍"。不論這個統治當局是國民黨或民進黨，在美國勢力範圍內，都是美國的"屬從政權"。若"統治當局"能自稱是"國家"的話，不可避免地會成為"屬從國家"。"屬從"問題才是台灣現代史的發展軌跡，"遷佔"問題反而不存在。既是中國的主權領土，又是美國的勢力範圍，這種"雙重處境"自1950年後，就左右著台灣的歷史走向。

6.6

日本法院的判決

　　1945 年 3 月，應日本政府要求，汪精衛的"南京的中華民國政府"租賃位於京都市左京區北白川西町佔地約一千平方公尺的光華寮，供京都的中國留學生集中住宿。8 月 15 日，日本宣佈無條件向美國、中國、英國、蘇聯投降，汪精衛的"南京的中華民國政府"瓦解，不再支付宿舍租金，京都大學也無能力代為支付租金。1952 年日本與"台北的中華民國"簽訂"中日和平條約"，"台北的中華民國"得在大阪設立領事館，京都大學請領事館協助，1952 年由領事館簽約購買光華寮，並於 1961 年登記為"中華民國國有財產"。1965 年，住宿的中國學生抗議領事館制定的宿舍管理規則，組織自治委員會，霸佔光華寮。領事館要求驅逐，於 1967 年向京都地方法院提起訴訟。1972 年判決前夕，日本政府廢棄"中日和平條約"，改與中華人民共和國建交。於是"中華民國"在日本的司法管轄權領域內是否具有民事訴訟的"當事人能力"（locus standi），就成為日本各級法院的司法爭點。換言之，這是對台灣當局在日本的"訴訟資格"或"當事人能力"的審判。

　　第一審京都地方法院於 1977 年判決，"中華民國"已無當事人資格，光華寮的財產權應由中華人民共和國繼受。1982 年大阪高等法院上訴審、1986 年京都地院更審、1987 年大阪高等法院上訴審等判決，都認定"中華民國"仍有當事人資格，光華寮的財產權仍屬"中華民國"。2007 年 3 月 27 日，日本最高法院裁定"廢棄原大阪高等法院判決，並撤銷京都地方法院第一審判決，發回京都地方法院更審"。換言之，日本最高法院不承認"中華民國"仍有當事人資格，亦即日本不承認"中華民國"是一個主權國家，也不得在日本擁有"國有財產"。[1]

---

[1] 黃居正：《判例國際公法 I》，新竹：新學林出版股份有限公司 2013 年，第 91–99 頁；https://web.archive.org/web/20070410063621/http://www.courts.go.jp/hanrei/pdf/20070327172350.pdf；李明峻：《台灣在日本法院之地位：以光華寮案為例（The Status of Taiwan in the Japanese Court–Taking the Kokaryo's Case as an Example）》，《台灣國際法季刊》2009 年 6 月 1 日第 6 卷第 2 期，第 85–116 頁。

6.7

加拿大法院的判決

　　台灣在國際法上的地位問題是一個非常複雜的問題。2000 年 10 月 31 日深夜，一架新加坡航空公司（新航）波音 747 客機從台灣桃園機場飛往加拿大蒙特利爾（Montreal），於起飛時，因台灣 "民航局"（CAA, Civil Aeronautics Administration）的機場塔台引導錯誤，飛機走入錯誤跑道，撞擊跑道旁的施工車輛而墜毀，機上 179 人，有 83 人死亡。機上的加拿大旅客在加拿大魁北克最高法院對新加坡航空公司提起訴訟，新航主張 CAA 應對此次墜毀承擔全部或部分責任，該被列為共同被告。台灣 "民航局"（CAA）則主張其本身是台灣的 "政府部門"，應該享有國家豁免權。新航於是發函給加拿大政府，詢問台灣是否構成加拿大《國家豁免法》第十四節所稱的 "國家"，或是僅構成一個國家的 "政治次分區"（a political subdivision）。這是加拿大法院對台灣當局是否具有 "國家豁免" 或 "主權豁免" 的裁決。

　　對於台灣是否一個 "國家" 的問題，加拿大政府答覆稱，加拿大遵守 "一個中國" 政策，承認中華人民共和國，不能對新航所提問題給出肯定性答覆，也不能應新航請求發給相關證明文件。魁北克最高法院在 2003 年 10 月 22 日判決支持了台灣 "民航局" 的主張，判決理由是缺乏加拿大政府的 "國家資格證明文件" 並不構成台灣不是 "國家" 的證據，法院可根據具體案情就相關事實作出判斷並得出必要的法律結論。判決稱加拿大《國家豁免法》對 "外國國家" 並未下定義，因此認定台灣是否構成《國家豁免法》第十四節所稱的 "外國國家"，就必須根據國際法的相關定義來作出判斷。判決指出，1933 年《蒙特維多國家權利義務公約》（*Montevideo Convention on the Rights and Duties of States*）第一條規定從四個要素對 "國家" 進行定義，即確定領土（a defined territory）、永久人口（a permanent population）、有效政府（goverment）、外交能力（capacity to enter into relations with the other states）。判決稱其他國家對另一個國家的承認，並不具備 "構建" 效果，國家的產生和存在是一個事實問題。魁北克最高法院認定加拿大在 1996 年就與台灣簽訂《貨物臨時通關議定書》，加拿大政府承認台灣當局所簽發的 "護照"，再加上台灣當局有確定的領土、永久的人口，擁有一個有效的 "政府"、與二十七個國家保持 "外交" 關係，最後得出結論：台灣符合一個 "國家" 的標準，台灣 "民航局" 有權享有加拿大《國家豁免法》所規定的豁免權。這個判決給予台灣當局主權國家的豁免權，這也反映了 "一個中國" 原則的適用碰到具體案例的干擾。[1]

《蒙特維多國家權利義務公約》的第一條規定的法律邏輯是說 "國家作為一個國際法人應具備以下資格（The states as a person of international law should possess the following qualifications），即 "若是國家，則應有下列資格"，並非 "若有下列資格，則應是國家"。前者是 "國家的詮釋"，後者是 "國家的定義"。目前國際法學或憲法學只有前者 "國家的詮釋" 的邏輯，並無後者 "國家的定義" 的邏輯。前者並不必然導致後者，前者只能導致 "若無下列資格，則不是國家" 的結論。

魁北克最高法院認定台灣當局 "具備下列資格，則應是國家" 的結論，顯然是誤用《蒙特維多國家權利義務公約》。縱使公約的邏輯可以看成 "國家就是有下列資格者"，以及 "有下列資格者就是國家"，但是台灣當局在事實上及法律上也無 "確定領土"，台灣當局所施行的《中華民國憲法》規定的 "大陸地區" 顯然不是 "確定領土"，同時 "台灣地區" 的領土屬於 "台灣當局" 或 "中國"，更有 "不確定" 的爭論。因此，魁北克最高法院審酌台灣是不是國家，該不該享有主權豁免權，尚屬不周延，但這也顯示推進 "一個中國" 原則遇到了障礙。[2]

---

[1] 《新加坡航空公司訴 CAA 案》，"國際法大視野" 微信公眾號，*International Law Reports*, vol. 133, https://mp.weixin.qq.com/s/RhQbbZ4ObQBYQ0X19Ou5sQ。

[2] *Montevideo Convention on the Rights and Duties of States*, https://www.jus.uio.no/english/services/library/treaties/01/1-02/rights-duties-states.xml.

6.8

小結

本章討論許多法理上關於台灣領土主權的爭論，這些爭論起自《開羅宣言》法律效力的爭論，除了深入分析辯證這些法理爭論外，還特別提出"主權消損"理論以探討這些爭論的背景原因，列舉"殘存國家"理論以解釋爭論對象的政治特質，進一步解析"台灣法律地位未定論"和"台灣當局法律地位未定論"的法理差異，同時駁斥"台獨"勢力提出的"遷佔者國家理論"。本章復採取日本法院和加拿大法院兩件相關案件的判例進行分析，說明其判決的意義和誤區，並認為"一個中國"原則的處理推進過程需要更完善的法理依據及問題導向的思考。

7

第七章

《南京憲法》秩序的
崩解與調整

台灣領土主權問題的憲法研究首先就要面對 1950 年後在台灣地區沿用殘存的《南京憲法》所建立的憲法秩序，更需瞭解其起源、消損、崩解、變動與調整。廣義來說，《南京憲法》是中國憲制規範下的一部憲法，其全國的憲法管轄權實施於 1947 年 12 月 25 日至 1949 年 9 月 30 日，還未滿兩年。1950 年 3 月 1 日蔣介石在台灣宣告復出，再度擔任 "中華民國總統"，並宣稱繼續以 "中華民國" 的名義統治台灣及附近地區，以《南京憲法》作為 "代行" 中國主權統治台灣的法理依據。但是《南京憲法》規定的 "中華民國的國民全體" 僅剩台灣居民，無法產生足以代表 "國民全體" 的 "合法主權政府"，相關的 "領導級公職人員" 也無法取得 "國民全體" 的委任授權（mandate）。蔣介石在台灣的 "中華民國" 顯然面臨 "領土喪失、人民流失" 的 "主權危機"，已成為 "殘存國家"。相應而來的問題是，《南京憲法》所設定的憲制規範也瀕臨崩解的風險，因此一連串以 "憲法技術" 配合 "政治戒嚴" 為主軸的調整型 "修憲" 陸續產生，逐步解除相關的風險因素。這是典型的 "殘存國家" 的憲法失序與調整：既要沿用舊有的憲制規範，又要調整適應 "殘存國家" 的內外在生態環境，以處理 "台灣當局法律地位未定" 的困境。

7.1

主權消損與憲制秩序

　　"中國" 作為一個領土主權的法律人格載體（a legal person），是 "領土主權"（territorial sovereignty）或 "主權領土"（sovereign territory）在國際法和憲法上的特定名詞，而不是中國土地上任何國家組織的專屬名稱。"中國" 早已作為國際法上作為一個主權單位的名詞（a person of international law）而存在，1912 年 2 月 12 日清宣統皇帝溥儀的《退位詔書》將領土主權交給中國人民，"皇帝將統治權公諸全國，定為共和立憲國體"，並授權袁世凱 "以全權組織臨時共和政府與民軍協商統一辦法"，承認 "中華民國" 作為國家級的政治組織，可繼受清代中國的領土主權，"仍合滿、漢、蒙、回、藏五族完全領土為一大中華民國"。在中國領土上作為一個國家組織（state organization）的 "大中華民國"，於是從另一個國家組織 "大清帝國" 取得中國領土主權。其在政治上起因於辛亥革命，在法理上取自溥儀的《退位詔書》。同時，清朝皇帝的 "統治權"（主權）不是轉移給任何特定的政治集團，而是 "公諸全國"，亦即清朝皇帝已將主權移交給中國全體國民，中國主權的最終行使者從中國皇帝轉移至中國人民。

　　在 1912 年至 1949 年間，中華民國作為一個國家組織，毫無疑義擁有從大清帝國這個國家組織繼承而來的 "中國領土主權"，對外持有中國主權的代表權，對內可以組建 "主權政府"（sovereign government）。儘管中華民國政府先在南京成立 "臨時政府"，但不久後即遷移至北京，可稱為 "北京民國政府"，也常被史家稱為 "北洋政府"。蔣介石北伐後，再遷回南京，成為 "南京民國政府"，或稱 "國民政府"。1937 年日本侵略中國，南京民國政府遷移至武漢、重慶，最後於 1945 年又遷移回到南京。在這些遷移過程中，不論在北京、南京、武漢、重慶，中華民國政府在國際法上始終是各國承認的無可置疑的擁有管轄中國領土權利的主權政府，直到 1949 年中華人民共和國中央人民政府成立，"中華民國政府" 遷移至台灣，控制台灣、澎湖、金門、馬祖、東沙島、太平島，形成一個嚴重 "主權消損"（sovereignty depletion）後的 "殘存國家組織"（rump state organization）。[1] 這個 "台北的中華民國" 的政權在法理上由蔣介石宣佈 "復行視事" 而產生，因存在於台灣而變成 "台灣當局"，其 "總統"、"國會"、"政府" 的憲法秩序也隨之面臨運作問題和法理斷層，其國際法秩序面對的 "法律地位" 和 "承認" 問題，也與台灣的領土主權在中國憲制秩序下的定位問題息息相關。"台灣當局法律地位未定問題" 卻企圖轉移為 "台灣法律地位未定問題"，作為推動 "獨台" 或 "台獨" 的法律依據，但仍然無法在憲法及國際法上獲得穩健的法理基礎。[2]

---

[1] James A. Caporaso, "Changes in the Westphalian Order: Territory, Public Authority, and Sovereignty", *International Studies Review*, vol. 2, no. 2, Continuity and Change in the Westphalian Order (Summer 2000), pp. 1–28; Peter R. Rosenblatt, "What Is Sovereignty-The Case of Taiwan and Micronesia", *New England Law Review*, no. 32, 1997–1998, pp.797–805.

[2] 鄭海麟：《台灣的領土主權無疑屬於中國：評台灣高中歷史課本將列入的 "台灣地位未定論"》，《海峽評論》2006 年 10 月 1 日第 190 期，第 41–44 頁；鄭海麟：《台灣主權的重新解釋》，台北：海峽學術出版社2000 年。

7.2

台灣當局的憲制秩序問題

中華民國的憲制秩序始於 1911 年 12 月 3 日由 "各省都督府代表聯合會" 制定公佈的《中華民國臨時政府組織大綱》，1912 年 1 月 2 日修訂。1912 年 2 月 12 日，大清帝國宣統皇帝發佈《退位詔書》，"中華民國" 繼承 "大清帝國"，取得中國主權的國際法和憲法地位。1912 年 3 月 11 日，"臨時參議院" 制定通過《中華民國臨時約法》。1914 年 5 月 1 日，袁世凱的 "約法會議" 制定《中華民國約法》，又稱《袁記約法》。1916 年 1 月 1 日至 3 月 22 日，袁世凱稱帝，建立 "中華帝國"，中華民國憲法秩序短暫廢止。1923 年 10 月 10 日，"中華民國憲法會議" 制定通過《中華民國憲法》，又稱《曹錕憲法》，是中國歷史上第一部正式頒行的憲法。1924 年 10 月 23 日，曹錕因馮玉祥發動兵變遭到軟禁，憲法秩序中斷，中華民國進入混亂時代。直到 1931 年 6 月 1 日由 "國民會議" 制定，經 "國民政府" 公佈的《中華民國訓政時期約法》，中華民國的憲法秩序稍獲穩定。但 1931 年 "九一八事變" 和 1937 年 "盧溝橋事變"，接續產生憲法失序狀態。

1946 年 12 月 25 日，南京的 "制憲國民大會" 通過《中華民國憲法》。這部憲法的原型是 1946 年 1 月 10 日至 31 日國民黨、共產黨和其他黨派共三十八位代表在重慶召開 "政治協商會議"，決議成立 "憲草審議委員會"，成員包括國民黨的王世杰、共產黨的周恩來、民社黨的張君勱等人制定的草案，史稱《政協憲草》。1946 年 12 月 25 日，"制憲國民大會" 通過《政協憲草》，成為《中華民國憲法》，又稱《南京憲法》。[1]

---

[1] 蔡正元：《台灣島史記（修訂版）（下冊）》，香港：中華書局（香港）有限公司 2020 年，第 321 頁；李憲榮：《制定台灣 "新憲法" 的必要性（The Necessity of Making a New Taiwan Constitution）》，《台灣民主季刊（Taiwan Democracy Quarterly）》2006 年 03 月 1 日第 3 卷第 1 期，第 1–26 頁；殷嘯虎：《關於台灣現行 "憲法" 的定性與定位》，《法學》1995 年第 9 期，第 16–17 頁。

7.2.1　蔣介石"復行視事"的問題

1946 年國共內戰，國民黨大敗。以國民黨為主體撐持起來的中華民國政權體制仍於 1946 年 12 月 25 日召集"制憲國民大會"，制定通過《中華民國憲法》，隔年 1947 年 12 月 25 日才正式施行。但此時國民黨的實際控制地區已不到中國領土的一半。1947 年 7 月 4 日，《中華民國憲法》尚未施行，蔣介石即以"國民政府委員會主席"的身份宣佈進入"動員戡亂時期"。1948 年 5 月 14 日，蔣介石尚未就任中華民國總統，剛就任未滿二個月的"第一屆國民大會"就制定《動員戡亂時期臨時條款》，[1] 授予中華民國總統有權不經立法院同意，發佈等同戒嚴令和緊急命令的"緊急處分令"，這是正式承認中華民國陷入嚴重"主權消損"危機的憲法秩序的安排。1948 年 5 月 20 日，蔣介石才就任中華民國總統。任職僅八個月，即於 1949 年 1 月 21 日，即宣佈"因故不能視事"，由李宗仁出任"代總統"。12 月 7 日南京民國政府敗退台灣，形成很特殊的"台灣當局體制"。這是很典型的"主權消損"危機下的"殘存國家體制"。

自 1949 年 10 月起，在中國主權領土上另一個國家級政治組織中華人民共和國宣告成立，"中華民國"原先擁有的中國主權立即產生"主權消損"的危機和問題，包括憲法上"國會"和"元首"是否仍具有"國民主權"的代表性，國際法上"國家"和"政府"是否仍被承認具有聯合國及國際法上的"中國主權"代表性。若不具備"中國主權代表性"，以"中華民國"名義統治台灣的法理依據何在？"中華民國"畢竟不是君主制，蔣介石也不是皇帝，在憲法秩序的法理上，不可能由個人、家族或政黨擁有中國的全部或局部領土主權。

1950 年後，台灣當局的憲法秩序則是由"蔣介石復行視事"、"萬年國會"、《中華民國憲法動員戡亂時期臨時條款》以及後來的《台北增修條文》所構成，再以"中華民國"擁有台灣領土主權的名義統治台灣。這樣的政權

---

[1]　曾憲義、鄭定：《台灣現行特別法規及其對發展兩岸關係的困擾》，《法律學習與研究》1990 年第 1 期，第 62 頁。

體制的憲法秩序及國際法秩序的問題,仍然無法解除"主權消損危機",憲法秩序的調整勢必困難重重。但台灣當局是不是"中國的主權政府"?"中華民國"這個國家級政治組織是不是還擁有"中國的領土主權"以及"台灣的領土主權"?都成為法理上和政治上的爭論議題。

第一個問題是"復行視事"的"合憲性"缺乏相關規定。1950 年 3 月 1 日,蔣介石聲稱有權以"復行視事"的名義恢復"中華民國總統"的職權。蔣介石把《中華民國憲法》第四十九條規定的"因故不能視事"解釋成"暫不能視事",先請"代總統"李宗仁(1891-1969)來台"履行代總統職務",李宗仁拒不來台,被視為放棄代總統職權,蔣介石於是宣佈"復行視事",繼續擔任"第一屆總統",開啟台灣的"台灣當局"時代。

第二個問題是蔣介石擔任"第二屆中華民國總統"的合憲性有瑕疵。蔣介石的"第一屆中華民國總統"任期從 1948 年 5 月 20 日至 1954 年 5 月 19 日,1949 年 1 月 21 日"不能視事",1950 年 3 月 1 日"復行視事"。1954 年 2 月,蔣介石再度由 1947 年 11 月選舉產生而在 1948 年 3 月 29 日就任的"第一屆國民大會"選舉為"第二屆中華民國總統"。這個 1947 年 11 月選舉產生的"第一屆國民大會"在法理上擁有中國國民賦予的"委任狀"(mandate),但到 1954 年 3 月 28 日已經六年任期屆滿,亦即"國民主權"賦予的六年授權(mandate)已經期滿,這張"委任狀"期滿失效,已經無權選舉"總統",卻仍宣稱有權選舉出 1954 年 5 月 20 日就任的"第二屆中華民國總統",合憲性的依據明顯有問題。

第三個問題是"萬年國會"的合憲性不存在。這個"第一屆國民大會"不但越權選舉"第二屆中華民國總統","第一屆國民大會代表"的任期還長達四十三年,直到 1991 年為止,開啟台灣的"萬年國會"的時代。"萬年國會"存在的理由是《中華民國憲法》第二十八條第二項規定,"每屆國民大會代表之任期,至次屆國民大會代表開會之日為止",於六年任期屆滿後,次屆國民大會代表無法選舉產生,也無法開會,就可無限期地延長任期,繼續行使職權。這個"次屆無法開會,第一屆任期無限延長"的"中華民國憲法秩序"的立論基礎,無法找到適當且合理的憲法秩序及法理支持,只能靠戒嚴體制的政治實力制止挑戰者，以獨裁或專政方式延續政權。

第四個問題是蔣介石"無限期連任總統"的合憲性有問題。蔣介石以"國民大會代表"無法辦理改選為由，無限期延任，再以這些"萬年國民大會代表"定期選舉出每一屆的"總統"，蔣介石因此自認為有法律依據可以終生擔任"總統"。這等於蔣介石與萬年國會形成一個封閉的俱樂部，不需要"國民全體"的定期授權，自行循環式製造合憲性的外貌。但這是台灣在"冷戰"時代政治上的現象，並不表示具有法理上的合理性、"合憲性"、合法性。

第五個問題是"國民大會代表"人數不足半數，其合憲性有爭議。台灣當局召集的"國民大會代表"人數未達半數，集會本身就不具合法性。關鍵事實不但在於"次屆國民大會代表"無法選出或無法開會，而是"中國國民"授權的任期已經屆滿，且已不再把"委任狀"授予"中華民國的國民大會代表"，也就不再授予蔣介石，更在於"國民大會代表"人數在台北集會已不足半數，"委任狀"已不具合法性。孫文在 1921 年已立下憲政案例，當時隨同孫文到廣州成立"護法軍政府"的中國國會議員只有 222 人，不足法定人數，只能召開"國會非常會議"。1921 年 4 月 7 日選舉孫文為"非常大總統"，因為不具備完整"委任狀"的合法性才稱為"非常大總統"。當時國會有眾議員 596 人，參議員 245 人，合計 841 人。1921 年孫文召集國會議員 222 人，連眾議員的半數都不到，而 1950 年後台灣當局的國民大會代表集會人數不到一半，就是處於這種相同的"主權消損"的既不"合憲"也不合法的狀況。[1]

---

[1] 謝政道：《中華民國修憲史》，台北：揚智文化事業股份有限公司 2007 年，第 33–210 頁；蔡正元：《台灣島史記（修訂版）（下冊）》，香港：中華書局（香港）有限公司 2020 年，第 173–178 頁；巴伯（Sotirios A. Barber）、弗萊明（James E. Fleming）著，徐爽、宦盛奎譯：《憲法解釋的基本問題（*Constitutional Interpretation: the Basic Questions*）》，北京：北京大學出版社 2016 年。

7.2.2 "萬年國會"的問題

依《南京憲法》[1] 第二條規定,"國民全體" 擁有 "民國" 的主權,"國民全體" 經由 "國民大會" 行使主權制定憲法。《南京憲法》"制憲權" 和 "修憲權" 的法理基礎和《中華人民共和國憲法》完全一致,都屬於 "中國國民全體"。台灣當局是否具有對《南京憲法》的 "制憲權" 與 "修憲權",是一個 "合憲性" 的問題。

但 1949 年後南京民國政府遷移至台灣,成為台灣當局,透過《動員戡亂時期臨時條款》及 "大法官釋憲" 賦予的法理基礎,讓《南京憲法》繼續適用於台灣、澎湖、金門、馬祖及南海等島嶼,即由台灣當局實際行使憲法管轄權,統治少部分中國領土。台灣當局實際管治領土上的 "居民",卻不是《南京憲法》的 "國民全體"。這些居民若簡單地合稱為 "台灣居民","台灣居民全體" 並非 "中華民國" 的 "國民全體"。"台灣居民全體" 並無 "中國國民全體" 所擁有的 "國家主權",因此亦無《南京憲法》的 "制憲權"。因為 "制憲權" 屬於 "國民全體",不屬於 "台灣居民全體"。

按《南京憲法》第四條規定,領土是《南京憲法》制定時的 "固有之疆域",和《中華人民共和國憲法》所宣示的領土範圍完全相同,都不包括外蒙古。雖說《南京憲法》第三條規定,具有 "中華民國" 國籍者為 "中華民國" 國民,但並不等於 "中華民國" 國民一定有 "中華民國" 國籍。目前有 "中華民國" 國籍者僅剩台灣等地區的居民,台灣居民是目前擁有 "中華民國" 國籍的全部國民,但仍非《南京憲法》上的 "國民全體"。《南京憲法》的 "國民全體" 仍是 "固有之疆域" 上的全體居民。目前 "台灣居民" 在法理上無法認定為 "國民全體"。

《南京憲法》第一百七十四條規定,"修憲案" 須經 "國民大會代表總額"

---

[1] 栗國成:《一九四六年國民大會由延會到開會期間的國共爭執》,《國家發展研究》2002 年 12 月 1 日第 2 卷第 1 期,第 111–150 頁;晶鑫:《中華民國南京憲法研究》,香港:香港城市大學出版社 2017 年;Stephen Gardbaum, "Revolutionary Constitutionalism", *International Journal of Constitutional Law*, vol. 15, issue 1, 1 January 2017, pp. 173–200.

三分之二出席,四分之三同意始為通過,這個表決數字可類推為"修憲案"必須有二分之一以上的全體國民同意。台灣當局在台灣的"國民大會代表"人數已大幅度少於在南京時的人數,總額不足就沒有法理依據可召開"國民大會"。"國民大會"不能合法召開,"修憲"也不具"合憲性"的權利,也沒有法理依據可以選舉"總統",選出的"總統"當然不具"合憲性"。不具"合憲性"的"總統"所任命的"大法官"仍然有"合憲性"的問題。這個憲法難題,台灣當局交由"大法官"釋憲,"大法官"也巧立名目,扭曲法理,刻意迴避"主權消損"的憲法危機。

更大的問題癥結是,第一屆"國民大會代表"和"立法委員"都無法在台灣湊足半數,其集會的決議都不具備代表中國主權行使職權的"合憲性"(unconstitutional)。依《南京憲法》選出的第一屆"國民大會代表"大部分留在中國大陸,在台北可召集的"國民大會"面臨人數嚴重不足的問題。1953年9月25日台灣當局的"立法院"通過史無前例的《第一屆國民大會代表出缺遞補補充條例》,規定"國民大會代表"出缺時,由當時未當選的其他候選人以"候補人"的名義依次遞補,形成"遞補國會"。這已違背任何可以理解的民主法理,但台灣當局要克服憲法上"主權消損"的危機,也只有出此下策,掩飾一時。接著"大法官"就"國民大會代表總額"提出"解釋",於1960年2月12日發佈"第85號解釋令",認定"國家發生重大變故",該"總額"以"能應召"出席在台北集會的人數計算"總額",以處理"國民大會"人數不足、無法選舉"總統"的憲法困境,也形成"缺額國會"的怪現象。這種"總額"解釋,是明顯的曲法狡辯。

任何國家最高政治權力都要有"委任狀"的立論基礎:有的來自"人民主權",如共和國體制;有的來自"宗教神權",如伊斯蘭國或基督教十字軍騎士團;有的來自"皇室血統",如王國;有的來自"軍隊",如軍事執政團(Junta);有的來自"國際法",如美國的琉球軍政府。但台灣當局從一開始就面臨委任狀的危機,這個危機是來自"主權消損"所產生的"殘存國家"現象。因為"台灣當局"所宣示的國家組織"中華民國"的"國民大會代表",自1950年後在台北就無法湊足半數得以合法集會,且自1954年任期屆滿後，已無法再取得"中國國民"、"中國人民"或"國民全體"的"委任狀"以合法任職與執行職權。

除了"國民大會代表"外，"第一屆立法委員"在 1948 年 1 月 21 日選舉產生，1948 年 5 月 5 日就任，任期應於 1951 年 5 月 4 日屆滿。蔣介石"商請延任一年"，"第一屆立法委員"就自行"一致鼓掌通過，贊同延長任期一年"，結果卻非法延任三年至 1954 年 5 月 4 日。再以 1954 年 1 月 29 日"司法院大法官會議"發佈"釋字第 31 號"的憲法解釋令說："在第二屆委員未能依法選出集會與召集以前，自應仍由第一屆立法委員、監察委員繼續行使其職權。"又是以"無法辦理改選為由"變成任期長達四十三年的"萬年國會"。"無法辦理改選為由"的真實法律理由是"中華民國"的台灣當局已喪失絕大部分的領土和絕大多數人民的"委任狀"，同時這些領土和人民另外組織成立中華人民共和國，"中華民國"作為中國的國家組織已產生無法彌補的"主權消損"危機。

這個"釋字第 31 號"也凸顯，在 1951 年至 1954 年之間，台灣當局的"國會""合憲性"及合法性有了嚴重問題。這個"解釋"同時創造了萬年不必改選且永遠保持第一屆任期的"國會"，後來更成為 1990 年 3 月台灣政治風暴的颱風眼。1971 年 10 月 25 日，聯合國大會通過"第 2758 號決議案"，褫奪台灣當局在聯合國的中國代表權。為彌補國際法律地位的喪失，1972 年 3 月 23 日，台灣當局再以"第一屆國民大會"有權"修憲"為由，制定《動員戡亂時期臨時條款》的"憲法修正案"，將第一屆"立法委員"和"國民大會代表"的任期一律延至能在大陸地區辦理改選時為止。不具"合憲性"的"國民大會代表"修改《動員戡亂時期臨時條款》讓自己無限期延任，這本身就是"不合憲"的"自肥條款"，比 1999 年 9 月"國民大會代表延任修憲案"更加嚴重地"違憲"。這項條款於 1991 年 5 月 1 日才廢除，被稱為"萬年國會條款"。

"萬年國會"的問題，直到 1990 年 6 月 21 日才解決。是以"司法院大法官會議"發佈"釋字第 261 號解釋令"，即"第一屆未定期改選之中央民意代表除事實上已不能行使職權或經常不行使職權者，應即查明解職外，其餘應於中華民國八十年（1991）十二月三十一日以前終止行使職權”，處理這些“非法延任”的第一屆“國民大會代表”和“立法委員”。由此可見，台灣當局的憲制規範是用“憲法解釋”勉強建構起來的。先以“第 31 號解釋令”延長第一屆“立法委員”的任期，三十六年後再以“第 261 號解釋令”表達“第 31 號解釋令”並無意使該任期無限期延長，“為適應當前情勢”應終止第一屆的職權，依法定期改選，在台灣全面改選“立法委員”和“國民大會代表”。

　　台灣當局將“大法官”當作政權調整的工具，先合理化“萬年國會”的誕生，再合理化“萬年國會”的終止，實屬罕見。“大法官”本身卻又是“合憲性”有疑義的“國民大會”或“立法院”所核定任命的，本身的“合憲性”就有先天性的缺陷，於是“國民大會”或“立法院”、“總統”、“大法官”接連發生主權消損危機下很特殊的“循環式合憲性缺陷”。有缺陷的“國民大會”選舉出有缺陷的“總統”，有缺陷的“總統”提名有缺陷的“大法官”，再“釋憲”出有缺陷的“國民大會”、“立法院”、“監察院”，行使同意權批准“大法官”的提名案。

　　《台北增修條文》則是李登輝於 1991 年 5 月 1 日公佈、由“第一屆國民大會”所通過的憲制增修條文，以延續台灣地區的憲制秩序，開啟了“台北增修條文”的時代。這是李登輝處理台灣當局面臨憲制秩序崩解問題的調整策略。問題是“第一屆國民大會”的合法性有問題，選出的“總統”的合法性有瑕疵，“總統”任命的“大法官”也有合法性的瑕疵，《增修條文》的產生也不可避免地帶著先天性的法理瑕疵。從“動員戡亂時期臨時條款”、“蔣介石復行視事”、“萬年國會”到《台北增修條文》，可以看出台灣當局面對“主權消損”危機的應對措施，可說是艱難異常，破綻百出。

　　1991 年至今，台灣當局都以“憲法增修條文”的“修憲”方式，凍結部分《南京憲法》原條文，改適用新的《增修條文》，適用時間是“國家統一之前”，適用空間是“自由地區”。在不更動《南京憲法》本來文字的原則下，不斷修訂“憲法增修條文”，且明訂這些“增修條文”只限於“國家統一之前”、適用在“自由地區”。所謂“自由地區”即台灣當局實際治理的“台灣地區"。

問題是，1991 年先由南京民國政府選舉產生但早已不具"合憲性"的"第一屆國民大會"制定十條《台北增修條文》，來賦予"第二屆中央民意代表在台灣地區選舉產生的憲法法源"。"第一屆國民大會"的"合憲性"已成問題，"台灣居民"並非"中華民國"的"國民全體"，人口總數和實際管治的領土面積也都未達《南京憲法》制憲時的一半，如何在法理上取得《南京憲法》的"修憲權"，自會產生爭議。[1]

[1] 吳玉山：《政權合法性與憲改模式：比較台灣與歐洲後共新興民主國家（Regime Legitimacy and Mode of Constitutional Reform: Comparing Taiwan and Post-Communist Nascent Democracies in Europe）》，《問題與研究（Issues & Studies）》2006 年 2 月 1 日第 45 卷第 1 期，第 1–28 頁；周葉中、祝捷：《論我國台灣地區"司法院"大法官解釋兩岸關係的方法》，《時代法學》2008 年第 1 期，第 136 頁；Piero Tozzi, "Constitutional Reform on Taiwan: Fulfilling a Chinese Notion of Democratic Sovereignty?", *Fordham Law Review*, no. 64, 1995–1996, pp. 1193–1215.

7.3

"國民主權原則" 的問題

南京的中華民國政府成立於 1912 年，中華人民共和國政府成立於 1949 年。中華民國政府與中華人民共和國政府這兩個 "國家組織" 儘管所取 "國號" 不同，都是 "國家級" 政治組織，雙方都宣示同屬一個 "中國主權"，都採共和國體，也都宣示國家主權屬於 "國民" 或 "人民"。但是兩者之間的矛盾，有國民黨執政權和共產黨執政權之爭，有資本主義和社會主義之爭，也有美國勢力與蘇聯勢力之爭，是一種帶有國際因素的中國內戰所產生的分裂局面。

1949 年 2 月 5 日，南京民國政府遷都廣州，成為廣州民國政府。12 月 7 日，廣州民國政府遷移至台灣台北市，成為 "台灣當局"，並實際管治台灣、澎湖、金門、馬祖、南海部分島嶼，這是歷史上台灣首次出現法理上是 "中央級形式" 的 "政府"，在這之前的政權在法理上都是 "地方政府"（local）或 "區域政府"（reginal）。"地方政府" 會受中央政府管轄，如清代中國的 "台灣府" 或 "福建台灣省"；"區域政府" 則與中央政府對等互動，如中國藩王鄭成功家族的 "東都" 或 "東寧" 政權。台灣當局則是具有中央政府形式的區域自治政府，與前者截然不同。

1949 年後，台灣當局的憲制規範除了面臨如何修正以適應台海分裂局面外，其原來擁有中國國民主權所支持的憲制規範，也面臨存續性的法理挑戰。尤其 1953 年後，台灣當局的政權法理基礎的 "國民大會"，非但 "國民大會代表" 出席人數不足，且任期皆已屆期，早已無權選舉 "總統"，卻用 "大法官解釋憲法" 的方式，賦予 "合憲性" 的說詞。這些大法官解釋的說詞屬於 "暫時無奈的非憲性"，不能義正詞嚴。這些法理解釋反而凸顯 "中華民國" 和台灣當局作為一個 "殘存國家" 所面臨嚴重的 "主權消損" 的危機。

從憲法及國際法的法理分析來看，這個“主權消損”危機下的“殘存國家”現象包括三個層面：“國民主權原則”的憲法危機、“赫爾斯坦原則”（Hallstein Doctrine）的國際法危機、“林肯原則”（Lincoln Doctrine）的戰爭法危機。這些危機都超過台灣當局的處理能力，使得國際法和憲法秩序都陸續出現嚴重的失調狀況。

　　國家是擁有領土主權的政治組織，因而也是具有國際法及憲法上法人人格的政治組織。具有“憲法人格”指按成文或不成文憲法，甚或統治者的“祖宗家法”，在領土範圍內，建構出國家內部的統治秩序。若以“君主主權原則”建構國家主權，“君主”是國家憲法人格的最終代表者，如日本明治憲法規定的天皇。若以“國民主權原則”建構國家主權，國家憲法人格的最終代表者就是能代表全體國民行使主權的組織機構，如 1947 年南京民國政府創設的國民大會，或 1949 年中華人民共和國政府創設的全國人民代表大會。

　　當“國民主權”的“國民”與“領土”發生變動，會牽引“憲法人格”變動，發生“主權消損”或“主權增生”的法理問題。接著產生原有“國民”如何認定的“國民”和“領土”問題，也會牽動著一個國家組織的“國際法人格”問題。這些問題就涉及“赫爾斯坦原則”及“林肯原則”。1991 年蘇聯解體，其國際法人格和憲法人格全由俄羅斯聯邦繼受，但 1949 年遷台的“中華民國”就沒有這麼幸運，其領土範圍減損太大，其“憲法人格”和“國際法人格”發生嚴重的“主權消損”及“殘存國家”現象，因此其主權地位和國家資格備受挑戰與爭議。

　　“主權消損”就憲制規範來分析，1946 年中華民國政府在南京舉行政治協商會議，決議成立憲法草案審議委員會，制定《政協憲草》，參與者包括國民黨、共產黨、中國民主同盟，經由在南京召開的制憲國民大會於 1946 年 12 月 25 日通過《中華民國憲法》，又稱《南京憲法》。但中國共產黨、中國民主同盟因國民政府改組的爭議，拒絕出席同年 11 月 15 日召開的制憲國民大會。《南京憲法》其實就是《政協憲草》，經各黨派同意擬就的，可視為當時具有中國全國共識的憲制規範。但《南京憲法》通過時，共產黨未出席，這個全國共識並未鞏固。

《南京憲法》第二條規定："中華民國之主權屬於國民全體。"這個憲法條文最先出現在 1912 年的《中華民國臨時約法》，其憲法原則源自 1789 年法國大革命所產生的《人權與公民權宣言》（*The Declaration of the Rights of Man and of the Citizen*）的第三條：

> 任何主權的原則必須歸屬於國民全體。沒有團體、沒有個人可以行使主權所未明白授予的權威。（The principle of any sovereignty resides essentially in the Nation. No body, no individual can exert authority which does not emanate expressly from it. 法文原文為：Le principe de toute Souveraineté réside essentiellement dans la Nation. Nul corps, nul individu ne peut exercer d'autorité qui n'en émane expressément.）

但《南京憲法》1946 年制定時的 "國民全體"，顯然已與 1952 年台灣當局與日本簽訂《台北和約》第十條規定的 "中華民國國民" 的範圍有著極大差距，這就發生了 "主權消損" 的問題。《台北和約》第十條規定的 "中華民國國民" 的範圍僅適用於台灣及澎湖的居民，換言之，中國大陸人民不包括在《台北和約》的 "中華民國國民" 範圍內。範圍僅及於台灣及澎湖的居民是否能行使屬於中國 "國民全體" 的 "中國主權"，不但問題重重，更揭露了 "主權消損" 的嚴重問題。

君主制的國家，領土主權屬於皇室，只要皇室存在，就有權聲索領土主權。民主制的國家，領土主權屬於人民或國民全體。如果 "國民全體" 的內涵有重大變動，對領土主權的聲索效力自然會發生 "主權消損" 的問題。

另外，英國實施憲政時，替民主憲法確立的憲法原則是 "脫離選民的國會，不是主權國會"，這是英國在十九世紀產生的國會改革原則。當時英國的國會議員選區劃分，並未隨著人口變遷而調整。有的選區已無選民，卻有國會議員議席，有的選區人口暴增，卻仍無議席，選民與國會席位嚴重脫節。1832 年、1867 年和 1885 年英國國會陸續通過《改革法案》（*Reform Act*），擴大選舉權和重新劃分選區。其所依據的憲法原理包括：1. 沒有代表權就不交稅（no taxation without representation）；2. 交稅者有主權（taxation with sovereignty）；3. 沒有代表權就沒有主權（no sovereignty without representation）。最後產生"脫離選民的國會，不是主權國會"（exiled congress is not sovereign congress）這個"國民主權原則"。

對台灣當局的憲法地位構成嚴厲的挑戰的問題包括：沒有選民的"國會議員"，還能組成"國會"嗎？只代表一個地區選民的"國會"，還是"國會"嗎？任期已屆滿、無法改選的"國會"，還是"國會"嗎？

更深入的分析法理問題是：

第一，"國會"任期屆滿即已脫離選民，但台灣當局自行解釋下屆"國會"成員未及選出，上屆"國會"繼續延長任期，已違反國際公認的"國民主權原則"憲法原則，嚴重程度已至無法自圓其說的地步。

第二，"國會"成員後來以《台北增修條文》規定的"統一前"適用為由，僅自未達全國選民半數的"自由地區"的選民選舉產生，即已脫離超過半數的"非自由地區"的選民，這樣產生的"國會"自然無法代表"國民全體"行使主權。"自由地區"的選民選舉產生的民意機關，只具"地區議會"的合法性，不具備代表"國民全體"的"國會"機關的資格。

第三，僅由"地區議會"性質的民意機關所構成的台灣當局，自不符合代表"國民全體"的中國主權政府的資格，而只具備"自由地區政府"的法律要件。

第四，台灣當局的"總統"初期由"脫離選民的國會"選出，依憲法法理自不具備國家元首的法律基礎，僅具政府領袖之身份。一如許多地區性自治政府或軍政府，甚或革命政權的領袖，便非民主憲法之國家元首。

第五，僅由"自由地區"選民投票產生之"總統"，也未能具備"國民全體"付託之國家元首資格，只能代表"自由地區"選民行使領袖權力，實質上是"地區總統"，不是"國家總統"。這個情形在法律基礎上，類似1921年4月7日孫文經廣州的"國會非常會議"選舉為"非常大總統"的情形，因為孫文瞭解"國會非常會議"尚無法代表"國民全體"。這也是1971年聯合國"第2758號決議案"取消台灣當局的中國主權代表權的法律思維和基礎。

《南京憲法》第四條規定："中華民國領土，依其固有之疆域"，台灣和澎湖已於 1945 年復歸中國，1946 年的中華民國仍持有中國代表權，台灣和澎湖必然是 1946 年《南京憲法》規範的"固有之疆域"。1949 年 10 月 1 日成立的國家組織"中華人民共和國"已開始繼受原屬於"中華民國"的中國主權，到 1971 年 10 月 25 日聯合國大會"第 2758 號決議案"通過，才完全繼受國際法上的中國代表權。1971 年後失去聯合國中國主權代表權的台灣上的"中華民國"，以及 1946 年《南京憲法》規定的國民主權和領土主權經過如此"耗損"後還剩有多少國際法和憲法上的主權權利，對台灣當局而言，這是一個在憲法層面抵觸"國民主權原則"所產生的"主權消損"危機。[1]

---

[1]　蔡正元：《台灣島史記（修訂版）（下冊）》，香港：中華書局（香港）有限公司 2020 年，第 185-188 頁。

7.4

"赫爾斯坦原則" 的問題

在台灣的台灣當局和在中國大陸的中華人民共和國政府，互不承認，且互相否認對方是具有主權的中央政府，也都採取 "赫爾斯坦原則"（Hallstein Doctrine）互爭中國的主權代表權，亦即互爭誰才是真正代表中國行使主權的中央政府和國家組織。這對海峽兩岸是一個很尖銳的關於領土主權的憲法及國際法問題。"赫爾斯坦原則" 涉及的是領土主權的國際法問題。

赫爾斯坦（Walter Hallstein, 1901-1982）是 1955 年時西德政府的德國外務辦公室（German Foreign Office）的國務秘書（State Secretary），是資深外交事務官及常務外交副部長。當時西德政府採行一項外交政策原則，即，西德不承認東德，除了蘇聯因具備佔領國身份外，西德不與任何承認東德的國家建立或維持外交關係。這其實是西德版的 "一個德國" 原則，因為西德認為其對德國領土擁有德意志民族的專屬授權（exclusive mandate）。在此原則之下，西德不承認東德的領土上存在另一個國家組織，任何與西德建立外交關係的國家也不得承認東德是一個擁有領土主權的國家，東德只能是一個自治政權或蘇俄的扈從政權。

當年因赫爾斯坦率先接受媒體訪問，提到 "蘇聯除外" 原則，新聞界遂以 "赫爾斯坦原則" 稱呼這項 "一個德國" 原則的國際法原則。事實上赫爾斯坦不是這項政策原則的制定者。"赫爾斯坦原則" 因而專指分裂國家中的一方，不僅不承認對方，且拒絕與承認對方的其他國家建立正式外交關係，也拒絕正式參與承認對方的國際組織的國際法原則。

但 1955 年的 "赫爾斯坦原則" 經過十二年後，在 1967 年西德與羅馬尼亞建交時遭到廢棄，因為羅馬尼亞同時承認東德與西德。1969 年西德總理勃蘭特（布朗德）（Willy Brandt, 1913-1992）正式放棄 "赫爾斯坦原則"，改採 "新東方政策"（Neue Ostpolitik）。1972 年 12 月 21 日，東西德簽訂《兩德基礎條約》（Grundlagenvertrag），全稱為《德意志聯邦共和國與德意志民

主共和國關係基礎條約》，西德完全放棄 "赫爾斯坦原則"。1990 年 5 月 18
日，東西德簽訂第一份國家條約《貨幣、經濟和社會聯盟的國家條約》，以
西德馬克為統一貨幣。8 月 31 日，簽訂第二份國家條約《政治聯盟的國家
條約》，東德撤除中央政府，轄下五個邦政府集體加入西德。9 月 12 日，東
西德與美國、蘇俄、英國、法國簽訂《最終解決德國問題條約》（*The Treaty
on the Final Settlement with Respect to Germany*）。10 月 2 日，東德政府停止運
作，東德統一於西德聯邦。

　　在 1971 年之前，台灣當局居於 "赫爾斯坦原則" 的贏面。1971 年後，
聯合國 "第 2758 號決議案" 確認中華人民共和國政府才是擁有中國主權的
中央政府，有權代表中國行使聯合國相關的主權權利。台灣當局的國際法地
位顯然沒有通過 "赫爾斯坦原則" 的考驗，反成為輸家。接續的問題是，中
華人民共和國政府要如何面對在台灣事實上存在的台灣當局及其憲制規範的
法律地位，究竟要如同台灣過去的歷史經驗，都是通過戰爭改變領土主權狀
態，即通過中華人民共和國政府發動戰爭，擊敗台灣當局的軍力，完成中國
最後一里路的統一？或是如香港的恢復行使主權一般，通過和平談判，達成
中國的形式統一？台灣當局在中國的憲制規範下究竟應該是一個省、一個特
別行政區、一個自由邦、一個自治共和國，或一個附屬國，都將是很嚴肅的
憲法課題。本書將於第八章作更多的討論。

　　台灣當局也要面對如何處理 "赫爾斯坦原則"，否則台灣當局經過不
斷的 "主權消損"，勢必退化成地區性的 "殘存的島嶼政權"（rump insular
government），喪失殘餘的國際法或憲法地位，退化成為一個完全沒有主
權地位的區域性自治政府。2016 年海牙常設仲裁法院的國際海洋法南海
仲裁法庭，在仲裁裁定書上認定台灣當局為 "中國的台灣當局"（Taiwan
Authority of China），就是這個現象的反映。這也是台灣當局在國際法層面
受到 "赫爾斯坦原則" 考驗所產生的 "主權消損" 危機以及 "台灣當局法律
地位未定論" 的現狀。[1]

---

[1] 蔡正元：《台灣島史記（修訂版）（下冊）》，香港：中華書局（香港）有限公司 2020 年，第 188-190 頁；許
　　楚敏：《從國際法談台灣加入政府間國際組織的問題》，《福建政法管理幹部學院學報》2000 年第 2 期，第 54
　　頁；司平平：《從國際法看兩岸關係》，《法學》1999 年第 9 期，第 56 頁。

7.5

"林肯原則" 的問題

　　《美國聯邦憲法》規定了聯邦體制，但沒有規定各州（states，翻譯為"眾國"可能更接近原文）加入或退出聯邦的權利和程序。"州"是中文翻譯，其實美國的"州"在憲法權利上接近俄羅斯的"自治共和國"（autonomous republic），具備有限度的"制憲權"。原則上依《聯邦憲法》規定，經聯邦國會同意即可加入聯邦，但退出聯邦並無規範或慣例可循。南北戰爭前夕，當時的美國總統林肯在就職演說中公開主張：

> 任何州均不得僅由自己動議，即可合法脫離聯邦；有關這方面的決議和法令在法律上都是無效的；對於任何一州或數州境內反抗美國政府權威的暴力行動，視情況來看其為叛亂或革命。

亦即任何州都無權單方面自行退出聯邦，若違反這項原則將被定為非法的叛國行為。林肯這項宣示，經聯邦軍隊在南北戰爭中獲勝而確立為美國的憲法原則，這就是"林肯原則"（Lincoln Doctrine），本質上是《戰爭法》上"訴諸戰爭權"（Jus ad Belum, Bellum Justum）的問題。這項原則揭示了聯邦政府有權發動戰爭，來制伏意圖脫離、分裂或割據的地方政府或區域政府。林肯於 1861 年 6 月 4 日對美國國會演說（Address to Congress）時講述反對南方州組織邦聯（The Confederate States）脫離美國聯邦（The Union）獨立成國家時說：

> 一種公共心靈的巧妙墮落 …… 他們發明了一種巧妙的詭辯，這種詭辯 —— 如果承認的話 —— 會通過完美的邏輯步驟，在所有的事例中，導致聯邦的徹底毀滅。詭辯本身是說，聯邦的任一個州都可在符合憲法下，合法、和平地退出聯邦，不需聯邦或其他州同意。（an insidious

debauching of public mind ... they invented an ingenious sophism, which, if conceded, was followed by perfectly logical steps, through all the incidents, to the complete destruction of the Union. The sophism itself is that any state of the Union may, consistently with the national Constitution, the therefore lawfully, and peacefully, withdraw from the Union, without the consent of the Union, or of any other state. [J. Ostrowski, p. 159.] ）[1]

美國最高法院於 1869 年 *Texas v. White* 案的判決文書中提到分裂的合法性議題時，也是採取"林肯原則"的見解：

美國憲法在所有條款中期待一個堅不可摧的聯邦，由堅不可摧的州組成。因此，當德州成為美國一部分時，她進入一種不可解除的關係。所有永久聯邦的義務，以及聯邦共和政府所有保證，立刻黏著到該州。圓滿地准許她加入聯邦的法律不僅僅是一個合約；這是新成員加入政治團體的結合。這是終極的。德州與其他各州的聯邦是完整的，是永久的，是不可解除的，就如同原來各州的聯邦一樣。毫無再商量或撤銷的空間，除非經過革命，或其他州同意。（[t]he [US] Constitution, in all its provisions, looks to an indestructible Union, composed of indestructible States. When, therefore, Texas became one of the United States, she entered into an indissoluble relation. All the obligations of perpetual union, and all the guaranties of republican government in the Union, attached at once to the State. The act which consummated her admission into the Union was something more than a compact; it was the incorporation of a new member into the political body. And it was final. The union between Texas and the other States was as complete, as perpetual, and as indissoluble as the union between

---

[1] J. Ostrowski, "Was the Union Army's Invasion of the Confederate States a Lawful Act? An Analysis of President Lincoln's Legal Arguments Against Secession", in D. Gordon (ed.), *Secession, State and Liberty, New Brunswick*, N. J.: Transaction Publishing, 1998, pp. 155–190; S. V. LaSelva, "Divides Houses: Secession and Constitutional Faith in Canada and the United States", *Virginia Law Review*, no. 23, 1999, pp. 771–792.

the original States. There was no place for reconsideration, or revocation, except through revolution, or through consent of the States.） [1]

美國南方各州於 1861 年 2 月 9 日宣佈脫離 “美利堅合眾國”（簡稱 “美國聯邦”），另行成立獨立的 “美利堅聯盟國”（簡稱 “美國邦聯”），揭開美國版的統獨戰爭。“美國邦聯” 自認為擁有 100% 民意支持，且其軍隊剛打過美墨戰爭，又有素質較高的軍官和將領，因而動員 1,064,000 人參戰，最後死亡四分之一，25.8 萬人的生命消失，於 1865 年 5 月 26 日戰敗投降，“美國邦聯” 亡國。這是美國版的 “人民自決原則”（popular self determination）與 “林肯原則” 發生激烈衝突，最後以戰爭解決爭論的歷史案例。“林肯原則” 其實就是美國版的 “美國統一原則”、“一個美國原則”、“美國南方各州是美國神聖不可分割的領土” 等說法的同義詞。但為了 “林肯原則”，“美國聯邦” 也動員 220 萬人兵力，死亡六分之一，以 36 萬人生命的代價，維護了美國聯邦的領土統一。這場戰爭的憲法意義所支撐的 “林肯原則” 是：“縱有百分之百民意也不准分割領土”，且是以戰爭作為解決主權和領土分裂問題的憲法和戰爭法原則。

台灣的領土主權經《開羅宣言》、《波茨坦宣言》、《日本昭和投降詔書》和《日本降伏文書》，已經在國際法上確立台灣是中國的主權領土。如果台灣要宣佈 “獨立建國”，就會面臨一個法理問題：台灣人民有什麼權利建立國家組織，取得台灣的領土主權？若依 “林肯原則”，答案是台灣人民無此權利。聯邦體制的美國在 “林肯原則” 的憲法和戰爭法原則下，各州都不許從聯邦自行獨立出去。在單一制的中國，會適用更嚴格的 “林肯原則”，除非中國主權者同意，否則任何領土都不能合法地從中國獨立出去，其中 “合法地” 意指不需經統獨戰爭而能平順地宣告 “獨立”。因此，台灣人民是沒有任何國際法和憲法權利把台灣從中國獨立出去的，即使有百分之百台灣民意支持台灣 “獨立”，且經全民投票通過，在憲法和國際法原則上亦無效力。這與 “台灣居民” 是否擁有 “領土主權的權源”（title to territorial

---

[1] *Texas v. White* (1869) 74 US (7 Wallace) 700, 725 (1868), at 726.

sovereignty）有關，與 "台灣居民" 是否以 "民主或其他方式" 組織 "政府" 無關。因為即使自以為用 "民主方式" 組織政府，仍只是 "自治政府"，不是 "主權政府"，也不是 "主權國家"，也沒有 "主權領土"。以 "中華民國" 為名義的台灣當局雖能宣稱 "事實上的領土"（de facto territory）僅包括台灣、澎湖、金門、馬祖等，但卻無法提出 "法律上"（de jure）的依據。只能以不承認中華人民共和國的存在作為法律基礎，推論殘存的 "中華民國" 的 "法律上領土"（de jure territory）尚包括中國大陸，試圖迴避 "主權消損危機"，卻無法面對 "林肯原則" 帶來的問題。

"林肯原則" 可以說是 "一個中國" 原則的《美國憲法》原型。換言之，台灣除非經中國同意或在類似美國的獨立戰爭、南北戰爭中取得勝利，台灣人民沒有任何國際法上或憲法上的權利可以自行宣佈 "獨立"，任何人參與台灣的 "獨立" 活動，依 "林肯原則" 推定的戰爭法，都如同美國南北戰爭，是對中國的叛國行為。在台灣有人主張台灣前途由台灣人民決定，但這個決定權依 "林肯原則" 並不包括 "台灣獨立建國" 這項 "前途"。依 "林肯原則"，台灣人民除了沒有 "獨立建國" 權利之外，尚應該有什麼憲法及國際法上的 "主權權利"（sovereign right），或者說台灣當局經過 "主權消損" 後，還剩下什麼 "主權權利"，這既是兩岸和平談判或啟動戰爭的課題，也是兩岸的憲法及國際法秩序，在戰爭法的選項之外進行接軌的重要課題。這更是台灣當局在戰爭法層面受到 "林肯原則" 限制所產生的 "主權消損" 危機。[1]

---

[1] 蔡正元：《台灣島史記（修訂版）（下冊）》，香港：中華書局（香港）有限公司 2020 年，第 190-192 頁。

7.6

《台北增修條文》產生的過程

《台北增修條文》的產生代表著，"殘存國家組織" 在必須正視 "主權消損" 危機後，舊有的憲制規範已經嚴重失序，迫切需要調整。台灣當局宣稱以 "中華民國" 的名義管轄台灣，因此在憲制規範上必須堅持 "一個中國" 原則。"中華民國" 作為一個 "殘存國家"，既無法承認 "中華人民共和國是中國唯一合法政府"，又必須繼續沿用《南京憲法》，最後，模仿美國憲法修正案模式的 "增修條文" 就應運而生。

《台北增修條文》確立了，在時空限制條件下，台灣居民有權局部修訂《南京憲法》，但修訂局部的條文，僅在 "國家統一之前" 適用於台灣。這是解決台灣當局主權消損危機及附帶產生的憲法秩序崩解問題的一環，也使得台灣當局在法理上成為台灣的 "區域自治政府"，而非 "全國性的政府"。台灣當局的 "國會" 只是 "地區議會"，台灣當局的 "總統" 只是 "地區總統"。[1]

7.6.1 《動員戡亂時期臨時條款》

《南京憲法》制定未久，南京民國政府的國民大會於 1948 年 5 月 10 日制定《動員戡亂時期臨時條款》的憲法附加條款，擬在兩年半時間內凍結部分《中華民國憲法》條文。但隨著國共內戰，1949 年國民黨敗退台灣，《動員戡亂時期臨時條款》卻在台灣地區實施了四十三年之久，1991 年 5 月 1 日才公告廢止，由在台北制定的《台北增修條文》取代之。

1948 年，南京的國民大會制定《動員戡亂時期臨時條款》，本質上作為

---

[1] 劉國深：《台灣地區 "憲政改造" 對國家統一的影響》，《台灣研究集刊》2006 年第 4 期，第 1–8 頁；陳弘毅：《憲政主義在台灣與香港的實踐》，法寶引證碼：CLI.A.067819；馬嶺：《台灣 "府院" 關係對大陸的啟示》，海峽法學論壇，2013 年 12 月 14 日，法寶引證碼：CLI.A.081559。

《南京憲法》的臨時修正案，僅適用於"動員戡亂時期"，意指條款僅在國共內戰時期有效。此臨時條款賦予總統臨時性的"緊急處分權"，卻經 1954 年在台北的"國民大會"決議修訂為無限期繼續有效，變成"臨時性的永久條款"，成為台灣當局的"實質小憲法"。

1960 年的修改增訂《動員戡亂時期臨時條款》部分條款，使蔣介石得以無限制連任"總統"，並有權終止"動員戡亂時期"。1966 年 2 月的修訂使"國民大會"擴權。1966 年 3 月的再度修訂使"總統"有權設立機構、調整"中央政府"組織、訂定辦法增補選"國民大會代表"及"立法委員"等"中央級民意代表"。1972 年的修訂設立定期改選的"第一屆增額中央民意代表"和保障原有在南京民國政府時期選出的"第一屆中央民意代表"繼續行使職權，不必改選，成為法理上說不通的"萬年國會"。1991 年 4 月 22 日，這個施行了四十三年的臨時條款經"國民大會"議決廢止，但同日也通過《憲法增修條文》，可稱為《台北增修條文》。

在這四十三年的"動員戡亂時期"，"總統"的擴權形成實質的獨裁總統制。擴權方式如下：第一，除了蔣介石去世後，嚴家淦由"副總統"繼任"總統"期間，"總統"都同時擔任台灣的執政黨國民黨的黨魁，執政黨又是外造的剛性政黨，不受選舉影響執政地位，"總統"實質上掌控所有重要人事任免權。第二，"國民大會"和"立法院"長期不改選，已失去民意和權力基礎，毫無制衡"總統"和"行政院長"的實權，更不可能提供民主與法治的基礎條件。[1]

7.6.2 **1987 年解除戒嚴**

1987 年 7 月 15 日，蔣經國解除台灣長達三十八年的《台灣省戒嚴令》，全稱是《台灣省政府台灣省警備總司令部布告戒字第壹號》。《台灣省戒嚴令》由陳誠於 1949 年 5 月 19 日頒佈，台灣從此進入"戒嚴時期"，台灣和澎湖

---

[1] 蔡正元：《台灣島史記（修訂版）（下冊）》，香港：中華書局（香港）有限公司 2020 年，第 321–322 頁；謝政道：《中華民國修憲史》，台北：揚智文化事業股份有限公司 2007 年，第 33–210 頁。

分成台北、北部、中南部、東部、澎湖等五個戒嚴區。解除戒嚴後，一般人民不再受軍法審判，公民的基本權利不再被限縮。1987 年 11 月 2 日，"開放探親"准許台灣居民返回中國大陸探親，最重要的是開放組織政黨，改變了原有的憲制規範。國民黨不再是當然的執政黨，政黨良性或惡性競爭，從此成為日常的事例。[1]

7.6.3 "國家統一委員會"

李登輝於 1990 年 10 月 7 日宣佈成立 "國家統一委員會"，只是任務編組的機關，1991 年 2 月 23 日這個委員會通過《國家統一綱領》，再經 "行政院" 於 3 月 14 日核定為正式的政策。《國家統一綱領》是 "一個中國" 原則的台灣版，承認中國統一是海峽兩岸的共同責任，大陸與台灣都是中國的領土。主張設立 "中介機構" 推動兩岸交流，互不否定對方為 "政治實體"。主張建立官方溝通管道及兩岸統一協商機構，推動兩岸高層互訪。李登輝制定《國家統一綱領》後，民進黨則於 1991 年 10 月 13 日黨員代表大會通過 "台獨黨綱" 相對抗，主張 "住民自決公投"、"獨立建立台灣共和國"、"制定新憲"、"重新界定領土範圍"、"發展台灣認同"。

另一方面，1990 年 11 月 21 日李登輝成立 "海峽交流基金會"，請辜振甫擔任董事長，作為兩岸交流的 "中介機構"。1991 年 4 月 28 日海基會秘書長陳長文訪問中國大陸，尋求與中國大陸建立溝通管道。這是 1949 年以來，兩岸首度公開接觸。國台辦副主任唐樹備與陳長文見面，提出兩岸接觸必須堅持 "一個中國" 原則為基礎。中國大陸則於 1991 年 12 月 16 日成立 "海峽兩岸關係協會"，作為相應的 "中介機構"，由汪道涵擔任首任會長。

兩岸看起來似乎都在積極推動中國統一，但李登輝的目的只要兩岸交流，統一只是李登輝對內對外的掩飾工具。相對的，原本分裂的德國卻因 1989 年 11 月 9 日柏林圍牆倒塌，隨後美國、英國、蘇聯、法國於 1990 年

---

[1] 蔡正元：《台灣島史記（修訂版）（下冊）》，香港：中華書局（香港）有限公司 2020 年，第 310 頁。

9 月 12 日在莫斯科簽訂《最終解決德國問題條約》，德國獲准統一。10 月 3 日，迅速完成兩德統一。同時期世界局勢也激烈變化。1990 年 6 月 12 日俄羅斯宣佈主權獨立，1991 年 8 月 19 日蘇聯爆發政變，12 月 25 日蘇聯解體。1995 年 7 月及 1996 年 3 月，台灣海峽卻爆發兩次導彈危機。

台灣的統一氛圍在 2000 年 3 月陳水扁當選領導人後，開始向反對統一及傾向 "台獨" 的方向發展。為緩和兩岸緊張情勢，2000 年 5 月 20 日，陳水扁宣稱 "四不一沒有"，表示 "不會宣佈獨立、不會更改國號、不會推動兩國論入憲、不會推動改變現狀的統獨公投、也沒有廢除《國統綱領》與國統會的問題"。對中國大陸來說，"四不一沒有" 仍然未提及 "一個中國" 原則，也未說明清楚兩岸到底是 "一個國家" 或是 "兩個國家"，海基會與海協會的 "中介" 功能從 2000 年 5 月開始陷入中斷狀態。陳水扁最後於 2006 年 2 月 27 日宣佈《國統綱領》"終止適用"，2 月 28 日宣佈 "國家統一委員會" "終止運作"。從 1990 年至 2000 年這十年間，"國家統一委員會" 只是似有若無地存在。縱使 2008 年馬英九接任台灣當局領導人，也不曾恢復這個機構。[1]

7.6.4 《台北增修條文》

1991 年 4 月 22 日後，台灣地區的憲制秩序進入《台北增修條文》時期。1991 年的《增修條文》著重在 "中央民意代表" 選舉方式的改革，但仍授予 "總統" 擴權的依據，包括 "緊急命令" 的發佈權、主持 "國家安全會議" 及掌控 "國家安全局"，"總統" 開始取得憲制上屬於 "政府首長" 的重要職權。1992 年的《增修條文》中，"總統" 改由 "自由地區全體人民選舉之"，但未說明如何選舉。"總統" 任期由六年改為四年，增加對 "監察委員" 的提名權。1992 年 12 月 19 日根據《台北增修條文》舉行 "第二屆立法委員" 選舉，才完成所有民意代表的全面改選，終結了所謂 "萬年國會"。"自由地

---

[1] 蔡正元：《台灣島史記（修訂版）（下冊）》，香港：中華書局（香港）有限公司 2020 年，第 319–320 頁；若林正丈著，洪郁如等譯：《戰後台灣政治史："中華民國" 台灣化的歷程》，台北：台大出版中心 2016 年。

區"選舉產生的"總統",實質上是"自由地區總統",並未隨之改稱"地區總統",性質如同孫文稱"非常大總統"的法理案例。

1994年的《增修條文》中,"總統"確定由"自由地區全體人民""直接"選舉之,確立"總統"是台灣當局最具民意基礎的公職人員,同時限縮"行政院長"的副署權,"總統"任免"行政院長"及其他一些高層重要公職,不再經"行政院長"副署,更擴張了"總統"的權力。1997年《增修條文》中,"總統"進一步擴權,任用"行政院長"不須經"立法院"同意,"行政院長"雖名為最高行政機關的政府首長,實質上僅是"總統"的直接下屬。同時,"總統"又取得"立法院"的解散權,可以制衡"立法院"對"行政院長"的不信任案。1999年修訂的《增修條文》則被外界稱為"國民大會修憲自肥案"。2000年修訂的《增修條文》則是改設"國民大會"為"任務型國民大會"的修正案。2004年修訂的《增修條文》則是廢除"國民大會"、改"立法委員"為單一選區兩票制、"立法委員"名額減半等。

總結來說,《南京憲法》制定不到一年半,即進入長達四十三年的"動員戡亂時期",接著進入《台北增修條文》時期至今,這些構成台灣的憲制秩序。《南京憲法》可以說幾乎從未完整實施過。因此台灣地區施行的憲制規範是根據1946年中華民國在南京所制定的《中華民國憲法》和《動員戡亂時期臨時條款》,以及台灣當局在台北分別於1991、1992、1994、1997、1999、2000、2004等七次"修憲"所制定的《台北增修條文》建構起來的。台灣當局調整憲制秩序的目的在於使《南京憲法》仍適用於台灣、澎湖、金門、馬祖,成為"地區性"的憲制秩序,畢竟《南京憲法》自1949年後已喪失在中國大陸適用的法理和政治基礎,調整《南京憲法》的適用範圍是台灣當局應付憲法及國際法的"主權消損"危機的因應措施之一,但功效有限。《台北增修條文》本質上也是《南京憲法》下的"領土條款",規範所謂"自由地區"的範圍及治理方式,而所謂"自由地區"本質上是"中國統一前的特殊區域"。

按照這個憲制秩序的規定,在"國家統一前",《台北增修條文》優先適用於《南京憲法》的相關規定。其隱義是《台北增修條文》在"國家統一後"

將失去其適用效力，憲政秩序將回歸《南京憲法》。《台北增修條文》把 "中華民國" 分成 "自由地區" 和 "大陸地區"，台灣當局僅從 "自由地區" 產生，在法理上形成 "地區性的中央政府"，實質上形成 "地區性的自治政府"。有趣的是，這個憲制秩序沒有明確規定 "香港澳門地區" 不屬於 "大陸地區"，但也非所謂 "自由地區"。1949 年以前南京的中華民國政府從此成為台北的所謂 "自由地區政府"。[1] 但是 "國家統一前" 的表述仍然也是一種隱藏版的 "兩個中國" 或 "一中一台"。

7.6.5　1999 年 9 月 "修憲"

1949 年後，適用範圍僅限於台灣的南京憲制秩序，除了面臨如何修正以適應分裂局面外，其原來擁有國民主權支持的憲制秩序也面臨存續的法理性挑戰。面對這個挑戰，形成一個生物鏈式的憲制局面，其中主要的利益關係者是台灣當局的 "總統"、"國民大會"、"大法官"、"選民"。[2]

"總統" 需要 "國民大會" 的推舉才能連任，也需要 "大法官" 解釋憲法的支持，以便馴服 "國民大會"，更需要 "選民" 的奧援，迫使 "國民大會" 配合 "修憲"，改變憲制秩序。第一屆 "國民大會" 需要 "總統" 給予豐厚的酬勞及退休待遇，第二屆及第三屆 "國民大會" 需要 "總統" 給予更多政治權力，也需要獲得 "選民" 更多的選票支持。"大法官" 需要 "總統" 提名，也需要 "國民大會" 的同意票。如此形成這些利益關係者各自的立場，也共同面臨台灣當局的憲制危機。李登輝充分利用這些生物鏈的利益糾葛和台灣的 "主權消損" 危機所附帶產生的憲制危機，鞏固個人權位，企圖推動延長其 "總統" 任期的 "修憲" 陰謀。

---

[1] 蔡正元：《台灣島史記（修訂版）（下冊）》，香港：中華書局（香港）有限公司 2020 年，第 323-324 頁；謝政道：《中華民國修憲史》，台北：揚智文化事業股份有限公司 2007 年，第 211-500 頁；葉俊榮：《跨國憲政主義：台灣面對區域整合與全球化的憲法議題》，台灣大學法律學系暨研究所技術報告，2002 年。

[2] 葉俊榮：《路徑相依或制度選擇？論民主轉型與憲法變遷的模式（Path Dependence or Collective Institutional Choice? Modeling Constitutional Changes in the Context of Democratic Transitions）》，《問題與研究》2006 年 11 月 1 日第 45 卷第 6 期，第 1–31 頁。

李登輝和蘇南成（1936-2014）是 1999 年 9 月 "修憲" 的關鍵人物。李登輝從未公開清楚地表態是否要 "修憲" 及如何 "修憲"。但時任 "國民大會議長" 的蘇南成口口聲聲向各黨派 "國民大會代表" 說李登輝允許 "修憲" 延長 "國民大會代表" 的任期，理由是爭取多兩年的時間，修出一部可長可久的 "憲法"，因此他帶領各黨派 "國民大會代表" 積極推動 "國民大會代表延長任期案"（"國大延任案"）。到了 2010 年蘇南成親口向蔡正元陳述，他自 1999 年 1 月 13 日擔任 "國民大會議長" 後，多次和李登輝密談，兩人達成默契：

第一，2000 年 "總統" 大選，國民黨候選人連戰很難當選，應該嘗試 "修憲"，以延長李登輝任期兩年，冷卻陳水扁和宋楚瑜的聲勢。

第二，擬延長李登輝的 "總統" 任期，必須同時延長 "國民大會代表" 的任期，兩者互綁才能通過 "修憲"。

第三，李登輝想多任兩年 "總統"，修出 "兩國論" 的 "憲法"。他早有此構想。構想的研議者就是後來加入民進黨、成為黨主席，並於 2016 年當選 "總統" 的蔡英文。但是 1999 年 7 月 9 日，李登輝接受 "德國之聲" 訪問，卻發表 "兩國論" 說："台灣和中國大陸的關係已經是國家與國家，至少是特殊的國與國的關係，並非一個中國的內部關係。" "兩國論" 談話內容則等到 7 月 25 日才播出。李登輝的 "兩國論" 顯然已悖離 1992 年 11 月台灣和大陸雙方在香港會談並達成的 "九二共識"，立刻引起軒然大波。

蘇南成在 2001 年 5 月 10 日接受中天新聞台專訪時說，他早已知道李登輝的 "兩國論"，但不知道李登輝會跟 "德國之聲" 講。尤其東西德早在 1972 年 12 月 21 日簽有《兩德基礎條約》，李登輝透過 "德國之聲" 發表 "兩國論" 更是敏感。

1972 年東西德簽署的《兩德基礎條約》，提供了 1974 年東德總統何內克（Erich Honecker, 1912-1994，或譯 "埃里希‧昂奈克"）類似 "兩國論" 的修憲原則。何內克於 1971 年出任東德執政黨 "德國統一社會黨" 總書記，著手修改東德於 1968 年制定的憲法，即 1974 年《東德憲法修正案》。兩者最重要的差別在其憲法第 1 條。1968 年《東德憲法》第一條是，"德意志民主共和國是一個德意志民族的社會主義國家"，其中，"一個德意志民族"代表德國統一的憲法表述。1974 年何內克把該第一條修改為，"德意志民主共和國是一個工農社會主義國家"，用"工農"取代"一個德意志民族"，意味著已經刪除統一的憲法表述。經由憲法修正把東西德分裂永久化，就稱為"何內克原則"（Honecker Doctrine）。東德更早的憲法是 1949 年憲法，其第一條是："德國是由德國各州組建的一個不可分割的共和國"。和 1949 年憲法的統一表述相較，"何內克原則"的修憲幾乎把德國統一的憲法規範完全刪除。李登輝提"兩國論"的"修憲"計劃，就是採用"何內克原則"的版本。

據蘇南成說，美國政府早就探知，李登輝擬操縱 1999 年"修憲"，延長"總統"期，因此美國認定李登輝發表"兩國論"是為掩護"總統"延任案，因而美國政府強烈反對。美國於是傾全力向李登輝施壓，派出國安會高級官員威脅李登輝，將不"承認"其延任的"總統"職位，也不排除關閉"美國在台協會"，還要暴露李登輝更多"醜事"。李登輝深知美國 CIA 在台灣各個角落佈局很深，在美國的壓力下，他於 1999 年 8 月 20 日上午明確向蘇南成表示"總統延任案"不可行。蘇南成問李登輝已經箭在弦上的"國民大會代表延長任期案"如何處理，李登輝則未表示意見。蘇南成認為李登輝已經默許，於是繼續大力推動"國大延任案"。可是"國大延任案"在國民黨和民進黨內部各有支持和反對的意見，一場複雜的政治角力早已從 1999 年 6 月8 日"國民大會"開議啟動。

雖說"國民大會"的會議從 6 月 8 日開始，新黨一再攻擊國民黨和民進黨"毀憲分贓、擴權自肥"，應自 6 月 30 日起休會。"國民大會"於是在 6 月 29 日通過民進黨籍"國民大會代表"鄭麗文的提案，決議自 6 月 30 日起休會，直到 7 月 29 日再復會。其實真正的原因是國民黨和民進黨爭取時間協商，觀察宋楚瑜在當年 7 月底前要宣佈自行參選"總統"，或要搭配連戰成為"連宋配"。"國民大會"在 7 月 29 日復會時情勢已明朗，再決定"修憲"方向。所以這場假"修憲"之名的"憲法大戲"是純粹的政治算計。國民黨中央的判斷是，如果"連宋配"成局一定贏，"國大延任案"成不成功則無所謂。但若宋楚瑜自行參選，國民黨選票分裂，連戰選情艱困，"國大延任案"無異雪上加霜,必須反對。

"國民大會"在 7 月 29 日開議時,宋楚瑜已宣佈自行參選。所以 1999 年 8 月 14 日,國民黨籍"國民大會代表"柯三吉仍提出"國大延任案"時,8 月 16 日時任國民黨秘書長的章孝嚴裁示不予支持。8 月 20 日"國民大會議長"蘇南成宣稱已當面向李登輝報告"國大延任案",李登輝沒有意見。8 月 25 日李登輝的"總統"辦公室主任蘇志誠向"國民黨國大黨團"表示應該封殺"國大延任案"。8 月 29 日章孝嚴向蘇南成強調反對"國大延任案"。國民黨中央的反對意見都是在宋楚瑜宣佈自行參選後才出現,但蘇南成仍繼續領軍推動"國大延任案"。國民黨方面,蘇南成和章孝嚴扮演"國大延任案"的支持和反對的主要角色,而李登輝則悶不吭聲。

民進黨方面也出現支持和反對"國大延任案"兩派意見。8 月 19 日,民進黨團提出修正案,主張"國民大會"延任至 2002 年,後一屆開始改採全額政黨比例代表制選任"國民大會代表"。民進黨中央明確表示反對延任案,民進黨"總統"候選人陳水扁也表示反對。但是民進黨大佬施明德、張俊宏和謝長廷系統的"立法委員"李應元、陳昭南卻表態支持。可見雖是政治考慮,但對"國大延任案"的立場,國民黨和民進黨內部都有分裂的意見。兩黨黨中央都表示反對,也都表示違者究辦,但都沒有實質的究辦措施。兩黨黨內都有支持延任案的力量,且兩黨大部分"國大代表"在蘇南成帶領下都積極推進"國大延任案"。這形成很特殊的跨政黨立場。

國民黨秘書長章孝嚴在 9 月 2 日晚上召集國民黨籍"國大代表",表示堅決反對用無記名投票表決"修憲"案,也要求封殺"國大延任案"。同時間蘇南成卻已和民進黨籍"國大代表"的領導幹部陳金德、劉一德及無黨籍的江文如,達成"修憲"投票改採"無記名投票"的決定。9 月 3 日,上午江文如提案要求本次"修憲"改採無記名投票,經表決通過。9 月 3 日晚上劉一德的"國代延任案"以 270 人出席,204 票贊成,44 票反對,22 票棄權,表決通過二讀。9 月 4 日凌晨 2 時 30 分,蘇南成再以無記名投票進行三讀表決,結果出席代表 214 人,211 票贊成,2 票反對,1 票棄權,通過"國大延任案"。最後三讀這 2 票反對,是國民黨團幹部陳鏡仁、陳明仁兩人投下的，1 票棄權是非黨團幹部蔡正元投下的。蔡正元投下反對票，又在表決票上簽署姓名，開票人員不知如何處理，請示蘇南成無記名投票上有人簽名該如何處理，蘇南成裁示這違反無記名投票的決議，視同廢票棄權，才有 1 票棄權。由於開票工作人員與蘇南成的對話提及簽名者是蔡正元，引起媒體的特別注意。

9 月 8 日國民黨中央祭出黨紀，開除蘇南成，解除其 "國大議長" 職務。另以領導不力為由，解除陳明仁 "國大" 黨團書記長職務，陳鏡仁則記過停職半年。"國大議長" 由副議長陳金讓代理，"國民黨國大黨團" 書記長則遴選和國民黨中央沒有淵源的蔡正元接任，只因蔡正元投出唯一記名反對票，較易為媒體和選民接受。這場 "修憲" 過程非常符合 Benny Y. Tai 的 "憲法遊戲" 理論，該理論認為 "制憲"、"修憲"、"釋憲" 都可以用 "遊戲理論" 或稱 "博弈理論" 予以解釋。[1]

7.6.6　2000 年 3 月 "釋憲"

1999 年 9 月 4 日凌晨，"國民大會" 表決通過 "國大延任自肥修憲案" 後，媒體批判力量非常激烈，國民黨和民進黨內部批判力量也隨之升高。為收拾善後，有學者提議聲請 "大法官" 解釋，令 "國大延任自肥修憲案" 無效。這派意見認為，該 "修憲" 案違反更上位階的 "憲法" 原則，"大法官" 得宣告 "修憲" 文本內容 "違憲"。1990 年 6 月 21 日，"大法官" 都可以作成 "第 261 號解釋文"，以 "定期改選貫徹民主憲政" 及 "適應當前情勢" 為理由，擺脫《動員戡亂時期臨時條款》這個 "憲法" 文本的牽絆，宣告 "第一屆中央民意代表" 任期於 1991 年終止，未嘗不能在 "延任案" 發揮同樣功能。但反對意見認為，"大法官釋憲" 只能就 "憲法" 文本作解釋，不能

---

[1] 蔡正元：《台灣島史記（修訂版）（下冊）》，香港：中華書局（香港）有限公司 2020 年，第 358-361 頁；謝政道：《中華民國修憲史》，台北：揚智文化事業股份有限公司 2007 年，第 370-414 頁；Benny Y. T. Tai, "Basic Law, Basic Politics: the Constitutional Game of Hong Kong", *Hong Kong Law Journal*, no. 37, 2007, pp. 503-578; Benny Y. T. Tai, "The Constitutional Game of Article 158(3) of the Basic Law", *Hong Kong Law Journal*, no. 41, 2011-2012, pp. 61-67.

推翻 "憲法" 文本。"修憲" 是 "國民大會" 的職權，"大法官" 只能就適用 "憲法" 發生疑義或法律命令有抵觸 "憲法" 疑義時才有權解釋，"大法官" 並無就 "國民大會" 已決議通過之 "修憲" 文本宣告無效的權力。"大法官" 如果有宣告 "修憲" 文本無效的權力，則所有 "憲法" 文本都處於不確定狀況，"大法官" 由 "憲定機關" 變成 "制憲機關"，更是 "違憲"。

雖有兩派的 "釋憲" 論爭，民進黨籍 "立法委員" 鄭寶清率先提出 "釋憲"。鄭寶清在 1999 年 9 月 9 日以 "國民大會" 明顯超越 "修憲" 權力為由，提出三項 "憲法" 爭議，聲請 "釋憲"：一、"國民大會延任案" 是否 "違憲"；二、"國民大會修憲權" 是否有界限；三、"大法官" 是否有權審 "修憲" 文本的 "合憲性"。新黨籍 "立法委員" 郝龍斌接著在同年 10 月 27 日也聲請 "釋憲"。這場 "釋憲" 權力鬥爭，只有 "立法委員" 和 "大法官" 參加，各政黨領導階層無人表示意見。媒體雖有討論，但並不熱烈，似乎都在等待 "大法官" 會議的結論。

2000 年 3 月 24 日 "大法官" 會議作成 "釋字第 499 號解釋文"，要點如下：一、引用納粹法學家 Karl Larenz（1903-1993）等人的學理，"憲法" 條文間有衝突、矛盾或疑義，屬於 "憲法" 規範競合與衝突，"大法官" 有權審查並解釋；二、"修憲" 乃國民主權之表達，必須公開透明，1999 年 9 月 4 日 "修憲" 表決，採無記名投票，違反公開透明原則，使擁有主權之 "國民" 無從對參與表決之 "國民大會代表" 究責；三、"國民大會" 乃憲定機關，有遵守 "憲法" 之義務，"自由民主憲政" 賴以存立之 "憲法" 條文不得修改，如國民主權原則、民主共和國原則、人民基本權利保障條文、政府權力分立與制衡原則皆不可以 "修憲" 毀棄。因此，大法官宣告 "國大延任修憲案" 無效。

2000 年 3 月 24 日 "釋憲" 文公佈，"國大延任修憲案" 無效，立即引起 "國民大會代表" 的強烈反彈，紛紛給黨團幹部施加壓力，要求召開 "國民大會" 再次 "修憲"。有人主張廢除 "大法官會議"，有人主張將 "國民大會" 改為 "上議院"，"立法院" 改為 "下議院"，各種提議五花八門，不一而足。

首當其衝的是國民黨團和民進黨團的領導幹部，當時是蔡正元和陳金德。[1]

7.6.7　2000 年 4 月 "修憲"

2000 年 "第六次修憲" 可以說史無前例。擔任 "總統" 的李登輝因為國民黨敗選已失去權力，完全沒有角色，當選人陳水扁、落選人連戰和宋楚瑜都未表示意見，民進黨主席林義雄也只是被形勢牽著走，"修憲" 方向完全被媒體和蔡正元推著走。有人提及 "李登輝第六次修憲"，完全不是事實，因為當時沒有人理會李登輝。

2000 年 3 月 27 日的 "國民大會" 內，國民黨黨團由蔡正元領軍，民進黨黨團由陳金德領軍，兩個黨團展開協商，商討關於召集 "國民大會" 臨時會的事宜。協商因各種爭論相持不下，蔡正元突拿起桌上便條紙寫下協商結論，自行簽字後要陳金德簽字。該便條紙文字如下：一、國民黨團與民進黨團針對廢除 "國民大會" 達成共識，其實施日期與配套措施，由兩政黨進行協商。二、兩黨團同意連署呈請 "總統" 召集 "國大會議"。三、建請兩政黨立即安排協商。

陳金德表示未獲民進黨主席林義雄授權，拒絕簽字。蔡正元發出警告，如果陳金德不簽字，將立即召集協商會場外的報紙及電子媒體，指控民進黨長期主張廢除 "國民大會"，面對國民黨團主動提議廢除 "國民大會" 的協商結論，卻不敢簽字，可見民進黨長期以來只是在欺騙選民。陳金德臉色鐵青，要求暫停協商半小時，向林義雄請示。陳金德與林義雄和民進黨秘書長吳乃仁電話討論半小時後，返回談判桌，表示獲得授權同意簽字。兩黨團隨即召開記者會，宣佈這三點協商結論，展開廢除 "國民大會" 的 "修憲" 工作。這就是所謂的 "第六次修憲" 的開始，跟李登輝毫無關係。

國民黨一貫的 "憲法" 立場是，"國民大會" 及 "五權憲法" 體制都必須堅持，尤其是 "國民大會" 這個 "憲法" 機構，只能虛級化，不可廢除。

---

[1] 許智閔：《析論釋字第 499 號中 "修憲" 界限爭論之研究》，台灣大學國家發展研究所碩士論文，2005 年；蔡正元：《台灣島史記（修訂版）（下冊）》，香港：中華書局（香港）有限公司 2020 年，第 362–363 頁。

在 3 月 27 日當天早上，國民黨中央還公開反對廢除 "國民大會"。因此任何其他人代表國民黨團出面協商，都會持反對廢除 "國民大會" 的立場。但在這場兩黨協商中，負責主談的國民黨代表蔡正元的 "憲法" 立場，卻是主張廢除 "國民大會"。蔡正元在 1996 年競選 "國民大會代表" 時所提出的政見號召，就是廢除 "國民大會"，且獲得最高票當選。競選期間還曾被國民黨中央 "提醒" 不應主張廢除 "國民大會"，但蔡正元反駁說孫文從來沒有清楚提及 "國民大會" 這個制度，"國民大會" 和 "五權憲法" 毫無關連，何況 "總統" 選舉都已改採公民直接投票產生，"國民大會" 的 "修憲" 工作也可以交還給人民，由公民複決。從此，國民黨中央不再干涉，他們認為這只是初出茅蘆的候選人的個人想法，不必理會。只是國民黨中央沒料到 1999 年 9 月 "國民大會" 通過 "延任自肥案"，國民黨遭媒體輿論大加撻伐，國民黨中央只好在解除黨團書記長陳明仁職務後，選擇名不見經傳、卻在 "延任自肥案" 表決時投下唯一記名反對票的蔡正元接任國民黨團書記長。這是國民黨有史以來第一位由主張廢除 "國民大會" 的黨員出任這個實權的職位，使得 3 月 27 日這場協商有可能產生廢除 "國民大會" 的結論。

國民黨中央的指揮系統停擺，是促使這場協商結論有可能產生的第二個因素。2000 年 3 月 18 日 "總統" 選舉，國民黨的 "總統" 候選人連戰敗選，支持群眾於當天晚上包圍國民黨中央黨部，究責李登輝。李登輝在 3 月 20 日辭去國民黨主席，國民黨秘書長黃昆輝也一併辭職。預定接任代理黨主席的連戰在 3 月 27 日卻還未上任，原本可以指揮蔡正元的國民黨秘書長林豐正也還未上任。代表國民黨團的蔡正元當時等於沒有上級領導指揮，也無黨紀約束，可以自行決定兩黨團協商的談判戰略。"國民大會" 作為 "憲法機構"，在 "延任自肥案" 後的社會支持度跌落谷底，是促成這個協商結論公佈後不但被國民黨中央接受，且廣獲社會及媒體支持的重要原因，且完全未見明顯的反對聲音。

3 月 28 日晚，吳乃仁與陳金德秘密拜會蔡正元。蔡正元提議民進黨應辦理幾件事：1. 民進黨中常會要通過 "修憲" 決議，把 "國民大會" 的職權全部移交給 "立法院"；2. 民進黨主席林義雄要拜訪宋楚瑜，爭取親民黨 "國大代表"的支持；3. 民進黨要開除任何未支持"修憲廢國大"的民進黨籍"國大代表"。吳乃仁全數答應。

在 3 月 28 日、29 日兩天，國民黨中央組成"修憲"專案小組，討論政治上的難題：如何能召集"國民大會"，又能讓"國民大會代表"願意投票同意廢除"國民大會"。反復討論都得不到有把握的可行方案，蔡正元於是提議援引美國總統選舉人團的制度，創設"任務型國民大會"。此議獲國民黨中央支持，於是責由蔡正元、謝瑞智、朱新民草擬方案，提交 3 月 30 日兩黨正式協商談判之用。

3 月 30 日兩黨協商，國民黨派洪玉欽、蔡正元出席，民進黨派吳乃仁、陳金德出席。協商會議一開始，吳乃仁堅持"修憲"完全廢除"國民大會"，把"國民大會"所有職權全部移交由"立法院"行使。洪玉欽則請蔡正元說明"任務型國民大會方案"。說明後，吳乃仁表示反對不能接受，雙方僵持不下，吳乃仁要求暫停協商一小時。結果媒體得知"任務型國民大會方案"後，一面倒地報導及支持，因為這個方案同時受到大多數要求"廢國大"和要求"國大虛級化"的人共同支持。吳乃仁得知輿論反應狀況後，只好回談判桌簽字同意。2000 年 4 月 8 日"國民大會"集會，在 4 月 24 日記名投票表決，"任務型國民大會方案"以 287 人投票、285 票贊成、2 票棄權通過。[1] 這整個過程更符合 Benny Y. Tai 的"憲法遊戲"理論。[2]

7.6.8 廢除"國民大會""修憲"

2004 年 8 月，"立法院"提出"憲法修正案"。2005 年 5 月 14 日，台灣地區選舉產生三百名"任務型國民大會代表"，在國民黨和民進黨共同控制下，議決移除"國民大會"的全部職權，轉移給"立法院"。

---

[1] 蔡正元：《台灣島史記（修訂版）（下冊）》，香港：中華書局（香港）有限公司 2020 年，第 363-366 頁；謝政道：《中華民國修憲史》，台北：揚智文化事業股份有限公司 2007 年，第 415-449、450-500 頁。

[2] Benny Y. T. Tai, "Basic Law, Basic Politics: the Constitutional Game of Hong Kong", *Hong Kong Law Journal*, no. 37, 2007, pp. 503-578; Benny Y. T. Tai, "The Constitutional Game of Article 158(3) of the Basic Law", *Hong Kong Law Journal*, no. 41, 2011-2012, pp. 61-67.

7.7

小結

　　本章主要探討，台灣的領土主權問題懸在"一個中國"原則和"美國勢力範圍"之間，"主權消損"危機造成台灣地區的《南京憲法》秩序近乎崩解，即使經過幾次"修憲"調整，都無法解決"台灣當局法律地位未定論"的問題，這也關係著未來兩岸關係中"憲法管轄權"競合與衝突如何解決的重大問題。本章分析台灣當局以"中華民國"的名義代行中國主權統治台灣，再依據《南京憲法》提供的憲法架構，通過"蔣介石復行視事"、"臨時條款"、"萬年國會"、"大法官釋憲"、"增修條文"等方式，處理《南京憲法》崩解失序的調整工作。但是"主權消損"危機下的"殘存國家"現象，真正的法律關鍵包括"國民主權原則"、"赫爾斯坦原則"、"林肯原則"等問題，都無法獲得完整的解決方案。雖經由廢除《動員戡亂時期臨時條款》、解除戒嚴、成立"國家統一委員會"、制定《台北增修條文》、廢除"國民大會"，最後又一而再的"修憲"和"釋憲"，憲制秩序的調整仍然問題重重。尤其是《南京憲法》明訂的"一個中國"原則與《台北增修條文》隱藏的"兩個中國"或"一中一台"矛盾，仍然無解。

第八章

有關台灣領土主權問題的
解決模式

8.1

戰爭是歷史上的唯一決定因素

　　本書第四章分析了台灣主權或管轄權的歷史變遷過程，明白揭示台灣的主權（sovereignty）或管轄權（jurisdiction）移轉都是通過戰爭完成的。荷蘭的聯合東印度公司殖民台灣，並從平埔族原住民手上取得台灣主權。從麻豆戰役打敗西拉雅人的麻豆社，簽訂《麻豆條約》開始，荷蘭開始長達十幾年的征戰，降伏全島原住民，打敗西班牙人，統一台灣，台灣已無其他可以聲索主權的國家組織或政治力量存在，荷蘭共和國終於取得全台灣的主權。荷蘭人統一台灣的戰爭，是歷史上台灣主權取得及移轉的第一場戰爭。這時期的台灣不包括澎湖，澎湖沒有南島語族的原住民，荷蘭人也從未取得澎湖的主權，當時的澎湖主權屬於法律名義是大明帝國的中國。

　　鄭成功以海陸戰爭，順利逼降荷蘭人，從荷蘭人手上取得台灣主權。嗣後鄭經在台灣各地征服不順從的原住民，並非主權的獲取行動，而是主權權利或權力（sovereign rights or power）的展示行動。因為荷蘭人簽訂《鄭荷條約》的投降協議時，鄭成功即已在國際法上取得全台灣主權。鄭荷戰爭是歷史上台灣主權移轉的第二場戰爭。

　　康熙大帝派遣施琅實施攻台戰爭，鄭成功的孫子鄭克塽"具表"投降。清代中國因此取得台灣管轄權，這是歷史上台灣主權或管轄權移轉的第三場戰爭。鄭成功以明代中國的"國姓爺兼招討大將軍"身份，從荷蘭人手上取得台灣主權，主權者的身份是明代中國皇帝，而不是鄭成功的藩王身份。鄭成功的延平王府儘管在政治上是一個獨立的自治政權，具有封建世襲藩王的地位，但在法律上仍是明代中國的邊區政府，台灣的主權仍是屬於明代中國的"國家組織"。因此當時管轄中國大陸的大清帝國與管轄台灣的大明帝國的延平藩王國，都是中國領土主權下的兩個管轄權，而不是兩個領土主權。延平藩王國是中國主權領土上的"殘存國家"，不是"新而獨立的主權國家"，《鄭克塽降表》使台灣管轄權從明代中國的邊區政府，轉移給清代中國的中央政府。這是管轄權移轉，不是主權移轉。

明治天皇的日本帝國在1894年甲午戰爭打敗光緒皇帝的清代中國，雙方簽訂《馬關條約》，台灣的主權就由中國移轉給日本。當時兩國都是施行君王主權制，即領土主權屬於君王，不屬於人民、政府或議會，簽署《馬關條約》即意味著把中國光緒皇帝擁有的台灣和澎湖的主權移轉給日本明治天皇。中日甲午戰爭是台灣主權移轉的第四場戰爭。1895年日本"征台戰爭"或稱台灣抗日戰爭，包括滅亡倉促宣告成立卻從來不曾存在過的"台灣民主國"，以及鎮壓其他中國移民和原住民的反抗行動，都是日本實施主權權利或權力的行動，跟主權的法律移轉或變動無關。

第二次世界大戰中，美國、英國、中國發佈《開羅宣言》，聲明台灣和澎湖主權應由日本歸還中國。《開羅宣言》後經美國、英國、蘇聯、中國簽訂《波茨坦公告》確認，再經日本昭和天皇的《投降詔書》接受，《開羅宣言》立即生效。第二次世界大戰中，從1945年昭和天皇發佈《投降詔書》起，台灣和澎湖在法律上已經轉而歸屬中國。這是主權移轉，不是管轄權移轉。日本人愛面子，把日本天皇的《投降詔書》稱為《終戰詔書》，其後的《舊金山和約》、兩份《中日和約》都只是各國或中日兩國政府在議定台灣主權移轉的相關細節，跟主權移轉本身的效力無關。因為就當時的日本憲法而言，台灣主權是天皇的，不是日本政府或人民的。日本昭和《投降詔書》一發佈，台灣主權和滿洲主權一樣，移轉給中國立即生效。中國抗日戰爭和第二次世界大戰因此是台灣主權移轉的第五場戰爭。

第二次世界大戰後，中國內部的國共戰爭是中國的內戰。國民黨領導的南京民國政府因內戰失利敗退台灣，成為"台灣當局"。後來政黨輪替，國民黨下台成為在野黨。在這期間，台灣的主權從未發生移轉問題。在《開羅宣言》生效時，台灣的主權即已移轉給中國，且中國從1911年後，主權者不再是中國皇帝，而是中國人民。在憲制規範上，1911年後不論哪一部中國憲法，中國的主權擁有者都是中國人民，不是中國皇室，也不是哪一個政府及政黨。中國作為國際法上的主權，法律人格不變，但主權的法人代表已發生變遷。

目前的問題，是中國人民在政治上分裂成大陸人民及台灣人民，大陸人民組織的中華人民共和國及其政府在國際上已取得中國的國際法人格（a person of international law）的代表權，台灣人民支撐的台灣當局已不具備代表全中國人民的法律資格。

現在爭議的問題癥結是：中華人民共和國擁有全中國的主權代表權，但所代表的全中國人民的憲法管轄權卻未包括台灣居民。台灣當局已不能代表全中國人民，也無法擁有台灣主權，卻實際擁有對台灣的管轄權，台灣內部於是有"獨立"運動的主張產生。然而中華人民共和國並未直接以主權者身份對台灣居民行使憲法管轄權，進行實際統治，無法證明其統治方式及結果，有違反其他國際法原則——一如荷蘭《斷絕誓言》指控西班牙國王"宗教迫害"，美國《獨立宣言》指控英國國王"暴虐統治"——的事證，台灣居民也無法援引其他國際法原則，否定中華人民共和國以中國主權繼承者的身份對台灣所提出的領土主權聲索。

台灣有人主張，中華人民共和國從來沒有統治過台灣，因此不具備擁有台灣領土主權的資格。所謂"沒有統治過"就是"沒有施行管轄權"。沒有實施統治和沒有擁有主權是兩回事，有沒有實施統治涉及是否有能力履行主權者權利的能力應有的管轄權，但有沒有擁有主權則關係著主權的合法基礎是否存在。有無統治或有無管轄權是事實問題，過去沒有，未來不可知。有無主權是法理問題，台灣是中國主權的一部分，早已確立，中華人民共和國是否已完全繼承中國主權，才是問題重點。例如香港新界地區在1997年前，中華人民共和國沒有實施管轄權，所以沒有統治過是一個事實，但並未否定中國擁有該地的領土主權的法理基礎。就是這個法理基礎，提供了中國主權者介入台灣主權或管轄權異動的合法性。

一方面，中國依據已生效的《開羅宣言》擁有法理上的台灣主權，另一方面，台灣目前的政權機構是由台灣居民選舉產生，已開始聲明"台灣居民擁有台灣主權"的說法。這些聲明若正式化，台灣的主權即產生法理上"台灣獨立"的效果。屆時擁有台灣主權的中國若不願意放棄，拒絕簽約把台灣的領土主權移轉給主張"台獨"的政權，將是一個法理、政治、歷史、國際安全秩序衝突的總爆發。

國家取得領土主權的方式，基本上只有兩種：第一，經由憲法和國際法秩序繼承，依法取得或鞏固領土主權。第二，經由戰爭勝利取得或鞏固領土主權。中國取得台灣的領土主權和管轄權則可能需要兩者兼而有之，中國欲保有台灣的領土主權和管轄權也勢必兩者無法偏廢，戰爭變成是必然的選項。中國如果沒有效法林肯殲滅美國南方獨立意志的魄力，不敢、不願或不能為鞏固台灣主權而戰，在美國和日本操縱下，勢必失去台灣主權。

中國大陸與台灣的政治對峙和軍事對壘，時間拖愈久，台灣內部的"台獨"意識會越強化。政治對峙時，"台獨"分子會自認為越有時間優勢，"台獨"政權掌權越久，會自認為建立"台灣共和國"的機會越大。另一方面，中國大陸與台灣的軍事力量，也會隨著時間拖越久而差距越大，中國基於民族主義的壓力也會越大，遑論兩岸的政經實力差距日益擴大。最後不管美國如何填補這個差距，都於事無補，戰爭也將無可避免。美國未必有意願為台灣"獨立"而戰，但不能排除美國有利用"台獨"戰爭削弱中國國力的意圖。

中國歷經百年屈辱，在第二次世界大戰後，從日本手中取回台灣、澎湖、滿洲地區的領土主權。這是中國人民在歷史上痛苦犧牲換回的國家主權、尊嚴及利益，中國是否可能再度淪為"東亞病夫"，如滿清末年任由列強宰割，而默然接受曾經與日本人共同侵略中國的"台獨"勢力及"皇民"後代在美國和日本支持下，再度把台灣以各種名義從中國分裂出去，是一個嚴肅的歷史課題。面對民族偉大復興的號召，若不能統一台灣，比上不如康熙，比下不如林肯，這種壓力不是任何中國主政者所承擔得起的。

相對的，台灣自 1988 年李登輝主政後，傾全力以"民主"之名，培育"台獨"勢力的策略相當成功。陳水扁雖然手法粗糙，但也成功地在台灣內部築起一道"台獨"高牆。馬英九的軟弱和立場不定，再加上其個人特殊的美國背景，直接促使"台獨"勢力繼續高漲。蔡英文更乾脆推動"緩獨於外、急獨於內"的兩手策略，"台獨"勢力不只在台灣生根，且日益壯大。國民黨也日漸式微，被迫向"台獨"勢力靠攏，轉型為準"台獨"的"獨台"

政黨。任何中國主權者面對這個局勢，可以選擇的空間日益狹小，必須在兩者之間作出抉擇：逐步默認"台灣共和國"的產生及"台獨"勢力的壯大，或端出實力連根拔除"台獨"勢力及粉碎其背後企圖干預的美日勢力。林肯投入南北戰爭，犧牲聯邦軍隊三十六萬人的性命，企圖獨立的南方邦聯軍隊也陣亡二十六萬人。但林肯的戰略目標很清楚："不僅要同敵軍作戰，而且要同敵對的人民作戰，要讓南方人和他們的子孫後代得到教訓，讓他們永遠不敢再想獨立。"林肯的決心也很清楚："讓南方人認清戰爭的災難，徹底放棄獨立的念頭。"

絕大多數推動"台灣獨立"者都是中國移民的後裔，且以福建閩南人為主流，台灣原住民反而對"台獨"運動興趣缺缺。"台獨"分子為強化所謂"台灣認同"，積極切斷一切與中國的思想連結，包括否定台灣人絕大多數具有中國血統，編造與平埔族混血的謊言；否定中國歷史文化為主流的台灣社會特質，假借多元文化為由，企圖自詡為西洋文化、日本文化、原住民文化的混合體，與中國文化作出決裂的切割；不顧一切推進且製造"台灣人"與"中國人"對立的政治概念，塑造新生代台灣人為"天然獨"，推動"台灣共和國"的進程。但另一方面，這批不當兵、無作戰力的"天然獨"卻遭遇中國崛起後的"天然統"的挑戰。台灣是否為中國主權領土的一部分，代表著中國民族情感的核心問題，特別是"台灣獨立"代表著日本侵略中國的民族痛苦與羞辱，也代表著台灣人曾是日本侵略共犯的責任必須清算。[1]"天然獨"與"天然統"的衝撞，必然走上戰爭對決的道路。這個核心價值對決的戰爭所會投入的資源和籌碼，也不是美國、日本想介入所負擔得起的代價，但卻是美國和日本用以削弱中國國力的有效工具。[2]

---

[1] 蔡正元：《台灣島史記（修訂版）（下冊）》，香港：中華書局（香港）有限公司 2020 年，第 420-425 頁；許菁芸、宋鎮照：《地緣政治與國家主權的關係研究：以車臣和科索沃獨立省思台海兩岸問題（An Analysis on the Relations between Geopolitics and State Sovereignty: Coparative Case Studies on Chechnya, Kosovo and Taiwan）》，《政治學報（Chinese Political Science Review）》2013 年 12 月 1 日第 56 期，第 55-78 頁；陳欽育：《清康熙年間台灣棄留論及征台澎決策的形成》，《大同大學通識教育年報》2005 年 1 月 1 日第 1 期。

[2] Jaroslav Tir, "Keeping the Peace after Secession: Territorial Conflicts Between Rump and Secessionist States", *Research Article*, vol. 49, no. 5, 1 October 2005, pp. 713-741, https://doi.org/10.1177%2F0022002705279426；陳偉華：《主權與戰爭：兩岸關係的轉捩點》，《遠景季刊》2001 年 7 月 1 日第 2 卷第 3 期，第 189-211 頁。

8.2

台灣問題的解決方案

概括來說，台灣的現狀在國際法上既被認定為中國主權領土的一部分，也被國際政治視為美國勢力範圍的一部分，自然會產生台灣的 "統獨" 問題。除了前述歷史案例，台灣的主權或管轄權五次變動，全都是通過戰爭完成，但可預見的 "統獨" 問題仍有兩個解決模式可以考慮：第一個模式是和平模式，例如東西德的和平統一，捷克與斯洛伐克的和平獨立，都是和平解決 "統獨" 問題的案例；第二個模式是戰爭模式，如美國 1775 年的獨立戰爭，美國 1861 年的南北統一戰爭，則是以戰爭處理 "統獨" 問題。但是台灣的 "統獨" 之爭，將很難避免的歷史宿命是：歷史上台灣的前五次主權或管轄權變動，都是通過五場戰爭完成的。若有第六次主權或管轄權變動，雙方互不相讓，可推斷第六場戰爭勢將難以避免。[1]

台灣的出路似乎只有兩條：一是如何在 "中國台灣" 的主權架構下，取得更大的權力和利益；二是如何有機會脫離中國主權，"獨立建國"。但如同歷史上的迦太基，台灣的 "台獨" 理論誇誇其談，甚囂塵上，能付諸施行者卻寥寥可數。"中國台灣" 和 "獨立台灣" 兩條路線的鬥爭與擺蕩，可能使台灣人失去所有籌碼，隨命運擺佈。台灣的 "當局" 也因 "台灣當局" 或 "準台灣獨立政府" 的內部矛盾，在時間、環境、資源壓力的沖刷下，"主權展示" 能力和 "主權權利" 的運作空間不是日益增強，而是逐步減弱，從曾經擁有國際法地位和憲法基礎的 "主權政府" 退化為既無國際法地位亦無憲法

---

[1] 劉國深、陳勤奮：《兩岸關係和平發展新課題淺析（Analysis on the New Subject of the Peaceful Development of the Cross-Strait Relations）》，《台灣研究集刊（*Taiwan Research Quarterly*）》2008 年 12 月 30 日第 4 期，第 1-6 頁；鄭弘迪：《解決領土爭端的一條出路：折衷安排及其背後領土原則之建構（One Way to Resolve Territorial Disputes: Compromise Arrangements and the Construction of Their Underlying Territorial Principles）》，《政治科學論叢（*Political Science Review*）》2013 年 12 月 1 日第 58 期，第 71-108 頁；周葉中、祝捷：《論兩岸關係和平發展框架的內涵》，《時代法學》2009 年第 1 期，第 3 頁。

基礎的 "自治政府"，更別提 "國家" 的法律地位。但從憲法及國際法的層
面分析，解決台灣問題是有著各種模式存在的。[1]

8.2.1　殘存國家模式

　　"中華民國自由地區" 方案是一種 "殘存國家" 模式，也是 "中國台灣"
的模式之一。在 "殘存國家理論" 下，台灣當局使用殘存的《南京憲法》將
台灣定位為 "中華民國台灣地區" 或 "自由地區"，又宣稱台灣當局擁有中
國主權，排除承認中華人民共和國法律地位的問題。此模式的先天性瑕疵，
使人可以解讀為統一前的中國 "自由地區"，也可以解讀成 "王莽篡漢" 前
的 "準台獨國家"。這個模式的優勢是現狀已經存在很久，劣勢是高度不穩
定，更糟的是 "主權消損" 現象日益增大，"中華民國" 已無國際法地位，"自
由地區" 更難維持合法立場。"台獨" 分子愈發不甘心名實不符，試圖以 "王
莽篡漢" 的模式推翻現狀，達成假借 "中華民國自由地區" 之名，行使 "台
灣共和國" 之實，所以這是高度不穩定的方案。中國主權者也會越發不能容
忍 "假和平真獨立"、"假獨台真台獨" 的台灣現狀。[2]

8.2.1.1　1981 年 "中華台北" 模式

　　中華民國在 1924 年、1932 年、1936 年、1948 年都是以 "中國" 為名，
參加國際奧林匹克運動會。1949 年中華人民共和國成立，南京的 "中華民
國" 遷往台北，隔著台灣海峽，成為台灣當局，實際治理區域僅限台灣、
澎湖。1952 年在芬蘭首都赫爾辛基舉行的奧運會，討論 "中國問題"，決議

---

[1]　周葉中、祝捷：《兩岸治理：一個形成中的結構》，《法學評論》2010 年第 6 期，第 10 頁；周葉中、段磊：
　　《海峽兩岸公權力機關交往的回顧》，《法治與社會發展》2014 年第 3 期，第 164 頁；Chengxin Pan, "Westphalia
　　and the Taiwan Conundrum: A Case against the Exclusionist Construction of Sovereignty and Identity", *Journal of*
　　Chinese Political Science, no. 15, 2010, pp. 371–389.

[2]　朱松柏：《兩岸交流與 "兩韓" 關係之比較》，《問題與研究（*Issues & Studies*）》2001 年 11 月 1 日第 40 卷第
　　6 期，第 1–12、13 頁；張顯超：《分離自決的國際法內涵與實踐》，《問題與研究》2006 年 9 月 1 日第 45 卷
　　第 5 期，第 61–90 頁；李明峻：《分裂國家與國際法（Divided Nations under International Law）》，《台灣國際
　　法季刊》2013 年 12 月 1 日第 10 卷第 4 期，第 41–46 頁。

兩岸運動隊伍都可參加，台灣當局卻下令"漢賊不兩立"，拒絕參加。1956年澳大利亞墨爾本奧運會，中華人民共和國政府堅持"台北不出、北京不入"，拒絕接受"兩個中國"的奧會會籍，退出比賽，台灣當局則以"福爾摩沙—中國"（Formosa-China）的名義參加。

1960年意大利羅馬奧運會，"中華民國奧林匹克委員會"被國際奧委會改名為"中華奧林匹克委員會"，台灣當局以"福爾摩沙"（Formosa）之名參賽。1964年東京奧運會及1968年墨西哥奧運會，改以"台灣"（Taiwan）之名參賽。1972年慕尼黑奧運會，台灣當局以"中華民國"（ROC）之名參加，當時發生"慕尼黑慘案"，以色列選手被巴勒斯坦恐怖分子綁架殺害。1976年蒙特利爾奧運會，加拿大政府拒絕以"中華民國"（ROC）為名的奧運代表團入境，國際奧委會再要求台灣當局改以"台灣"（Taiwan）為名參賽，蔣經國下令拒絕參加。1980年莫斯科奧運會，因為蘇聯入侵阿富汗，美國發起抵制，兩岸都參與抵制行動，沒有派隊參加。

1981年3月23日，"中華奧林匹克委員會"與國際奧林匹克委員會在瑞士洛桑國際奧會總部簽訂《國際奧會與中華台北奧會協議書》，簡稱《洛桑協議》。"中華奧林匹克委員會"更名為"中華台北奧林匹克委員會"（Chinese Taipei Olympic Committee），並以"中華台北"（Chinese Taipei）之名參與各項國際運動組織。這種參與方式也稱為"奧會模式"。[1]

1989年4月6日，中華台北奧林匹克委員會與中國奧林匹克委員會在香港簽署協議："台灣地區體育團隊及體育組織赴大陸參加比賽、會議或活動，將按國際奧會有關規定辦理，大會（即主辦單位）所編印之文件、手冊、寄發之信函，製作之名牌，以及所做之廣播等等，凡以中文指稱台灣體育團隊與體育組織時，均稱之為'中華台北'。"1989年5月，台灣立刻以"中華台北"名義，獲得北京正式邀請，首次組隊參加亞洲青年體操錦標

---

[1]　李中邦：《324中日台釣魚台之爭讓"台灣主權"原形畢露》，《海峽評論》2004年5月1日第161期，第18–22頁；鄭清賢：《論兩岸關係新時期背景下福建涉台地方立法模式的選擇》，《海峽法學》2014年第3期，第48頁；Sigrid Winkler, "A Question of Sovereignty? The EU's Policy on Taiwan's Participation in International Organizations", *Asia Europe Journal*, no.v11, 2013, pp. 1–20.

賽，這是兩岸體育交流的開始。

　　"中華台北"模式從此成為國際慣例。除了體育賽事外，舉凡電競、學術、技術等許多比賽中，若有中華人民共和國組隊以"中國"之名參加，台灣當局的代表隊只能以"中華台北"的名義參加。

　　1991年11月12日，主辦APEC的韓國居中協調，台灣當局以"中華台北"名義加入亞太經合組織（APEC），"奧運模式"或"中華台北模式"就從運動領域轉入經濟文化領域，成為台灣參與國際經濟、體育、文化活動的規範。2004年12月15日，經濟合作與發展組織（OECD）批准，"中華台北"可以成為OECD"競爭政策委員會"的觀察員。2005年10月27日，OECD批准，"中華台北"可以成為鋼鐵委員會觀察員及漁業委員會專案觀察員。

　　2009年5月18日，"中華台北"獲准以觀察員身份，參加世界衛生大會（WHA）。5月26日，胡錦濤會見中國國民黨主席吳伯雄，談及參與國際組織活動問題時，公開稱呼"中華台北衛生署"。這是中華人民共和國領導人首次在公開場合表述"中華台北"。[1]

8.2.1.2　1986年"中國台北"模式

　　亞洲開發銀行由日本主導，美國支持，成立於1966年11月24日。在"殘存國家"模式下，台灣當局以"中華民國"名義參加，在二十七個創始會員中，認股額度排名第十一位。台灣當局在1968年至1971年間，向亞洲開發銀行貸款十一筆，共9,574萬美元。1972年起非但停止貸款，還主動捐款。1986年2月20日，亞開行通過中華人民共和國入會，把台灣當局的"中華民國"會員名稱改為"中國台北"（Taipei, China）。1987年，台灣當局拒絕參加亞開行年會。1988年4月，出席亞開行年會時，台灣當局在"中國台北"的名牌邊放置抗議牌（Under Protest），從此這類抗議持續到現在。

---

[1] 宋燕輝：《由國際法觀點析論中共反對台灣參與WHO（Rebuttal to PRC's Arguments against Taiwan's Bid for WHO Observership: An International Law Perspective）》，《問題與研究》2004年10月1日第43卷第5期，第157-186頁；洪思竹：《從國際法角度檢視台灣加入GATT/WTO相關文件所衍生之問題》，《台灣國際法季刊》2009年6月1日第6卷第2期，第117-155頁；金佳博：《中國台灣地區參與國際組織模式的比較分析》，外交學院外交學碩士論文，2009年。

1991 年後，台灣當局提案希望把 "Taipei, China" 改為沒有逗點的 "Taipei China"，意指 "台北中國"，提案未成。1997 年香港回歸中國，1998 年香港參加亞開行的名稱改為 "中國香港"（Hong Kong, China）。台灣當局的會員英文名稱則改為 "Taipei,China"，Taipei 和 China 之間有逗點，但逗點後面不再空一格，以示與香港有所區別。不過中文名稱仍是 "中國台北"。[1]

8.2.2 "台獨" 模式

"台灣共和國" 方案是 "獨立台灣" 的模式之一，就是標準的 "台灣獨立"，這個模式清楚地條列在民主進步黨的黨綱上。要實踐這個方案，"台獨" 政權和外圍勢力必須擁有足夠的武力，以對抗中國大陸的民族情感，否則在清算日本 "皇民" 侵略共犯的咎責壓力下，台海戰爭勢必比美國南北戰爭更激烈，台灣將被摧毀殆盡，最後只可能出現 "台灣省" 方案。這個方案的可能性與中國大陸的民族情緒和統一意願息息相關。"台獨" 模式同時奠基在 "台獨公民投票" 的理論基礎上，也發展出民進黨的主張和許多 "台獨" 論述，並形成為陳水扁和蔡英文的 "台獨" 推進行動。[2]

8.2.2.1 "台獨" 公投的問題

"台灣共和國" 方案與 "台獨公民投票" 的主張是聯繫在一起的。其理論基礎是由 "台灣法律地位未定"、"台灣是台灣人的台灣，不是中國人的台

[1] 楊冠群、吳建民：《在國際組織中圍繞中國台灣省稱謂問題的鬥爭（Fight over Appellation of Taiwan Province of China in International Organizations）》，《外交學院學報（Foreign Affairs Review, Journal of China Foreign Affairs University）》2005 年 2 月 25 日第 1 期，第 106–108 頁；許慶雄：《台灣參與國際組織的國際法理論（Taiwan's Participation in International Organization-Theoretical Basis and Practices under International Law）》，《台灣國際法季刊》2011 年 12 月 1 日第 8 卷第 4 期，第 25–69 頁；祝捷：《兩岸關係定位與國際空間：台灣參與國際活動問題研究》，台北：崧燁文化事業有限公司 2019 年。

[2] 王建民：《關於 "台灣意識" 與 "台灣主體意識" 問題的討論》（With Regard to the Taiwan Consciousness and Taiwan Subject Consciousness），《北京聯合大學學報（人文社會科學版）》2008 年 12 月 20 日第 6 卷第 4 期，第 27–33 頁；蔡育岱：《從百家爭鳴到隱聚山林：辯證台灣 "主權" 獨立路線的分與合》，《台灣國際法季刊》2011 年 12 月 1 日第 8 卷第 4 期，第 71–105 頁；Marcelo G. Kohen (ed.), *Secession: International Law Perspectives*, Cambridge University Press, 2006.

灣”、“台灣前途由台灣人決定”、“台灣人用公民投票決定台灣前途”、“公民投票決定成立台灣共和國”等命題構成的。

台灣的民進黨把台灣問題的解決歸諸於程序性問題，即通過“公民投票”決定。其本意是希望通過“公民投票”成立“台灣共和國”，並拒斥其他解決方案。用“公民投票”滿足國際法上有關民族自決的規範是早有成例，但“公民投票”能不能產生“新而獨立”的國家，答案在於是否符合國際法規定，符合者可以，不符合者不可以，因為國際法另有規定，“公民投票”或“民族自決”不得抵觸既有國家的領土主權。東帝汶、前南斯拉夫幾個分裂國家可以通過“公民投票”成立“新而獨立”的國家，但西班牙的加泰羅尼亞、加拿大的魁北克卻不行。法律上的理由是西班牙和加拿大的中央政府不同意公民投票，這個不同意並不違反國際法。況且政治和軍事實力的差距，也使“公民投票”成為中國主權者以武力解決台灣問題的引爆點，畢竟沒有一個“公民投票”能在戰爭中存續下來。

台灣以“公民投票”導致“獨立”的方案，不可行的理由如下：

第一，台灣居民縱使自稱不是“中國人”的“台灣人”，但“台灣人”仍不是一個民族，而且98%的“台灣人”還與91%的“中國人”同屬一個漢民族，“台灣人”作為一個群體不符合國際法上“民族”的定義，無法適用“民族自決”的條件。以“民族切割”的謊言作為“獨立”的理由，將成為“民族背叛”的罪證，迫使中國主權者不得不以武力毀滅“台獨”勢力和思想，如同林肯在南北戰爭中的決心一樣。

第二，台灣的現狀不是“殖民地”，不符合國際法上“殖民地”可以獨立的條件。儘管台灣的現狀屬於美國勢力範圍，但美國也無法將其當作美國殖民地般提供完全的武力保護。

第三，台灣居民並未受到“宗主國”或“保護國”的迫害和壓榨，不像荷蘭獨立之前遭受西班牙的宗教迫害，美國獨立之前遭受英國的經濟壓榨。在國際法上因生存權問題可以獨立為新國家的空間，在當前的台灣並不存在。“台獨”問題反而會成為台灣“自治政府”的現狀是否繼續存在的障礙。

第四，《開羅宣言》和《波茨坦公告》已確立台灣是中國領土的一部分，

"一個中國"原則及"台灣不可獨立"的原則已經確立,而且中國主權者並未聲言毀滅台灣居民既有的生活方式,台灣"獨立"反而抵觸中國領土主權的完整,因此台灣居民無法取得國際法上的"獨立"權利。

第五,台灣"獨立"的聲浪與論述目前尚停留在"為獨立而獨立"的層次,並無其他重大的國際法事由,也無軍事實力能打敗中國主權的軍隊,無法憑實力割據領土,達致"獨立"。

第六,台灣若寄望於美國的軍事實力實踐1979年美國《台灣關係法》所提到的"任何企圖以非和平方式,來決定台灣的前途之舉,包括使用經濟抵制及禁運手段在內,將被視為對西太平洋地區和平及安定的威脅,而為美國所嚴重關切"的承諾,但美國在西太平洋的相對實力已大不如前。儘管美國的語調與"門羅宣言"(Monroe Doctrine)如出一轍,正如1823年美國總統門羅(James Monroe, 1758-1831)衝著西班牙說,"我們把在西半球擴展其體系的任何企圖都視為對我們和平與安全的威脅",但是2020年後的中國畢竟不是1823年的西班牙。

第七,"民主"不表示大多數台灣人想做什麼就可以做什麼,仍會受到更大多數國家在更長的時間和空間跨度上凝聚出來的國際法原則的拘束。

第八,林肯在美國南北戰爭前提出以下原則:"非經聯邦同意,南方邦聯脫離美國獨立就是叛亂,必須嚴懲到使南方人的子孫記得戰爭的傷痛,永遠不敢獨立。"這個"林肯原則"已是《美國聯邦憲法》的既成規則,適用在台灣問題,美國很難反對。但美國可能會找其他理由壓抑或限縮中國對台灣的領土主權的內涵和範圍,刻意製造中美衝突。

第九,第二次世界大戰時,台灣居民積極支持日本侵略中國與東南亞,擔任日本的侵略共犯,在戰後沒有任何法律基礎能以戰勝者的姿態聲索台灣主權,"公民投票"無法成為主權聲索工具。

第十,台灣人想藉著日本右派勢力及美國反中勢力爭取"獨立",在中國崛起的大趨勢下,不符日本與美國的核心利益。若真的付諸對決,台灣島內勢必成為中國安全的重大威脅,中國即使要應付美日壓力,除了全力消滅"台灣獨立"勢力之外,也別無選擇。

第十一，中國大陸近年以"中華民族偉大復興"為號召，作為全民的樸素願望和執政者的自我期許，民族復興若以經濟或軍事實力作為衡量標準，已不會有新意。一個偉大復興的中國卻無法統一台灣，對內對外都會喪失說服力。因此，中國的歷史敘述必然會出現"統一台灣是檢驗民族復興的唯一標準"的思想體系，這是"台獨"勢力難以招架的局面。[1]

8.2.2.2　民主進步黨的主張

"台獨"模式是民主進步黨的基本主張。1986 年 9 月 28 日，一百三十二位反對國民黨政權的政治運動人士聚集在台北圓山飯店，朱高正提議組黨，公推費希平為組黨召集人，謝長廷和尤清建議黨名為"民主進步黨"，費希平宣佈"民主進步黨正式成立"，簡稱"民進黨"，並成立"十八人建黨工作小組"。雖然仍在"戒嚴"時期，蔣經國採容忍政策，以"時代在變，潮流在變，環境也在變"為由，默許民進黨成立，並順勢於 1987 年 7 月 15 日解除"戒嚴"，讓民主進步黨合法化。民主進步黨的政治主軸就是爭取台灣的執政權，推動"台灣獨立"。

1986 年 11 月 10 日，民進黨制定黨綱。第一部分"基本綱領"共六款，其第一款即"台灣住民自決黨綱"，1991 年修訂為"台獨黨綱"。第二部分是"行動綱領"。第三部分是 1999 年的"台灣前途決議文"。其他部分則是一些比較不重要的決議文。

1988 年 4 月 17 日，民進黨發表"'四個如果'決議文"，又稱"417 決議文"：

> "如果國共片面和談、如果國民黨出賣台灣人民利益、如果中共統一台灣、如果國民黨不實施真正的民主憲政，則民進黨主張台灣獨立。"[2]

---

[1] 蔡正元：《台灣島史記（修訂版）（下冊）》，香港：中華書局（香港）有限公司 2020 年，第 431-434 頁；曹金增：《論公民投票三階段：各國實施經驗分析（A Study of the Three Phases of Referendums: Cross-Country Experiences）》，《問題與研究（Issues & Studies）》2003 年 7 月 1 日第 42 卷第 4 期，第 129-159 頁；Amitai Etzioni, "The Evils of Self-Determination", *Foreign Policy*, no. 89, Winter 1992–1993, pp. 21–35.

[2] 編注：為展現"台獨"主張的原貌，本節相關"台獨"文件的引文，均嚴格遵照原文表述。下不另標。

1990 年 10 月 7 日，民進黨發表 “1007 決議文”：

“台灣事實主權不及於中國大陸及外蒙。我國未來憲政體制及內政、外交政策，應建立在事實領土範圍之上。”

1991 年 10 月 13 日，民進黨發表 “台獨黨綱”：

“建立主權獨立自主的台灣共和國……台灣主權獨立，不屬於中華人民共和國且台灣主權不及於中國大陸，既是歷史事實又是現實狀態，同時也是國際社會之共識。台灣本應就此主權獨立之事實制憲建國……因此我們主張：1. 依照台灣主權現實獨立建國，制定新憲，使法政體系符合台灣社會現實，並依據國際法之原則重返國際社會。2. 依照台灣主權現實重新界定台灣國家領域主權及對人主權之範圍，使台海兩岸得以依國際法建立往來之法秩序，並保障雙方人民往來時之權益。3. 以台灣社會共同體為基礎，依保障文化多元發展的原則重新調整國民教育內容，使人民之國家、社會、文化認同自然發展成熟，而建立符合現實之國民意識。基於國民主權原理，建立主權獨立自主的台灣共和國及制定新憲法的主張，應交由台灣全體住民以公民投票方式選擇決定。”

1999 年 5 月 8 日，民進黨發表 “台灣前途決議文”：

“第一，台灣是一主權獨立國家，其主權領域僅及於台澎金馬與其附屬島嶼，以及符合國際法規定之領海與鄰接水域。台灣，固然依目前憲法稱為中華民國，但與中華人民共和國互不隸屬，任何有關獨立現狀的更動，都必須經由台灣全體住民以公民投票的方式決定。第二，台灣並不屬於中華人民共和國，中國片面主張的‘一個中國’原則與‘一國兩制’根本不適用於台灣。”

民進黨的 “台獨” 主張在法理上最大的問題是，既違反也無法改變 1943 年《開羅宣言》、1945 年《波茨坦公告》、《日本昭和投降詔書》、《日本降伏文書》所確立的國際法及憲法秩序——“台灣主權復歸中華民國”，以及

1971 年聯合國大會"第 2758 號決議"所確認的"恢復中華人民共和國的一切權利，承認她的政府的代表為中國在聯合國組織的唯一合法代表"等文件所形成的"一個中國"原則的國際法基礎。

民進黨主張"台灣事實主權不及於中國大陸"，問題在於"事實主權"只是"治理的事實狀態"或"管轄權"問題，不等於"法理主權"的"國際法的法律狀態"。要改變這種"事實"成為"法理"，只有"台灣獨立"被中國主權擁有者所承認並接受，才能改變 1943 年《開羅宣言》等國際法文件的主權規範，否則民進黨的論述充其量只是沒有法理基礎的政治主張而已。民進黨主張"台灣不隸屬於中華人民共和國"，但又要廢除"中華民國"的名義，廢除後中華人民共和國對台灣的管轄權問題立即浮現，民進黨對這些問題卻無答案。民進黨的"事實"是實然"To be"的問題，無法推論出"法理"的應然"Ought to be"，但是應然的"法理"卻有可改變實然"事實"的權力。[1]

8.2.2.3 "台獨"勢力的立論

"台獨模式"的背後有著許多"台獨"勢力的理論支撐著。台灣在李登輝執政後的 1994 年，開始興起以"台灣為主體的想象共同體（imagined community）"概念。這是新崛起的"公民意識"（citizen consciousness），用"命運共同體"（destiny community）的想象共同體跨越省籍問題和"統獨"問題，並把國民黨版的中國意識拋下，以中國或中共作為想象共同體的共同敵人。然後，在這"公民意識"的基礎上建立"準台獨"的命題："台灣是台灣人的台灣"；"台灣的命運由台灣人決定"；"台灣前途由台灣人決定"。但實際上大部分台灣人都心知肚明，自己的實力無法支撐自己的口號。美國華盛頓和中國北京對台灣前途的決策權力，比起台灣現住居民手中的籌碼毫

---

[1] Jianming Shen, "Sovereignty, Statehood, Self-Determination, and the Issue of Taiwan", *American University International Law Review* (1999–2000), no. 15, pp. 1101–1135; 陳佳宏：《"台灣獨立"運動史》，台北：玉山社出版事業股份有限公司 2016 年；蕭凱：《反對"法理台獨"的三個國際法理論》，《東方法學》2008 年 4 月 10 日第 2 期，第 141–152 頁。

不遜色。

"台獨"勢力在這個意識形態基礎上，不斷編造政治神話，製造假證據、假論述、假歷史、假法理，目的在建立"去中國化"的理論，完成"台獨"的心理準備工作：

第一，編造"台灣人不是中國人血統"的假證據。一些中國移民的後裔自稱"不是中國人"，自認"只是台灣人"，自稱是"中國移民和平埔族的混血兒"，已不是"純種中國人"。這些本省人明明是純中國移民後裔，卻引用不科學的"只有唐山公，沒有唐山嬤"的傳言，幻想自己是平埔族原住民的後代，否認自己的中國血緣，無視平埔族在荷蘭殖民時代人口已減半，只剩三萬多人，接近滅族，根本生不出這麼多本省籍人口的歷史事實。那些偽裝擁有原住民血統的"冒牌原住民"說法，只是企圖偽證自己擁有"台獨"正當性的謊言。

荷蘭人早已對中國女性課徵人頭稅，證實1649年中國女性已很普遍存在於台灣。荷蘭人的海關記錄也證明，每一艘自中國大陸來的船都有八分之一的乘客是女性。荷蘭人更委託鄭芝龍去中國大陸載運婦女到台灣，賣給中國男性移民。據"郭懷一事件"的記載，有大量中國婦女被平埔族殺害，從此中國人與平埔族形同死敵，互不往來。荷蘭人、鄭芝龍、中國漁民的兩岸船運已相當發達，除了走私的人蛇船或較小的戎克船渡過澎湖與台南之間的海域比較危險外，並沒有經過黑水溝就會"埋冤"，或有沉入台灣海峽的太大風險。但這些想"台獨"的本省人靠自我欺騙，偽裝成全是中國移民和平埔族的混血後代，事實上，這些混血後代佔台灣人口總數少之又少，比近年大陸籍配偶與台灣人所生育的後代更少到可以忽略不計。

到了清代，也是中國移民大量移居台灣的時期。在清代中國軍隊的保護下，中國移民強奪原住民的生活空間，形成"本省人"在台灣的主流社會。中國移民與原住民的混血在這些中國移民裏，宛如一粒鹽掉進一缸糖水，可以忽略不計。有人提及大清帝國對"渡海"到台灣有很多限制，但這些資料是引用伊能嘉矩的論文的錯誤說法，且與事實不符，清代中國的台灣確定是台灣歷史上中國人大移民、大開發的時代。清朝皇帝還下達數次命令，不准中國移民娶原住民婦女，以防止中國移民利用原住民的土地由女兒繼承的制度，透過婚姻奪取原住民的土地。中國移民與原住民通婚在清代可說少之又少，連馬偕牧師一生在台傳教都沒見過中國移民和原住民通婚。

到日本殖民時代，據日本人調查統計，閩南籍的"本島人"只有千分之五的人曾有家族與原住民通婚的記錄，與現今台灣外籍配偶的比例相較，規模小到可以忽略。但是為了"去中國化"，"台獨"分子不斷製造謊言，散播本省人是原住民的混血後代，不具有中國血統。這個謊言的嚴重後果是構成了數典忘祖、侮辱先祖的罪狀，也提供了中國政府統一台灣時可以使用絕對武力的正當性。

從台灣的人口增長資料可以很輕易地推翻"只有唐山公，沒有唐山嬤"的說法，直接否定本省籍台灣人是平埔族的後代。1996 年陳順勝醫師發表"20% 至 60% 台灣漢人有原住民基因"的結論，很快被學者陳叔倬發現陳順勝計算錯誤，陳順勝取消該結論。但是有一半日本人血統、也在日本長大的馬偕醫院女醫師林媽利卻不死心，2000 年林媽利說"13% 本省籍台灣人有原住民基因"，2007 年林媽利更正說"85% 台灣漢人有原住民基因"，不斷發表台灣人的 DNA 和中國漢人的 DNA 不相同的論述，企圖用所謂 DNA 科學論證，建立"台灣人不是中國人"的論述。但卻被其他學者如陳叔倬、段洪坤明確指證，林媽利的"研究"根本是違反科學的假論文，林媽利顧左右而言它，心虛不敢回應。可是"台獨"人士仍死不認錯，在《自由時報》這類"台獨"刊物大肆放送這些假論文，企圖用科學謊話製造政治神話。[1]

第二，編造"台灣不是中國領土"的假論述。"台獨"勢力自身最大的難題，在於國際法上不承認台灣居民有權自行決定台灣的領土歸屬，台灣居民也並未在國際法上可以不經戰爭"獨立建國"取得台灣的領土主權。相反的，國際法上自 1945 年已確立台灣主權歸屬中國，至今並未改變，這正是"一中原則"或政策的法理來源。"台獨"論述要以"台灣地位未定論"推衍出"台灣人決定論"，有相當大的困難。"台獨"勢力第二個難題，在於不論

[1]　陳叔倬、段洪坤：《平埔血源與"台灣國族"血統論》，《台灣社會研究季刊》2008 年 12 月第 72 期。

"台獨"分子費多大心力要重構台灣居民的政治認同，費多大的宣傳力道去仇視中國，但面對崛起的中國政經軍力量，支持"台獨"的國際力量可能日漸萎縮，"台獨"勢力也日益渺小，"台獨"已是歷史上台灣居民不可能實現的選項。

"台獨"論述引用美國《獨立宣言》，人民可為自己的幸福建立新政府，但人民卻無權為自己的幸福自動取得領土主權，除非是無主權之地，或既有的主權者放棄，但通常都要經過戰爭。美國總統林肯在就職演說發表的"林肯原則"，至今從未被美國最高法院否定過。根據"林肯原則"，除非經過聯邦同意，任何從聯邦分離、企圖建立獨立國家的行動，就是叛國。台灣、澎湖的領土主權，和中國東北的滿洲沒有不同，從 1945 年的《波茨坦公告》和日本昭和《無條件投降詔書》發佈後，就已是中國的領土，這個法理基礎至今從未改變。要談"台獨"不能只談《獨立宣言》，而不談"林肯原則"。不可能只談美國獨立戰爭，而不談美國南北戰爭，而戰爭卻都是唯一的選項。這個歷史經驗顯示，"台獨"成功的機會繫於"台獨"軍隊從事一項台灣海峽長期戰爭且獲勝的機會，但這項機會已隨著冷戰結束、反共主義失落、中國崛起而徹底消失。

第三，編造"台灣早有獨立國家或本土政權"的假歷史。"台獨"分子企圖編造"台灣的政權都是外來政權"，台灣曾產生"本土政權"，但都被"外來政權"鎮壓滅亡的假論述，荷蘭、鄭氏、清朝、日本、國民黨都是外來政權，現在的台灣人要為自己建立"本土政權"，產生新的"獨立國家"。為了編造這種"本土與外來"的政權論述，"台獨"分子故意忽略"現在台灣的大多數人口都是靠著外來政權才能移民台灣"這樣的客觀歷史事實，也忽略客觀邏輯是"98% 的大多數台灣人口都是外來政權的產物，沒有外來政權的保護，就沒有這些中國血統的台灣人"。編造台灣史上的"本土政權"，如"大肚王國"、"大龜文王國"、"琅𤩝王國"、"台灣民主國"，卻都經不起檢證。事實真相是，台灣絕大多數人口都是外來政權帶來的外來人口，台灣也從未出現"本島國家"。

至於"台獨"史觀推崇的"本土政權"，所謂"大肚王國"、"大龜文王國"、"斯卡羅王國"、"卑南王國"、"東寧王國"、"台灣民主國" 卻從來就不是 "國家",更非主權國家,充其量只是部落聯盟或藩王國。"台獨" 勢力拚命 "去中國化",廢除祭拜孔子、媽祖、鄭成功,或放棄紀念孫文、蔣介石,轉而祭拜八田與一和日本神社,崇拜日本殖民成就,搞 "轉型正義",否定兩蔣治台成績,用 "皇民心態" 去扭曲自己先祖的歷史。像 "台獨" 氣氛濃厚的台南地區,放棄紀念反日的台灣英雄余清芳,甚至還醜化他。"台獨" 人士拉倒並毀壞公園裏的孫中山銅像,用同一地點紀念日本血統的湯德章。結果是 "去中國化" 與 "日本皇民化" 同時並行,讓中國大陸更擔心海權被日本滲透,危及中國核心的安全戰略利益,反過來會更嚴酷地對待 "台獨" 勢力。

　　第四,編造 "公民投票就有權獨立" 的假法理。有一些追隨民進黨路線的外省人為取悅主張 "台獨" 的本省人,常比本省人更加激進,明明是第一、第二代中國移民,父執輩靠國民黨撤退來台才能棲身移居,並在台灣安身立命,但這些外省人卻毫不遲疑背棄民族立場。這些外省人如此作為就是憑藉所謂 "中華民國台灣化",以及認為 "民主、自由、人權" 壓倒一切,其法理基礎來自美國《獨立宣言》"人生而平等,有追求自由幸福的權利" 的 "傑弗遜原則"。"傑弗遜原則" 論證 "人民追求自由幸福,有權推翻政府",但沒有論證 "人民有權決定領土,建立國家",那是華盛頓的軍隊和法國通過戰爭打敗英國,並不是法理上有根據。李登輝曾抄襲日本右派理論鼓吹 "中國七塊論",斷定中國會分裂成七個諸侯國,讓台灣有 "獨立" 的機會,但歷史發展卻使中國統一的力量日益強大,台灣居民的 "公民有權獨立" 的論述因此在法理和現實都失去依據。

　　美國南北戰爭的歷史經驗,推翻了 "人民有權決定領土" 的論述。美國南北戰爭前,南方組成的 "美國邦聯",如果訴諸南方的公民投票,百分之百可以通過獨立案。但是以北方為主的 "美國聯邦" 高舉《美國憲法》沒有明文規定的 "林肯原則",揮軍擊敗南方,"美國邦聯" 就此被消滅。"林肯原則" 認為,"未經聯邦同意,任何脫離聯邦的獨立行動,就是叛亂,要以軍力摧毀。" 所以美國獨立戰爭和南北戰爭揭櫫了兩個憲法原則,並存到現在，從未被否定，那就是"民主"可以推翻政府，但不能分裂領土。要分裂領土，就得靠軍事力量在戰爭的血泊裏取得勝利才有機會。

"台獨"人士要確立"公民投票就有權獨立"的法理，就要有軍事實力挑戰"一個中國"原則，否則一切免談。評估實力問題可以參考台灣經歷的《麻豆條約》、《鄭荷條約》、《鄭克塽降表》、《馬關條約》、《開羅宣言》等五次主權或管轄權更迭，每次都是通過戰爭勝負決定結果，"台獨"勢力是否有實力通過戰爭的考驗，令人存疑。畢竟領土問題不是公民投票能處理的，連最溫和且具備"民族"身份的魁北克和加泰羅尼亞的"獨立公投"都被宣佈為"無效"或"非法"，"台灣人"只是中國漢族在台灣的"居民"，不是獨立的"民族"，更不具備國際法或憲法上可"獨立建國"的資格。

第五，編造"中國政府不會武力攻台"的假說法。這些假的說法包括：中國大陸的軍隊無能力渡過台灣海峽；台灣的武力會給中國大陸造成重大傷害，使中國大陸不敢冒進；美國會出兵保護台灣；中國大陸經濟會受到國際制裁而不敢妄動；中國大陸進攻台灣將是"中國的越南或阿富汗"。這些假說法真真假假，信者恆信，不信者恆不信。[1]

8.2.3　陳水扁的"台獨"理論與行動

陳水扁於 2000 年繼李登輝之後，接任"殘存國家"模式下的"中華民國總統"的權位，展開推動"台灣獨立"的試探過程[2]，至 2008 年都未成功，但也奠定 2016 年後蔡英文繼續的"台獨"工程。[3]

---

[1]　王鵬、李毅：《論台灣的法律地位兼駁台獨理論》，《河北法學》2001 年第 3 期，第 2 頁；石之瑜：《海內華人？台灣人身份政治中的祖先論述》，《全球政治評論》2005 年 4 月第 1 期第 10 期，141-157 頁；曾建元：《國民主權與國家認同（People's Sovereignty and National Identity）》，《中華人文社會學報》2006 年 3 月 1 日第 4 期，第 44-76 頁。

[2]　蕭高彥：《"國族民主"在台灣：一個政治理論的分析》，《政治與社會哲學評論（A Journal for Philosophical Study of Public Affairs）》2004 年 12 月 1 日第 11 期，第 1-33、42 頁；趙建民：《台灣主體意識與中國大陸"民族主義"的對抗：面對二十一世紀的兩岸關係（Cross-Strait Relations After the 1996 Missile Crisis）》，《中國大陸研究（Mainland China Studies）》1998 年 1 月 1 日第 41 卷第 1 期，第 54-71 頁；蔡正元：《台灣島史記（修訂版）（下冊）》，香港：中華書局（香港）有限公司 2020 年，第 340-345 頁。

[3]　張志成：《成立台灣省人民政府遏止法理台獨》，法寶引證碼：CLI.A.040057。

8.2.3.1　2000 年 "四不一沒有"

2000 年 5 月 20 日，陳水扁宣示：

> "只要中共無意對台灣動武，本人保證在任期之內，不會宣佈獨
> 立，不會更改國號，不會推動兩國論入憲，不會推動改變現狀的統獨公
> 投，也沒有廢除《國統綱領》與國統會的問題。"

陳水扁的這項宣示，俗稱 "四不一沒有"，但已不提 "堅持'一個中國'
原則"。這段 "四不一沒有" 的論述，是由 "美國在台協會" 台北辦事處處
長薄瑞光（Raymond F. Burghardt, 1945- ）操作產生的。陳水扁表面上宣佈
"有條件的不會宣佈獨立"，實際上是從李登輝的 "國統綱領式的'一個中國'
原則" 撤退。反對 "一個中國" 原則是推動 "台灣獨立" 的第一個步驟。

8.2.3.2　"一邊一國論"

2002 年 8 月 2 日，陳水扁透過視訊向在日本東京舉行的世界台灣同鄉
會演講，首度提出 "一邊一國論"，主張 "台灣與中國是沒有關聯的兩個國
家"，比李登輝主張的 "台灣與中國是有特殊關係的兩個國家" 更加激進地
主張 "台灣獨立"。"一邊一國論" 的提出距離陳水扁提出 "四不一沒有" 的
時間僅有兩年。這是陳水扁推動 "台獨模式" 的第二個步驟。[1]

8.2.3.3　陳水扁提 "兩岸和平協議"

2004 年 2 月 3 日，陳水扁親自舉行記者會（新聞發佈會），提出參照中
東地區和朝鮮半島等歷史上著名的和平架構協議模式，由兩岸簽署 "和平穩
定互動架構協議"，依循 "一個和平原則" 就協商機制、對等互惠交往、建
構政治關係、防止軍事衝突等 "四大議題" 進行正式談判。"一個和平原則"
指的是確立共同維持和平的責任，尋求合作共識，和平解決一切爭端，禁止

---

[1]　蔡正元：《台灣島史記（修訂版）（下冊）》，香港：中華書局（香港）有限公司 2020 年，第 374 頁；陳卓：
　　《"台獨" 究竟為了誰？也論 "一邊一國" 與台灣主權歸屬》，《海峽評論（*Straits Review Monthly*）》2003 年 1
　　月 1 日第 145 期，第 40-43 頁。

使用武力，不片面改變台海現狀。當時幫陳水扁起草這份和平協議文件的大陸事務委員會主任委員就是蔡英文。2006 年陳水扁當局發表 "國家安全報告"，重申簽訂 "兩岸和平穩定互動架構協議" 的必要性，負責核定這份報告的主管也是 "行政院" 副院長蔡英文。

　　世界各地類似兩岸和平協議的案例很多。例如北愛爾蘭 1998 年 4 月 10 日由盎格魯薩克遜族（Anglo Saxon）的基督新教徒和凱爾特族（Celt）的天主教徒以交戰團體的身份簽訂《貝爾法斯特協議》（*Belfast Agreement*），又稱《耶穌受難日協議》（*Good Friday Agreement*）。該協議規定雙方共掌政權，建立北愛爾蘭議會和內閣，解除非法武裝，假釋好戰分子，撤減英國軍警等。北愛爾蘭與愛爾蘭共和國建立 "部長會議"，北愛爾蘭也與英國建立 "英愛理事會"，北愛爾蘭居民可自行選擇持有英國國籍或愛爾蘭國籍，但不影響其在北愛爾蘭可享有的所有權利。

　　1999 年 2 月 23 日，北約組織（NATO）提交給科索沃（Kosovo）和南斯拉夫交戰雙方一份和平協議的版本《朗布耶協定》（Interim Agreement for Peace and Self-Government in Kosovo, *Rambouillet Accords*）。這份協定於 1999 年 6 月 7 日提交聯合國安全理事會，內容包括維護南斯拉夫聯盟領土完整，准許科索沃境內的阿爾巴尼亞族實質自治，通過對話以和平方式解決問題，衝突雙方遵守停火協議停止暴力行動，北約組織派遣三萬人維和部隊保證執行和平協議等。2006 年 11 月 22 日，尼泊爾（Nepal）境內七黨聯盟（Seven-Party Alliance）和尼泊爾共產黨（Communist Party of Nepal）共同簽訂《全面和平協議》（*Comprehensive Peace Agreement*）。協議內容包括終止軍事行動和武裝動員的停火協議，共同草擬臨時憲法，共同管理政治經濟和社會轉型的衝突，維護人道主義和基本人權，建立爭端解決機制等。2008 年 7 月 23 日，聯合國安全理事會通過 "第 1825 號決議"，替《尼泊爾全面和平協議》背書。可見有些 "和平協議" 雖然是國內法文件，卻可以有國際法的效力，進而產生強大的和平維護效果。只是 "和平協議" 通常是戰爭之下的產物，包括 "西藏和平協議" 也是如此。目前台海兩岸的長久停戰狀態是否能簽訂任何形式的 "和平協議"，或者可以經由 "和平協議" 的簽訂一併解決 "台灣當局法律地位未定"的問題，都尚待進一步研究。[1]

8.2.3.4　"中華民國是台灣論"

2004 年 10 月 10 日，陳水扁發表談話，提出 "中華民國是台灣" 的說法。他說：

> "中華民國的主權屬於兩千三百萬台灣人民，中華民國就是台灣，台灣就是中華民國，這是任何人都不能否定的事實"。

陳水扁的宣示，將 "中華民國" 的主權者從 1946 年在南京制定的《中華民國憲法》規定的主權屬於 "國民全體"，縮小至台灣的 "兩千三百萬台灣人民"。陳水扁將 "中華民國台灣化"，是日本學者若林正丈的 "台獨過程策略" 主張。[2]

"中華民國台獨化" 一直是 "台獨" 運動的一項策略，其分階段主張包括 "中華民國的主權屬於台灣人民"、"中華民國領土僅及於台灣澎湖"、"中華民國國號應改為台灣共和國"、"《中華民國憲法》應廢棄，另訂《台灣共和國憲法》" 等。陳水扁的 "中華民國是台灣論" 是 "中華民國台獨化" 的第一步。這個模式是現代版的 "王莽篡漢"。這個 "王莽篡漢" 的策略，在 2016 年民進黨 "立法委員" 的席次過半後，被蔡英文運用得更加順手。[3]

8.2.3.5　2006 年的 "台獨" 議題

2006 年 1 月 1 日，陳水扁在元旦文告中明確宣示 "憲法" 修改時間表。1 月 29 日，陳水扁利用返鄉拜年之機在台南宴請地方人士，公開宣示將考

---

[1] Phillip C. Saunders and Scott L. Kastner, "Bridge over Troubled Water? Envisioning a China-Taiwan Peace Agreement", *International Security*, vol. 33, no. 4, Spring 2009, pp. 87–114；李松林、祝志男：《大陸對於和平解決台灣的歷史考證與定義》，台北：崧燁文化事業有限公司 2018 年；周陽：《2000 年以來台灣參與政府間國際組織問題研究：以聯合國和世界衛生組織為例》，首都師範大學中共黨史碩士論文，2011 年。

[2] 周葉中、祝捷：《論海峽兩岸和平協議的性質》，《法學評論》2009 年第 2 期，第 3 頁；林忠志、曹蘭：《兩岸和平協議之歷程及障礙》，《海峽法學》2014 年第 3 期，第 41 頁；蔡正元：《台灣島史記（修訂版）（下冊）》，香港：中華書局（香港）有限公司 2020 年，第 377–378 頁。

[3] 蔡正元：《台灣島史記（修訂版）（下冊）》，香港：中華書局（香港）有限公司 2020 年，第 379 頁。

慮廢除"國統會"及《國統綱領》，同時提到將以"台灣"的名字直接申請加入聯合國。2月27日傍晚5時，陳水扁召開記者會宣佈終止"國統會"的運作與《國統綱領》的適用。3月8日，陳水扁將一年前北京制定《反分裂國家法》的日子（3月14日）定為"反侵略日"。3月18日，陳水扁、蘇貞昌發起"護民主、反併吞"的二十萬人的大遊行。

但是5月4日，長榮集團總裁張榮發在日本接受採訪時，表示支持"一國兩制"。張榮發的表態備受矚目。5月11日，美國副國務卿佐立克（Robert Bruce Zoellick, 1953- ）在國會聽證會上強調，"台灣不是主權國家"，美國對台灣的政策並未改變，美國必須小心處理台灣問題，避免外界以為美國鼓勵"台獨"，因為"台獨"就是戰爭，美國會被迫捲入。佐立克認為陳水扁應繼續維持"四不一沒有"的承諾，否則會"撞牆"。5月12日陳水扁以"台海和平現狀就是兩岸兩國"，回應佐立克的"撞牆"說法。但美國國務院6月8日發表聲明，就陳水扁對美保證"四不"原則在任期內不會改變，表示欣慰。

8月11日陳水扁當局宣佈要推動"台灣參與聯合國案"及"東亞和平案"。其中"和平案"稱為降低東亞區域內的緊張情勢，"必要時得邀請相關爭端當事方向安理會或聯合國大會提出說明"。中國外交部發言人姜瑜發表談話指出，相關提案是搞"台灣獨立"，表示堅決反對。8月16日，陳水扁當局翻修高中歷史教材，把《舊金山和約》和《中日和約》視為"台灣地位未定論"的法理依據。9月12日，聯合國連續十四年否決陳水扁的"聯合國參與案"。9月24日，陳水扁在民進黨"憲政改造研討會"上提出變更領土範圍的"台獨"主張。9月25日，美國國務院表示，美國反對任何一方片面改變現狀，美國"非常嚴肅看待陳水扁'總統'一再重申的各項保證"，包括不允許"憲改"議題觸及領土定義。台灣當局屬於美國勢力範圍內的扈從政權的特性，在這些你來我往的談話中顯露無遺。[1]

[1]　蔡正元：《台灣島史記（修訂版）（下冊）》，香港：中華書局（香港）有限公司2020年，第382-383頁。

8.2.3.6　陳水扁 2007 年的 "台獨" 行動

2007 年 3 月 4 日，陳水扁對台灣前途提出 "四要一沒有" 的宣示。這 "四要" 分別是："台灣要 '獨立'，要正名，要 '新憲法'，要發展"；"一沒有" 則是 "台灣沒有左右路線問題，只有國家認同分歧與 '統獨' 問題"。這是陳水扁要撤銷他自己在 2000 年宣示的 "四不一沒有" 所提出的 "台獨" 論述。陳水扁隨後於 4 月 11 日致函 WHO，提出以 "台灣" 名義成為 WHO 正式會員國的申請，被拒絕收受。另一方面，海峽兩岸首次端午節直航包機卻於 6 月 16 日啟航。

7 月 23 日，陳水扁致函聯合國秘書長潘基文，要求以 "台灣" 名義加入聯合國，遭 "退件" 拒絕處理。8 月 27 日，美國副國務卿內格羅蓬特（John Dimitri Negroponte, 1939–　）接受鳳凰衛視專訪，就台灣 "入聯公投" 議題，發表嚴厲措辭反對。9 月 30 日，民進黨 "全國" 黨員代表大會通過陳水扁版的 "正常國家決議文"。

關於民進黨的 "台獨" 論述，1991 年的 "台獨黨綱" 提出 "住民自決"、"制訂新憲"、"國際參與"、"台灣認同" 四大論述。1999 年的 "台灣前途決議文" 保留 "住民自決"、"國際參與"、"台灣認同"，不提 "制訂新憲"，增提 "破除一中原則"。2007 年的 "正常國家決議文"，保留前面所有論述，增提 "台灣正名"、"轉型正義"。[1]

8.2.4　蔡英文的 "台獨" 策略

蔡英文當政後，採行 "急獨於內，緩獨於外" 的策略。藉著修改學校教科書，擴充 "台獨" 論述，培養 "台獨" 新生代；大肆任用 "急獨" 派人士掌握各種公職，甚至司法部門，佈建 "台獨" 組織實力；揮動權力沒收國民黨黨產；搞 "轉型正義"，推動意識形態鬥爭，全面殲滅 "親中" 勢力，這些都是 "急獨於內" 的政策。另外，不在兩岸關係的法理上挑戰國際上的

---

[1]　蔡正元：《台灣島史記（修訂版）（下冊）》，香港：中華書局（香港）有限公司 2020 年，第 385 頁。

"一中政策"，也不挑釁中國大陸的"一中原則"，但也拒絕承認"九二共識"或"一中原則"，這是"緩獨於外"的政策。蔡英文擔心中國大陸發動"反台獨"的戰爭，所以"緩獨於外"；依靠美國、日本的反中勢力，在台灣內部鞏固權力搞"台獨"，她認為中國大陸"師出無名"，且受制於美日，因此有恃無恐大力推動"急獨於內"的政策。[1]

基於"急獨於內"的需要，蔡英文必須全力打擊統派或"反台獨"的力量，打擊的方法就是運用手上的"立法"和司法工具。第一步是削弱國民黨，2016年7月25日以處理不當黨產為名義，制定《政黨及其附隨組織不當取得財產處理條例》，沒收國民黨的財產，使國民黨陷入財務困境，喪失作戰能力。第二步是剷除異己，2017年7月17日藉口"背信侵佔案"為說詞，搜索國民黨前政策會執行長蔡正元住所，並羈押禁見四個月，期間卻全力偵訊其與馬英九出售國民黨黨產的案情，在2018年12月選舉前起訴馬英九。在台灣，一般"背信侵佔案"從來沒有人遭到羈押禁見，而且該案曾以不起訴處分過，竟然還可以羈押禁見，其目的在於創造"寒蟬效應"，恐嚇國民黨人不可以像蔡正元那麼激烈批判蔡英文。第三步是恐嚇統派，2017年12月19日搜索新黨青年軍王炳忠、侯漢廷等人，試圖以違反《"國家安全"法》的"匪諜罪"偵辦，同時有系統地恐嚇有主張統一傾向的台商。

"緩獨於外"的策略還包括在不正式宣佈"台灣獨立"外，結合美國和日本的反中勢力，利用美日不滿中國崛起的心理，2018年3月16日在美國推動通過《台灣旅行法》，提高美國可以軍事干預方式介入台灣海峽兩岸軍事衝突的強度，增大"台灣屬於美國勢力範圍"的國際認知。同時，對內對外儘量不提"中華民國"的國號，也儘量稱呼"中國政府"以取代"中國大陸當局"，創造"一中一台"的政治環境。換言之，以"一中一台"的模式爭取讓不能宣佈的"台灣獨立"有突破的機會。[2]

---

[1] 蔡正元：《台灣島史記（修訂版）（下冊）》，香港：中華書局（香港）有限公司2020年，第411頁；張濤：《新視野下的台海問題研究》，湘潭大學國際關係碩士論文，2011年。

[2] 黃永森：《台灣面臨"憲政法治與政治權力意志之間"新的抉擇》，法寶引證碼：CLI.A.038884；黃永森：《論兩岸關係中"統獨觀念"的反思與"新整合理念"的意義建構——由台灣"終統"及其引致的爭議與危機情勢所想起》，法寶引證碼：CLI.A.038883。

8.2.4.1 "新皇民化"政策

看李登輝、蔡英文、柯文哲等人的背景，他們都屬於日本殖民時代較為親日的階級，或是具有台籍日本兵的背景。為推動"台灣獨立"，他們帶領民進黨內的政治人物積極推動"去中國化"政策，改編歷史及中文教科書，全面縮減中國歷史及文學教育；假借"轉型正義"，拆除孫文及蔣介石銅像；搞"正名運動"，消除任何具有中國意象的名字或稱號；還試圖剷除孔子和媽祖信仰，大力復興日本神社；美化日本殖民統治台灣的形象，歌頌日本人樺山資紀、八田與一、湯德章等人，誇大日本殖民政府的"治台政績"；企圖與侵略的日本殖民者親善，用這類"新皇民化政策"填充挖空中國元素後的台灣文化內容，作為推動"台獨運動"的精神支柱。

總的來說，李登輝、陳水扁、蔡英文推動"台獨"進程的策略分為三個階段。第一個階段是"本土化"。"本土化"是把"中華民國台灣化"，由"本省人"當權，"外省人要認同台灣"。"中華民國"是在中國主權領土上產生的國家組織和政權，於 1949 年失去中國主權，1971 年失去中國主權的代表權，被另一個中國主權領土上的國家組織中華人民共和國所取代，"中華民國"成為"殘存國家"。內外在的客觀形勢使得"中華民國"必然有"台灣化"的趨勢，且必由佔台灣多數人口的"本省人"當權。這是民進黨發佈 1999 年"台灣前途決議文"的政治基礎，也是自稱創建"中華民國"的國民黨無力招架的客觀形勢。第二個階段是"去中國化"，也就是"新皇民化"。大幅度修改歷史教科書，讓"中國"成為只是"東亞鄰國"之一，其作法比日本修改教科書否認侵略中國和南京大屠殺更激進。同時去除台灣土地上的任何中國印記和色彩，使"中華民國"完全等同於台灣，甚至小於台灣，變成只是台灣歷史上的"過渡政權"和"國家組織"，最終讓台灣人不認同自己是中國人。這是目前蔡英文政府正在推動的工作，"急獨於內，緩獨於外"是最恰當的政治描述。第三階段是"完全台獨化"，選擇適當時機宣佈創立"台灣共和國"，滿足國家組織成為主權國家在國際法上必備的主權和領土範圍的法律宣示，制定"台灣共和國憲法"，完成民進黨 1991 年"台獨黨綱"的政治訴求。[1]

　　蔡英文和民進黨推動“台獨”進程目前正處於第二階段，但就像 1999
年“台灣前途決議文”裏所坦承的，中國國力上揚是“台獨”的最大障礙，
兩岸防務年度經費的差距在 2000 年是 2.60 倍，2015 年已達 23.34 倍，要完
成“台獨”第二階段或進入第三階段，目前都摸索不到可行路徑。雖然民進
黨不斷有人闡釋“台灣已經獨立，不必宣佈獨立，國名叫中華民國”，蔡英
文也不斷提倡要“團結台灣派、中華民國派”，宣稱“新國體”叫“中華民
國台灣”，但這些說法其實是反映了第二階段“台獨”進程的困境。不論這
些民進黨的“台獨”文獻如何自圓其說，不能完成“台獨”第二階段，也不
敢進入“台獨”第三階段，公開宣佈“台獨”，都使任何“台獨”政權成為
國際法上的“偽政權”，沒有明確的主權權源，也沒有清楚的領土範圍，更
說不出來太平島、東沙島、金門、馬祖、澎湖歸屬台灣，且可成為“獨立國
家”的任何法律依據。[2]

8.2.4.2　“王莽篡漢”的“台獨”策略

　　蔡英文出任台灣當局“總統”後，推動新型的“台獨”策略，可稱之
為“王莽篡漢”的策略。以“中華民國”為名，以“台灣共和國”為實，宣
稱“台灣是主權獨立的國家”，“國號”暫時維持稱作“中華民國”。過去有
人稱這個策略叫“借殼上市”。公元前 1 年至公元 9 年間，王莽是“大漢帝
國”的實際掌權者，不斷偷樑換柱，在公元 9 年改國號為“新”。蔡英文正
是以同樣的策略佈局，等待時機更改“國號”，宣佈“台灣為主權獨立的國
家”。蔡英文作為“台獨”政權的領導人，已在司法系統包括“大法官”、“法
院”、“檢察署”、“警政署”、“調查局”全面佈下“台獨”人馬，作為消滅反
“台獨”的鎮壓工具，且已開始羅織各種罪名到反“台獨”人士頭上。“台獨”

[1] 薛化元：《高中歷史課綱爭議與台灣主體性問題》，載《從當代問題探討台灣主體性的建立》，台北：台灣教
　　授協會 2014 年。

[2] 蔡正元：《台灣島史記（修訂版）（下冊）》，香港：中華書局（香港）有限公司 2020 年，第 412–413 頁；
　　劉紀蕙：《從“不同”到“同一”：台灣皇民主體之“心”的改造》，《台灣文學學報（Bulletin of Taiwanese
　　Literature）》，2004 年 6 月 1 日第 5 期，第 49–83 頁。

政權正在等時機成熟，宣佈 "第二共和" 或用其他方式完成 "台獨" 的最後一里路。

　　蔡英文 "台獨" 政權的最大罩門，是沒有武力可以保衛 "台獨" 政權。這個弱點比美國南北戰爭時的南方邦聯還脆弱。台灣現有軍隊並不具備保衛 "台獨" 政權的基本條件，蔡英文口中 "天然獨" 的年輕一代台灣居民，對於服兵役避之唯恐不及，激進的年輕 "台獨" 分子大多是逃避兵役的投機分子。"台獨" 勢力進行街頭暴動的能力有之，組織堅實戰鬥力的軍隊卻如天方夜譚，這是 "台獨" 政權可被武力推翻的客觀條件。但是 "王莽篡漢" 所建立的 "台獨" 勢力卻足以阻擋任何中國大陸 "和平統一" 的提議，創造出 "有和平就沒有統一，要統一又不能使用武力" 的客觀環境，使實質 "台獨" 長期化、永久化。[1]

---

[1]　蔡正元：《台灣島史記（修訂版）（下冊）》，香港：中華書局（香港）有限公司 2020 年，第 414-415 頁；黃嘉玟、黃鈺淳：《探民族主義下 "本土化" 與 "去中國化" 之定位》，《興國學報》2004 年 7 月 1 日第 3 期，第 183-194 頁；曾建元：《台灣及兩岸關係在 "台灣（中華民國）" 法制上的定位（The Legal Status of Taiwan and the Cross-Strait Relations in the Legal System of the Republic of China on Taiwan）》，《台灣國際法季刊（*Taiwan International Law Quarterly*）》2008 年 12 月 1 日第 5 卷第 4 期，第 95-119 頁。

8.3

"一國兩制"的歷史經驗與國外可借鏡的案例

　　2019 年 1 月 2 日，習近平在"《告台灣同胞書》發表四十周年紀念會"講話，提出五點主張：第一，攜手推動民族復興，實現和平統一目標；第二，探索"兩制"台灣方案，豐富和平統一實踐；第三，堅持"一個中國"原則，維護和平統一前景；第四，深化兩岸融合發展，夯實和平統一基礎；第五，實現同胞心靈契合，增進和平統一認同。最重要的是第二點倡議："我們願意同台灣各黨派、團體和人士就兩岸政治問題和推進祖國和平統一進程的有關問題開展對話溝通，廣泛交換意見，尋求社會共識，推進政治談判。我們鄭重倡議，在堅持'九二共識'、反對'台獨'的共同政治基礎上，兩岸各政黨、各界別推舉代表性人士，就兩岸關係和民主未來開展廣泛深入的民主協商，就推動兩岸關係和平發展達成制度性安排。"

　　習近平的談話有二個關鍵：探索"兩制台灣方案"；"推進政治談判"和"達成制度性安排"。因為"九二共識"僅限於"事務性協商"，也不涉及"一個中國"的政治涵義。至於最後會達成什麼"制度性安排"，尚無草案，究竟什麼是"兩制台灣方案"，尚待民主協商和政治談判。就研究的角度來探索，中國自身的憲制規範和經驗及各主要國家憲法相關領土條款對領土治理方式的各種制度都值得研究，俾便探索"兩制台灣方案"時參考。[1]

　　因此，本書依時間順序討論"一國兩制"實施的歷史經驗，例如西藏模式、香港模式、澳門模式，再討論國外可借鏡的案例，例如波多黎各模式、

---

[1]　葉錦鴻：《聯合國一國三席的國際法問題：烏克蘭、白俄羅斯與蘇聯的案例（The International Law Question About One Nation Have Three Memberships on UN–Case by Belarus, Ukraine and Soviet Union）》，《台灣國際法季刊（Taiwan International Law Quarterly）》2014 年 3 月 1 日第 11 卷第 1 期，第 7-29 頁；劉廣華：《以"國際建制"為基礎的兩岸結局（The End Game across the Taiwan Strait as Seen from an International Regime Perspective）》，《國防雜誌》2010 年 2 月 1 日第 25 卷第 1 期，第 16-28 頁；林岡、白玉：《"一國兩制"的理論與實踐研究（A Study on the Theory and Practice of "One Country, Two Systems"）》，《台灣研究》2019 年第 6 期，第 1-8 頁。

俾斯麥統一德國的巴伐利亞模式、俄羅斯的自治共和國模式、英國的自由邦模式、美國的自由附屬國模式等案例，以提供作為 "兩制台灣方案" 的參考模式。[1]

8.3.1　西藏模式

"一國兩制台灣方案" 的思考方向很多。第一個可以從歷史借鏡參考的案例就是中國自身憲法經驗的 "西藏模式"。參考這個經驗，如何簽訂《國家與台灣當局關於和平統一的協議》就是極具挑戰的法律和政治問題。西藏於 1949 年宣佈 "獨立"，1950 年西藏地方軍被人民解放軍擊敗投降，西藏 "噶廈政府" 垮台，第十四世達賴喇嘛親政後與中央人民政府簽訂《中央人民政府和西藏地方政府關於和平解放西藏辦法的協議》，西藏問題獲得解決，從中華民國時代的 "西藏地方" 轉變為中華人民共和國的 "西藏自治區"。台灣問題與西藏問題有著高度相似。台灣於 1950 年由蔣介石的 "殘存國家" 掌控，並獲得美國勢力的支持，成為美國的扈從政權。2000 年後台灣當局的政權落入 "台獨" 分子手中，2008 年雖由 "獨台式" 的馬英九取回政權，但旋即於 2016 年再度由 "台獨" 分子蔡英文掌握政權，實施不宣佈 "獨立" 的激進 "台獨" 政策。蔡英文的 "以武謀獨" 策略與西藏於 1949 年仗著地方武力宣佈 "獨立" 有著高度類似的情況，因此探討西藏模式 "以武統開始，以和統結束" 的來龍去脈是探討 "一國兩制台灣方案" 的第一步。

根據清史稿記載，西藏長期存在 "黑人" 制度，即農奴制度。農奴除了為貴族地主耕作之外，西藏喇嘛寺廟也擁有龐大地產，由農奴耕作，繳納七成收穫作為地租給地主和喇嘛。達賴喇嘛轄有寺廟 3,550 座，喇嘛人數 302,500 名，寺廟所轄農奴有 121,438 戶；班禪喇嘛轄有寺廟 327 座，喇嘛人數 13,700 名，寺廟所轄農奴 6,752 戶。

---

[1] 陳輝庭：《運用法治方式處理台灣問題的歷史實踐及啟示——紀念〈告台灣同胞書〉發表四十周年》，《台灣研究》2019 年第 3 期，第 35–44 頁；邱列、郭海清：《兩岸關係法理定位宜採 "兄弟說" 不可用 "戀愛說"》，《法學》2005 年第 6 期，第 86 頁。

1940 年，丹增嘉措（Tenzin Gyatso, 1935-　）繼位為西藏政教合一的政權首腦，稱"第十四世達賴喇嘛"（14th Dalai Lama）。但因年僅五歲，政權由西藏貴族組成的攝政大臣政府治理，稱為"噶廈（Gaxag）政府"，攝政大臣則稱為"噶倫"（Galon）。

1949 年 4 月 23 日，人民解放軍攻入南京，中華民國政府敗亡。1949 年 7 月，西藏"噶廈（Gaxag）政府"驅逐中華民國政府派駐西藏的代表。11 月，西藏"噶廈政府"對美國、英國、新成立的中華人民共和國發表聲明，宣佈"西藏獨立"，並告知各國將對中華人民共和國採取武力對抗。1950 年 10 月 7 日，鄧小平（1904-1997）率領四萬名解放軍發起"昌都戰役"，阿沛‧阿旺晉美（1910-2009）率領 8,500 名西藏軍隊應戰，西藏軍隊陣亡 5,700 人，解放軍只陣亡 114 人，阿沛‧阿旺晉美兵敗投降，解放軍只沒收武器，釋放所有戰俘。地主貴族掌權的西藏"噶廈政府"瞬間垮台。第十四世達賴喇嘛只好親政，派阿沛‧阿旺晉美談和。1951 年 5 月 23 日，雙方簽訂十七條的《中央人民政府和西藏地方政府關於和平解放西藏辦法的協議》，簡稱《西藏和平協議》或《十七點協議》，中央政府承諾維持西藏政教合一、噶廈地方政府、喇嘛地主農奴制度不變，有著暫時性"一國兩制"的雛形。10 月 24 日，達賴喇嘛致電毛澤東，表示擁護該十七條協議。

問題在於，達賴喇嘛所轄寺廟並非僅位於西藏地區，還遍佈在西康和四川地區；藏族也散佈在西康和四川；西藏貴族及喇嘛地主和藏族農奴制度也長期存在於西康和四川。中華人民共和國政府認為西康和四川不在《十七點協議》規範之內，因而推動土地改革，沒收地主和喇嘛寺廟的土地並撥交給農奴，依社會主義原則消滅農奴制度。

1956 年，在西康地區擁有龐大地產的西藏噶廈大臣索康旺欽格勒（Surkhang Wangchen Geleg, 1910-1977）在西康發起武裝叛亂，隨即遭解放軍鎮壓。之後逃入西藏，組織"衛教軍"試圖驅逐駐藏解放軍，雙方形成小型叛亂與鎮壓的對峙局面。直到 1959 年達賴喇嘛與解放軍有意緩和情勢，達賴喇嘛擬於 3 月 10 日赴西藏解放軍軍區禮堂觀賞文工團演出，3 月 9 日拉薩市長認為解放軍試圖藉機綁架達賴喇嘛，號召藏人圍堵達賴喇嘛居所羅布林卡宮，不讓達賴喇嘛外出。拉薩市區陷入動亂，索康旺欽格勒趁機聚眾宣佈"西藏獨立"，廢棄《十七點協議》。3 月 17 日，索康旺欽格勒勸說二十四歲的達賴喇嘛逃亡印度，成立"流亡政府"。3 月 20 日，西藏叛亂勢力展開大舉暴動，但僅兩天時間，即被解放軍鎮壓弭平。西藏武裝叛亂失敗的主因，除了軍備落後外，未能獲得佔絕大多數人口的農奴支持更是主因。中華人民共和國中央政府於是解散"噶廈政府"，成立自治區政府。1972 年，索康旺欽格勒轉赴台灣，由台灣當局提供經費設立"噶倫辦事處"，擔任主任，1977 年於台灣去世。[1]

8.3.2　香港模式

　　"一國兩制"的特別行政區制度原先用於考慮處理台灣問題，卻率先運用在香港問題上。"香港式一國兩制"方案的實施有著正負兩面的效果：香港與內地的經濟整合促成資本主義制度與社會主義制度的充分交融，既有利於香港的經濟發展，也有利於內地的改革開放，這是正面的效果；但是負面效果是香港長久浸染於英國"皇民"意識形態，香港社會潛藏著反對"一國"的逆流，一連串借題發揮的街頭暴亂的反對運動就是徵兆。中國 2020 年通過《香港特別行政區維護國家安全法》，似有暫時壓制街頭暴亂的效果，但是潛在的意識形態獲得完全處理前，也不宜太過樂觀。

　　香港曾被中國中央政府割讓或租借出去給英國，中國擬恢復對香港行使主權，經由談判讓英國"交還"香港。談判對象是英國，不是所謂"香港當局"，也不存在所謂"香港當局"。所以香港問題是"領土主權和管轄權的轉移"，具有較為複雜的國際法因素，不同於台灣問題，後者純屬中國內政及外國勢力干涉。台灣問題沒有"領土主權的轉移"問題，卻有"管轄權"的問題。目前有著自備武力、美國支持和"台獨"勢力掌控的台灣當局並未持有任何領土主權，卻有著"實質管轄權"。所以台灣問題的解決不是"主權

---

[1]　蔡正元：《台灣島史記（修訂版）（下冊）》，香港：中華書局（香港）有限公司 2020 年，第 246-248 頁；唐德剛：《袁氏當國》，台北：遠流出版事業股份有限公司 2017 年，第 192-196 頁。

轉移"，是要確定台灣當局的法律地位，要台灣當局和台灣人承認台灣的領土主權屬於中國的一部分，且中華人民共和國中央人民政府是台灣當局的中央政府，這是"終極管轄權"的移轉問題，與香港問題有著截然不同的本質。要施行"香港式一國兩制"這個方案的先決條件是，必須準備以武力屈服擁有武力的"台獨"勢力。就如同俾斯麥說，"當代的重大問題（德國統一）不是通過演說和多數派決議所能解決的，必須用鐵與血來解決"，亦很難期待有著相當武力和美國支持的"台獨"政權未經敗戰會自動接受香港模式的"一國兩制"統一方案。[1]

8.3.2.1 《南京條約》

在國際法上，香港本島的領土主權[2]根據《南京條約》"移轉"給英國。審視 1842 年 8 月 29 日中英簽訂的《南京條約》中的"割讓香港"，可以理解香港本島"常遠據守主掌，任便立法治理"的主權是由中國"給予"英國，這是"主權的轉移"，不只是管轄權的轉移。《南京條約》第三條原文規定：

> 因大英商船遠路涉洋，往往有損壞須修補者，自應給予沿海一處，以便修船及存守所用物料。今大皇帝准將香港一島給予大英君主暨嗣候世襲主位者常遠據守主掌，任便立法治理。

這份條約開啟中國割讓領土、備受欺凌的近代史。"自應給予沿海一處……今大皇帝准將香港一島給予……"等字句則把被迫割讓寫成皇帝的恩賜。[3]

[1] 宋學文、黎寶文：《全球化與中共的"民族主義"："一國兩制"的機會與限制（Globalization and Chinese Nationalism: the Opportunities and Constraints of "One Country Two Systems"）》，《中國大陸研究（*Mainland China Studies*）》2001 年 7 月 1 日第 44 卷第 7 期，第 1-30 頁；C. George Kleeman, IV, "The Proposal to Implement Article 23 of the Basic Law in Hong Kong: A Missed Opportunity for Reconciliation and Reunification between China and Taiwan", *Georgia Journal of International & Comparative Law*, no. 33, 2004–2005, pp. 705-720.

[2] 王振民：《"一國兩制"下關於國家統一觀念的新變化》，《環球法律評論》2007 年第 5 期；王振民《中央與特別行政區關係：一種法治結構的解析》，香港：三聯書店（香港）有限公司 2014 年。

[3] https://zh.wikisource.org/wiki/ 南京條約 .

8.3.2.2　中英《北京條約》

1860 年 10 月 24 日中英簽訂的《北京條約》第六款規定，將原本是兩廣總督勞崇光"粵東九龍司地方……立批永租在案"——亦即法律名義上是"永租"九龍半島，更改為以"付與"為名的"割讓"九龍半島。所以香港的九龍半島的領土主權是根據《北京條約》"移轉"給英國。"付與大英大君主並歷後嗣，並歸英屬香港界內"實際上就是割讓，這也是"主權的轉移"。中英《北京條約》相關文本如下：

> 前據本年二月二十八日大清兩廣總督勞崇光，將粵東九龍司地方一區，交與大英駐紮粵省暫充英法總局正使功賜三等寶星巴夏禮代國立批永租在案，茲大清大皇帝定即將該地界付與大英大君主並歷後嗣，並歸英屬香港界內，以期該港埠面管轄所及庶保無事。其批作為廢紙外，其有該地華民自稱業戶，應由彼此兩國各派委員會勘查明，果為該戶本業，嗣後倘遇勢必令遷別地，大英國無不公當賠補。[1]

8.3.2.3　《展拓香港界址專條》

香港的新界地區則是根據《展拓香港界址專條》租借給英國九十九年，租借是管轄權的移轉，不是主權的移轉。1898 年 6 月 9 日，中英兩國在北京簽訂九十九年期的《展拓香港界址專條》，除了"九龍城"外，中國同意租借九龍半島界限街以北，深圳河以南土地（新界）給英國，期限九十九年，直到 1997 年 6 月 30 日。這是一份讓中國得於 1997 年 7 月 1 日收回香港、九龍、新界可依據的重要法律文件。但新界沒有主權問題，主權始終屬於中國，這是"租借地管轄權"屆期移轉的問題，與台灣問題"沒有法律明確期限"的性質不同。《展拓香港界址專條》原文如下：

> 溯查多年以來，素悉香港一處非展拓界址不足以資保衛，今中、英兩國政府議定大略，按照粘附地圖，展擴英界，作為新租之地。其所定

---

[1]　https://zh.wikisource.org/wiki/ 中英北京條約 .

詳細界線，應俟兩國派員勘明後，再行畫定。以九十九年為限期。又議定所有現在九龍城內駐紮之中國官員，仍可在城內各司其事，惟不得與保衛香港之武備有所妨礙。其餘新租之地，專歸英國管轄。[1]

8.3.2.4 《中英聯合聲明》

1984 年 12 月 19 日，中英兩國政府發表《關於香港問題的聯合聲明》，從國際法角度處理香港問題 [2]。中國訂於 1997 年 7 月 1 日恢復行使對香港的領土主權，關鍵文本如下：

> 一、中華人民共和國政府聲明：收回香港地區（包括香港島、九龍和 "新界"，以下稱香港）是全中國人民的共同願望，中華人民共和國政府決定於一九九七年七月一日對香港恢復行使主權。
>
> 二、聯合王國政府聲明：聯合王國政府於一九九七年七月一日將香港交還給中華人民共和國。

這份聲明的用語有 "收回香港地區"、"恢復行使主權"、"交還給"，用詞籠統，都反映了中英雙方對《南京條約》等條約的解讀顯然有些差異。但台灣當局是否適用《聯合聲明》這種國與國的聲明模式，大有疑問。[3]

8.3.3 澳門模式

澳門的主權與管轄權的沿革則與香港不同，但都採用特別行政區制度。中國對澳門的主權從未割讓，葡萄牙對澳門的管轄權又不同於香港有九十九年的租借地，澳門雖是有著四十年期限的 "永居管理地"，中國主權政府卻

---

[1] https://zh.wikisource.org/wiki/ 展拓香港界址專條 .

[2] Benny Y. T. Tai, "Basic Law, Basic Politics: the Constitutional Game of Hong Kong", *Hong Kong Law Journal*, no. 37, 2007, pp. 503–578; Benny Y. T. Tai, "The Constitutional Game of Article 158(3) of the Basic Law", *Hong Kong Law Journal*, no. 41, 2011–2012, pp. 61–67.

[3] 王振民：《"一國兩制" 下關於國家統一觀念的新變化》，《環球法律評論》2007 年第 5 期；王振民：《中央與特別行政區關係：一種法治結構的解析》，香港：三聯書店（香港）有限公司 2014 年。

屆期未收回，變成"不定期租借地"。這一點跟台灣當局控制台灣的狀況有些類似。

中國的領土租借條約最早出現在明代的"澳門租借"，但十九世紀除了"永租九龍"（permanent lease）外，還開啟租借山東半島、旅順大連、香港新界等等租借案，甚至延伸出各國在上海等中國各大都市的"租界"（concessions）問題。法律上這些土地仍是中國的主權領土，但中國已經將管轄權移轉給其他各國，這是"主權消損"（sovereignty depletion）的標準現象之一。

8.3.3.1　《中葡和好通商條約》

1553 年，中國廣東海道副使汪柏（1513–？）准許葡萄牙商船借用澳門躲避風浪，曬乾"水漬貢物"，自此澳門葡商雲集。1583 年居留澳門的葡萄牙人組織"議會"，自行管理。1595 年，葡萄牙國王菲利普一世（Filipe I, 1527–1598）承認"澳門議會"的政治、司法權力。1783 年，葡萄牙女王唐娜瑪莉亞一世（Dona Maria I, 1734–1816）頒佈《王室制誥》（*Providências Régias*），派任澳門總督，正式統治澳門的葡萄牙人，形成中葡共治澳門的局面。1608 年，廣東省香山縣知縣蔡善繼擬定《條議制澳十則》管治澳門，限制葡萄牙人不得在澳門置物業、蓋房屋等活動。1731 年，香山縣派任縣丞管治澳門。1743 年，中國政府在澳門設置"海防軍民同知衙門"。1749 年，中葡簽訂《澳夷善後事宜條議》，承認非法但既存的"澳夷房屋、廟宇"的合法性。但 1822 年，葡萄牙首度頒佈憲法，卻將澳門列為葡萄牙的"海外領土"，歸葡萄牙駐印度總督管轄。1844 年 9 月 20 日，葡萄牙宣佈澳門為"海外自治省"，1845 年 11 月 20 日宣佈澳門為自由港，1849 年起停止向中國繳納地租，並派兵驅逐中國派駐澳門的官員。澳門實質上被葡萄牙殖民統治，但法理上始終是中國領土。

1887 年 12 月 1 日，中葡簽訂的《和好通商條約》第二條規定：

前在大西洋國京都理斯波阿所訂預立節略內，大西洋國永居、管理澳門之第二款，大清國仍允無異。惟現經商定，俟兩國派員妥為會訂界址，再行特立專約。

葡萄牙（大西洋國）因此取得"永居、管理澳門"的權利。法理名義上，根據這份條約，澳門不算中國的割讓領土，葡萄牙（大西洋國）僅有永久居留權及行政管理權，期間只有四十年，1928年屆滿。1928年12月27日，中葡兩國政府另訂《中葡友好通商條約》，卻未提及澳門問題，使得原本的四十年期限成為懸案，中國是否恢復行使澳門主權及管轄權的議題也被擱置。直到1971年10月25日，聯合國大會通過"第2758號決議案"，中華人民共和國取得聯合國席位，1972年11月8日，聯合國大會決議在"非殖民化地區名單"剔除澳門和香港。1976年，葡萄牙頒佈《葡萄牙共和國憲法》及《澳門組織章程》，承認澳門是葡萄牙管治下的中國領土，亦即葡萄牙對澳門只有管轄權，沒有主權。中葡兩國於1988年發表《關於澳門問題的聯合聲明》，確認澳門是中國的主權領土，中華人民共和國政府於1999年12月20日對澳門恢復行使主權及管轄權。[1]

8.3.3.2 《中葡聯合聲明》

1987年4月13日，中葡兩國發表《關於澳門問題的聯合聲明》，關鍵文本如下：

> 中華人民共和國政府和葡萄牙共和國政府聲明：澳門地區（包括澳門半島、氹仔島和路環島，以下稱澳門）是中國領土，中華人民共和國政府將於1999年12月20日對澳門恢復行使主權。

這份聲明直接了當地揭示了，澳門一直都是中國主權領土的法律事實。葡萄牙憲法也是如此承認，"恢復行使主權"其實是"恢復行使管轄權"。

---

[1] https://zh.wikisource.org/wiki/ 中葡和好通商條約；https://web.archive.org/web/20050224144952/；http://www.macaudata.com/macauweb/Encyclopedia/html/44907.htm.

8.3.4　波多黎各模式

在國外可借鏡的案例方面，波多黎各是美國的自治邦（commonwealth），在法律上雖非美國不可分割的領土，法理上卻受美國憲法和國會的統治，有內部事務自治權，有美國公民權，經由美國國會通過的法律《波多黎各聯邦關係法》（*the Puerto Rico Federal Relations Act of 1950*）授權制定 "自治邦憲法"（the constitution of commonwealth），並於序言中宣示效忠 "聯邦憲法原則"，"自治邦憲法" 不得抵觸 "聯邦憲法"。這個領土治理模式的法律架構可以作為 "兩制台灣方案" 的參考，至於憑藉 "自治邦" 的法律地位可以有哪些內外部的權力，可以透過協商談判決定。

這種 "中國台灣自治邦" 方案援用邦聯制度，台灣成為中國的自治邦，不威脅中國主權，同時以 "自治邦政府" 的名義，維持 "台灣自治政府" 的憲法及國際法地位，並取得國際法上相對應的有限國防及外交權力。波多黎各與美國的自治邦（commomwealth）關係模式或許可以處理台灣既是 "1945年後國際法上的中國主權領土"，又是 "1950年後國際政治上美國的勢力範圍" 所形成的雙重處境。但這種模式需要高度智慧的政治談判和國際情勢的配合，不易輕鬆達成。[1]

8.3.5　巴伐利亞模式

"巴伐利亞模式" 是指，1870年俾斯麥（Otto Eduard Leopold von Bismark, 1815-1898）要將崇信基督新教派的 "北德意志聯邦" 擴大至南德意志各個邦，成立聯邦式的 "德意志帝國"。俾斯麥統一南德意志時以談判方式，特別同意南德意志四個邦裏最具獨立性且天主教勢力佔多數的巴伐利亞王國（Kingdom of Bavaria）擁有郵政及鐵路自主權、軍事自主權、對外派駐大使的外交自主權，並在聯邦式的帝國政府設置一個固定由巴伐利亞王國

---

[1]　羅至美：《歐盟統合的多樣性路徑與對兩岸關係的政策意涵》，《問題與研究（*Issues & Studies*）》2010年9月1日第49卷第3期，第1-28頁。

派人擔任主席的外事委員會，讓巴伐利亞以地位相當特殊的邦的身份加入德意志帝國。南德意志其他三個邦也都是崇信天主教的自治邦，即巴登大公國（Grand Duchy of Baden）、黑森─達姆斯塔特大公國（Landgraviate of Hesse-Darmstadt）、符騰堡王國（Kingdom of Wurttemberg），但並無這些自主權。巴伐利亞王國的特殊地位甚至延續到魏瑪共和國時代，到希特勒帝國時才終止。當時巴伐利亞盱衡國際環境，半被迫、半主動地以"自由邦"的身份爭取國際法及憲法上最有利的條件完成德國統一，至今巴伐利亞的正式邦名仍然是"巴伐利亞自由邦"（Freistaat Bayern, the Free State of Bavaria）。這個模式涉及很複雜的談判環境、技巧和智慧，台灣海峽兩岸要同時具備這些條件非常不容易。

8.3.6　自治共和國模式

俄羅斯聯邦為了實現民族區域自治，設立了二十二個自治共和國（autonomous republics）。它們有自治憲法，選舉自治的總統和議會，制定自治的官方語言，但無國家主權，雖名為共和國，但並非主權國家，國家主權屬於俄羅斯聯邦。自治共和國體制源於蘇聯時代各加盟共和國（union republics）轄下所設置的自治共和國。台灣地區是否得以仿效俄羅斯的自治共和國模式，是一個很大的工程。

8.3.7　自治領模式

1926 年，大英帝國召開帝國會議（Imperial Conference），發佈《貝爾福宣言》（*Balfour Declaration*），宣示"自治領"（Dominions）是大英帝國（the British Empire）內由效忠英國王室（the Crown）而聯合起來的自治體（autonomous Communities），它們地位平等，互不隸屬，自由附屬（freely associated）為英聯邦（the British Commonwealth of Nations）的成員。1931 年，英國國會通過《威斯敏斯特法令》（*the Statute of Westminster 1931*），讓

自治領不再受英國國會立法權力的限制，可以設置自治自主的立法機構。該法令適用的自治領包括：加拿大自治領、愛爾蘭自由邦、南非聯邦等，但英國的自治領很快導致各個自治領逐漸演變為獨立的主權國家。

8.3.8 自由邦模式

"自由邦"（free state）是聯邦及邦聯的修正模式。愛爾蘭曾在 1921 年簽訂《盎格魯—愛爾蘭條約》（the Anglo-Irish Treaty），結束歷時三年的愛爾蘭獨立戰爭。1922 年至 1929 年間，愛爾蘭使用"自由邦"的名義，被視為英國的"自治領"。1931 年，英國的《威斯敏斯特法令》將愛爾蘭自由邦定位為可以自主立法的"自治領"。1937 年，愛爾蘭自由邦經公投制憲成為獨立的愛爾蘭，1949 年後改稱愛爾蘭共和國。波多黎各也常被認為是附屬於美國的"自由邦"，雖然正式名稱是"自治邦"。可見，"自由邦"一詞同時用於"自治領"和"自治邦"，只是愛爾蘭走向獨立，波多黎各則尋求成為美國正式的"州"。

8.3.9 自由附屬國模式

在"中國台灣"和"獨立台灣"兩者之間，還有"自由附屬國"的中間型態，即"中國台灣附屬國"。"中華民國台灣地區"轉型為"中國台灣自由附屬國"（free associated state of China）的型態，以"中國台灣"之名作為法律上的存在。中華人民共和國與"中國台灣"之間的關係以條約或協定作為上位法律，《中華人民共和國憲法》對第三十一條的"特別行政區式的'一國兩制'條款"作局部修訂，"中國台灣"以《中華民國憲法》及增修條文"作為藍本作出相對應的修正，產生"自由附屬國"的新的"中國台灣"模式。但這個沿用美國與帕勞關係的"自由附屬國"模式預計很難為中國大陸的民族情感及歷史傳統所接納，可行性不高。事實上，台灣與中國大陸之間的關係在 WTO 等國際經濟組織兼具國內法與國際法的性質，兩者間的法律關係有著太多類似"自由附屬國"的運作特質,例如雙方之間不以"外交部門"接觸互動,而以內政部門接觸聯繫,但是有爭議時又要依照國際法的程序處理。[1]

---

[1] John Shijian Mo, "Settlement of Trade Disputes between Mainland China and the Separate Customs Territory of Taiwan within the WTO", *Chinese Journal of International Law*, no. 2, 2003, pp. 145–153; 布朗(Chester Brown):《國際裁決的共同法(*A Common Law of International Adjudication*)》,北京:法律出版社 2014 年;林廷輝:《自由聯合國家與國際法:以美國與新西蘭的實踐為例》,《台灣國際法季刊》2013 年 12 月第 10 卷第 4 期,第 7–39 頁。

8.4

"統獨" 處理途徑

　　台灣問題的解決模式（solution）如本章前面論述，有"殘存國家模式"、"台獨模式"、"一國兩制台灣方案"等三大模式。"一國兩制台灣方案"又有西藏模式、香港模式、澳門模式等"一國兩制"的實施經驗，以及國外可借鏡的案例如波多黎各模式、巴伐利亞模式、自治共和國模式、自治領模式、自由邦模式、自由附屬國模式等。這些模式的產生都有著武力施壓或和平談判的不同比例的使用程度，這是本書第四章分析台灣領土主權歷史變遷及本章第 8.1 節討論這些變遷因素，尤其是戰爭及武力扮演著關鍵角色所得出的結論。歷史上依武力施壓程度可分為幾種可供參考的處理途徑（approach），例如完全依賴武力解決的越南途徑、古巴途徑、克里米亞途徑，及完全經由和平談判的東德途徑等。

　　"越南途徑"指北越以武力統一南越的方式。越南人民為了國家統一，經歷法國的殖民戰爭和美國的分裂戰爭，時間長達三十年，付出的代價相當驚人，越南人反而鍛煉出不可思議的韌性。中國主政者若必須以武力統一台灣，面對美日干涉和介入，也必須有付出相當大代價的心理和物質準備。

　　"古巴途徑"指台灣的統治當局效法卡斯特羅的古巴，在蘇聯支持下，長期與美國抗衡，對內強化獨立自主意識，對外巧妙鬥爭美國，使美國只能經濟封鎖，不得武力入侵的做法。古巴距離美國只有一百四十五公里，面積只有台灣的三分之一，人口只有台灣的一半，人均 GDP 更不到台灣的四分之一。古巴這麼弱小，而且人口的種族結構近似美國，蘇聯對古巴的支持也遠不如美國對台灣的支持，古巴還能長期抗衡美國，有些"台獨"人士因此認為台灣更有條件長期抗衡中國大陸，讓中國大陸如鯁在喉，無法統一。但這個途徑忽略了美國無法軍事入侵古巴的原因，不是由於實力差距不夠懸殊，而是由於當時美蘇均勢中的蘇聯有實力入侵西柏林或西德作為報復，以及限於國際法拘束美國無法用武力消滅古巴，因為古巴是一個主權獨立的國家。這些都與台灣的狀況大為不同。

"克里米亞途徑"指在俄羅斯支持下，克里米亞內部產生統派力量，以公民投票的方式脫離烏克蘭，再與俄羅斯合併，全程皆以和平方式達成，但有俄羅斯的軍隊及民兵的武力作後盾。克里米亞的人口大多數與俄羅斯人相同，據此，有些中國大陸上相信可以和平統一的人認為經由"惠台措施"，可以在台灣產生統派力量，讓和平統一水到渠成。但這個途徑忽略了台灣有很強的日本殖民意識殘留，以及美國插手的勢力範圍根深柢固，這些使得台灣的民族意識和統派力量不易成長。

"東德途徑"指東德自動解散加入西德聯邦，完成德國統一。雖然經過布蘭德的東方政策，1972 年兩德互相接受，雙方經由和平談判簽署《兩德國家關係基礎條約》。但是完成統一的最大原因還是蘇聯戈爾巴喬夫（Mihail Sergeyevich Gorbachov, 1931–2022）執政失敗及東德的衰落。這個情形在台灣海峽兩岸有限的期間內發生的機率都不高。[1]

[1] 蕭琇安：《國際法"禁止使用武力原則"與台海兩岸關係》，《問題與研究（Issues & Studies）》，2007 年 1 月 1 日第 46 卷第 1 期，第 147-169 頁；王海良：《台灣前途與祖國統一：可能的模式與路徑》，載《習近平十九大對台方略研究》，香港：中國評論社 2018 年，第 230-249 頁；王昆義：《兩岸和平協議：理論、問題與思考》，《全球政治評論（Review of Global Politics）》2009 年第 26 期，第 45-92 頁。

8.5

小結

　　本章首要聚焦於戰爭在決定台灣主權或管轄權變動的歷史經驗，接著討論台灣問題的各種解決方案，包括 "殘存國家模式"、"台獨模式"、"一國兩制台灣方案" 等，繼而借諸歷史案例的武力施壓及和平談判的處理途徑作對照陳述。但顯然地，在沒有面臨被戰爭毀滅的壓力下，可預料台灣不會有人出面談判，也不易產生願意談判的 "政府"。這也是任何和平談判達致統一的途徑上的巨大障礙。這或將造成一個客觀事實，即：和平不會達致統一，也不會導致獨立，戰爭卻是天秤上唯一的砝碼；要和平就不會有統一，要統一就不可能有和平。關鍵問題是，在統一與獨立的戰爭中，海峽兩岸之間及台灣內部的統獨派系之間都將面臨心理壓力，不會有單方獨佔痛苦的深淵，也不會有單方獨佔道德的制高點。這或許是台灣的歷史宿命，必須通過戰爭的洗禮以尋求地位問題的解決途徑。但在兩岸領導人都受到高度壓力下，"一國兩制台灣方案" 的實際內容有可能要參酌俄羅斯式的 "中國台灣自治共和國" 或英美式的 "中國台灣自治邦" 等案例，這些可能也是最後達成 "世紀大妥協" 的方案。

第九章

結論

　　本書的主題是中國憲制規範下的台灣領土主權問題，因此，本書分析研究了觸及中國各部憲法及世界主要國家憲法文本的"領土條款"，經過國際案例比較分析、歷史規範和文件的探討，認為憲法的領土條款包括領土的範圍、領土的法律性質、以及領土的治理方式等規範。領土的範圍也常出現在國際法研究領土爭端的範疇。因此，領土主權問題常涉及憲法與國際法的理論界面。

　　領土的法律性質涵蓋本土（homeland）、殖民地（colony）、領地（territory）、屬地（possession）、租界（concession）、自治邦（commonwealth）、自由邦（free state）、自治區（autonomous region）、特別行政區（special administrative region）、自治共和國（autonomous republic）、自治領（dominion）、附屬國（associated state）、自由附屬國（free associated state）、加盟共和國（union republic）等區別。領土的治理方式則有"一國一制"、"一國兩制"、"一國多制"、"共主邦聯"（personal union）、公民權差別待遇等差異。

　　台灣的領土主權問題跟上述的領土條款的討論有著高度疊合的特質。因為台灣自 1950 年後施行殘存的《南京憲法》，實施與中國大陸不同的"憲法管轄權"。本書特別提出"殘存國家理論"，以詮釋"台灣當局法律地位未定"問題以及台灣地區憲制秩序的形塑過程與危機，並得到下列主要研究結論：

　　第一，台灣本是無主之地，澎湖於 1171 年即已隸屬中國的主權領土。但台灣先是於 1635 年經尼德蘭七聯省共和國授權的荷蘭東印度公司大員長官普特曼斯（Hans Putmans, ? -1656）發動麻豆戰爭（Mattau War）、征服台灣原住民西拉雅族（Siraya）、簽訂《麻豆條約》（*Treaty of Mattau*）後，開始成為尼德蘭（Netherlands）的主權領土（sovereign territory），在領土的法律性質上是其殖民地。

第二，鄭成功以"大明招討大將軍國姓爺"的中國藩王身份，於1662年驅逐台灣上的荷蘭人，取得台灣的領土主權。這是歷史上第一次明確地在國際法學和憲法學上可以認定台灣隸屬於中國領土。鄭成功當時的法律身份是"大明帝國"這個中國的"殘存國家組織"（rump state organization）的藩王，代行中國主權者的權力。藩王取得的領土在法律上即屬於中國的主權領土，即使管轄權（administrative jurisdiction）不屬於當時已在北京成立的"大清帝國"。這也是中國主權與管轄權的第一次分離。此時台灣在領土法律性質上是中國的主權領土，也是中國藩王的領地，更是中國領土上"大明帝國的殘存國家組織"管轄的領土。

第三，1683年康熙皇帝派遣施琅率軍進攻台灣，鄭克塽投降後，廢除"大明招討大將軍延平王"稱號，改受封為"漢軍公"，後此，台灣的管轄權與中國大陸統一歸屬於"大清帝國"。1684年，台灣設立福建省轄下的"台灣府"，直到1887年建置"台灣省"。這段時期中國對台灣與澎湖的主權與管轄權合而為一，時間長達二百一十二年，中國治理台灣的方式與其他省份並無區別，本質上是"一國一制"。

第四，1894年中日甲午戰爭，中國戰敗，1895年簽訂《馬關條約》，割讓台灣和澎湖，自此，台灣和澎湖改隸屬於日本的主權領土，成為日本的殖民地。直到1945年8月15日，日本昭和天皇宣佈接受《波茨坦公告》的條件投降，台灣和澎湖復歸為中國的主權領土，這一隸屬中國主權領土的法律地位至今未曾改變。1950年1月，美國總統杜魯門發表《"福爾摩沙"聲明》，再度確認美國承認台灣是中國的一部分。換言之，台灣的領土主權自1945年8月15日起再度隸屬於中國，迄今未變。這個結論有著《開羅宣言》、《波茨坦公告》、日本昭和天皇《投降詔書》、《日本降伏文書》等國際法文件所構成的條約體系確認，並經1950年1月5日美國總統杜魯門發表《"福爾摩沙"聲明》所支持，沒有"台灣地位未定論"或"台灣法律地位未定論"（undetermined legal status of Taiwan）的問題，但確實存在著"台灣當局法律地位未定論"（undetermined legal status of Taiwan authority）的問題。

第五，1949 年 1 月國共內戰，國民黨軍隊戰敗，蔣介石宣佈暫時不履行中華民國總統職權，由李宗仁擔任代總統。1949 年 10 月 1 日，中國共產黨領導的中華人民共和國成立，蔣介石領導的黨政軍機關人員於 12 月遷移至台灣。1950 年 3 月 1 日，蔣介石宣佈復位，繼續擔任"中華民國總統"，這是中國主權與管轄權的第二次分離。6 月 25 日朝鮮戰爭爆發，6 月 27 日美國總統杜魯門發表《韓國情勢聲明》，稱呼蔣介石在台灣的身份是"福爾摩沙上的中國政府"（the Chinese Government on Formosa），支持蔣介石在台灣的政權繼續擁有國際法上的中國主權權利和聯合國會員國及安全理事會常任理事國的中國代表權。換言之，從這份 1950 年的聲明發表後到 1971 年聯合國"第 2758 號決議案"通過時，國際法秩序上在這二十一年間的客觀現實是同時存在"兩個中國"。1971 年後，"一個中國"原則確立，接著產生"台灣當局法律地位未定論"（undetermined legal status of Taiwan authorities）的問題，但始終不存在"台灣法律地位未定"問題。因為在國際法秩序上，"台灣領土主權隸屬中國"並未改變；在憲法秩序上，海峽兩岸直到現在也同時存在兩個維持"一個中國"原則的憲制秩序，但有著不同的"憲法管轄權"。

第六，蔣介石在台灣領導的"中華民國"的法律性質，是"殘存國家"，符合本書所提的"主權消損理論"（theory of sovereigty depletion）和"殘存國家理論"（theory of rump state）的法律及政治性質，具有殘存前的憲法秩序和國際法特徵，仍獲有許多國家的承認，並持有聯合國的會員國及聯合國安全理事會成員國的席位，直到 1971 年 10 月 25 日。中華人民共和國在同時期也獲得其他許多國家的承認，在國際法上出現實質上的"兩個中國"的格局。

第七，中華人民共和國於 1971 年 10 月 25 日取得聯合國的會員國及聯合國安全理事會成員國的席位，中華人民共和國政府並陸續獲得更多主要國家承認為"中國唯一合法政府"，擁有完整的中國代表權。自此，國際法上的"一個中國"原則成為國際上的基本規則，後來並落實為"一國兩制"的憲法性方案。

第八，蔣介石雖已去世，但他遺留下來的政權仍以"中華民國"的名義，以"殘存國家"的模式繼續且有效地在台灣、澎湖、金門、馬祖、東沙島、南沙太平島等通稱為"台灣地區"的範圍內施行管轄權。這形成一個中國的國家主權之下，主權與管轄權分離的狀態。但"殘存國家"模式的憲制秩序卻也是"一個中國"原則繼續推進的障礙。

第九，"一個中國"原則延伸而出的邏輯"台灣是中國主權領土的一部分"在國際法上成功地推進，大多數國家及國際組織皆承認"台灣不是主權獨立的國家"，但對"台灣是中國主權領土的一部分"卻有許多障礙，部分國家"承認"之，部分國家"尊重"之，部分國家"認知"之，部分國家"注意"之。

第十，"一國兩制"是中華人民共和國為推進"和平統一"台灣所開創的憲制原則。但如何有步驟、有程序地落實，卻尚未進入具體實施的階段。兩岸是否要簽署"和平協議"以達成"一國兩制"；若無法達成，是否進入《反分裂國家法》的實施階段，即以歷史性的戰爭來實現等問題，都是"一個中國"原則是否能終極實現的關鍵。

第十一，"殘存國家"模式下的"中華民國"通過一連串的"修憲"程序，也度過了"主權消損"危機，完成了"憲政轉型"，建構出一套可以自我滿足且可自稱符合"人民主權"理論的"憲法秩序"，卻也成為"一個中國"原則推進的障礙。在國際法方面，該政權雖然沒有"主權國家"（sovereign state）的資格及身份，但卻在經濟和法律上，被中華人民共和國、美國和大部分國家承認為"台灣當局"或"台灣、澎湖、金門、馬祖關稅領域"，甚至於 2016 年被國際海洋法仲裁庭定位為"中國的台灣當局"（Taiwan authority of China）。但基本上台灣當局的法律性質至今並無憲法學或國際法學上的明確定義，形成"台灣當局法律地位未定論"的現象，這其實也是"殘存國家"的特性。

第十二，"台灣當局"並非一個具體且有明確定義的法律名詞，自然產生"台灣當局法律地位未定論"的問題。換言之，所謂"台灣法律地位未定論"其實是個煙幕彈，用於掩蓋"台灣當局法律地位未定論"。中華人民共和國在憲法或憲法性法律中亦未就"台灣當局法律地位"作出解答或規範，世界各主要國家亦復如此。

第十三，台灣內部“台獨”勢力和外部國際反中勢力相結合，持續推動“台灣獨立”，也有相當大的進展。其目的在於，使台灣當局成為“台灣共和國政府”，因此台灣當局制定《“國家安全”法》、《反滲透法》等法規，將中華人民共和國視同“敵國”，讓台灣人不承認自己是中國人。台灣當局在這方面已獲得相當的進展。台灣當局逐漸轉型為“台灣獨立當局”，爭取“國際認知”，並設法讓中華人民共和國“默認”之。其中包括將“管轄權行使的土地”轉型為“不屬於中國的主權領土”，將“管轄權行使的人民”轉型為“不屬於中國人民的主權領土上的人民”，當然，“行使管轄權的台灣當局”更要轉型為“主權獨立的台灣當局”，尋機達致“台灣獨立”的終極目標。但中國崛起卻擋住了這些轉變的意圖。

第十四，“一個中國”原則自 1971 年開始推進，取得了很大的進展，但也到了極限，尚無法達致《中華人民共和國憲法》序言第九自然段規定的程度。“一國兩制”的“特別行政區方案”無法對台灣產生具體的效果，“和平統一”更陷入與“台獨”和反中勢力的糾纏之中。本書就“一國兩制台灣方案”提出可能的選項，包括西藏模式、香港模式、澳門模式等歷史經驗，以及國外案例的波多黎各模式、巴伐利亞模式、自治共和國模式、自治領模式、自由邦模式、自由附屬國模式等處理這些糾纏問題的途徑。並兼論通過戰爭施壓或和平協議執行這些模式的處理途徑，以及這些途徑可能導致的台灣領土主權的法律性質以及治理模式的改變，這將是值得近一步研究的課題。

當前國際局勢瞬息萬變，世紀性瘟疫影響尚存，在中美大國角力中，台灣事實上成為博弈的籌碼。關於國家與民族、統一與獨立、戰爭與和平等台灣議題的解碼，剪不斷理還亂。“一國兩制台灣方案”、俄羅斯式的“中國台灣自治共和國方案”或英美式的“中國台灣自治邦方案”，都可能是最後達成世紀大妥協的解決方案。其中，目前尚未有細部藍圖的“一國兩制台灣方案”可能是達成台灣的領土法律性質和治理方法的創新模式，有待進一步探討和研究。

參考文獻

中文文獻

[1] 《元史》卷二百零八《列傳第九十五》"日本"段："大蒙古國皇帝奉書日本國王"。

[2] 蔡育岱著：《從百家爭鳴到隱聚山林：辯證台灣"主權"獨立路線的分與合》，《台灣國際法季刊》2011 年 12 月 1 日第 8 卷第 4 期，第 71-105 頁。

[3] 蔡正元著：《開羅宣言與一個中國原則》，清華大學法學院國際法專題研究報告，2016 年。

[4] 蔡正元著：《台灣島史記（增訂版）（上、中、下冊）》，香港：中華書局（香港）有限公司 2020 年。

[5] 曹冰著：《台灣問題中的日本因素研究》，外交學院國際關係碩士論文，2012 年。

[6] 曹金增著：《論公民投票三階段：各國實施經驗分析（A Study of the Three Phases of Referendums: Cross-Country Experiences）》，《問題與研究（Issues & Studies）》2003 年 7 月 1 日第 42 卷第 4 期，第 129-159 頁。

[7] 曹雪菲著：《中國共產黨執政以來對台政策變化分析》，內蒙古大學政治學原理碩士論文，2010 年。

[8] 曹永和著：《台灣早期歷史研究（第二版）》，台北：聯經出版事業股份有限公司 2016 年。

[9] 曹永和著：《台灣早期歷史研究續集（第二版）》，台北：聯經出版事業股份有限公司 2016 年。

[10] 陳端洪著：《論憲法作為國家的根本法與高級法》，《中外法學》2008 年第 4 期，第 485-511 頁。

[11] 陳端洪著：《憲法學研究中的政治邏輯》，2012 年 12 月 13 日，http://www.aisixiang.com/data/59861.html。

[12] 陳弘毅著：《憲政主義在台灣與香港的實踐》，法寶引證碼：CLI.A.067819。

[13] 陳鴻瑜著：《舊金山合約下西沙和南沙群島之領土歸屬問題》，《遠景基金會季刊（Prospect Quarterly）》2011 年 10 月 1 日第 12 卷第 4 期，第 1-50 頁。

[14] 陳輝庭著：《運用法治方式處理台灣問題的歷史實踐及啟示——紀念〈告台灣同胞書〉發表四十周年》，《台灣研究》2019 年第 3 期，第 35-44 頁。

[15] 陳惠馨著：《德國法制史：從日耳曼到近代》，台北：元照出版有限公司 2007 年。

[16] 陳佳宏著：《"台灣獨立"運動史》，台北：玉山社出版事業股份有限公司 2016 年。

[17] 陳孔立著：《台灣民意與群體認同》，台北：崧燁文化事業有限公司 2018 年。

[18] 陳隆志、許慶雄、李明峻編輯：《當代國際法文獻選集》，台北：前衛出版社 1998 年。

[19] 陳隆志著：《舊金山對日和約、聯大第 2758 號決議與台灣國際法律地位》，《台灣國際法季刊》2015 年 3 月第 12 卷第 1 期，第 7-44 頁。

[20] 陳隆志著："台灣不是中國的內政問題"，《新世紀智庫論壇》第 8 期，第 118-119 頁。

[21] 陳欽育著：《清康熙年間台灣棄留論及征台澎決策的形成》，《大同大學通識教育年報》2005 年 1 月 1 日第 1 期。

[22] 陳叔倬、段洪坤著：《平埔血源與"台灣國族"血統論》，《台灣社會研究季刊》2008 年 12 月第 72 期。

[23] 陳偉華著：《主權與戰爭：兩岸關係的轉捩點》，《遠景季刊》2001 年 7 月 1 日第 2 卷第 3 期，第 189-211 頁。

[24] 陳小沖著：《日據時期台灣與大陸關係史研究：1895-1945》，台北：崧燁文化事業有限公司 2019 年。

[25] 陳欣新著：《兩岸關係制度化如何處理"台灣當局政治地位"問題》，《台灣研究》2014 年第 6 期，第 1-11 頁。

[26] 陳興風著：《論法制促進祖國和平統一進程的作用》，復旦大學法律碩士論文，2010 年。

[27] 陳儀深著：《從馬關條約到國統綱領：兼對李登輝"六項主張"的批評》，《台灣教授協會通訊》1995 年 5 月 1 日第 2 期，第 56-57 頁。

[28] 陳怡凱著：《同質性與異質性：Carl Schmitt 的正當性概念析論》，台灣大學法律研究所碩士論文，2006 年。

[29] 陳玉山著：《中國憲法序言研究》，北京：清華大學出版社 2016 年。

[30] 陳卓著：《"台獨"究竟為了誰？也論"一邊一國"與台灣主權歸屬》，《海峽評論（*Straits Review Monthly*）》，2003 年 1 月 1 日第 145 期，第 40-43 頁。

[31] 程紹剛譯注：《荷蘭人在"福爾摩沙"》，台北：聯經出版事業股份有限公司 2000 年。

[32] 段磊著：《論"法理台獨"實踐樣態》，《台灣政治》2018 年第 6 期，第 43-50 頁。

[33] 段磊著：《"法理台獨"概念體系論》，《台灣研究》2019 年第 3 期，第 26-34 頁。

[34] 段磊、鄧玉凡著：《論"法理台獨"的思想淵源》，《閩台關係研究》2021 年第 3 期，第 88-100 頁。

[35] 段磊、熊鴻亮著：《論"法理台獨"的"法律型態"》，《台灣研究》2021 年第 1 期，第 24-36 頁。

[36] 范強著：《台海問題戰略主導權分析：大國權力變動中的兩岸關係（*Analysis on Strategic Dominance of Cross-Strait Issue*）》，中國海洋大學國際政治碩士論文，2011 年。

[37] 傅思明編著：《憲法學》，北京：對外經濟貿易大學出版社 2013 年。

[38] 高鴻鈞、馬劍銀、魯楠、陸宇峰編：《法理學閱讀文獻》，北京：清華大學出版社 2010 年。

[39] 高嘉瑜著：《台灣的"憲政"改造與兩岸關係：以 2005 年第七次"修憲"為例》，台灣大學國家發展研究所碩士論文，2007 年。

[40] 高全喜、田飛龍著：《政治憲法學的問題、定位與方法》，《蘇州大學學報》2011 年 7 月 26

日第 3 期，http://www.aisixiang.com/data/42483.html。

[41] 高全喜著：《政治憲法學的興起與嬗變》，《交大法學》2012 年第 1 期，http://www.aisixiang.com/data/68665.html。

[42] 高全喜著：《政治憲法與未來憲制》，香港：香港城市大學出版社 2016 年。

[43] 葛爽著：《國際法視角下的中日條約關係：以〈馬關條約〉為中心》，南京大學中國近現代史碩士論文，2011 年。

[44] 國務院台灣事務辦公室：《台灣問題與中國的統一》（白皮書），北京，1993 年。

[45] 韓大元、林來梵、鄭賢君著：《憲法學專題研究（第二版）》，北京：中國人民大學出版社 2008 年。

[46] 洪世謙著：《疆界民主化：解構哲學式的思考》，《台灣政治學刊（Taiwan Political Science Review）》2015 年 6 月 1 日第 19 卷第 1 期，第 59–97 頁。

[47] 洪思竹著：《從國際法角度檢視台灣加入 GATT/WTO 相關文件所衍生之問題》，《台灣國際法季刊》2009 年 6 月 1 日第 6 卷第 2 期，第 117–155 頁。

[48] 胡為雄著：《"一國兩制"實踐與祖國和平統一大業的回顧與前瞻》，《湖北大學學報（哲學社會科學版）》2011 年 5 月 22 日第 38 卷第 3 期，第 56–63 頁。

[49] 黃崇祐著：《台灣的"國家定位"（1945-2008）〔Taiwan's National Orientation (1945-2008)〕》，台灣大學國家發展研究所碩士論文，2012 年。

[50] 黃嘉玫、黃鈺淳著：《探民族主義下"本土化"與"去中國化"之定位》，《興國學報》2004 年 7 月 1 日第 3 期，第 183-194 頁。

[51] 黃居正著：《判例國際公法 I》，新竹：新學林出版股份有限公司 2013 年。

[52] 黃居正著：《判例國際公法 II》，台北：台灣本土法學雜誌 2016 年。

[53] 黃永森著：《論兩岸關係中統獨觀念的反思與新整合理念的意義建構——由台灣終統及其衍致的爭議與危機情勢所想起》，法寶引證碼：CLI.A.038883。

[54] 黃永森著：《台灣面臨"憲政"法治與政治權力意志之間新的抉擇》，法寶引證碼：CLI.A.038884。

[55] 黃昭堂著：《確立台灣的"國家主權"：由"事實上的國家"到"法理上的國家"（The Confirmation of the Taiwanese National Sovereignty: From de facto toward de jure）》，台北：現代文化基金會 2008 年。

[56] 黃自進著：《戰後台灣主權爭議與"中日和平條約"》，《近代史研究所集刊（Bulletin of the Institute of Modern History Academia Sinica）》2006 年 12 月 1 日第 54 期，第 59-104 頁。

[57] 賈兵兵著：《國際公法：理論與實踐》，北京：清華大學出版社 2015 年。

[58] 賈兵兵著：《國際公法：和平時期的解釋與適用》，北京：清華大學出版社 2015 年。

[59] 江國清著：《略談主權與兩岸關係》，《法學評論》2001 年第 3 期，第 39 頁。

[60] 江啟臣著：《"一個中國"與中華民國的法律地位》，《台灣國際法季刊》2006 年 9 月 1 日第 3 卷第 3 期，第 133-160 頁。

[61] 江樹生編：《鄭成功和荷蘭人在台灣的最後一戰及換文締和》，載《漢聲雜誌》，台北：漢聲出版社 1992 年第 45 期。

[62] 江樹生譯注:《熱蘭遮城日誌(一)》,台南:台南市政府 2002 年。

[63] 江樹生譯注:《熱蘭遮城日誌(二)》,台南:台南市政府 2003 年。

[64] 江樹生譯注:《熱蘭遮城日誌(三)》,台南:台南市政府 2011 年。

[65] 江樹生譯注:《熱蘭遮城日誌(四)》,台南:台南市政府 2011 年。

[66] 江樹生著:《檔案敘事:早期台灣史研究論文集》,台南:台灣史博館 2016 年。

[67] 強世功著:《大國崛起與文明復興:"文明持久戰"下的台灣問題》,法寶引證碼:CLI. A.057471。

[68] 金佳博著:《中國台灣地區參與國際組織模式的比較分析》,外交學院外交學碩士論文, 2009 年。

[69] 柯斯安著:《美國單極體系為何未遭制衡?國合秩序性崛起個案研究》,台灣政治大學碩士論 文,2009 年。

[70] 孔令傑編:《領土爭端成案研究》,北京:社會科學文獻出版社 2016 年。

[71] 賴駿楠編:《憲制道路與中國命運:中國近代憲法文獻選編(1840-1949)(上卷)》,北京: 中央編譯出版社 2017 年。

[72] 李蓓蓓著:《台灣主權屬於中國:駁斥"台灣法律地位未定論"》,《海峽評論》1996 年 3 月 1 日第 63 期,第 43-46 頁。

[73] 李國雄、莊家梅著:《一個中國內外有別對台灣之適用性的探討》,《中國大陸研究》2001 年 6 月 1 日第 44 卷第 6 期,第 41-51 頁。

[74] 李建良著:《人民與國家"身份連結"的法制詮要與法理探索:兼論台灣人"國籍"的起承 斷續問題(Legal Analisis of the "Status-Connection" between the People and State: And Focus on the Problems about the Nationality of the Taiwanese)》,《台大法學論叢(Taiwan University Law Journal)》2007 年 12 月 1 日第 36 卷第 4 期,第 1-60 頁。

[75] 李林著:《憲法序言同樣具有最高法律效力》,2018 年 3 月 9 日,http://cpc.people.com.cn/ BIG5/n1/2018/0309/c64387-29858160.html。

[76] 李明峻著:《"台灣"的領土紛爭問題——在假設性前提下的探討》,《台灣國際法季刊》 2004 年 6 月 1 日第 1 卷第 2 期,第 61-112 頁。

[77] 李明峻著:《分裂國家與國際法(Divided Nations under International Law)》,《台灣國際法季 刊》2013 年 12 月 1 日第 10 卷第 4 期,第 41-67 頁。

[78] 李明峻著:《"南北韓"加入聯合國與國際法》,《台灣國際法季刊》2014 年 3 月第 11 卷 1 期。

[79] 李明峻著:《台灣在日本法院之地位:以光華案案為例(The Status of Taiwan in the Japanese Court-Taking the Kokaryo's Case as an Example)》,《台灣國際法季刊》2009 年 6 月 1 日第 6 卷第 2 期,第 85-116 頁。

[80] 李松林、祝志男著:《大陸對於和平解決台灣的歷史考證與定義》,台北:崧燁文化事業有限 公司 2018 年。

[81] 李鐵喜、高升著:《析〈反分裂國家法〉與〈與台灣關係法〉的根本區別》,《惠州學院學報》 2005 年 8 月 1 日第 25 卷第 4 期,第 28-31 頁。

[82] 李憲榮著:《制定台灣"新憲法"的必要性(The Necessity of Making a New Taiwan

Constitution）》，《台灣民主季刊（*Taiwan Democracy Quarterly*）》2006 年 3 月 1 日第 3 卷第 1 期，第 1–26 頁。

[83] 李中邦著：《324 中日台釣魚台之爭讓 "台灣主權" 原形畢露》，《海峽評論》2004 年 5 月 1 日第 161 期，第 18–21 頁。

[84] 栗國成著：《一九四六年國民大會由延會到開會期間的國共爭執》，《國家發展研究》2002 年 12 月 1 日第 2 卷第 1 期，第 111–150 頁。

[85] 連橫著：《台灣通史》，台北：國民黨黨史館 2003 年 10 月。

[86] 廉德瑰、陳勤奮著：《關於中日間台灣地位問題的 "1972 年承諾" 與中美日 "三角關係"（On the 1972 Agreement Regarding the Status of Taiwan in Terms of China-Japan Bilateral Relations and China-US-Japan Trilateral Relations）》，《台灣研究集刊（*Taiwan Research Quarterly*）》，2008 年 3 月 30 日第 1 期，第 17–26 頁。

[87] 梁敬錞著：《開羅會議》，台北：台灣商務印書館 1973 年。

[88] 林秉樺著：《全球化下國家主權變遷與兩岸主權問題研究（*A Study of the National Sovereignty Changes and the Cross-Strait Sovereignty Issue under Globalization*）》，台灣中興大學國際問題研究所碩士論文，2012 年。

[89] 林呈蓉著：《台灣涉外關係史概說》，台北：五南圖書出版股份有限公司 2015 年。

[90] 林岡、白玉著：《"一國兩制" 的理論與實踐研究（A Study on the Theory and Practice of "One Country, Two Systems"）》，《台灣研究》2019 年第 6 期，第 1–8 頁。

[91] 林來梵、鄭琪著：《有神論的政治憲法學——對施米特的解讀》，2007 年 2 月 27 日，http://www.aisixiang.com/data/13340.html。

[92] 林來梵著：《"規範憲法學" 是什麼？》，http://www.aisixiang.com/data/55155.html。

[93] 林來梵著：《規範憲法的條件和憲法規範的變動》，http://www.aisixiang.com/data/550068.html。

[94] 林來梵著：《憲法學的方法與謀略》，法寶引證碼：CLI.A.032400。

[95] 林來梵著：《憲法學的根本方法》，2012 年 7 月 6 日，http://www.aisixiang.com/data/55158.html。

[96] 林來梵著：《中國憲法學的現狀與展望》，《法學研究》2011 年第 6 期，第 20–22 頁。

[97] 林來梵著：《文人法學》，北京：清華大學出版社 2013 年。

[98] 林來梵著：《憲法學講義》，北京：法律出版社 2011 年。

[99] 林來梵著：《憲法學講義（第二版）》，北京：法律出版社 2015 年。

[100] 林廷輝著：《自由聯合國家與國際法：以美國與新西蘭的實踐為例》，《台灣國際法季刊》2013 年 12 月第 10 卷第 4 期，第 7–39 頁。

[101] 林文程著：《台灣 "修憲" 與 "台美中" 三角關係》，《台灣民主季刊（*Taiwan Democracy Quarterly*）》，2006 年 12 月 1 日第 3 卷第 4 期，第 125–164 頁。

[102] 林逸帆著：《里族河的冰冷大王》，載張隆志編：《跨越世紀的信號：書信裏的台灣史（17–20 世紀）》，台北：貓頭鷹出版社 2019 年，第 36–59 頁。

[103] 林忠志、曹蘭著：《兩岸和平協議之歷程及障礙》，《海峽法學》2014 年第 3 期，第 41–48 頁。

[104] 劉光華著：《海峽兩岸經濟合作框架協議：從政治議題轉換為法律命題》，《海峽法學》第 2

期，第 3 頁。

[105] 劉廣華著：《以 "國際建制" 為基礎的兩岸結局（The End Game across the Taiwan Strait as Seen from an International Regime Perspective）》，《國防雜誌》2010 年 2 月 1 日第 25 卷第 1 期，第 16-28 頁。

[106] 劉國深、陳勤奮著：《兩岸關係和平發展新課題淺析（Analysis on the New Subject of the Peaceful Development of the Cross-Strait Relations）》，《台灣研究集刊（Taiwan Research Quarterly）》2008 年 12 月 30 日第 4 期，第 1-6 頁。

[107] 劉國深著：《台灣地區 "憲政改造" 對國家統一的影響》，《台灣研究集刊（Taiwan Research Quarterly）》2006 年第 4 期，第 1-8 頁。

[108] 劉紅編著：《台灣 "國家認同" 問題與歷史沿革概論》，台北：崧燁文化事業有限公司 2019 年。

[109] 劉紀蕙著：《從 "不同" 到 "同一"：台灣皇民主體之 "心" 的改造》，《台灣文學學報（Bulletin of Taiwanese Literature）》2004 年 6 月 1 日第 5 期，第 49-83 頁。

[110] 盧定平著：《加拿大式的民主與魁北克的公投》，《歷史月刊》2004 年 3 月 5 日第 194 期，第 87-92 頁。

[111] 羅佳智著：《台灣問題的國際法分析（An Analysis of International Law on the Taiwan Issue）》，西南政法大學法律碩士論文，2010 年。

[112] 羅至美著：《歐盟統合的多樣性路徑與對兩岸關係的政策意涵》，《問題與研究（Issues & Studies）》2010 年 9 月 1 日第 49 卷第 3 期，第 1-28 頁。

[113] 羅致政著：《聯合國對 "中國代表權" 的法理爭議》，《台灣國際法季刊（Taiwan International Law Quarterly）》，2006 年 9 月 1 日第 3 卷第 3 期，第 67-98 頁。

[114] 馬嶺著：《台灣 "府院" 關係對大陸的啟示》，2013 年 12 月 14 日海峽法學論壇，法寶引證碼：CLI.A.081559。

[115] 毛啟蒙著：《兩岸關係研究語境中的 "治權" 釋義——再論 "主權" 與 "治權" 話語下的兩岸關係》，《台灣研究集刊》2015 年第 3 期，第 22-30 頁。

[116] 美國之音著，楊智傑主編：《聽美國憲法說故事》，台北：博雅書屋 2008 年。

[117] 聶鑫著：《中華民國南京憲法研究》，香港：香港城市大學出版社 2017 年。

[118] 牛太升著：《論鞏固加強海峽兩岸和平發展的法律基礎》，《法治研究》2009 年第 7 期，第 8 頁。

[119] 彭明敏、黃昭堂、李明峻著：《台灣的法地位（一）》，《台灣國際法季刊》2015 年 3 月第 12 卷第 1 期，http://lawdata.com.tw/tw/detail.aspx?no=287935，第 155-163 頁。

[120] 丘宏達著，陳純一修訂：《現代國際法》，台北：三民書局 2014 年。

[121] 邱列、郭海清著：《兩岸關係法理定位宜採 "兄弟說" 不可用 "戀愛說"》，《法學》2005 年第 6 期，第 86 頁。

[122] 任東來、陳偉、白雪峰著：《美國憲政歷程》，北京：中國法制出版社 2015 年。

[123] 阮剛猛著：《兩岸談判之研究：重新檢視雙層賽局的分析架構及其應用（The Study of Cross-Strait Negotiation-Reviewing Two-Level Game Framework and Its Application）》，台灣中興大學國家政策與公共事務研究所學位論文，2012 年。

[124] 阮國英著：《國家主權的完整性與台灣問題》，《政治與法律》1994 年第 1 期，第 18-20 頁。

[125] 沈呂巡、馮明珠主編：《百年傳承走出活路：中華民國外交史料特展》，台北：故宮博物院 2011 年。

[126] 沈宗靈著，林文雄校訂：《法理學》，台北：五南圖書出版股份有限公司 2007 年。

[127] 石之瑜著：《海內華人？台灣人身份政治中的祖先論述》，《全球政治評論》2005 年 4 月 1 日 第 10 期，第 141-157 頁。

[128] 司平平著：《從國際法看兩岸關係》，《法學》1999 年第 9 期，第 55-58 頁。

[129] 宋學文、黎寶文著：《全球化與中共的 "民族主義"："一國兩制" 的機會與限制（Globalization and Chinese Nationalism: the Opportunities and Constraints of "One Country Two Systems"）》，《中國大陸研究（*Mainland China Studies*）》2001 年 7 月 1 日第 44 卷第 7 期，第 1-30 頁。

[130] 宋燕輝著：《由國際法觀點析論中共反對台灣參與 WHO（Rebuttal to PRC's Arguments against Taiwan's Bid for WHO Observership: An International Law Perspective）》，《問題與研究》2004 年 10 月 1 日第 43 卷第 5 期，第 157-186 頁。

[131] 孫冀著：《韓國的朝鮮政策》，北京：中國社會科學出版社 2011 年。

[132] 湯錦台著：《大航海時代的台灣》，台北：如果出版社 2011 年。

[133] 湯熙勇著：《恢復國籍的爭議：戰後旅外台灣人的復籍問題（1945-47）（Establishing of Nationality of Overseas Formosans and Their Problems, 1945-47）》，《人文及社會科學集刊》2005 年 6 月 1 日第 17 卷第 2 期，第 393-437 頁。

[134] 童之偉著：《中國憲制之維新》，香港：香港城市大學出版社 2016 年。

[135] 屠凱：《西方單一制多民族國家的未來》，《清華法學》2015 年 4 期，明德公法網，http://www.calaw.cn。

[136] 屠凱：《柴進的鐵券：條約立憲主義學說及其挫折》，《華東政法大學學報》2015 年第 5 期，第 78-92 頁。

[137] 王海良著：《台灣前途與祖國統一：可能的模式與路徑》，載《習近平十九大對台方略研究》，香港：中國評論社 2018 年，第 230-249 頁。

[138] 王虎華主編：《國際公法學》，北京：北京大學出版社 2015 年。

[139] 王建民著：《關於 "台灣意識" 與 "台灣主體意識" 問題的討論（With Regard to the Taiwan Consciousness and Taiwan Subject Consciousness）》，《北京聯合大學學報（人文社會科學版）》2008 年 12 月 20 日第 6 卷第 4 期，第 27-33 頁。

[140] 王昆義著：《兩岸和平協議：理論、問題與思考》，《全球政治評論（*Review of Global Politics*）》2009 年第 26 期，第 45-92 頁。

[141] 王鵬、李毅著：《論台灣的法律地位兼駁台獨理論》，《河北法學》2001 年第 3 期，第 2-5 頁。

[142] 王泰升著：《台灣歷史上的主權問題》，《月旦法律雜誌》1996 年 1 月第 9 期，http://ntur.lib.ntu.edu.tw//handle/246246/265368，第 4-13 頁。

[143] 王泰升著：《台灣戰後初期的政權轉替與法律體系的承接（一九四五至一九四九）》，《台大法學論叢（*National Taiwan University Law Journal*）》1999 年 10 月 1 日第 29 卷第 1 期，第 1-90 頁。

[144] 王鐵崖主編：《國際法》，北京：法律出版社 2014 年。

[145] 王文菲著：《新世紀美國對台政策研究》，中國石油大學政治學碩士論文，2010 年。

[146] 王英津著：《主權構成研究及其在台灣問題上的應用》，《台灣研究集刊》2002 年第 2 期，第 28-36 頁。

[147] 王振民著：《"一國兩制"下關於國家統一觀念的新變化》，《環球法律評論》2007 年第 5 期。

[148] 王振民著：《中國違憲審查制度》，北京：中國政法大學出版社 2004 年。

[149] 王振民著：《中央與特別行政區關係：一種法治結構的解析》，香港：三聯書店（香港）有限公司 2014 年。

[150] 王振民、孫成：《香港法院適用中國憲法問題研究》，《政治與法律》2014 年第 4 期，明德公法網，http://www.calaw.cn。

[151] 王中文著：《中美關係中的美台軍售問題》，南京大學世界史博士論文，2008 年。

[152] 吳聰敏編：《制度與經濟成長》，台北：台大出版中心 2020 年，第 31-51 頁。

[153] 吳玉山著：《抗衡或屈從：面對強鄰時的策略抉擇（上）（The Choice of Strategy Towards One's Strong Neighbor: Balancing or Bandwagoning "I"）》，《問題與研究（Issues & Studies）》1997 年 2 月 1 日第 36 卷第 2 期，第 1-32 頁。

[154] 吳玉山著：《政權合法性與憲改模式：比較台灣與歐洲後共新興民主國家（Regime Legitimacy and Mode of Constitutional Reform: Comparing Taiwan and Post-Communist Nascent Democracies in Europe）》，《問題與研究（Issues & Studies）》2006 年 2 月 1 日第 45 卷第 1 期，第 1-28 頁。

[155] 武漢大學兩岸及港澳法制研究中心編：《兩岸協議紀實：兩岸協議執行前後的整體樣貌，重要七年全記錄》，台北：崧燁文化事業有限公司 2019 年。

[156] 蕭高彥著：《"國族民主"在台灣：一個政治理論的分析》，《政治與社會哲學評論（A Journal for Philosophical Study of Public Affairs）》2004 年 12 月 1 日第 11 期，第 1-33 頁。

[157] 蕭凱著：《反對"法理台獨"的三個國際法理論》，《東方法學》2008 年 4 月 10 日第 2 期，第 141-152 頁。

[158] 蕭琇安著：《國際法"禁止使用武力原則"與台海兩岸關係》，《問題與研究（Issues & Studies）》2007 年 1 月 1 日第 46 卷第 1 期，第 147-169 頁。

[159] 謝政道著：《中華民國修憲史》，台北：揚智文化事業股份有限公司 2007 年。

[160] 徐辰編：《憲制道路與中國命運：中國近代憲法文獻選編（1840-1949）（下卷）》，北京：中央編譯出版社 2017 年。

[161] 徐浤馨著：《1952 年"中日合約"的性格再議（The Nature of the 1952 Sino-Japan Peace Treaty Reconsidered）》，《台灣國際研究季刊》2012 年 12 月 1 日第 8 卷第 4 期，第 109-130 頁。

[162] 許楚敏著：《從國際法談台灣加入政府間國際組織的問題》，《福建政法管理幹部學院學報》2000 年第 2 期，第 54-58 頁。

[163] 許菁芸、宋鎮照著：《地緣政治與國家主權的關係研究：以車臣和科索沃獨立省思台海兩岸問題（An Analysis on the Relations between Geopolitics and State Sovereignty: Comparative Case Studies on Chechnya, Kosovo and Taiwan）》，《政治學報（Chinese Political Science Review）》

2013 年 12 月 1 日第 56 期，第 55-78 頁。

[164] 許慶雄著：《台灣參與國際組織的國際法理論（Taiwan's Participation in International Organization–Theoretical Basis and Practices under International Law）》，《台灣國際法季刊》2011 年 12 月 1 日第 8 卷第 4 期，第 25-69 頁。

[165] 許慶雄著：《台灣如何成為 "國家"》，《台灣國際研究季刊（Taiwan International Studies Quarterly）》2017 年夏季號第 13 卷第 2 期，http://www.tisanet.org/quarterly/13-2-1.pdf，第 1-39 頁。

[166] 許智閔著：《析論釋字第 499 號中 "修憲" 界限爭論之研究》，台灣大學國家發展研究所碩士論文，2005 年。

[167] 薛化元著：《從歷史文獻看台灣國際的地位問題》，台灣國際地位研討會議論文，2009 年 11 月 21 日，http://nccur.lib.nccu.edu.tw/bitstream/140.119/53314/2/20091121003.pdf。

[168] 薛化元著：《高中歷史課綱爭議與台灣主體性問題》，載《從當代問題探討台灣主體性的建立》，台北：台灣教授協會 2014 年。

[169] 薛化元著：《台灣地位關係文書》，台北：日創社文化事業有限公司 2007 年。

[170] 嚴從簡著，余思黎注解：《殊域周咨錄》卷二《東夷·日本國》，北京：中華書局 2000 年。

[171] 楊冠群、吳建民著：《在國際組織中圍繞中國台灣省稱謂問題的鬥爭（Fight over Appellation of Taiwan Province of China in International Organizations）》，《外交學院學報（Foreign Affairs Review, Journal of China Foreign Affairs University）》2005 年 2 月 25 日第 1 期，第 106-108 頁。

[172] 楊護源著：《"終戰" 後台灣軍事佔領接收的籌備準備（1945.08.15-10.31）》，《高雄師大學報》2014 年第 37 期，第 1-16 頁。

[173] 楊彥傑著：《荷據時代台灣史》，台北：聯經出版事業股份有限公司 2000 年。

[174] 葉海波著：《我國憲法學方法論爭的理論脈絡與基本共識》，《清華法學》2013 年第 3 期，http://www.aisixiang.com/data/67777.html。

[175] 葉錦鴻著：《聯合國一國三席的國際法問題：烏克蘭、白俄羅斯與蘇聯的案例（The International Law Question About One Nation Have Three Memberships on UN–Case by Belarus, Ukraine and Soviet Union）》，《台灣國際法季刊（Taiwan International Law Quarterly）》2014 年 3 月 1 日第 11 卷第 1 期，第 7-29 頁。

[176] 葉俊榮著：《跨國憲政主義：台灣面對區域整合與全球化的憲法議題》，台灣大學法律學系暨研究所技術報告，2002 年。

[177] 葉俊榮著：《路徑相依或制度選擇？論民主轉型與憲法變遷的模式（Path Dependence or Collective Institutional Choice? Modeling Constitutional Changes in the Context of Democratic Transitions）》，《問題與研究》2006 年 11 月 1 日第 45 卷第 6 期，第 1-31 頁。

[178] 殷嘯虎著：《關於台灣現行 "憲法" 的定性與定位》，《法學》1995 年第 9 期，第 16-17 頁。

[179] 殷嘯虎著：《憲法關於領土問題規定研究》，《上海行政學院學報》2009 年第 4 期，第 74-82 頁。

[180] 俞新天著：《中國主權理論的發展與擴大台灣涉外活動的思考》，《台灣研究》2012 年第 3 期，第 6-11 頁。

[181] 袁發強、馬之遙著：《海峽兩岸 "綜合性經濟合作協議" 的法理思考》,《時代法學》2009 年第 5 期,第 48 頁。

[182] 雲莉著：《美國在台灣問題上的政策取向（American Policy Adoption on the Taiwan Issue）》,《廣播電視大學學報（哲學社會科學版）》2011 年 6 月 28 日第 2 期,第 105-109 頁。

[183] 曾建元、林啟驊著：《ECFA 時代的兩岸協議與治理法制（The Legal Regulation of the Cross-Straits Agreements and Governance in the ECFA Age）》,《中華行政學報（*The Journal of Chinese Public Administration*）》2011 年 6 月 1 日第 8 期,第 297-313 頁。

[184] 曾建元著：《國民主權與國家認同（People's Sovereignty and National Identity）》,《中華人文社會學報》2006 年 3 月 1 日第 4 期,第 44-76 頁。

[185] 曾建元著：《台灣及兩岸關係在 "台灣（中華民國）" 法制上的定位（The Legal Status of Taiwan and the Cross-Strait Relations in the Legal System of the Republic of China on Taiwan）》,《台灣國際法季刊（*Taiwan International Law Quarterly*）》2008 年 12 月 1 日第 5 卷第 4 期,第 95-119 頁。

[186] 曾憲義、鄭定著：《台灣現行特別法規及其對發展兩岸關係的困擾》,《法律學習與研究》1990 年第 1 期,第 62 頁。

[187] 翟志勇著：《憲法序言中的國家觀與世界主義》,《探索與爭鳴》2015 年第 5 期。

[188] 翟志勇著：《憲法何以中國》,香港：香港城市大學出版社 2017 年。

[189] 張亮著：《ECFA 的法律性質研究》,《法律科學：西北政法學院學報》2012 年第 5 期,第 162-168 頁。

[190] 張隆志著：《從封禁到殖民：十九世紀台灣 "番地" 問題與晚清領土政策論爭（From Quarantine to Colonization: Qing Debates on Territorialization of Aboriginal Taiwan in the Nineteenth Century）》,《台灣史研究（*Taiwan Historical Research*）》2008 年 12 月 1 日第 15 卷第 4 期,第 1-30 頁。

[191] 張千帆著：《憲法序言及其效力爭議》,《炎黃春秋》2013 年第 6 期。

[192] 張千帆著：《憲法學講義》,北京：北京大學出版社 2011 年。

[193] 張千帆著：《憲政常識》,香港：香港城市大學出版社 2016 年。

[194] 張千帆主編,蕭澤民副主編：《憲法學》,北京：法律出版社 2014 年。

[195] 張世賢著：《晚清治台政策》,台北：海峽學術出版社 2009 年。

[196] 張曙光、周建明編譯：《中美解凍與台灣問題：尼克松外交文獻選編》,香港：香港中文大學出版社 2008 年。

[197] 張濤著：《新視野下的台海問題研究》,湘潭大學國際關係碩士論文,2011 年。

[198] 張桐嘉著：《論霍布斯的主權概念》,台灣大學法律學研究所碩士論文,2008 年。

[199] 張旺山著：《國家的靈魂：論史密特的主權概念》,《政治與社會哲學評論（*A Journal for Philosophical Study of Public Affairs*）》2005 年 3 月 1 日第 12 期,第 95-140 頁。

[200] 張瑋心著：《美國聯邦法院關於 "台灣主權" 裁判問題：政治問題不受司法審查之意義（The Meaning of Political Questions Nonjusticiable）》,《台灣國際法季刊》2015 年 3 月第 12 卷第 1 期,第 65-96 頁。

[201] 張衛彬著：《國際法院解釋條約規則及相關問題研究》，上海：上海三聯書店 2015 年。

[202] 張顯超著：《分離自決的國際法內涵與實踐》，《問題與研究》2006 年 9 月 1 日第 45 卷第 5 期，第 61-90 頁。

[203] 張笑天著：《試論主權治權分離的理論基礎與現實可能》，《台海研究》2015 年第 4 期，第 28-38 頁。

[204] 張執中著：《兩岸對政治談判的評估及因應策略分析》，《問題與研究（Issues & Studies）》2002 年 1 月 1 日第 41 卷第 1 期，第 25-50 頁。

[205] 張志成著：《成立台灣省人民政府　遏止法理台獨》，法寶引證碼：CLI.A.040057。

[206] 趙寶煦著：《論主權原則與台灣地位》，《海峽評論（Straits Review Monthly）》1993 年 2 月 1 日第 26 期，第 47-51 頁。

[207] 趙建民著：《台灣主體意識與中國大陸 "民族主義" 的對抗：面對二十一世紀的兩岸關係（Cross-Strait Relations After the 1996 Missile Crisis）》，《中國大陸研究（Mainland China Studies）》1998 年 1 月 1 日第 41 卷第 1 期，第 54-71 頁。

[208] 鄭海麟著：《台灣的領土主權無疑屬於中國：評台灣高中歷史課本將列入的 "台灣地位未定論"》，《海峽評論》2006 年 10 月 1 日第 190 期，第 41-44 頁。

[209] 鄭海麟著：《台灣主權的重新解釋》，台北：海峽學術出版社 2000 年。

[210] 鄭弘迪著：《解決領土爭端的一條出路：折衷安排及其背後領土原則之建構（One Way to Resolve Territorial Disputes: Compromise Arrangements and the Construction of Their Underlying Territorial Principles）》，《政治科學論叢（Political Science Review）》2013 年 12 月 1 日第 58 期，第 71-108 頁。

[211] 鄭清賢著：《論兩岸關係新時期背景下福建涉台地方立法模式的選擇》，《海峽法學》2014 年第 3 期，第 48 頁。

[212] 鄭維中著：《荷蘭時代的台灣社會》，台北：前衛出版社 2004 年。

[213] 鄭維中著：《製作 "福爾摩沙"：追尋西洋古書中的台灣身影》，台北：如果出版社 2006 年。

[214] 鄭毅著：《政治憲法學與規範憲法學的分野》，2011 年 1 月 3 日，http://www.aisixiang.com/data/38140.html。

[215] 支振鋒編：《西方法理學研究的新發展》，北京：中國社會科學出版社 2013 年。

[216] 中村孝志著：《荷蘭時代台灣史研究（上卷）：概說、產業》，台北：稻香出版社 1997 年。

[217] 中村孝志著：《荷蘭時代台灣史研究（下卷）：社會、文化》，台北：稻香出版社 2001 年。

[218] 周健著：《中越北部灣劃界的國際法實踐》，《邊界與海洋研究》2019 年 9 月第 4 卷第 5 期，第 6-37 頁。

[219] 周陽著：《2000 年以來台灣參與政府間國際組織問題研究：以聯合國和世界衛生組織為例》，首都師範大學中共黨史碩士論文，2011 年。

[220] 周葉中著：《台灣問題的憲法學思考》，《法學》2007 年第 6 期，第 38-46 頁。

[221] 周葉中著：《論構建兩岸關係和平發展框架的法律機制》，《法學評論》2008 年第 3 期，第 3-12 頁。

[222] 周葉中、段磊著：《海峽兩岸公權力機關交往的回顧》，《法治與社會發展》2014 年第 3 期，

第 164 頁。

[223] 周葉中、祝捷著：《論我國台灣地區 "司法院" 大法官解釋兩岸關係的方法》，《現代法學》2008 年第 1 期，第 136-146 頁。

[224] 周葉中、祝捷著：《海峽兩岸和平協議（建議稿）》，《法學評論》2009 年第 4 期，第 3-10 頁。

[225] 周葉中、祝捷著：《關於大陸和台灣政治關係定位的思考》，《河南省政法管理幹部學院學報》2009 年第 3 期，第 20 頁。

[226] 周葉中、祝捷著：《兩岸治理：一個形成中的結構》，《法學評論》2010 年第 6 期，第10-18 頁。

[227] 周葉中、祝捷著：《論海峽兩岸和平協議的性質——中華民族認同基礎上的法理共識》，《法學評論》2009 年第 2 期，第 3-12 頁。

[228] 周葉中、祝捷著：《大陸對兩岸關係發展之相關法學基礎：兩岸關係的法學思考》，台北：崧燁文化事業有限公司 2019 年。

[229] 周葉中著：《論反分裂國家法律機制的問題意識與完善方向》，《法學評論》2018 年第 1 期，第 1-8 頁。

[230] 朱松柏著：《兩岸交流與 "兩韓" 關係之比較》，《問題與研究（Issues & Studies）》2001 年 11月 1 日第 40 卷第 6 期，第 1-12 頁。

[231] 朱維究著：《"台灣當局" 涉及兩岸關係立法之研究》，《比較法研究》1999 年第 3 期，海峽兩岸關係法學研究會，http://larats.chinalaw.org.cn/portal/article/index/id/878.html。

[232] 朱文奇主編：《國際法學原理與案例教程》，北京：中國人民大學出版社 2014 年。

[233] 祝捷著：《兩岸關係定位與國際空間：台灣參與國際活動問題研究》，台北：崧燁文化事業有限公司 2019 年。

中譯外文文獻

[1] 阿克曼（Bruce Ackerman）著，田雷譯：《我們人民：轉型》，北京：中國政法大學出版社2014 年。

[2] 阿克曼（Bruce Ackerman）著，汪慶華譯：《我們人民：奠基》，北京：中國政法大學出版社2012 年。

[3] 安托尼·奧斯特（Anthony Aust）著，汪國青譯：《現代條約法與實踐》，北京：中國人民大學出版社 2009 年。

[4] 巴伯（Sotirios A. Barber）、弗萊明（James E. Fleming）著，徐爽、宦盛奎譯：《憲法解釋的基本問題（Constitutional Interpretation: the Basic Questions）》，北京：北京大學出版社 2016 年。

[5] 白哲特（Walter Bagehot）著，李國慶譯：《英國憲制》，北京：北京大學出版社 2005 年。

[6] 鮑桑葵（Bernard Bosanquet）著，汪淑鈞譯：《關於國家的哲學理論（The Philosophical Theory of the State）》，北京：商務印書館 1995 年出版、2013 年重印版。

[7] 波格丹諾（Vernon Bogdano）著，李松鋒譯：《新英國憲法》，北京：法律出版社 2013 年。

[8]　波考克（J. G. A. Pocock）著，翟小波、秋風譯：《古代憲法與封建法：英格蘭十七世紀歷史思想研究》，南京：譯林出版社 2014 年。

[9]　博丹（Jean Bodin）著，富蘭克林（Julian H. Franklin）英文編譯，李衛海、錢俊文譯：《主權論》，北京：北京大學出版社 2008 年。

[10]　布朗（Chester Brown）著，韓秀麗等譯：《國際裁決的共同法（A Common Law of International Adjudication）》，北京：法律出版社 2014 年。

[11]　傅利曼（Lawrence M. Friedman）著，楊佳陵譯：《美國法導論（American Law: An Introduction）》，台北：商周出版社股份有限公司 2004 年。

[12]　甘為霖（William Campbell）英譯，李雄揮譯，翁佳音校訂：《荷蘭時代的 "福爾摩沙"》，台北：前衛出版社 2017 年。

[13]　岡田充著，黃稔惠譯：《領土民族主義的魔力》，台北：聯經出版事業股份有限公司 2014 年。

[14]　韓家寶（Pol Heyns）著，鄭維中譯：《荷蘭時期的土地權型態》，載吳聰敏編：《制度與經濟成長》，台北：台大出版中心 2020 年，第 53–90 頁。

[15]　韓家寶（Pol Heyns）著，鄭維中譯：《荷蘭時代台灣的經濟、土地與稅務（Economy, Land Rights and Taxation in Dutch Formosa）》，台北：播種者文化有限公司 2002 年。

[16]　亨利・基辛格（Henry Kissinger）著：《論中國（On China）》，北京：中信出版社 2016 年。

[17]　亨利・基辛格（Henry Kissinger）著：《世界秩序（World Order）》，北京：中信出版社 2015 年。

[18]　胡克（Steven W. Hook）、斯伯尼爾（John Spanier）著，白雲真、李巧英、賈啟辰譯：《二戰後的美國對外政策》，北京：金城出版社 2015 年。

[19]　凱爾森（Hans Kelsen）著，沈宗靈譯：《法與國家的一般理論（General Theory of Law and State）》，北京：商務印書館 2014 年。

[20]　考文（E. S. Corwin）著，強世功譯：《美國憲法的 "高級法" 背景》，北京：北京大學出版社 2015 年。

[21]　Klaus Schlauch、Stefan Korioth 著，吳信華譯：《聯邦憲法法院：地位、程序、裁判》，台北：元照出版有限公司 2017 年。

[22]　拉倫茨（Karl Larenz）著，陳愛娥譯：《法學方法論》，北京：商務印書館 2015 年。

[23]　拉倫茲（Karl Larenz）著，陳愛娥譯：《法學方法論》，台北：五南圖書出版股份有限公司 2021 年。

[24]　黎安友（Andrew Nathan）、施道安（Andrew Scobell）著，何大明譯：《尋求安全感的中國（China's Search for Security）》，新北：左岸文化事業有限公司 2013 年。

[25]　盧梭（Jean-Jacques Rousseau）著，何兆武譯：《社會契約論（Du Contract Social）》，北京：商務印書館 2014 年。

[26]　盧梭（Jean-Jacques Rousseau）著，徐百齊譯：《社約論（Du Contract Social）》，台北：台灣商務印書館 1999 年。

[27]　蘆部信喜著，王貴松譯：《制憲權》，北京：中國政法大學出版社 2012 年。

[28]　末光欣也著，辛如意、高泉益譯：《台灣歷史——日本統治時代的台灣》，台北：致良出版

社 2012 年。

[29] 彭明敏、黃昭堂著，蔡秋雄譯：《台灣在國際法上的地位》，台北：玉山社出版事業股份有限公司 1995 年。

[30] 若林正丈著，洪郁如等譯：《戰後台灣政治史：中華民國台灣化的歷程》，台北：台大出版中心 2016 年。

[31] 施米特（Carl Schmitt）著，劉小楓編，劉鋒譯：《憲法學說》，上海：上海人民出版社 2016 年。

[32] 矢內原忠雄著，林明德譯：《日本帝國主義下之台灣》，台北：吳三連基金會 2014 年。

[33] 唐納德・戴維斯（Donald E. Davis）、尤金・特蘭尼（Eugene P. Trani）著，馬建標等譯：《誤讀異邦：20 世紀美國人與中國、俄國的關係》，台北：獨立作家出版社 2014 年。

[34] 唐耐心（Nancy Bernkopf Tucker）著，林添貴譯：《1949 年後的海峽風雲實錄——"美中台"三邊互動關係大揭密》，台北：黎明文化事業股份有限公司 2012 年。

[35] 張曙光、周建明編譯：《中美解凍與台灣問題：尼克松外交文獻選編》，香港：香港中文大學出版社 2008 年。

外文文獻

[1] Albert H. Y. Chen, "A Tale of Two Islands on Constitutionalism in Hong Kong and Taiwan", *Hong Kong Law Journal*, no. 37, 2007, pp. 647–688.

[2] Amitai Etzioni, "The Evils of Self-Determination", *Foreign Policy*, no. 89, winter 1992–1993, pp. 21–35.

[3] Anna Stilz, *Territorial Sovereignty: A Philosophical Exploration*, Oxford University Press, 2019.

[4] Benny Y. T. Tai, "Basic Law, Basic Politics: the Constitutional Game of Hong Kong", *Hong Kong Law Journal*, no. 37, 2007, pp. 503–578.

[5] Benny Y. T. Tai, "The Constitutional Game of Article 158(3) of the Basic Law", *Hong Kong Law Journal*, no. 41, 2011–2012, pp. 61–67.

[6] Bing Bing Jia, "A Synthesis of the Notion of Sovereignty and the Ideal of the Rule of Law: Reflections on the Contemporary Chinese Approach to International Law", *German Year Book of International Law*, no. 53, 2010, pp. 11–61.

[7] Boys Chen, "Sovereignty or Identity? The Significance of the Diaoyutai/Senkaku Islands Dispute for Taiwan", *Journal of International Affairs*, vol. 19, no. 1, 2014 https://dergipark.org.tr/en/pub/perception/issue/48970/624779, pp. 107–119.

[8] C. George Kleeman, IV, "The Proposal to Implement Article 23 of the Basic Law in Hong Kong: A Missed Opportunity for Reconciliation and Reunification between China and Taiwan", *Georgia Journal of International & Comparative Law*, no. 33, 2004–2005, pp. 705–720.

[9] Chengxin Pan, "Westphalia and the Taiwan Conundrum: A Case against the Exclusionist

Construction of Sovereignty and Identity", *Journal of Chinese Political Science*, no. 15, 2010, pp. 371–389.

[10]   Christopher Hughes, *Taiwan and Chinese Nationalism: National Identity and Status in International Society*, New York: Routledge, 1997.

[11]   Chu Shulong, "National Unity, Sovereignty and Territorial Integration", *The China Journal*, no. 36, July 1996, http://www.jstor.org/stable/2950376, pp. 98–102.

[12]   Daniel W. Hamilton, *The Limits of Sovereignty: Property Confiscation in the Union and the Confederacy during the Civil War*, University of Chicago Press, 2008.

[13]   Dean P. Chen, US-China Rivalry and Taiwan's Mainland Policy: Security, Nationalism, and the 1992 Consensus, Switzerland: Palgrave Macmillan, 2017.

[14]   Eleanor Albert, "China-Taiwan Relations", Council on Foreign Relations, 7 December 2016.

[15]   Elman R. Service, *Origins of the State and Civilization: the Process of Cultural Evolution*, New York: Norton, 1975.

[16]   Elman R. Service, *Primitive Social Organization: An Evolutionary Perspective*, New York: Random House, 1962.

[17]   Emmanuel Joseph Sieyes, "What is the Third Estate?", Electronic Copy, May 1789.

[18]   Hermann Heller, *Sovereignty: A Contribution to the theory of Public and International Law*, Oxford University Press, 2019.

[19]   J. Ostrowski, "Was the Union Army's Invasion of the Confederate States a Lawful Act? An Analysis of President Lincoln's Legal Arguments Against Secession", in D. Gordon (ed.), *Secession, State and Liberty, New Brunswick*, N. J.: Transaction Publishing, 1998, pp. 155–190.

[20]   James A. Caporaso, "Changes in the Westphalian Order: Territory, Public Authority, and Sovereignty", *International Studies Review*, vol.2, no. 2, Continuity and Change in the Westphalian Order (Summer 2000), pp. 1–28.

[21]   Jaroslav Tir, "Keeping the Peace after Secession: Territorial Conflicts Between Rump and Secessionist States", *Journal of Conflict Resolution*, 1 October 2005, https://journals.sagepub.com/doi/10.1177/0022002705279426.

[22]   Jaroslav Tir, "Keeping the Peace after Secession: Territorial Conflicts Between Rump and Secessionist States", *Research Article*, vol. 49, no. 5, October 1, 2005, https://doi.org/10.1177%2F0022002705279426, pp. 713–741.

[23]   Jerome Alan Cohen, "China's Changing Constitution", *Northern Journal of International Law & Business*, 1:57, 1979, pp. 57–121.

[24]   Jianming Shen, "Sovereignty, Statehood, Self-Determination, and the Issue of Taiwan", *American University International Law Review* (1999–2000), no.15, pp. 1101–1135.

[25]   John Shijian Mo, "Settlement of Trade Disputes between Mainland China and the Separate Customs Territory of Taiwan within the WTO", *Chinese Journal of International Law*, no. 2, 2003, pp. 145–153.

[26]   Jonathan I. Chamey and J. R. V. Prescott, "Resolving Cross-Strait Relations between China and

Taiwan", *The American Journal of International Law*, vol. 94, no. 3, July 2000, http://www.jstor.org/stable/2555319, pp. 453–477.

[27]   Karl Loewenstein, "Reflections on the Value of Constitutions in Our Revolutionary Age", Arnold J. Zurcher (ed.), *Constitutions and Constitutional Trends since World War II: An Examination of Significant Aspects of Postwar Public Law with Particular Reference to the New Constitutions of Western Europe*, Westport, Conn.: Greenwood Press, 1975, pp. 191–224.

[28]   Laurence H. Tribe, Thomas K. Landry, "Reflections on Constitution-Making", vol. 8, issue 2, *American University International Law Review*, 1992–1993, pp. 627–646.

[29]   Lung-chu Chen and W. M. Reisman, "Who Owns Taiwan: A Search for International Title", *The Yale Journal*, vol. 81, no. 4, March 1972, pp. 599–671.

[30]   Marcelo G. Kohen (ed.), *Secession: International Law Perspectives*, Cambridge University Press, 2006.

[31]   Mark Tushnet, "Constitution-Making: An Introduction", *Texas Law Review*, no. 91, 2012–2013, pp. 1983–2013.

[32]   Michael Angold, "After the Fourth Crusade: The Greek Rump States and the Recovery of Byzantium", in Jonathan Shepard (ed.), *The Cambridge History of the Byzantine Empire c. 500–1492*, Cambridge University Press, Resreach Gate, January 2009, pp. 729–758.

[33]   *Montevideo Convention on the Rights and Duties of States*, https://www.jus.uio.no/english/services/library/treaties/01/1-02/rights-duties-states.xml.

[34]   N. Wing Mah, "Foreign Jurisdiction in China", *American Journal of International Law*, no. 18, 1924, pp. 676–695.

[35]   Nimer Sultany, *Law and Revolution: Legitimacy and Constitutionalism After the Arab Spring*, Oxford University Press, 2017.

[36]   Patrick Dumberry, "Lessons Learned from the Quebec Seccession Reference before the Supreme Court of Canada", Marcelo G. Kohen (ed.), *Secession: International Law Perspectives*, Cambridge University Press, 2006, pp. 416–452.

[37]   Peter R. Rosenblatt, "What Is Sovereignty – The Case of Taiwan and Micronesia", *New England Law Review*, no. 32, 1997–1998, pp. 797–805.

[38]   Phillip C. Saunders and Scott L. Kastner, "Bridge over Troubled Water? Envisioning a China-Taiwan Peace Agreement", *International Security*, vol. 33, no. 4, Spring 2009, pp. 87–114.

[39]   Piero Tozzi, "Constitutional Reform on Taiwan: Fulfilling a Chinese Notion of Democratic Sovereignty?", *Fordham Law Review*, no. 64, 1995–1996, pp. 1193–1215.

[40]   Ramon Maiz, "Nation and Representation: E. J. Sieyes and the Theory of the State of the French Revolution", University de Santiago de Compostela, Working Paper, no. 18, Barcelona, 1990.

[41]   Robert A. Madsen, "The Struggle for Sovereignty Between China and Taiwan", in Stephen D. Krasner (ed.), *Problematic Sovereignty: Contested Rules and Political Possibilities*, New York: Columbia University Press, 2001, pp. 141–150.

[42]   Ronald Weitzer, *Transforming Settler States*, University of California Press, 1990.

[43] Roxanne Lynn Doty, "Sovereignty and the Nation: Constructing the Boundaries of National Identity", in Thomas J. Biersteker and Cynthia Weber (eds.), *State Sovereignty as Social Construct*, 1996.

[44] S. V. LaSelva, "Divides Houses: Secession and Constitutional Faith in Canada and the United States", *Virginia Law Review*, no. 23, 1999, pp. 771–792.

[45] Selden Bacon, "Territory and the Constitution", *Yale Law Review*, no. 10, October 1900–June 1901, pp. 99–117.

[46] Sigrid Winkler, "A Question of Sovereignty? The EU's Policy on Taiwan's Participation in International Organizations", *Asia Europe Journal*, no. 11, 2013, pp. 1–20.

[47] Sow Feat Tok, *Managing China's Sovereignty in Hong Kong and Taiwan*, UK: Palgrave MacMillan, 2013.

[48] Stefan Talmon, *Recognition of Governments in International Law: With Particular Reference to Governments in Exile*, Oxford: Clarendon Press, 1998.

[49] Stephen D. Krasner, "The Hole in the Whole: Sovereignty, Shared Sovereignty, and International Law", *Michigan Journal of International Law*, no. 25, 2003–2004, pp. 1075–1101.

[50] Stephen D. Krasner, *Problematic Sovereignty: Contested Rules and Political Possibilities*, Columbia University Press, 2001.

[51] Stephen D. Krasner, *Sovereignty: Organized Hypocrisy*, Princeton University Press, 1999.

[52] Stephen Gardbaum, "Revolutionary Constitutionalism", *International Journal of Constitutional Law*, vol. 15, issue 1, 1 January 2017, pp. 173–200.

[53] Stephen Lee, "American Policy toward Taiwan: the Issue of the De Facto and De Jute Status of Taiwan and Sovereignty", *Buffalo Journal of International Law*, vol.323, no. 2, 1995–1996, http://shop.heinoline.org?handle=hein.journals/bufhr2&div=18&collection=journals.

[54] Steven Lee, "A Puzzle of Sovereignty", *California Western International Law Journal*, vol. 27, no. 2, spring 1997.

[55] Supreme Court of Canada, "Reference re Secession of Quebec", 20 August 1998.

[56] Thomas J. Biersteker and Cynthia Weber (eds.), *State Sovereignty as Social Construct*, Cambridge University Press, 1996.

[57] Timothy S. Rich, "Status for Sale: Taiwan and the Competition for Diplomatic Recognition", *Issues & Studies*, vol. 45, no. 4, December 2009, pp. 159–188.

[58] Tzu-wen Lee, "The International Legal Status of the Republic of China on Taiwan", *UCLA Journal International Law & Foreign Affair*, no.1, 1996–1997, pp. 351–364.

[59] Ulrich Came and Charles, "Challenging Sovereignty: India, TRIPS, and the WTO", in John D. Montgomery and Nathan Glazer (eds.), "Sovereignty Under Challenge: How Governments Respond", London: Routledge, 2017, p. 192.

[60] Walid Abdulrahim Private Site for Legal Research and Studies, http://walidabdulrahim.blogspot.com/p/state-as-subject-of-international-law.html.

[61]   Walter Bagehot, *The English Constitution*, Oxford University Press, 2009.

[62]   Y. Frank Chiang, "State, Sovereignty, and Taiwan", *Fordham International Law Journal*, no. 23, 1999–2000, pp. 959–978.

[63]   Y. Frank Chiang, *The One-China Policy: State, Sovereignty, and Taiwan's International Legal Status*, Amsterdam: Elsevier, 2018.

後記

　　本書原為筆者於清華大學法學院攻讀博士學位時，經過學位論文公開評閱人和答辯委員會全數決議通過之博士論文《中國憲制規範下台灣的領土主權問題》（*The Chinese Constitutional Regime and the Issue of Territorial Sovereignty about Taiwan*）。本書的研究與寫作，意在從憲法學和國際法學的規範層面深入探討台灣領土主權的法律時態，並創造性地運用"主權消損理論"（Theory of Sovereignty Depletion）及"殘存國家組織模型"（The Model of Rump State Organization），以詮釋目前中國的領土主權與憲法管轄權在台灣地區存在不同步的法律現象及相關問題。希望能對相關討論有所助益。

　　筆者之能完成清華大學法學博士學位並著成此書，端賴論文指導老師王振民教授的悉心指導，以及憲法學教授林來梵、程潔老師，國際法學教授車丕照、李旺、李兆杰、楊國華、張新軍老師的啟發，更獲得李祖嘉學長、潘耀華老師、楊豔老師、嚴紀華老師、內人洪菱霙、王全學長的協助。敝人銘感五內，特在此表達深摯的謝忱。

2023 年 5 月 2 日

責任編輯	蘇健偉
書籍設計	道　轍
書籍排版	何秋雲

書　　名	**中國憲制規範下台灣的領土主權問題**
著　　者	蔡正元
出　　版	三聯書店（香港）有限公司
	香港北角英皇道 499 號北角工業大廈 20 樓
	Joint Publishing (H.K.) Co., Ltd.
	20/F., North Point Industrial Building,
	499 King's Road, North Point, Hong Kong
香港發行	香港聯合書刊物流有限公司
	香港新界荃灣德士古道 220-248 號 16 樓
印　　刷	美雅印刷製本有限公司
	香港九龍觀塘榮業街 6 號 4 樓 A 室
版　　次	2023 年 6 月香港第一版第一次印刷
	2023 年 11 月香港第一版第二次印刷
規　　格	16 開（170 mm × 240 mm）376 面
國際書號	ISBN 978-962-04-5307-6